핵심
코틀린
프로그래밍

핵심 코틀린 프로그래밍

기초를
단단히 다져주는
코틀린 입문서

오현석 지음

에이콘

 에이콘출판의 기틀을 마련하신 故 정완재 선생님 (1935-2004)

| 지은이 소개 |

오현석(enshahar@gmail.com)

모빌리티42 이사로 일하면서 매일 고객의 요청에 따라 코드를 만드는 현업 개발자다. 어
릴 때 처음 컴퓨터를 접하고 매혹된 후 경기과학고, KAIST 전산학과(프로그래밍 언어 전공
석사)를 거치면서 계속 컴퓨터를 사용해왔다.

직장에서는 주로 코틀린이나 자바를 사용한 서버 프로그래밍을 하고, 주말이나 여가
시간에는 번역을 하거나 공부를 하면서 즐거움을 찾는다. 시간이 아주 많이 남을 때는 시
뮬레이션 게임을 즐기면서 머리를 식히고, 어떻게 하면 막내 자식을 프로그래밍의 세계
로 끌어들일 수 있을지를 고민하는 아빠이기도 하다.

『코어 파이썬 애플리케이션 프로그래밍』(에이콘, 2014)을 시작으로 『Kotlin in Action』(에
이콘, 2017), 『아토믹 코틀린』(길벗, 2023), 『코딩 좀 아는 사람』(월북, 2023) 등 30여 권의 책
을 번역했다.

번역서 『Kotlin in Action』(에이콘, 2017)을 출간하기 전부터 초중급 개발자를 대상으로 코틀린^{Kotlin}을 더 깊이 다루는 책을 써왔다. 하지만 업무와 다른 번역 작업이 겹쳐지며 저술 속도도 더디기만 했다. 게다가 중간중간 코틀린이 업데이트되면서 사용자들의 관심사가 달라짐에 따라 책의 내용을 여러 번 다시 써야만 했다. 그 과정을 겪으면서 당장 사람들이 관심을 갖는 내용을 담은 책이 아니라 언어 자체를 깊이 이해할 수 있도록 돕는 책을 쓰기로 결심했다. 그리고 마침내 코틀린 언어 자체에 대해 이야기하는 책을 낼 수 있게 됐다.

좋은 개발자가 되려면 무엇보다 개발 전반에 필요한 지식을 갖춰야 한다. 특히 프로그래밍 언어에 대한 지식은 모든 개발의 바탕이 되는 중요한 지식이다. 언어를 배울 때는 언어가 제공하는 여러 키워드와 구성 요소를 제대로 이해하고, 이런 요소를 프로그래밍에 어떻게 써먹어야 할지도 알아야 한다. 하지만 더 일반적인 언어론이나 프로그래밍 측면에서 각 요소가 왜 그런 식으로 설계됐는지도 알아야 자신이 사용하는 언어의 발전을 더 잘 이해하고 향후 그 언어가 변하더라도 좀 더 쉽게 변화를 받아들이고 활용할 수 있다. 또 언어론적인 관점을 잘 이해하고 있으면 새 언어를 배울 때도 도움이 된다.

이 책에서는 코틀린 언어를 설명하는 과정에서 프로그래밍 언어에 대한 지식을 쉬운 설명과 예제를 곁들여 함께 전달하고자 노력했다. 이런 설명을 통해 코틀린의 설계를 여러분이 좀 더 쉽고 명확하게 이해하고 충분히 활용하게 되길 바란다.

– 브리즈번에서
오현석

| 차례 |

| 들어가며 |

초보 개발자에게 코틀린 문법을 설명하는 동시에 코틀린 언어 정의를 구석구석 설명해주는 책이다. 이를 위해 각 장은 이전 장에서 배운 개념을 바탕으로 계속 새로운 지식을 추가해나가는 구성을 택했고, 한 장 안에서도 기초적인 개념부터 시작해 좀 더 깊은 개념으로 점차 파고드는 방식으로 설명을 진행한다.

초보 개발자의 경우 코드를 잘못 작성해서 발생하는 컴파일러 오류를 이해하지 못하는 경우가 많고, 이로 인해 컴파일러나 런타임 오류 메시지를 봐도 코드를 어떻게 고쳐야 할지 도무지 알 수 없는 경우도 많다. 이 책에서는 언어의 각 개념과 예제를 설명한 다음, 컴파일 오류가 발생할 때 프로그래머가 좀 더 빠르게 코드의 문제점을 이해하는 데 도움을 주기 위해 프로그래머가 실수할 때 컴파일러가 출력하는 오류 메시지를 설명했다.

이 책의 구성은 다음과 같다.

1장, '코틀린 시작하기'에서는 우선 코틀린 언어의 개요를 소개하고 개발 환경을 설정하는 방법을 다룬다.

어어지는 1부, '코틀린 퀵스타트'에서는 코틀린 언어 요소 중 프로그램을 작성할 때 꼭 필요한 필수 개념을 설명한다. 1부를 잘 읽고 언어 기본 요소를 이해해야만 코틀린 코드를 작성할 수 있고 2부 내용을 학습하기 위한 준비를 마칠 수 있다. 1부의 각 장은 다음과 같다.

2장, '프로그램을 이루는 기본 단위: 변수와 식, 문'에서는 코틀린 프로그램의 기본 요소를 이루는 식, 값, 타입, 변수와 기본 제어 구조인 if, when, for, while, do ... while, break, continue를 다룬다.

3장, '함수'에서는 함수, 지역 변수 및 지역 함수, 영역 규칙, 익명 함수, 람다, 클로저를 다루고, 다양한 파라미터 지정 방법을 설명한다.

4장, '클래스와 객체'에서는 객체지향의 기초를 다룬다. 클래스, 상속, 추상 클래스, 인터페이스, 프로퍼티를 설명한다.

5장, '예외 처리'에서는 예외 처리를 다룬다. 프로그램에서 실패를 처리하는 방법을 설명하고, 코틀린의 예외 처리 방법인 try, catch, finally를 살펴본다. 또한 use() 멤버 함수를 사용해 자동 해제가 가능한 타입을 활용하는 방법도 다룬다.

6장, '제네릭스'에서는 타입을 파라미터로 받아 새로운 타입(클래스/인터페이스)이나 함수를 만들어내는 방법인 제네릭스를 살펴본다. 제네릭스의 개념, 코틀린에서 타입 파라미터가 포함된 클래스, 인터페이스, 함수를 선언하는 방법, 타입 바운드, 선언 지점 변성, 사용 지점 변성을 설명한다.

7장, '널 가능성'에서는 널 가능성을 코틀린에서 처리하는 방법을 다룬다. 널 가능성이 왜 필요한지 살펴보고, 널이 될 수 있는 타입, 스마트 캐스트, is 및 as 연산, 엘비스 연산자(?:), 안전한 호출 연산자(?.), 널 아님 단언 연산자(!!)를 설명한다.

8장, '패키지와 임포트'에서는 패키지를 선언하는 방법과 패키지 멤버를 임포트해 사용하는 방법, 임포트 시 새로운 이름을 지정해 이름 충돌을 막는 방법을 소개한다. 코틀린이 기본적으로 임포트해줘서 별도로 임포트하지 않아도 되는 패키지들도 설명한다.

9장, '컬렉션'에서는 여러분이 코틀린으로 개발을 진행할 때 가장 자주 접하게 될 기초 라이브러리인 코틀린 컬렉션을 알아본다.

1부에서 배운 내용만으로도 기본적인 프로그램을 구현할 때 크게 불편하지 않겠지만, 1부에서 설명한 내용은 요즘 나온 여러 하이브리드 언어(객체지향과 함수형 프로그래밍을 함께 지원하는 언어)도 대부분 지원하는 내용이며, 코틀린이 제공하는 여러 편의 기능은 빠져 있다. 하지만 코틀린 언어의 철학은 실제로는 2부에서 다룰 여러 편의 기능에 담겨 있다고 해도 과언이 아니다.

또한 1부에서 제어 구조나 기본 타입을 설명할 때는 독자들의 학습 부담을 덜어주고자 기본적인 문법과 사용법에만 초점을 맞췄으므로, 꼭 알아야 하는 내용임에도 미처 설명하지 못한 부분이 있다.

따라서 2부, '코틀린 더 자세히 살펴보기'에서는 1부에서 깊이 다루지 못한 기본기를 더 자세히 다루고, 코틀린의 철학이 녹아든 여러 가지 부가적인 언어 기능을 설명한다.

10장, '변수 선언과 기본 타입 자세히 살펴보기'에서는 기본 타입을 자세히 살펴보고, 문자열 이스케이프, 유니코드, 변수 이름 충돌을 설명한다. 그 후 `lateinit var`와 `const val`, 연산자 우선순위와 함께 모든 코틀린 연산자를 상세히 다룬다. 마지막으로는 로우 `raw` 문자열과 문자열 조작 함수를 살펴본다.

11장, '제어 구조 자세히 살펴보기'에서는 제어 구조를 더 자세히 다루고, 범위와 순열을 설명한 후 `break`와 `continue`에서 레이블을 사용하는 방법을 알아본다.

12장, '함수 자세히 살펴보기'에서는 함수와 관련된 더 자세한 내용을 다룬다. 코틀린 연산자가 어떤 연산자 함수와 연결되는지 자세히 설명하고, 확장 함수와 프로퍼티를 살펴본다. 이어서 함수 오버로드 해소 규칙을 설명하고(다소 어려운 내용이다), 파라미터에서 코틀린 영역 규칙이 적용되는 방식과 재귀 함수 및 꼬리 재귀 함수를 정의하는 방법을 살펴본다. 마지막으로는 인라인 함수를 설명한다.

13장, '객체지향 자세히 살펴보기'에서는 객체지향과 관련해 코틀린이 제공하는 여러 가지 기능을 살펴본다. `object`를 사용해 싱글턴 객체를 선언하는 방법, 동반 객체, 데이터 클래스, 이넘 클래스, 값 클래스(또는 인라인 클래스), 봉인된 클래스, 부생성자, 가시성 지정자, 인터페이스 구현 위임과 프로퍼티 위임, 타입 별명을 설명한다.

14장, '제네릭스 2'에서는 스타 프로젝션, 타입 소거, `reified` 타입 파라미터를 설명하고, 영역 함수를 알아본다.

15장, '컬렉션 2'에서는 9장에서 배운 여러 컬렉션이 공통으로 제공하는 다양한 함수를 유형별로 설명한다. 9장에서 다룬 함수들 외에 `zip()`, `partition()`, `take()`, `drop()`, `windowed()`, `chunked()`, `associate()`, `groupBy()` 등을 설명하고 `groupBy()`와 관련 있는 `Grouping` 클래스를 살펴본 다음, `fold()`, `groupBy()` 등을 한꺼번에 처리할 수 있는 더 일반적인 함수인 `aggregate()`와 그 외 여러 가지 함수를 설명한다. 마지막으로는 컬렉션을 지연 처리할 수 있는 시퀀스를 살펴본다.

각 장에서 개념을 설명하고 난 후에는 직전에 배운 내용을 간단하게 스스로 검토해보도록 익힘문제를 제시하며, 각 장의 끝에는 해당 장의 내용을 정리하는 데 도움이 되는 연습문제가 있다. 이 문제들을 풀면서 배운 내용을 정리하고 내재화하길 바란다.

정오표

정오표는 에이콘출판사의 도서정보 페이지 http://www.acornpub.co.kr/book/kotlin-programming에서 볼 수 있다.

문의

책의 내용에 관한 질문은 에이콘출판사 편집 팀(editor@acornpub.co.kr)이나 지은이의 이메일로 문의하길 바란다.

01

코틀린 시작하기

1장에서는 코틀린의 역사와 특징, 개발 환경을 정리해 살펴본다.

1.1 간략한 역사

코틀린은 2010년 젯브레인즈^{JetBrains}가 개발한 언어다. 젯브레인즈는 자사의 여러 가지 IDE(특히 인텔리J 아이디어^{IntelliJ IDEA}가 유명하다)를 자바로 개발하고 있었고, 코드 기반과 프로젝트가 커짐에 따라 자바의 여러 단점을 보완한 새로운 언어가 필요하다는 결론을 내린 후 코틀린 언어를 설계하기 시작했다. 그 후 자사 프로젝트를 코틀린으로 재작성하는 과정에서 나온 피드백과 초기 코틀린 커뮤니티의 피드백을 바탕으로 언어를 개량해나갔고, 2016년 1.0을 발표했다. 그 후 '구글 I/O 2017'에서 구글이 코틀린을 안드로이드 개발 1급 언어로 지정하면서 안드로이드 개발자 사이에서 코틀린이 퍼져나가기 시작했고, 현재는 안드로이드 개발자는 물론 기존 자바 백엔드 개발자 사이에서도 코틀린에 대한 관심이 커지고 있다.

1.2 코틀린 언어의 특징

코틀린 홈페이지에서는 코틀린 언어의 장점을 다음과 같이 다섯 가지로 정리했다.

1. **간결성**: 코틀린은 기존 자바 코드의 번잡함을 덜어줄 여러 가지 장치를 제공한다. 예를 들어 클래스 주생성자 파라미터를 프로퍼티^{property}로 지정할 수 있고 데이터 클래스 등을 제공하므로 필드에 값만 저장해야 하는 간단한 클래스 정의를 쉽게 끝낼 수 있으며, 지역 타입 추론을 제공하므로 불필요한 타입 애너테이션^{type annotation}을 추가하지 않아도 된다.

2. **안전성**: 코틀린은 정적 타입 언어가 제공하는 타입 안전성을 제공하면서 변성^{variance} 지정 등을 통해 제네릭 타입^{generic type}을 좀 더 안전하게 사용하도록 해준다. 또한 최신 언어는 널을 타입 시스템과 통합해서 런타임에 널이 발생하는 가능성 자체를 최대한 봉쇄하는 경향을 나타내는데, 코틀린도 널 가능성을 타입 시스템에 통합해 널이 발생할 수 있는 코드를 최소화하고 안전한 호출 연산자(?.)나 엘비스 연산자(?:) 등을 통해 널에 대한 대안을 꼭 처리하도록 만든다.

3. **표현 능력**: 고차 함수의 인자로 익명 함수를 사용할 때 특별한 구문을 제공해서 마치 언어에 내장된 코드 블록을 사용하는 것 같은 느낌을 제공한다. 또한 확장 함수, 확장 프로퍼티 등을 통해 기존 클래스의 기능을 편리하게 확장할 수 있고 미리 정해진 연산자 함수를 사용해 다양한 타입에 대해 연산자를 오버로드할 수 있게 함으로써 새로운 타입을 정의해도 언어가 기본 제공하는 타입과 구분하기 힘들 만큼 자연스러운 구문을 사용할 수 있게 해준다.

4. **상호 운용성**: 코틀린은 자바 언어로 작성된 젯브레인즈의 IDE 프로젝트에서 자바를 점차 대체하려는 목적으로 만들어졌기 때문에 스칼라^{Scala} 등의 JVM 기반 언어보다 훨씬 더 매끄럽게 자바와 상호 운용된다. 이로 인해 기존 자바 에코시스템의 풍부한 라이브러리를 코틀린에서도 활용할 수 있고, 자바와 코틀린을 서로 뒤섞어 사용해도 큰 문제가 없다.

5. **다중 플랫폼 지원**: 젯브레인즈는 코틀린을 발전시켜 나가면서 코틀린이 JVM뿐 아

니라 자바스크립트나 네이티브 등 다양한 플랫폼에서 활용될 수 있게 발전시켜 나가고 있다. 커뮤니티에 의해 주도되는 다른 언어의 다중 플랫폼 개발과 비교할 때 젯브레인즈에 의해 주도되는 코틀린 다중 플랫폼 개발은 상당히 진척이 빠른 편이다. 약간의 불편함은 감수해야만 하지만, 2020년 현재 코틀린을 서버와 프론트엔드, 안드로이드 앱에 함께 사용하는 프로젝트도 상당수 존재한다.

1.3 코틀린 개발 환경과 설치 및 사용 방법

코틀린을 사용하는 방법은 크게 세 가지가 있다.

1. **웹 도구**: 브라우저만 있으면 코틀린 코드를 시험해볼 수 있고, 대부분의 웹 코딩 환경에서 쉽게 자신의 코드를 다른 사람과 공유할 수 있다. 다만 복잡한 프로젝트를 웹에서 수행하기는 힘들다.
2. **통합 개발 환경**IDE, Integrated Development Environment **사용**: IDE를 설치하면 IDE가 제공하는 코틀린 환경을 활용할 수 있다. 특히 인텔리J 아이디어는 코틀린을 개발한 젯브레인즈사가 내놓은 개발 환경으로, 코틀린으로 프로젝트를 진행할 때 사용할 사실상 표준인 개발 환경이라 할 수 있다.
3. **명령줄 환경**: IDE를 설치하더라도 명령줄(터미널이나 파워셸 또는 커맨드 창)에서 코틀린을 활용하려면 별도로 코틀린 SDK Software Development Kit(소프트웨어 개발 키트)를 설치해야 한다.

이 절에서는 세 가지 방법을 모두 자세히 알아본다.

1.3.1 웹 도구

웹에서 사용할 수 있는 도구로는 코틀린 플레이그라운드(https://play.kotlinlang.org/)와 replit(https://replit.com/)이 있다. replit(그림 1.1)은 코틀린 외에 다양한 언어의 개발 환경을 제공하고 간단한 메모리 데이터베이스 등의 다른 도구도 함께 제공하지만, 구글 로그인을 사용하거나 회원 가입을 해야 하므로 간단한 코드를 공유할 때는 귀찮다. 따라서 여기서는 코틀린 플레이그라운드를 살펴본다.

그림 1.1 replit

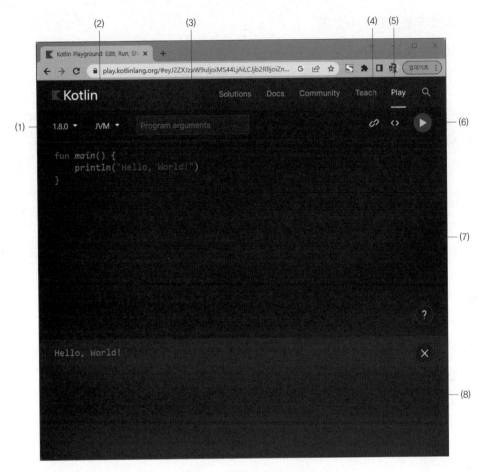

그림 1.2 코틀린 플레이그라운드

코틀린 플레이그라운드는 그림 1.2처럼 생겼다. 각 부분은 다음과 같다.

(1) 코틀린 버전을 변경할 수 있다.

(2) JVM, JS(자바스크립트) 등 실행 플랫폼을 변경할 수 있다.

(3) 프로그램에 전달할 명령줄 인자를 넣을 수 있는 텍스트 입력 창이다.

(4) 현재 보고 있는 플레이그라운드를 공유하기 위한 링크를 클립보드에 복사해준다.

(5) 코드를 공유하기 위한 HTML 코드를 생성해주는 대화창을 열 수 있다.

(6) 코드를 실행할 수 있다.

(7) 코드를 입력하는 에디터 박스다.

(8) 코드를 실행한 결과가 나오는 콘솔 출력 화면 창이다.

프로그램이 인자를 받게 변경하고 인자를 출력하도록 해보자. 아래 소스 코드를 에디터 박스에 입력하고 명령줄 인자 입력창(그림 1.2에서 (3) 부분)에 원하는 이름을 공백으로 구분해 넣어보라.

```kotlin
fun main(args: Array<String>) {
    println("Hello, World!")
    for(name in args) {
        println("Good Morning $name")
    }
}
```

이 책에서 7장 이전에 나오는 코드는 모두 플레이그라운드를 사용해 테스트해볼 수 있지만, 실제 개발에서는 이런 간단한 환경보다는 프로그래머의 개발용 컴퓨터에서 실행되는 통합 개발 환경IDE을 사용한다.

그림 1.3 명령줄 인자를 사용하는 코틀린 프로그램을 플레이그라운드에서 실행한 결과

1.3.2 IDE: 인텔리J 아이디어

코틀린에서 사용하는 대표적인 IDE로는 코틀린 언어를 개발한 젯브레인즈가 만든 인텔리J 아이디어가 있고, 이클립스 등도 사용할 수 있다.

이 책에서는 무료로 사용할 수 있는 인텔리J 아이디어 커뮤니티 에디션을 사용한다. 하지만 더 본격적인 개발을 하고 싶다면 인텔리J 아이디어 얼티밋^{IntelliJ IDEA Ultimate}의 개인 사용자 라이선스를 구입해 사용할 수 있다. 다른 개발 도구와 달리 개인 사용자 라이선스를 구입해도 회사와 집 모두에서 자유롭게 쓸 수 있다.

설치 과정은 다음과 같다(윈도우를 기준으로 설명하지만 맥에서도 크게 다르지 않다).

우선 사이트(https://www.jetbrains.com/idea/download)에서 커뮤니티 에디션 다운로드 링크를 눌러 설치 파일을 다운로드한다. 앞으로는 특별한 말 없이 인텔리J라고 하면 인텔리J 커뮤니티 에디션을 뜻한다.

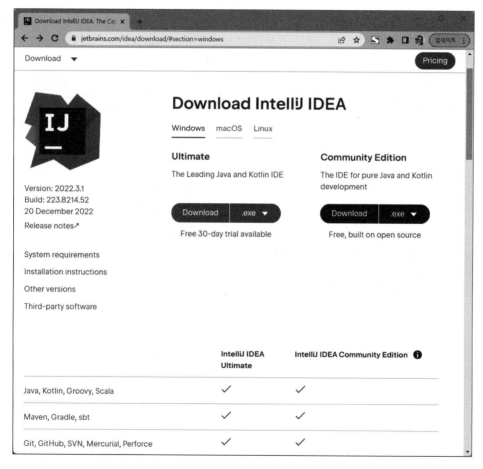

그림 1.4 커뮤니티 에디션 다운로드

다운로드가 끝나면 설치 파일을 실행한다. 설치 마법사가 실행되고 나서(그림 1.5), 설치 위치를 지정(그림 1.6)하면 설치 옵션을 선택(그림 1.7)하는 화면이 나온다. 커뮤니티 버전을 계속 쓸 계획인 경우, 데스크톱에 아이콘을 설치하고 .kt와 .kts를 연결하는 옵션을 선택하면 폴더에서 코틀린 소스 코드 파일을 클릭할 때 편리할 것이다. 이후 계속 Next(다음)를 누르고 마지막에 Install(설치)을 누르며, 설치 완료 시 리부트 선택 화면이 나오면 리부트를 선택해 컴퓨터를 리부트하라.

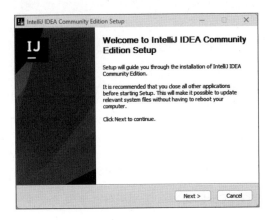

그림 1.5 설치 마법사

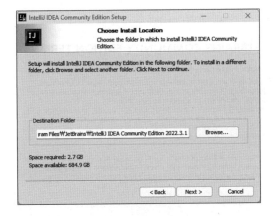

그림 1.6 설치 위치 지정

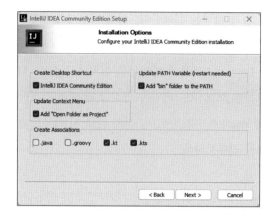

그림 1.7 설치 옵션

설치가 끝나면 시작창이나 애플리케이션 목록에 인텔리J 아이콘이 생겼을 것이다. 또는 하단 검색 창(맥에서는 스포트라이트 검색 막대 등)에서 intelliJ를 검색해 설치된 프로그램을 찾아도 된다.

인텔리J를 실행하면 그림 1.8과 같은 약관 화면이 나온다. 아래 부분의 확인 체크 박스에 체크 표시를 한 다음, Continue(계속)를 클릭하면 멋진 스플래시 화면이 나오고 그림 1.9와 같은 창이 보인다.

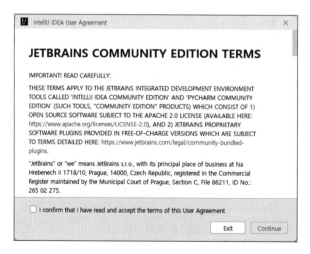

그림 1.8 인텔리J 약관

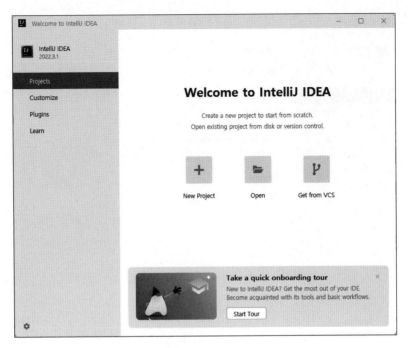

그림 1.9 인텔리J 환영 창

    여러분의 운영체제 테마에 따라 화면 색은 이 책에서 보여준 색과 다를 수도 있다. 이런 경우 원하는 색을 선택하기 위해 왼쪽 메뉴 중 Customize를 선택하면 그림 1.10과 같이 화면이 변한다. Color theme(컬러 테마)에서 원하는 테마를 정하라. Darcula는 어두운색, High contrast는 고대비, 다른 테마들은 밝은색이다. 앞으로 이 책에서는 밝은색 화면을 사용한다.

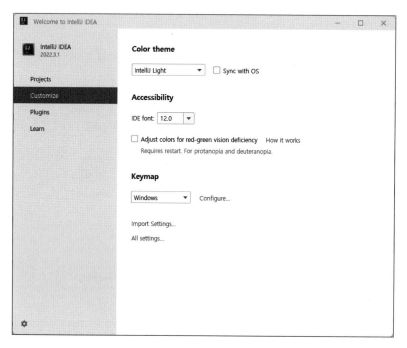

그림 1.10 인텔리J 커스텀화

이제 프로그램을 작성하고 실행해보자.

환영 창에서 왼쪽 메뉴의 Projects를 선택하고 중간의 New Project(새 프로젝트) 버튼을 클릭하면 새 프로젝트 입력 화면이 나온다(그림 1.11). 혹시 중간에 'detecting JDK' 같은 창이 떠서 끝나지 않을 경우, Cancel(취소) 버튼을 클릭하면 새 프로젝트 입력 화면이 나온다.

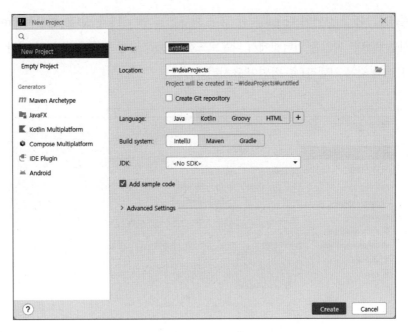

그림 1.11 새 프로젝트

프로젝트 이름에 helloworld를 입력하고, 언어는 코틀린을 선택한다. 빌드 시스템은 일단 인텔리J를 선택하라. 컴퓨터에 JDK가 설치돼 있지 않거나 이전에 인텔리J를 실행하지 않았다면 JDK 부분이 〈NO SDK〉라고 표시된다. 콤보 박스를 내려서(그림 1.12) Download JDK를 선택하고 원하는 버전을 선택하라. 원하는 벤더[vendor] 버전이 있으면 해당 버전을 선택하고, 없으면 무난하게 오라클 오픈JDK를 선택한 후 다운로드하자.

그림 1.12 SDK 콤보 박스

오픈JDK-19를 선택해 다운로드한 경우 화면은 그림 1.13과 같다. 여기서 Create를 클릭하면 필요한 파일을 인터넷에서 다운로드하는 동안 잠깐 진행 창이 떴다 사라진 후, 그림 1.14와 같은 인텔리J 주 화면이 표시된다.

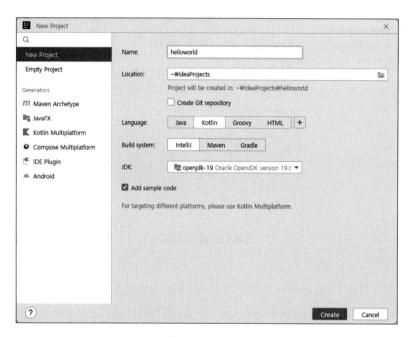

그림 1.13 JDK를 선택/다운로드한 후의 새 프로젝트 화면

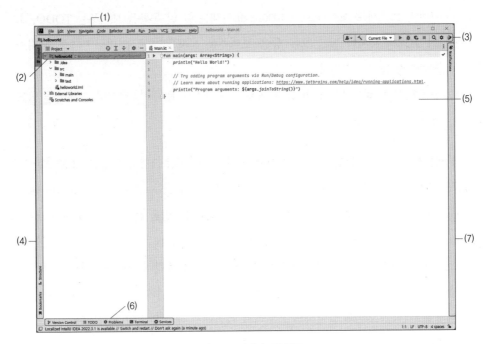

그림 1.14 인텔리J 주 화면

화면은 크게 다음과 같이 나뉜다.

(1) **메뉴**

(2) **내비게이션 바**: 현재 화면에 보이는 편집창이 표시 중인 파일의 경로를 보여준다.

(3) **툴바**: 코드위드미$^{Code\ with\ Me}$(인텔리J를 활용한 원격 짝 프로그래밍 도구) 버튼, 프로젝트 빌드 버튼, 실행할 모듈 지정 선택 박스, 실행 및 디버깅 관련 버튼 등이 위치한다.

(4) **프로젝트 페인**: 왼쪽의 사이드바에는 프로젝트 구조를 보여주는 프로젝트 페인 $^{Project\ pane}$, 현재 에디터에 표시 중인 파일의 구조(함수나 클래스 정의 등)를 보여주는 구조 페인$^{Structure\ pane}$, 프로그래머가 지정한 북마크를 보여주는 북마크^{Bookmark} 페인이 표시된다.

(5) **편집창**

(6) **하단 사이드바**: 깃^{git} 등을 사용한 소스 코드 버전 관리를 도와주는 버전 제어^{Version}

^{Control}, 프로젝트 소스 코드에 TODO로 표시해둔 할 일 목록을 보여주는 TODO, 소스 코드의 문제나 빌드 오류 등을 보여주는 문제^{Problems}, 터미널^{Terminal}, 서비스^{Service} 창 등이 포함된다.

(7) **오른쪽 사이드바:** 인텔리J의 통지 내용을 보여주는 통지^{Notifications}나 그레이들 빌드 설정^{Gradle} 등이 표시된다.

이 책에서 각각의 기능을 다 설명하기는 어려우므로 프로그램을 실행할 때 필요한 기능만 설명한다. '인텔리J 시작하기^{Getting started}' 문서(https://www.jetbrains.com/help/idea/getting-started.html)를 이용하거나 유튜브에서 인텔리J 사용법을 검색(https://www.youtube.com/results?search_query=인텔리제이+사용법)해보라.

프로젝트를 생성하면 표시되는 편집창에는 Main.kt가 출력돼 있다. 이 파일이 프로젝트 창에서 어떤 위치에 있는지 알고 싶다면, 프로젝트 페인 위쪽의 위치 찾기 아이콘(그림 1.15에서 동그라미 친 부분)을 클릭하면 프로젝트 페인에서 해당 파일이 표시된다.

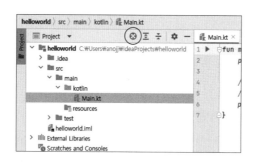

그림 1.15 프로젝트 파일 위치

편집창에 파일을 입력하고 나면 컴파일 및 실행을 해볼 차례다. 현재 툴바의 실행할 모듈 선택 박스에 있는 대상(현재는 '현재 파일^{Current File}'임)을 빌드하고 싶다면 **Ctrl-F9**(맥의 경우 **⌘F9**)를, 실행하고 싶다면 **Shift-F10**(맥에서는 **⌃R**)을 누르면 된다. 또는 툴바에서 실행 모듈 선택 박스 왼쪽의 망치 모양 아이콘을 눌러 빌드하고 오른쪽의 삼각형 플레이^{play} 버튼을 눌러 실행할 수도 있다. 또, 현재 작성 중인 코드 편집창을 보면 실행 가능한 함수

(main())가 있는 경우 편집창 맨 왼쪽의 줄 번호 표시 영역에 플레이 버튼이 표시된다. 이 버튼을 클릭하면 실행, 디버깅 등을 선택할 수 있는 메뉴가 나오고 메뉴에서 Run(실행)을 선택하면 해당 함수를 바로 실행할 수 있다.

　프로그램을 실행하면 다음과 같이 인텔리J의 아래쪽 사이드바 영역이 넓어지면서 Run(실행) 창이 표시되고, 프로그램이 콘솔에 출력하는 표준 출력이나 표준 오류 메시지가 화면에 표시된다(그림 1.16).

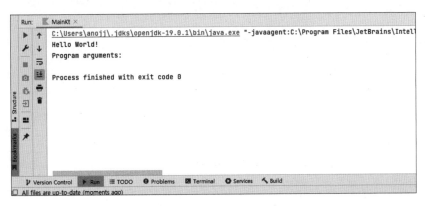

그림 1.16 프로젝트를 실행할 때 나타나는 콘솔 창

　프로그램에 인자를 넘기고 싶거나 프로그램 실행과 관련된 설정을 변경하고 싶을 때는 실행 대상 모듈 선택 박스를 내려서 Edit Configuration(설정 변경)을 선택하면 그림 1.17과 같이 실행 설정 변경 창이 표시된다. 또는 편집창의 플레이 버튼을 클릭하면 표시되는 메뉴에서 Modify Run Configuration(실행 설정 변경)을 선택할 경우, 그림 1.18처럼 해당 파일의 실행 설정만 변경할 수 있는 좀 더 간략한 실행 설정 변경 창이 표시된다.

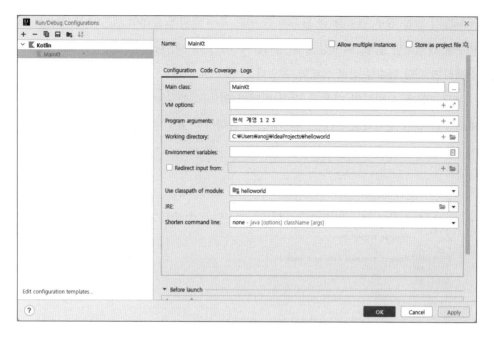

그림 1.17 실행 설정 변경 창

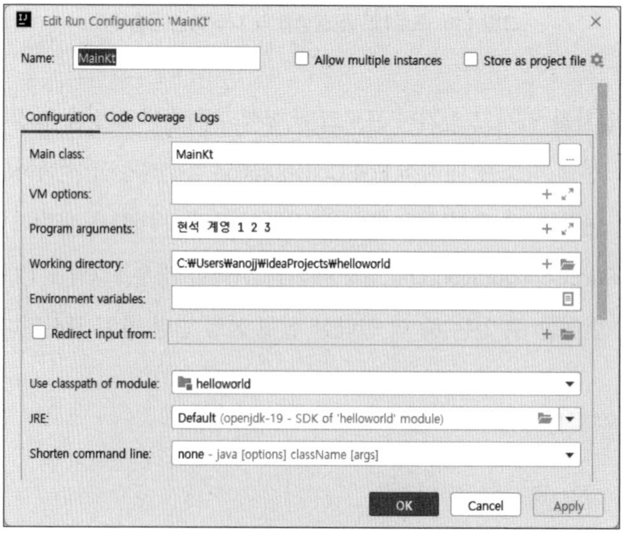

그림 1.18 현재 파일 실행 설정 변경 창

변경 창에서 **Program arguments**(프로그램 인자) 부분에 명령줄 인자를 입력할 수 있다. 현석 계영 1 2 3을 입력하고 아래의 **Apply**(적용) 버튼을 누른 후 다시 프로그램을 실행하면 그림 1.19와 같은 결과를 볼 수 있다.

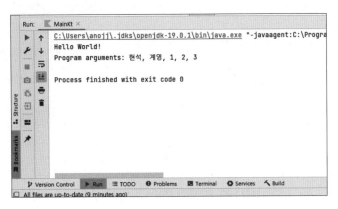

그림 1.19 명령줄 인자를 입력한 다음 프로그램을 실행한 결과

프로그램을 입력하다 보면 종종 실수를 하기 마련이다. 코드를 작성할 때 문법적인 실수를 저지르거나 타입을 잘못 입력하면 인텔리J가 해당 줄에 빨간 밑줄을 긋고 코드가 잘못됐음을 알려준다. 그림 1.20에서 오른쪽 위를 보면, 빨간색 느낌표 아이콘 옆에 오류가 1개 있다는 사실이 표시된다.

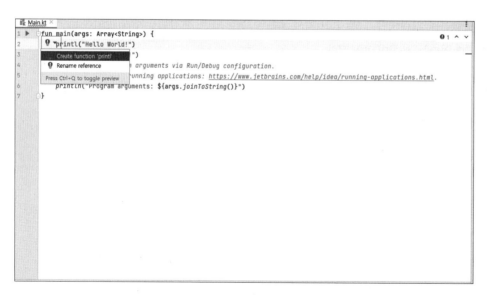

```
Main.kt ×
1  ▶  fun main(args: Array<String>) {
2         printl("Hello World!")
3         println("Hello World!")
4         // Try adding program arguments via Run/Debug configuration.
5         // Learn more about running applications: https://www.jetbrains.com/help/idea/running-applications.html.
6         println("Program arguments: ${args.joinToString()}")
7      }
```

그림 1.20 편집창에 보이는 소스 코드 오류

잘못 입력한 코드 옆에 있는 느낌표 모양의 빨간색 전구 아이콘을 클릭하면 인텔리J가
제안하는 소스 코드 수정 방법이 나온다.

```
Main.kt ×
1  ▶  fun main(args: Array<String>) {
2         printl("Hello World!")
3            Create function 'printl'          ")
4         🔧 Rename reference              n arguments via Run/Debug configuration.
5         Press Ctrl+Q to toggle preview   running applications: https://www.jetbrains.com/help/idea/running-applications.html.
6         println("Program arguments: ${args.joinToString()}")
7      }
```

그림 1.21 빨간색 전구 아이콘을 선택할 때 나타나는 오류

여기서는 print1이라는 함수가 없어서 오류가 생겼으므로 print1이라는 이름의 함수를 만들라는 제안이 먼저 표시되고, print1을 잘못 입력했을 수도 있으므로 이 이름을 변경하라는 제안도 함께 표시된다. 오류 종류에 따라 인텔리J가 적절한 수정 방법을 제안해 주며, 상당수는 꽤 정확하므로 이를 참조해 문제를 해결하면 된다. 문제를 수정한 다음에는 다시 프로그램을 빌드해 실행해볼 수 있다.

1.3.3 명령줄 도구: kotlinc와 kotlin

코틀린을 설치하면 명령줄(터미널)에서 컴파일하거나 코틀린 REPL$^{\text{Read-Eval-Print Loop}}$을 실행해서 대화식으로 코틀린 코드를 입력하고 실행 결과를 볼 수 있다. 코틀린을 설치하지 않은 경우라도 인텔리J의 스크래치^{scratch} 기능을 사용하면 REPL을 쓸 수 있다.

코틀린 개발 도구를 설치하는 방법은 인터넷을 참고하라. 코틀린을 설치하고 나면 터미널을 열고 kotlin이나 kotlinc를 실행해 그림 1.22와 같은 REPL 화면을 볼 수 있다(그림 1.22는 WSL2를 사용해 윈도우에서 우분투 리눅스를 구동한 후 실행한 화면이다).

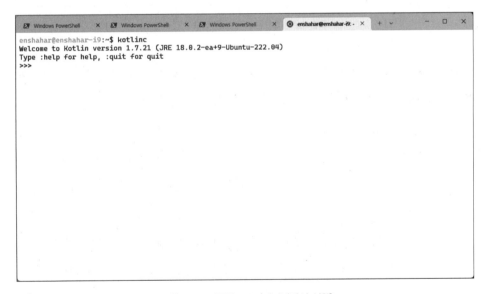

그림 1.22 코틀린 REPL(터미널에서 실행)

버전 정보와 :help(도움말), :quit(종료 명령) 설명이 나오고 >>>라는 프롬프트가 보인다. 프롬프트 뒤에 보이는 커서 위치에서 원하는 코틀린 코드를 입력할 수 있다. println("Hello World")를 입력해보자. 입력과 결과는 그림 1.23과 같다.

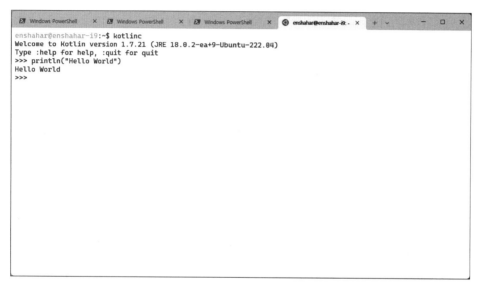

그림 1.23 코틀린 REPL 명령 입력 결과

이제 아무 식이나 입력해보자(이때 프롬프트인 >>>는 입력할 필요가 없다는 점에 유의하라). 예를 들어 3*4+2를 입력하면 다음과 같이 식을 계산한 결과를 표시해준다.

```
>>> 3*4+2
res1: kotlin.Int = 14
```

사용자의 입력을 읽고read 평가(또는 계산)해서evaluate 출력하는print 과정을 반복loop하므로, 이를 REPL('리플'이라고 읽음)이라고 한다. 여기서 res1은 사용자가 입력한 식의 결과를 나중에 재사용하고 싶을 때를 위해 REPL이 자동으로 할당해준 변수 이름이다. 이 res1을 사용하면 언제든지 3*4+2를 실행한 결과를 참조할 수 있다. 다음은 (3*4+2)+(3*4+2)를 계산한다.

```
>>> res1 * res1
res2: kotlin.Int = 196
```

REPL은 사용자 입력이 식인 경우 식을 계산한 결과를 resN 변수에 넣어주고, 함수나 클래스 선언인 경우 아무 정보도 표시하지 않으며, 실행하는 과정에서 println 등을 사용해 콘솔 화면에 출력이 이뤄진 경우 사용자 명령 다음에 표시해준다. 따라서 앞에서 입력한 println("Hello World") 다음 줄에 Hello World가 표시됐다.

코틀린 명령줄 컴파일러를 설치하지 않았더라도 인텔리J가 제공하는 스크래치 파일(이하 스크래치)을 이용하면 REPL을 쓸 수 있다. 사실 인텔리J의 스크래치 기능은 REPL 이외에 다른 기능을 더 포함하지만, 이 책에서는 그에 대해 설명하지 않고 REPL을 쓰는 법만 설명한다.

우선 스크래치를 하나 만들어야 한다. 왼쪽 프로젝트 창의 맨 아래쪽에 있는 Scratches and Consoles(스크래치와 콘솔)를 오른쪽 클릭해 뜨는 메뉴에서 New(새 창)와 Scratch File(스크래치 파일)을 선택하면 사용 가능한 스크래치 파일 목록이 나온다. 거기서 Kotlin(코틀린)을 선택하면 그림 1.24와 같은 스크래치 파일 창이 편집창 위치에 표시된다.

그림 1.24 스크래치 파일 창

창의 왼쪽은 입력 부분이고, 오른쪽은 실행 결과 부분이다. 위쪽에 보면 플레이 버튼
(스크래치 파일 전체 실행), 쓰레기 버튼(결과 지우기), 모듈 선택 박스(현재 인텔리J가 편집 중
인 프로젝트의 어떤 모듈과 연동해 스크래치를 실행할지 결정)가 있고, 그 옆에 상호 작용 모드
Interactive mode와 REPL 사용Use REPL 체크 박스가 있다.

상호 작용 모드를 선택하면 입력을 하고 잠시 있으면 자동으로 코드가 실행되면서 결
과 부분에 결과가 표시되지만, 상호 작용 모드를 해제하면 플레이 버튼을 눌러야 코드가
실행된다.

REPL 사용을 선택하면 REPL 모드로 스크래치가 실행되면서 한 줄 한 줄 REPL에 프
로그램을 입력할 때처럼 프로그램이 처리되고, 식을 평가한 경우 평가 결과를 resN 변수
에 담아서 출력한다. 반면 REPL 사용을 해제하면 전체 코드를 코틀린 스크립트로 실행
하면서 결과를 표시해주므로 resN 변수를 쓸 수 없다.

앞에서 터미널 REPL에 입력했던 코드를 그대로 입력한 후 REPL 사용을 켜고 상호
작용 모드를 끈 상태로 플레이 버튼을 눌러 실행하면 그림 1.25와 같다. res1 변수를 인
식하지 못해 빨갛게 표시되지만 실제 실행 결과에서는 res1과 res2 출력을 볼 수 있다.

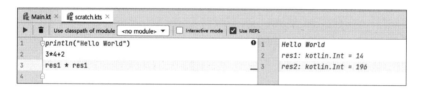

그림 1.25 REPL 모드로 스크래치 실행

반면 REPL 사용을 끄면 REPL로 작동하지 않기 때문에 res1 등의 REPL 변수를 사용
할 수 없고, 그로 인해 오류가 발생한다(그림 1.26).

그림 1.26 비REPL 모드에서 REPL 변수 사용으로 인한 오류

res1*res1을 제거하고 (3*4+2)*(3*4+2)를 입력한 후 실행하면, 다음과 같이 실행 결과에서 각 식을 평가한 결괏값 앞에 resN이 표시되지 않는다는 사실을 알 수 있다.

그림 1.27 비REPL 모드에서 식 평가 결과 표시

지금까지 코틀린 프로그램을 입력하고 실행하는 세 가지 방법을 살펴봤다. 이 책 초반의 예제는 REPL이나 웹에서 간단하게 실행해볼 수 있지만, 중반 이후 나오는 코드는 인텔리J를 사용해 빌드해야 실행할 수 있다.

이제 코틀린과 프로그래밍 도구에 대한 소개를 마쳤으니 본격적으로 코틀린 언어를 살펴보자.

## 제1부

코틀린 퀵스타트

1장에서 코틀린을 소개하고 개발 환경을 설치했다. 이제 설치한 코틀린 컴파일러와 IDE 를 활용해 프로그램을 작성하면서 코틀린 언어를 배워보자.

1부에서는 코틀린의 기본 문법 요소를 전반적으로 빠르게 설명한다. 그 과정에서 코틀린이 지원하는 여러 가지 프로그래밍 패러다임을 다룬다. 1장에서 설명한 코틀린 플레이그라운드를 사용하면 IDE나 코틀린 컴파일러를 설치하지 않고도 쉽게 코드를 테스트해볼 수 있다. 1부에서는 간단한 코틀린 예제를 실행해가면서 코틀린 프로그램을 둘러싼 여러 언어 요소의 기본적인 형태를 빠르게 살펴본다.

02

프로그램을 이루는
기본 단위: 변수와 식, 문

2장에서 다루는 내용

- 프로그램 진입점
- 주석
- 가변 변수와 불변 변수 선언
- if, when
- for, while, do ... while
- break, continue

2.1 가장 간단한 코틀린 프로그램

프로그래밍 언어로 작성한 프로그램은 어떤 미리 약속된 방법에 따라 실행을 시작해야
한다. 보통 언어나 운영체제 등에 의해 미리 정해진 프로그램 진입점entry point이 있고, 프
로그램은 이런 진입점부터 시작해 실행이 이뤄진다.

코틀린에서는 main()이라는 함수[1]가 프로그램 진입점으로 사용된다. 다음은 (좀 식상하긴 하지만) "Hello World!"를 화면에 찍는 간단한 프로그램이다.

```kotlin
fun main() {
  println("Hello World!")
}
```

플레이그라운드(https://play.kotlinlang.org/)에서 이 프로그램을 입력하고 실행해보자.

몇 가지 예제에서는 플레이그라운드 화면을 보여주겠지만, 그 이후부터는 출력문 옆에 출력 결과를 주석으로 표시하거나 프로그램 코드 밑에 주석으로 표시할 것이다.

그림 2.1처럼 입력창에 프로그램을 입력하고 오른쪽 위 Run 버튼을 클릭하면, 실행 결과가 아래쪽에 표시된다.

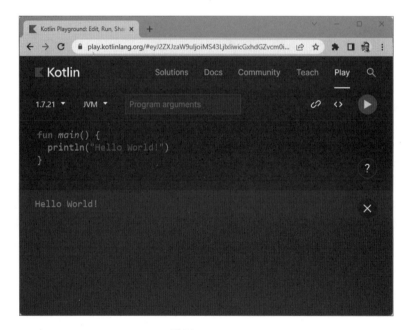

그림 2.1 Hello World

---

1   이 책에서는 함수를 다른 종류의 이름과 쉽게 구분하도록 함수 이름 뒤에 ()를 붙인다. 함수는 3장에서 다룬다.

한편, 프로그램을 실행할 때 프로그램에 인자argument를 지정할 수 있다. 이렇게 지정한 인자를 프로그램이 받을 수 있으려면 main() 함수를 아래와 같이 정의해야 한다.

```kotlin
fun main(args: Array<String>) {     // 관습적으로 args라는 이름을 쓰지만 다른 이름을 써도
관계없다
  println(args.joinToString())
}
```

프로그램을 플레이그라운드 편집창에 입력하고, **Program arguments**라는 부분에 '1 2 3 4 5'를 넣은 후(큰따옴표 없이 공백으로 구분해 숫자를 넣어라) 프로그램을 실행해보라. 그림 2.2와 같은 화면을 볼 수 있다.

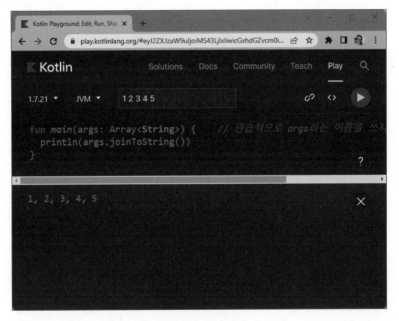

그림 2.2 명령줄 인자

플레이그라운드 아래쪽 출력 화면에 현석, 계영, 100, Tom, Cruise가 나오게 하려면 Program arguments에 어떤 값을 넣어야 할까?

2.2 주석

2.1절의 두 번째 예제에서 '// 관습적으로 args라는 이름을 쓰지만 다른 이름을 써도 관계없다'라는 부분은 주석comment이며, 코틀린 컴파일러는 //부터 그 줄의 끝(새줄 문자)까지를 무시한다.

코틀린은 /*로 시작하고 */로 끝나는 주석도 허용한다. 이런 형태의 주석은 프로그램 중간에 위치할 수도 있고, 여러 줄에 걸칠 수도 있다.

```
fun main(args: Array<String>) {
  println("Hello World!")

  /* 여러 줄 주석 예제:
        이런 식으로 여러 줄로 주석을 작성할 수 있다
  */
  println(args/*.joinToString()*/)  // /*로 시작하는 주석을 코드 중간에 쓴 경우
}
```

여러 줄 주석의 경우 기존의 자바나 C, C++ 언어와 달리 /*와 */의 짝이 맞아야만 한다.

```
/* /* */
fun main() {
  // 여전히 여러 줄 주석의 내부임
}
*/ */
/*
```

끝에서 두 번째 줄에서 */로 여러 줄 주석이 끝난 후, */가 한 번 더 있으므로 코틀린 컴파일러는 *와 /를 연산자로 인식해서 error: expecting a top level declaration이라는 오류를 발생시킨다. 컴파일되는 코드의 최상위 수준에서는 선언문만 존재할 수 있

기 때문이다. 반면, 마지막 줄에서는 /*로 주석을 열고 닫지 않았으므로 error: unclosed comment라는 컴파일 오류가 발생한다.

여러 줄 주석 안에서 한 줄 주석을 넣은 경우, 한 줄 주석 안에 */와 /*를 쓰면 한 줄 주석의 일부로 인식하지 않고 여러 줄 주석을 끝내는 */나 새로운 내포된 여러 줄 주석을 시작하는 /*로 인식한다.

```
/* // */ 한 줄 주석 안에서 여러 줄 주석이 닫힘
```

반대로 여러 줄 주석 내부가 아닌 위치에서 한 줄 주석이 시작된 경우에는 그 안에서 /*나 */를 아무리 많이 써도 한 줄 주석의 일부로 인식된다.

```
// 한 줄 주석 내부 /* 여전히 한 줄 주석 내부 */ */ */ '*/'가 여러 개 있어도 문제없음
```

주석을 사용할 때 주의할 점

주석은 프로그램을 작성할 때 발견한 통찰이나 코드를 현재 형태로 작성하게 된 원인 등을 설명할 때 유용하다. 또한 TODO:, FIXME: 등으로 향후 진행해야 할 일이나 수정해야 할 부분 등을 기록해두면, IDE가 이런 부분을 강조해 표시해주므로 향후 프로젝트를 진행할 때 도움을 받을 수 있다.

그러나 코드를 보면 뻔히 알 수 있는 내용을 주석으로 설명하는 것은 바람직하지 않다. 코드를 변경하면 주석과 코드가 서로 달라지면서 오히려 혼란을 가중시킬 수도 있고, 주석과 코드가 서로 중복되면서 오히려 소스 코드가 지저분해 보일 수도 있다. 특히 주석과 코드를 모두 영어로 작성해야 하는 경우(외국 팀원과 협력해야 하거나 오픈소스 코드를 작성할 때 등)라서 영어 주석과 영어 코드가 번갈아 나타나면 이런 현상이 더 심해진다. 다음 두 주석은 같은 내용을 각각 한글과 영문으로 작성한 경우 느낌이 서로 어떻게 다른지 보여준다. 물론 예로 든 두 주석 모두는 코드에 전혀 있을 필요가 없는 무가치한 주석이다.

```
// find first node whose name is not start with an "a"
val first = nodes.first { it.name.startsWith("a") }

// 이름이 "a"로 시작하지 않는 첫 번째 노드를 찾는다
val first = nodes.first { it.name.startsWith("a") }
```

2.3 값과 이름, 리터럴과 변수

코틀린 언어에서는 다양한 유형의 값을 사용할 수 있다. 다음은 코틀린이 제공하는 기본 타입에 속하는 값들을 어떻게 코드로 표현할 수 있는지를 보여준다.

1. **정수**: 1, 0, +10, -2321처럼 우리가 일상적으로 사용하는 자연수 표기법을 사용해 표현할 수 있다. 컴퓨터는 2의 보수 형태인 2진수로 정수를 저장한다.

2. **실수**: 1.0, 0.0, 1.213, -3.1416 등 우리가 일상적으로 사용하는 소수 표기법을 사용해 표현할 수 있다. 또한 1e10, 1e-1, -1.03e-20 등의 과학적 표기법scientific notation을 사용해 표현할 수도 있다.

3. **문자**: 'c', '가', '0'처럼 두 작은따옴표('') 안에 문자를 넣어서 표현한다.

4. **문자열**: "string", "한글문자열"처럼 두 큰따옴표("") 안에 문자를 1개 이상 넣어서 표현한다. 다만, ""이라고 쓰면 빈 문자열이 된다.

5. **참/거짓**: true와 false로 참과 거짓을 표현한다.

프로그램 안에서 조금 전에 설명한 방식대로 값을 표현하는 코드를 **리터럴**literal이라 한다. 리터럴에 **연산자**operator를 적용하면 수학 연산 등을 수행할 수 있다.

```
1 + 10     // 11
1.0 * 2.0  // 2.0
```

하지만 리터럴을 그대로 사용하면 불편한 점이 많다. 그래서 리터럴에 이름을 붙일 수 있다. 이름을 붙일 때는 val을 사용한다. val은 값value이라는 뜻이다.

```
val pi = 3.1416
```

이렇게 선언한 이름을 사용해 새로운 값을 계산하거나, 계산한 결과에 다시 다른 이름을 붙일 수 있다.

```
val radius = 10.0
val areaOfCircle = radius * radius * pi
```

val로 값이 이름을 붙이면, 이름에 연결된 값을 변경할 수 없다. 그래서 val로 선언한 이름을 **불변 변수**immutable variable라고도 한다. 불변 변수에 새 값을 엮으려고 하면 컴파일러가 컴파일 오류를 낸다. 플레이그라운드에서 다음을 실행해보라.

```
fun main() {
  val pi = 3.1416
  val radius = 10.0
  println(pi*pi*radius)

  pi = 3.14                    // val cannot be reassigned 오류가 발생함
  println(pi*pi*radius)
}
```

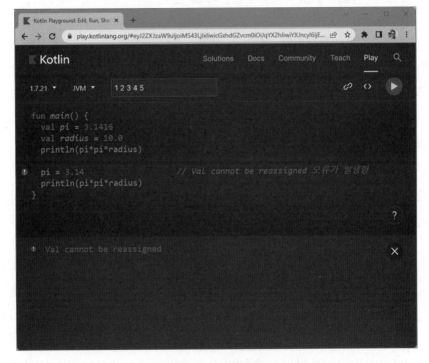

그림 2.3 val 재대입 오류

하지만 경우에 따라서는 값에 연관시킨 이름을 바꾸고 싶을 때도 있다. 이럴 때는 var

로 선언하면 된다.

```kotlin
fun main() {
  var pi = 3.1416
  val radius = 10.0
  println(pi*pi*radius)

  pi = 3.14
  println(pi*pi*radius)
}
```

2.4 타입과 타입 지정, 타입 추론, 타입 변환

코틀린의 모든 값에는 **타입**^{type}이 부여된다. 값에 적용할 수 있는 연산이나 코틀린 프로그램의 주요 구성 요소에는 타입이 부여된다. 타입이 맞아떨어지지 않으면 프로그램이 컴파일되지 않는다. 이런 특성을 지닌 언어를 **강 타입 언어**^{strongly typed language}라 한다.

타입은 프로그램의 각 요소가 지닌 특성을 아주 간략하게 요약한 꼬리표 같은 것이다. 타입은 마치 컴퓨터 뒤에 있는 소켓과 그 소켓에 꽂는 플러그의 모양이 종류에 따라 서로 달라서 잘못 꽂으면 큰일이 나는 경우를 미리 방지해주는 것과 비슷한 역할을 한다.

코틀린은 몇 가지 기본 타입을 제공한다. 기본 타입들은 모든 프로그램에서 사용할 데이터들을 구축하기 위한 출발점이라 할 수 있다.

1. **정수형 타입**: 모든 정수를 한 타입으로 다룰 수도 있지만 현실적으로 메모리 낭비가 심할 수 있으므로, 다루려는 값의 범위에 따라 타입을 나눠서 좀 더 효율적으로 메모리를 쓰게 한다. 코틀린은 Byte, Short, Int, Long 타입을 기본으로 제공한다.

2. **실수형 타입**: 정수형 타입과 마찬가지로 값의 범위에 따라 Float와 Double 타입을 제공한다. 하지만 표기할 수 있는 유효 자리 숫자가 너무 적기 때문에 현실적으로 Float를 쓸 일은 거의 없다.

3. **문자 타입**: Char라는 타입을 제공한다.

4. **문자열 타입**: String이라는 타입을 제공한다.

5. **참/거짓 타입**: Boolean이라는 타입을 제공한다. Boolean이라는 이름은 참/거짓을 사용한 논리 계산법을 정립한 영국 수학자 부울[Boole]의 이름을 딴 것이다.

기본 타입과 같은 메모리 표현을 갖지만 부호를 사용하지 않으므로 더 큰 양수를 표현할 수 있는 부호 없는 정수 타입도 있다. 다음은 부호가 없는 정수 타입과 그에 대응하는 부호 있는 정수 타입을 보여준다.

1. **UByte**: Byte

2. **UShort**: Short

3. **UInt**: Int

4. **ULong**: Long

2.3절에서 배운 대로 val이나 var를 사용해 변수를 정의할 때 원하면 타입을 지정할 수도 있다.

```
fun main() {
  var pi: Double = 3.1416
  val radius: Double = 10.0
  println(pi*pi*radius)

  pi = 3.14
  println(pi*pi*radius)
}
/*
98.6965056
98.596
*/
```

하지만 타입을 지정하지 않고 var pi = 3.1416이나 val radius = 10.0처럼 써도 컴파일러가 알아서 pi와 radius의 타입을 지정해주는데, 이를 **타입 추론**[type inference]이라 한다. 정수 타입과 실수 타입 리터럴의 경우 특별히 타입을 지정하지 않으면 Int와 Double로 타입을 추론하며, 정수 리터럴의 값이 너무 크면 Long으로 타입을 추론해준다. 또한 64비트로 표현할 수 있는 정수 값의 범위를 벗어나면 컴파일 오류가 발생한다. 하지만 실수 리터럴의 경우 유효 자리가 너무 많거나 너무 값이 크더라도 알아서 컴파일 오류가 발생하지 않고 값에 따라 적절한 수치로 값이 정해지며, 이 과정에서 일부 데이터가 사라질 수 있다.

```
// Int, 1203123
val i = 1203123
// Long, 1231231232112
val l = 1231231232112
// error: the value is out of range
val z = 1238123891283912893891023
// Double, 2.3213123123123122E86
val d1 = 232131231231231231247218741827498127894721984792817498172984719278421749812794792187412.0
// Double, Infinity
val d2 = 1e10293021930
```

기본 타입 간의 타입 변환은 값.to타입() 형태를 쓴다.

```
val l = 10.toLong()
val s = l.toShort()
val d = s.toDouble()
val f = s.toFloat()
val ss = f.toString()
```

부호 없는 정수 타입을 부호 있는 정수 타입으로 바꾸거나 역으로 바꿀 수도 있다. 이때 2진 표현은 그대로 두고 해석만 부호 없는 정수와 부호 있는 정수를 오간다는 점에 유의하라. 예를 들어 2의 보수를 사용해 −1을 표현하는 바이트 비트 패턴은 0xFF인데, 이 패턴을 부호 없는 2진수 바이트로 해석하면 255이지만 부호 있는 2진수 바이트로 해석하면 −1이 된다. Long과 ULong의 경우도 마찬가지다.

```
val y = 10.toUByte()   // 10
val b1 = (-1).toUByte() // 255
val b2 = b1.toByte()    // -1
```

```
val z = (-1).toULong()  // 18446744073709551615
val k = z.toLong()      // -1
```

2.5 if, when

어떤 조건에 따라 두 값 중 한 값을 택해야 하는 경우나 두 가지 동작 중 한 가지 동작을
수행해야 하는 경우가 있다. 이럴 때는 if/else를 사용한다. 다음은 d의 절댓값을 출력하
는 코드다. 이 코드에서 d >= 0이 참이면 d를, 거짓이면 -d를 if/else 식의 결과로 내놓기
때문에 -d 쪽이 최종 결괏값으로 계산되며 1.0이 화면에 출력된다. 플레이그라운드에서
결과를 쉽게 확인할 수 있다.

```
fun main() {
  val d = -1.0
  println(if (d >= 0) d else -d)    // 1.0
}
```

조건이 여럿인 경우 if/else if/else처럼 조건을 여러 번 나열할 수 있다.

```
fun main(args: Array<String>) {
  val d = args[0].toInt() // 사용자가 첫 번째로 main에 넘긴 문자열을 Int로 변환한다
  println(
    if (d == 1) "하나"
    else if(d == 2) "둘"
    else if(d == 3) "셋"
    else if(d <= 0) "몰라"
    else "많다"
  )
}
```

if를 값을 만들기 위해 사용하지 않고 실행해야 할 문장을 선택하기 위해 사용할 수도
있다.

```
fun main(args: Array<String>) {
  val d = args[0].toInt() // 사용자가 첫 번째로 main에 넘긴 문자열을 Int로 변환한다
  if (d == 1)
    println("하나")
  else if(d == 2)
    println("둘")
  else if(d == 3)
    println("셋")
  else if(d <= 0)
    println("몰라")
  else "많다"
}
```

값을 만들 때 사용하는 if를 if **식**if-expression이라 하고, 실행할 문장을 선택할 때 사용하는 if를 if **문**if-statement이라 한다.

if 대신 when을 쓸 수도 있다. 마찬가지로 when도 식과 문으로 쓸 수 있다. 다음 코드의 when은 식으로 쓰였다.

```
fun main(args: Array<String>) {
  val d = args[0].toInt() // 사용자가 첫 번째로 main에 넘긴 문자열을 Int로 변환한다
  println(
    when {
      d == 1 -> "하나"
      d == 2 -> "둘"
      d == 3 -> "셋"
      d <= 0 -> "몰라"
      else -> "많다"
    }
  )
}
```

다음은 명령문으로 쓰인 when이다.

```
fun main(args: Array<String>) {
  val d = args[0].toInt() // 사용자가 첫 번째로 main에 넘긴 문자열을 Int로 변환한다
  when {
    d == 1 -> println("하나")
    d == 2 -> println("둘")
```

```
    }
}
```

when이나 if 모두 명령문으로 쓸 때는 else가 없어도 된다. 하지만 식으로 쓸 때는 반드시 else가 있어야 한다. 식은 값을 만들어내는데, when이나 if에 나열된 각 조건을 만족하지 못할 때 어떤 값을 지정해야 할지를 알지 못하는 것은 말이 안 되기 때문이다.

조금 전에 설명한 when 식과 문의 예제를 보면 모두 d라는 같은 변수를 대상으로 조건문을 사용했다. 이렇게 어떤 정해진 값을 대상으로 여러 가지 조건 분기를 하고 싶을 때는 when 다음에 괄호를 넣고 검사 대상이 될 변수를 적으면 각 분기의 조건식을 간결히 적을 수 있다.

```
fun main(args: Array<String>) {
  val d = args[0].toInt() // 사용자가 첫 번째로 main에 넘긴 문자열을 Int로 변환한다
  when(d) {
    1 -> println("하나")
    2 -> println("둘")
  }
}
```

이런 when을 대상이 있는 when^(when with subject)이라 한다.

왜 if와 when 식을 도입했을까?

if/when을 식으로 사용할 수 없으면 조건에 따라 값이 달라지는 경우 반드시 var 변수를 사용하고 적당한 초깃값으로 그 변수를 초기화해야만 한다. 다음은 if 식이 허용되지 않고 if 문만 쓸 수 있는 경우 어떤연산() 함수를 호출한 결과가 참인지 거짓인지에 따라 다른 값을 지정하는 방법을 보여준다.

```
  var d = ""
  if(어떤연산())
    d = "성공"
  else
    d = "실패"
```

아니면 다음과 같이 써야 한다.

```
    var d = "실패"
    if(어떤연산()) d = "성공"
```

두 코드 모두 d를 var로 정의해야 한다는 문제가 있고, 두 번째 방식은 더 간결하지만 "성공", "실패"
를 나누는 조건이 명시적으로 드러나지 않는다는 문제가 있다.

반면 if 식을 허용하면 코드를 다음과 같이 쓸 수 있다.

```
    val d = if(어떤연산()) "성공" else "실패"
```

코틀린에서 if와 when 식을 허용한 것은 val 사용을 편리하게 해주고 더 장려하기 위함이다. 이를
통해 코틀린은 불변값을 주로 사용하는 함수형 프로그래밍의 접근 방법을 더 쉽게 사용하도록 프로
그래머를 돕는다.

2.6 범위와 for

정해진 횟수만큼 반복하고 싶거나 어떤 범위 내의 정수를 차례로 처리해야 하는 경우가
있다. 코틀린에서는 for 루프와 범위를 써서 이런 처리를 할 수 있다.

범위를 정할 때는 최솟값..최댓값 형태를 사용한다. 예를 들어 0..1은 0과 1 두 정수가 포
함된 범위고, 11..100은 11부터 100까지 90개의 숫자가 포함된 범위다. ..으로 만든 범위
에는 양 끝 값이 모두 포함된다.

범위를 만들면 for 변수 in 범위 형태로 범위 내부의 값을 변수에 대입해 사용할 수 있다.

```
fun main() {
  for(i in 1..10)
    println(i)
}
```

플레이그라운드에서 실행해보면, 1부터 10까지 정수를 한 줄에 하나씩 표시해준다.
한편 이런 식으로 같은 동작을 여러 번 반복하는 명령을 **반복문**이나 **루프**loop라 한다.

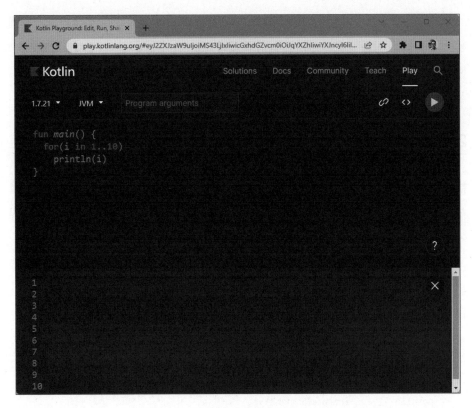

그림 2.4 for 루프

for 루프 안에 루프를 포함시킬 수도 있다. 예를 들어 구구단을 출력하고 싶다고 하자. 2단부터 시작하고 1부터 9까지 아홉 가지 곱셈의 결과를 출력하길 원한다면 다음과 같이 바깥쪽 루프는 2..9에 대해, 안쪽 루프는 1..9에 대해 값을 계산해 출력하면 된다.

```kotlin
fun main() {
  for(i in 2..9) {
    for (j in 1..9) {
      println("$i * $j = ${i*j}")
    }
  }
}
```

여기서 문자열 안의 $i는 i 변수의 값을 그 위치에 넣고, $j는 j 변수의 값을 그 위치에 넣으며, ${식}은 식을 계산한 결과를 ${식}이 들어 있는 위치에 넣어주는 **문자열 템플릿**^{string} template이다.

2.7 while과 do while

범위와 같이 어떤 값을 미리 정해진 규칙대로 원하는 만큼만 만들어서 돌려주는 장치를 사용하는 경우에는(이런 장치를 만드는 방법은 나중에 자세히 다룬다) for를 쓸 수 있지만, 그렇지 않은 경우도 있다.

예를 들어 0 이상 100 미만인 임의의 난수를 발생시켜서 그 값이 50보다 작은 동안에는 계속 루프를 반복하고 싶은 경우를 생각해보자. 이런 경우 for 루프는 적합하지 않으며, while을 써서 코드를 작성할 수 있다.

```
fun main() {
  var randomNumber = Random.nextInt(0, 100)
  while(randomNumber < 50) {
    println("난수 = $randomNumber")
    randomNumber = Random.nextInt(0, 100)
  }
  println("$randomNumber 발생. 루프 종료.")
}
```

여기서 while 루프 내부의 randomNumber에 새 난숫값을 넣지 않으면 루프가 영원히 끝나지 않는다는 점에 유의하라. 루프를 사용할 때는 루프를 반복하면서 루프를 끝내는 종료 조건에 도달할 수 있는지 여부를 항상 신경 써야 한다.

while은 루프를 시작할 때 조건을 검사하지만, 루프를 끝낼 때 조건을 검사하는 do while을 써서 루프를 돌 수도 있다. 따라서 do while을 쓰면 루프가 최소한 한 번은 실행된다는 점에 유의하라.

```
fun main() {
  var randomNumber = 0 // 아무 값이나 초기화함
  do {
    randomNumber = Random.nextInt(0, 100)
    println("난수 = $randomNumber")
  } while(randomNumber < 50)

  println("$randomNumber 발생. 루프 종료.")
}
```

do while을 실행한 위 코드와 앞에서 while로만 작성한 코드의 실행 결과가 (발생된 난수의 순서를 제외하면) 정말 같은가? 다르다면, do while을 사용한 코드의 실행 결과가 while만 사용한 코드의 실행 결과와 같도록 코드를 변경하라.

2.8 break와 continue

루프를 실행하다 보면, 일찍 루프를 끝내거나 다음번 이터레이션^{iteration}의 시작점으로 바로 이동하고 싶은 경우가 있다. 루프를 일찍 끝내고 싶을 때는 break를 쓰고, 다음 이터레이션 시작점(루프 조건을 검사하기 직전)으로 가고 싶을 때는 continue를 쓴다.

다음 코드는 i와 j가 2의 배수(2로 나눈 나머지가 0이면 2의 배수다)인 경우 continue를 하므로 3, 5, 7, 9단의 1, 3, 5, 7, 9행만 화면에 출력한다.

```
fun main() {
  for(i in 2..9) {
    if(i%2==0) continue
    for (j in 1..9) {
      if(j%2==0) continue
      println("$i * $j = ${i*j}")
    }
  }
}
```

바깥쪽 루프의 if 문을 보면 i를 2로 나눈 나머지가 0이면 continue를 하는데, continue는 루프의 다음 이터레이션을 시작하는 지점으로 제어를 이동한다. 이때 루프가 for 루프면 루프가 순회 중인 컬렉션이나 범위(여기서는 2..9라는 범위)의 다음 원소가 있는지 검사해서 다음 원소가 있으면 그다음 원소를 갖고 이터레이션을 수행하고, 다음 원소가 없으면 루프를 종료한다. while이나 do/while의 경우 while 뒤에 있는 조건식으로 이동해 조건식을 평가한 후 결과가 참이면 다음 이터레이션을 수행하고 거짓이면 루프를 끝낸다.

이때 continue는 자신을 둘러싼 루프 중 가장 안쪽의 루프를 건너뛴다. 따라서 이 예제에서 안쪽(j를 사용하는 루프)의 continue는 j를 인덱스 변수로 사용하는 루프를 건너뛰고, 바깥쪽의 continue는 i를 인덱스 변수로 사용하는 루프를 건너뛴다.

익힘문제

앞의 프로그램을 변경해서 짝수 단의 짝수 행만 출력하는 코드를 작성하라.

다음 코드는 i*j가 20보다 크면 안쪽 루프를 일찍 종료하므로 구구단에서 두 수를 곱한 값이 20 이하인 경우만 화면에 출력한다.

```
fun main() {
  for(i in 2..9) {
    for (j in 1..9) {
      if(i%j > 20) break
      println("$i * $j = ${i*j}")
    }
  }
}
```

continue와 마찬가지로 안쪽 루프에 있는 break 자신이 속한 가장 안쪽 루프인 j를 사용하는 루프를 끝내는데, 이때 안쪽 루프의 실행이 일찍 끝나도 바깥쪽 루프는 끝나지 않는다는 점에 유의하라. 한편 바깥쪽 루프에 있는 break는 i를 사용하는 루프를 끝낸다.

2.9 식과 연산자

지금까지는 별다른 설명 없이 식이라는 용어를 사용했지만, 식과 문은 다음과 같이 구별할 수 있다.

1. **식**expression: 식(또는 표현식)은 어떤 한 가지 값으로 계산될 수 있는 프로그램 조각을 뜻한다. 가장 단순한 식은 값을 표현하는 리터럴이며, 식을 서로 엮어서 새로운 식을 만들 때는 연산자operator를 사용한다. 우리가 수학 시간에 배운 2 * 3 + 4와 같은 산술식arithmetic expression도 프로그램에서 사용할 수 있다. 코틀린에서 식을 엮을 때 사용할 수 있는 연산자로는 사칙 연산(+, -, *, /)이나 나머지(%) 연산 등의 산술 연산과 비교 연산(==, !=, ===, !==, >, <, >=, <=), 논리 연산(&&, and, ||, or, !, not()), 함수 호출(함수 이름 뒤에 붙이는 괄호와 인자들) 등이 있다. 코틀린에서는 if, when과 나중에 배울 try/catch/finally도 값을 만들어내는 식으로 쓰인다는 점이 전통적인 C 계열 언어(C, C++, 자바)와 다른 점이다.

2. **문**statement: 문은 값을 만들어내지는 않지만 프로그램의 흐름을 제어하는 역할을 한다. 식이 만들어내는 값을 무시하면 식도 문 역할을 할 수 있으며, 이런 성질을 가장 잘 이용하는 경우가 함수를 호출하고 결괏값을 사용하지 않는 경우다. 이런 경우 해당 함수는 결괏값을 돌려받아 사용하기 위한 용도보다는 어떤 공유된 상태(var 변수나 나중에 배울 객체 내부의 프로퍼티)를 변경하거나 입출력을 수행하는 역할을 하며, 이런 식으로 쓰이는 함수는 사용자가 정의한 문user defined statement 역할을 한다고 볼 수 있다. val이나 var를 선언하는 문장이나 함수, 클래스, 객체를 선언하는 문장, if 문, when 문, 대입문이나 복합 대입문(+=, -=, *=, /=), 루프문(for, while, do/while), try/catch 문 등이 코틀린에 사용되는 문장들이다.

컴파일러에 의해 컴파일되고 실행되는 방식의 코틀린 프로그램은 최상위에 함수, var나 val 변수(이런 최상위 변수를 최상위 프로퍼티라 한다), 클래스(class로 시작), 인터페이스(interface로 시작), 싱글턴 객체(object로 시작), 타입 별명(typealias로 시작), 패키지 선언(package로 시작)만 올 수 있고, 이런 문장이 아닌 문장(예: println("Hello") 같은 함수 호출이나 1+2 같은 단순한 식)은 최상위에 올 수 없다.

식을 이루는 연산자에는 **우선순위**precedence와 **결합 방향**associativity이 있다. 우선순위는 여러 연산자를 뒤섞어 쓸 때 각 연산자를 계산하는 순서를 결정한다. 우리가 수학 시간에 배운 '덧셈, 뺄셈을 곱셈, 나눗셈보다 더 나중에 계산한다'는 규칙이 바로 연산자 간의 우선순위를 정하는 규칙이다. 그래서 1 + 2 * 3은 (1 + 2) * 3이 아니라 1 + (2 * 3)으로 계산돼야 한다. 컴파일러는 정해진 우선순위에 따라 정확히 식을 계산하는 코드를 만들어주지만, 사람은 우선순위를 혼동할 수 있으므로 복잡한 식은 괄호로 둘러싸서 의도를 명확히 드러내는 게 좋다.

결합 방향은 우선순위가 같은 연산자가 나란히 쓰일 때 각 연산자를 계산하는 순서를 결정한다. 대부분의 연산에서는 가장 왼쪽에 있는 연산자를 먼저 계산하도록 정해져 있다. 따라서 1 - 2 + 3은 (1 - 2) + 3으로 계산되며, 1 - (2 + 3)으로 계산되지 않는다. 코틀린에서 결합 방향이 오른쪽 우선인 연산자는 단항 부호 연산자 -와 +, 논리 부정 연산자 !뿐이다.

2.10 배열

문자열은 문자를 여럿 연속으로 이어붙인 데이터라고 할 수 있다. 문자열과 비슷하게 정수나 실수를 연속적으로 연결해 사용해야 하는 경우가 흔히 있으며, 수학의 벡터 연산을 프로그래밍하려면 이런 데이터 구조가 필요하다. 또한 성적 처리나 설문 조사 결과를 처리할 때처럼 같은 유형의 데이터를 여럿 처리해야 하는 경우에도 같은 타입의 원소를 여러 개 묶어서 다룰 수 있는 구조가 필요하다.

이런 식으로 여러 원소가 저장된 데이터 구조를 컬렉션collection이라 한다. 컬렉션의 각 원소를 메모리에 어떻게 배치하고 이전 원소나 다음 원소를 어떤 방법으로 접근할 수 있느냐에 따라 아주 다양한 컬렉션이 존재한다.

컬렉션 중에서도 배열은 가장 오래된 컬렉션에 속한다. 수학이나 과학 계산을 수행할 때는 실수 타입의 값이나 정수 타입의 값이 연속적으로 나열된 벡터나 n차원으로 나열된 행렬 등의 구조를 자주 사용한다. 이런 구조를 컴퓨터에서 표현할 때 같은 타입의 값을 메모리의 인접한 위치에 배치하면 각 값의 인덱스index만으로 그 값의 위치를 알 수 있다는 장점이 있다. 프로그래밍에서는 이런 구조를 배열이라고 부른다. 예를 들어 (1, 2, 3)이라는 3차원 벡터를 배열을 사용해 메모리에 표현하면 아래와 같다(4바이트 정수를 가정하고, 벡터의 첫 번째 원소가 0x2400번지에 있다고 가정한다).

0x2400에서 0x는 16진수라는 뜻이다. 프로그래밍에서 주소 등을 표현할 때는 보통 16진수를 사용한다.

메모리 주소	저장된 값
0x2400	0x00000001
0x2404	0x00000002
0x2408	0x00000003

배열의 첫 번째 원소는 0x2400번지에, 두 번째 원소는 첫 번째 원소의 주소에 4(원소 크기)를 추가한 0x2404번지에 위치한다. n번째 원소의 주소는 다음과 같이 쉽게 구할 수 있다.

n번째로 위치한 원소의 주소 = 첫 번째 원소의 주소 + (n − 1) * 원소 크기

하지만 매번 원소 위치에서 1을 빼고 원소 크기를 구하는 게 귀찮으므로, 많은 프로그래밍 언어에서 원소의 인덱스를 0부터 시작하게 정의하고 원소 주소를 다음과 같이 구한다. 코틀린도 이 방법을 사용한다.

인덱스 i에 해당하는 원소의 주소 = 첫 번째 원소(인덱스 = 0)의 주소 + i * 원소 크기

따라서 인덱스가 0인 원소는 배열의 첫 번째 원소고, 배열의 길이가 n이면 마지막 원소의 인덱스는 n − 1이 된다.

배열을 사용할 경우, 원소의 인덱스를 알면 곱셈과 덧셈만으로 쉽게 원소의 메모리상 주소를 찾을 수 있으므로 배열 원소를 읽거나 쓰는 연산은 원소의 인덱스와 관계없이 항상 일정한 시간이 걸려 수행될 수 있다.

계산 이론에서는 연산을 수행하는 데 얼마나 오랜 시간이 걸리는지를 연산의 **시간 복잡도**time complexity라는 용어로 나타낸다. 입력과 관계없이 항상 일정한 시간이 걸려 수행할 수 있는 계산을 **상수 시간 연산**constant time operation이라 하고, '배열을 읽거나 쓰는 데는 $O(1)$ 시간이 걸린다'라고 말하거나 '배열을 읽거나 쓰는 연산의 시간 복잡도는 $O(1)$이다'라고 말한다. 여기에 쓰인 O는 원래는 그리스어 알파벳 중 하나인 오미크론의 대문자지만, 영어 대문자 O와 같아 보이므로 '빅오Big O'라고 읽는다. 시간 복잡도를 더 자세히 알고 싶다면 알고리듬이나 자료구조 책을 살펴보라.

배열은 빠르게 데이터를 읽고 쓸 수 있지만, 연속적으로 메모리를 할당해야 하므로 미리 공간을 확보해두지 않으면 쉽게 크기를 늘릴 수 없고 배열 중간에 데이터를 삽입할 때는 삽입될 위치부터 그 이후의 데이터를 모두 하나씩 뒤로 옮겨야 하기 때문에 원소 삽입 시간이 상대적으로 느리다는 단점이 있다. 하지만 원소 삽입 삭제가 빈번하지 않은 경우 배열이 제공하는 빠른 데이터 접근에서 얻는 이득이 크기 때문에 프로그래밍에서 배열을 쓰는 경우가 많다.

2.10.1 배열 선언하기

배열을 선언하려면 배열에 들어갈 원소의 타입과 배열에 들어갈 원소의 개수를 알아야 한다.

배열 내부에 들어갈 원소를 이미 알고 있는 경우 arrayOf 함수를 써서 배열을 선언할 수 있다. 컴파일러는 arrayOf 함수에 전달된 원소들의 타입으로부터 배열의 타입을 추론하며, 배열의 크기는 arrayOf에 전달된 원소들의 개수에 따라 정해진다.

```
val oneToTen = arrayOf(1, 2, 3, 4, 5, 6, 7, 8, 9, 10)  // 크기 10짜리 Int 원소로
이뤄진 배열
val cats = arrayOf('c', 'a', 't', 's')          // 크기 4짜리 Char 원소로 이뤄진 배열
```

배열의 타입은 Array<원소타입>이다. 두 꺾쇠 기호(<>) 사이에 있는 타입이 배열에 들어가는 원소를 결정한다.[2] 앞의 두 배열은 다음과 같이 정의할 수도 있다.

```
val oneToTen: Array<Int> = arrayOf(1, 2, 3, 4, 5, 6, 7, 8, 9, 10) // 크기 10
짜리 Int 원소로 이뤄진 배열
val cats: Array<Char> = arrayOf('c', 'a', 't', 's')          // 크기 4짜
리 Char 원소로 이뤄진 배열
```

배열 길이를 얻고 싶으면 배열.size를 쓰고, 배열 원소를 얻고 싶을 때는 각괄호([]) 사이에 원소의 인덱스(첫 번째 원소가 0, 마지막 원소는 배열.size-1이라는 점에 유의하라)를 넣어서 읽을 수 있다.

```
val c = cats[0]
val s = cats[cats.size-1]
```

배열 길이를 벗어난 인덱스를 사용하면 ArrayIndexOutOfBoundsException 예외가 발생한다.

```
val error = cats[cats.size]  // ArrayIndexOutOfBoundsException: Index 4 out
of bounds for length 4
```

2.10.2 배열을 생성하는 다른 방법

arrayOf 함수 외에 배열을 생성하는 두 가지 방법이 더 있다. 아직 배우지 않은 개념이 나와서 각 방법의 의미를 100% 이해할 수는 없겠지만, 여기서 잠시 설명하고 넘어가자.

---

2   이런 식으로 타입을 파라미터로 받아서 새로운 타입을 만들 수 있는 특별한 타입을 **제네릭 타입**(generic type)이라 한다. 제네릭 타입을 사용한 프로그래밍은 6장에서 다룬다.

1. 배열 크기를 알지만 안에 어떤 값을 채워 넣을지 미리 알 수 없는 경우에는 arrayOfNulls를 사용해 null로 채워진 배열을 만들 수 있다.
2. 배열 크기를 알고 배열의 각 위치에 어떤 값을 채워 넣을지 인덱스로부터 계산할 수 있는 경우에는 Array 함수(정확히 말하면 생성자)를 통해 배열을 만들 수 있다.

```
val arrayOf10Ints = arrayOfNulls<Int>(10)
val arrayOf1To10 = Array(10){it+1}
```

{it + 1}에서 {}는 3장에서 배울 **람다식**lambda expression이다. 람다식의 it에는 채워 넣을 객체의 인덱스가 자동으로 전달된다. 원소가 10개라면 it의 값이 0부터 9까지 열 번 바뀌면서 이 람다식이 호출된다.

2.10.3 원시 타입 배열과 참조 타입 배열

C, C++, 자바 같은 전통적인 언어에서는 보통 정수나 실수, 문자, 불린 타입(불린 타입이 존재하는 언어의 경우)의 값은 메모리상에서 해당 타입의 값을 표현하는 2진수 값으로 존재하고, 1.toString()처럼 멤버 함수 호출이 가능한 객체(객체는 조금 있다 다룬다)로 존재하지 않는다. 그래서 전통적인 언어에서는 이런 식으로 컴퓨터 CPU가 즉시 이해할 수 있는 값으로 메모리상에 존재하는 타입을 **원시 타입**primitive type이라고 부른다. 하지만 코틀린에서는 모든 대상을 객체처럼 취급할 수 있으며, Int, Double 등 다른 언어였다면 원시 타입이었을 값에 대해서도 편리하게 메서드 호출을 하고 해당 값이 사용되는 문맥에 따라 컴파일러가 알아서 원시 타입 값으로 처리하거나 객체로 처리해준다.

이로 인해 생기는 한 가지 문제점이 있다. Array<Int> 같은 배열 타입의 값인 경우 배열 내부에 저장할 값이 원시 타입의 32비트 정수 값으로만 쓰일지 여부를 알 수 없다. 이런 경우 컴파일러는 가장 안전한 방식(즉, 런타임에 문제가 생기지 않는 방식)을 택해야 하므로 Array<Int> 배열의 원소로는 32비트 정수 값이 아니라 정수 값 객체를 가리키는 **참조**reference를 사용할 수밖에 없다. 이 말은 다음과 같은 배열을 정의했을 때,

```
val arrayOf1to4 = arrayOf(1, 2, 3, 4)
```

Int 객체(나중에 객체지향을 설명할 때 다룸)를 가리키는 참조가 4개 들어 있는 배열 객체가 1 개 생기고 1, 2, 3, 4 각각의 값이 들어 있는 Int 타입 객체가 생긴다는 뜻이다.[3] 이와 마찬가지로 String이나 class나 object 키워드를 사용해 정의된 타입의 객체들도 배열 자체에는 객체를 가리키는 참조만 들어가고 실제 객체는 힙heap(생성된 객체가 위치하는 메모리 영역) 안의 다른 위치에 저장된다. 이런 식으로 참조를 통해 간접적으로 객체에 접근해야 하는 배열을 **참조 배열**reference array이라 한다.

반면 String을 제외한 코틀린 기본 타입들(자바 원시 타입에 해당)의 경우 객체로는 쓰이지 않고 원시 타입으로만 쓰일 수 있다는 사실을 안다면 배열 안에 참조를 저장하지 않고 즉시 값을 저장해서 불필요한 부가 비용을 피할 수 있다. 이렇게 원시 타입 값을 연속적으로 저장한 배열을 **원시 배열**primitive array이라 한다. 이를 위해 코틀린은 다음과 같은 타입에 대한 원시 타입 배열을 제공한다.

타입	원소 설명	배열 생성 방법
ByteArray	1바이트 정수	byteArrayOf(...)
ShortArray	2바이트 정수	shortArrayOf(...)
IntArray	4바이트 정수	intArrayOf(...)
LongArray	8바이트 정수	longArrayOf(...)
CharArray	2바이트 문자	charArrayOf(...)
BooleanArray	1바이트 정수	booleanArrayOf(...)
FloatArray	4바이트 실수	floatArrayOf(...)
DoubleArray	8바이트 실수	doubleArrayOf(...)

---

3   정수의 경우 만들어질 각 객체 값은 불변 값이다. 그리고 0, 1 등 작은 정수는 프로그램에서 자주 쓰일 확률이 높으므로 매 번 새로 생성하는 비용이 아깝다. 그래서 플랫폼에 따라서는 런타임에 미리 0, 1 등에 대한 Int 타입의 객체를 만들어두고 프로그램에서 0, 1처럼 작은 정수를 사용할 때마다 이렇게 미리 만들어진 정수 객체를 사용하기도 한다. 이를 **객체 캐싱** (object caching)이라 한다. 한편, 자주 쓰이는 문자열을 공유하면 불필요한 문자열 객체 생성을 막을 수 있어 정수와 마찬 가지인 캐시 기법을 사용할 수 있는데, 이를 **문자열 인터닝**(string interning)이라 한다.

추가로 코틀린은 부호 없는 정수 타입에 대한 원시 타입 배열도 제공한다.[4]

타입	원소 설명	배열 생성 방법
UByteArray	1바이트 부호 없는 정수	ubyteArrayOf(...)
UShortArray	2바이트 부호 없는 정수	ushortArrayOf(...)
UIntArray	4바이트 부호 없는 정수	uintArrayOf(...)
ULongArray	8바이트 부호 없는 정수	ulongArrayOf(...)

2.10.4 배열 기본 연산

여기서는 몇 가지 배열 연산을 다룬다. 코틀린은 객체지향(4장 참조) 언어이므로 배열에 대한 연산을 수행할 때도 대부분은 객체지향 스타일로 멤버 프로퍼티를 활용하거나 멤버 함수를 활용한다. 멤버 프로퍼티를 사용할 때는 배열.프로퍼티이름을, 멤버 함수를 사용할 때는 배열.멤버함수이름(인자들)을 사용한다.

배열 길이: 배열.size

배열 길이를 알고 싶을 때는 size라는 프로퍼티를 사용한다.

```
fun main() {
  val x = arrayOf(1, 2, 3)
  println(x.size)                // 3
  val y = intArrayOf(1, 2, 3, 4, 5)
  println(y.size)                // 5
}
```

---

4 부호 없는 정수 숫자를 표현하고 싶을 때는 숫자 뒤에 u, U나 ul, uL을 붙인다. 예를 들어 uintArrayOf(1u, 2u)는 정상적으로 작동하지만, uintArrayOf(1, 2)는 error: conversion of signed constants to unsigned ones is prohibited라는 컴파일 오류가 발생한다.

배열의 마지막 인덱스와 인덱스 범위: 배열.lastIndex, 배열.indices

배열.lastIndex를 사용해 배열의 마지막 인덱스를 얻을 수 있다. 또한 배열.indices를 사용해 배열 인덱스 범위를 얻을 수 있다.

```
fun main() {
  val array = intArrayOf(1, 3, 4, 5, 6, 7, 1, 2)
  val lastIndex = array.lastIndex
  val indices = array.indices
  val size = array.size
  println(lastIndex == indices.last)   // true
  println(lastIndex == size-1)         // true
  println(0 == indices.first)          // true
}
```

배열 원소에 대해 루프 돌기: for ... in

for 변수 in 배열을 사용하면 배열의 원소를 차례로 변수에 담아 루프 본문에서 사용할 수 있다. 앞에서 본 구구단 프로그램과 달리 여기서는 배열에 대한 루프를 사용한다.

```
fun main() {
  val x = arrayOf(2, 3, 4, 5, 6, 7, 8, 9)
  val y = arrayOf(1, 2, 3, 4, 5, 6, 7, 8, 9)

  for(i in x) {
      for(j in y) {
          println("$i * $j = ${i*j}")
      }
  }
}
```

원소가 배열에 들어 있는지 판단하기: in

어떤 값이 배열에 들어 있는지 판단할 때 in을 쓸 수 있다.

```
fun main() {
  val x = intArrayOf(1, 2, 3, 4, 5)
  println(1 in x)     // true
  println(10 in x)    // false
}
```

2.11 연습문제

1. 코틀린 언어에서 main() 함수가 특별한 이유를 설명하라.

2. 코틀린 언어에서 주석을 작성하는 두 가지 방법을 설명하라.

3. val과 var 변수의 차이는? val x = 10이라고 변수를 선언한 후 다시 x = 20이라는 대입을 시도하면 컴파일러가 어떤 오류를 내는가?

4. val x = 10이라는 선언에서 x 변수 타입은 무엇인가? 이렇게 컴파일러가 변수의 타입을 자동으로 추론해 지정해주는 기능을 무엇이라 부르는가?

5. 코틀린이 제공하는 기본 타입을 나열하고 각각에 해당하는 리터럴을 한 가지씩 예로 들어보라.

6. if 식과 if 문의 차이를 설명하라.

7. when 식과 when 문의 차이를 설명하라.

8. 대상이 있는 when과 그렇지 않은 when의 차이를 설명하라.

9. 코틀린이 제공하는 세 가지 루프문을 비교하라.

10. break를 설명하라.

11. continue를 설명하라.

12. 식과 문의 차이를 설명하라.

13. 참조 배열이란 무엇인가? `Array<String>` 타입의 배열은 메모리에 어떤 형태로 저장되는지 설명하라.

14. 원시 배열이란 무엇인가? 코틀린이 제공하는 12가지 원시 배열 타입을 설명하라.

15. 배열을 만드는 여러 가지 방법을 정리하라.

03

함수

2장에서 배운 식과 문만 갖고도 꽤 복잡한 프로그램을 작성할 수 있지만, 프로그램이 복잡해지고 길어지면 곧 알아보기 힘든 코드가 된다. 특히 비슷한 계산을 반복해 수행해야 할 때도 같은 코드를 반복적으로 적어야 한다는 점과, 세부 구현 사항이 모두 코드에 드러나서 머릿속으로 각 부분이 어떤 일을 하는지 덩어리지어 기억할 수 없다는 점이 프로그램을 더 크게 개발할 때 걸림돌이 된다.

이런 문제를 해결하고자 **추상화**abstraction에 의존한다. 추상화는 요소를 묶어서 이름을 부여하는 작업과, 비슷한 요소가 반복되지만 개별적으로 약간씩 다른 부분이 있을 때 공통 부분을 재사용 가능한 형태로 묶고 개별적으로 다른 부분을 **파라미터화**parameterize하는 작업으로 나눌 수 있다.

요소를 묶어 이름을 부여하는 작업은 세부 구현을 잊고 더 높은 수준에서 프로그램의 각 부분이 하는 일을 이해하게 해주며, 그에 대해 의사소통할 수 있는 새로운 단어를 제공하므로 유용하다. 예를 들어, '책상 위 물건을 가지런히 놓고, 먼지털이로 먼지를 털어준 후 바닥을 진공청소기로 밀고, 물걸레로 닦은 후 물걸레를 빨아서 넌다'라는 작업을 '사무실 청소'라고 정의해두면, 세부 작업을 일일이 반복하지 않아도 '사무실 청소를 합시다'라고 말하는 것만으로 '책상 위 물건을 가지런히 놓고, 먼지털이로 먼지를 털어준 후 바닥을 진공청소기로 밀고, 물걸레로 닦은 후 물걸레를 빨아서 넙시다'라는 말을 대신할 수 있다. 이렇게 정의하고 나면 나중에 '대청소'를 정의할 때 '먼저 사무실 청소를 하고, 의자를 모두 밖으로 뺀 후 바닥을 연마제로 연마한 다음 코팅제로 코팅합니다'라고 정의할 수 있어서 '사무실 청소'를 더 큰 작업의 부품으로 쓸 수 있다는 장점이 있다.

요소에 이름을 부여하되 변하지 않는 요소와 변하는 요소가 있으면 변하는 요소를 그때그때 파라미터로 주입받게 할 수 있다. 이런 방식의 추상화를 파라미터화라고 한다. 예를 들어 2차 방정식 근의 공식은 2차 방정식의 해를 계산하는 방법을 2차식의 계수 a, b, c라는 파라미터를 사용해 정의한다. 근의 공식이 있으면 그냥 세 계수 a, b, c의 값을 근의 공식에 넣는 것만으로 원하는 결과를 얻을 수 있다.

코틀린에서는 물론이고, 다른 언어에서도 프로그래밍 언어가 제공하는 가장 간단하고 근원적인 추상화 방법은 함수다. 함수는 수학의 **함수**function에서 온 개념이지만, 항상 값을 돌려주는 식으로만 이뤄지는 수학 함수와 달리 프로그래밍에서는 여러 문을 묶은 함수도 존재할 수 있다는 점이 다르다. 즉, 프로그래밍의 함수는 계산을 추상화할 때도 쓰이지만 동작(또는 행위)을 추상화할 때도 쓰일 수 있다. 3장에서는 코틀린 함수를 다룬다.

3.1 함수

2.1절에서 이미 fun main()을 다뤘으므로 이미 함수를 선언하는 방법은 살펴봤다. main()
은 아무 값도 돌려주지 않는 함수다. 아무 값도 돌려주지 않는 함수는 fun 함수이름(파라미터
목록) { 함수본문 }처럼 선언할 수 있다.

하지만 파라미터 값으로부터 새 값을 계산해 돌려주는 함수를 만들고 싶을 때도 있다.
이럴 때는 파라미터 목록 다음에 : 타입을 붙여서 함수가 반환하는 타입을 지정하고, 함수
본문 안에서 return 식으로 식의 값을 돌려줘야 한다. 따라서 값을 돌려주는 함수는 fun
함수이름(파라미터목록):반환타입 { 함수본문 }처럼 선언해야 한다. 이때 돌려주는 값을 반환하는
return 문 뒤에 오는 식의 타입은 함수 파라미터 목록 다음에 붙은 : 타입의 타입과 일치
해야 한다.

```
fun add(x: Int, y: Int): Int {
  return x + y
}
```

이렇게 선언한 함수를 호출할 때는 원하는 인잣값을 괄호에 넣고 괄호 앞에 함수 이름
을 써주면 된다. 함수 호출은 식이며, 다른 식의 부분식이 될 수도 있다. 따라서 변수를
초기화할 때 함수 호출을 대입하거나 함수 호출 결과에 대해 다른 연산을 수행할 수도 있
고, 함수 호출 결과를 다시 같은 함수의 인자로 넘길 수도 있다.

```
val twoPlusFour = add(2, 4)
val twoPlusFourPlusTwoPlusFour = add(add(2, 4), add(2, 4))
val twoPlusFourSquared = add(2, 4) * add(2, 4)
```

add()처럼 결과를 돌려주는 식이 하나뿐인 간단한 함수를 정의하기 위해 타입을 명시
하고 return까지 쓰면 너무 번거롭다. 이런 경우 코틀린에서는 함수 파라미터 목록 뒤에
등호(=)를 넣고, 그 뒤에 함수의 결과를 계산하는 식을 넣어서 함수를 정의할 수 있다. 이
런 식으로 정의된 함수를 **단일 식 함수**single expression function라고 한다.

```
fun add2(x: Int, y: Int) = x + y
```

코틀린은 함수 파라미터의 타입과 + 연산의 결과 타입으로부터 이 add2() 함수의 반환 타입이 Int라는 사실을 추론해준다. 물론 원한다면 파라미터 목록 뒤에 반환 타입을 적을 수도 있다. 반환 타입을 적은 경우 반환 타입으로 적은 타입과 단일 식의 타입이 일치해 야 컴파일이 될 수 있다.

```
fun add2(x: Int, y: Int): Int = x + y
```

단일 식 함수는 식을 계산한 결과가 함수의 결괏값이므로, 식 내부에서 return 문을 쓰 지 못한다.

```
fun sign(x:Int) = if(x==0) { return 0 } else if(x<0) { return -1 } else {
return +1 } // error: returns are not allowed for functions with expression
body
```

3.1.1 Unit 타입

코틀린은 **강 타입 언어**다. 이 말은 코틀린이 컴파일 시점에 프로그램 각 요소의 타입을 확 장하고 각각의 타입이 서로 어우러지는지 검사한다는 뜻이다. 그렇다면 코틀린은 함수 타입을 어떻게 정할까? 함수 타입은 함수의 파라미터 타입과 반환 타입들로 이뤄진 순서 쌍tuple이라 할 수 있다. 반환값이 있는 함수라면 반환값의 타입이 정해지기 때문에 그 타 입을 함수의 반환 타입으로 생각하면 되지만, 반환값을 돌려주지 않는 함수의 경우 반환 타입을 무엇으로 봐야 할까? 코틀린은 반환값을 돌려주지 않는 함수의 타입을 Unit이라 는 특별한 타입으로 정의한다. 따라서 fun 함수(파라미터목록) { 본문 }이라는 함수 선언은 fun 함수(파라미터목록): Unit { 본문 }이라는 선언과 같다.

Unit 타입은 Unit이라는 유일한 값만 존재하는 특별한 타입이다. 특히 return Unit은 return과 같은 역할을 한다. 그래서 다음 모든 함수 정의는 동일하다.

```
fun foo() { return }
fun foo() { return Unit }
fun foo():Unit { return Unit }
fun foo():Unit { return }
fun foo() = Unit
```

익힘문제

다음 함수 중 잘못 작성된 함수를 고르고 그 이유를 설명하라.

1. fun foo1() = { return }
2. fun foo2():Int { return }
3. fun foo3():Int { return 10 }
4. fun foo4() { return }
5. fun foo5():Unit = Unit
6. fun foo6() = Unit

3.2 지역 변수와 지역 함수, 정적 영역 규칙

함수 본문 안에서 변수를 정의할 수도 있다. 이렇게 정의된 변수는 함수 본문 내부에서만 지역적으로^{locally} 사용할 수 있으므로 이런 변수를 **지역 변수**^{local variable}라고 한다.

```
fun areaOfCircle(r: Double): Double {
  val PI = 3.1416
  return PI * r * r
}
```

이렇게 정의한 변수는 함수 안에서 자신이 정의된 줄 바로 다음 줄부터 사용할 수 있다.

```
fun areaOfCircle(r: Double): Double {
  val PI = 3.1416
  val returnValue = PI * r * r
  return returnValue
}
```

이 예제에서 returnValue 정의는 PI보다 뒤에 있어야 하고, return 문은 returnValue 정의보다 뒤에 있어야 returnValue의 값을 사용할 수 있다.

함수 안에서 함수를 정의할 수도 있다.

```kotlin
fun sumOfAreaOfCircle(radii: Array<Double>): Double {
  fun areaOfCircle(r: Double): Double {
    val PI = 3.1416
    return PI * r * r
  }
  var sum = 0.0
  for(r in radii) {
    sum += areaOfCircle(r)
  }
  return sum
}
```

3.2.1 정적 영역 규칙

지역 변수나 지역 함수를 정의할 때는 이들이 속한 함수의 파라미터 값이나 자신보다 더 앞에 정의된 지역 변수의 값을 사용할 수 있다. 앞에서 정의한 지역 함수 areaOfCircle()에서 PI 정의를 지역 함수 밖으로 빼내고 함수 자체를 단일 식 함수로 다시 정의하면 다음과 같다.

```kotlin
fun sumOfAreaOfCircle(radii: Array<Double>): Double {
  val PI = 3.1416
  fun areaOfCircle(r: Double): Double = PI * r * r
  var sum = 0.0
  for(r in radii) {
    sum += areaOfCircle(r)
  }
  return sum
}
```

아예 PI 정의를 sumOfAreaOfCircle 밖으로 내보낼 수도 있다.

```
val PI = 3.1416
fun sumOfAreaOfCircle(radii: Array<Double>): Double {
  fun areaOfCircle(r: Double): Double = PI * r * r
  var sum = 0.0
  for(r in radii) {
    sum += areaOfCircle(r)
  }
  return sum
}
```

어떤 이름(변수 이름, 함수 이름 등)이 있을 때 이 이름의 속성을 어디서 찾을 수 있느냐를 결정하는 규칙을 **영역 규칙**scope rule이라 한다. 영역 규칙은 어떤 이름에 대한 정의를 그 이름이 속한 영역에서 찾을 수 없을 때 코드의 어느 부분을 뒤져서 해당 이름의 정의를 찾아야 하는지를 정의하는 규칙이라 할 수 있다. 프로그램의 영역 규칙은 가능한 한 프로그램을 읽는 사람들에게 혼동을 일으키지 않고 프로그래머들이 쉽게 변수의 정의를 찾아낼 수 있는 방식이어야 한다.

현재 가장 널리 쓰이는 규칙은 구문적 영역 규칙lexical scope rule이다. 코틀린 등 대부분의 현대 언어는 모두 구문적 영역 규칙을 따른다. 구문적 영역 규칙은 어떤 이름의 정의를 현재 영역에서 찾을 수 없을 때 현재 영역의 부모 영역에서 찾아보고 거기서도 찾을 수 없을 때는 다시 부모의 부모를 찾아보는 식으로 영역을 구문적으로(코드 텍스트상에서) 탐색하는 규칙을 뜻한다.

코틀린 프로그램의 각 블록은 각각 별도의 영역을 만들어내는데, 블록과 블록은 한 블록이 다른 블록을 포함하거나 서로 아무 관계도 없는 두 가지 관계만 가능하다(한 블록이 끝나기 전에 그와 동등한 수준에서 새 블록이 시작될 수는 없기 때문이다). 구문적 영역 규칙을 사용한다는 말은 코틀린 코드에서 {로 시작하고 }로 끝나는 블록(함수 파라미터는 함수 본문 블록의 시작 부분에서 정의된 것으로 간주한다)의 포함 관계에 따라 가장 안쪽 블록에서 자신을 포함하고 있는 바깥쪽 블록으로 점점 거슬러올라가면서 변수나 함수가 정의된 부분을 찾아야 한다는 뜻이다.

프로그램 소스 코드에서 블록 사이의 내포 관계를 파악하는 건 각 블록이 언제 어떤 순서로 실행되는지를 파악하는 것보다 훨씬 쉽기 때문에 구문적 영역 규칙을 사용하면 각 이름의 속성을 파악하기가 훨씬 쉽다.

한편 바깥쪽 블록에 정의된 이름을 안쪽 블록에서 다시 정의하면 안쪽 블록에서 정의한 내용이 바깥쪽 블록에서 정의한 내용을 가리게 되는데, 이런 현상을 **이름 가림**name shadowing이라 한다.

```
val x = 30

fun foo() {
  val x = 10
  println("foo()에서 x는 $x")
}

fun bar() {
  val x = 20
  println("bar()에서 x는 $x")
}

fun main() {
  println("main()에서 x는 $x")
  foo()
  bar()
}
/*
// 결과:
main()에서 x는 30
foo()에서 x는 10
bar()에서 x는 20
*/
```

이런 이름 가림은 보통 프로그램을 해석할 때 실수를 저지르게 되는 원인이 될 수 있어 권장하는 방법은 아니다.

단, 아주 가끔 이름 가림이 유용한 경우가 있다. 함수 파라미터를 받아 함수 안에서 변경하면서 활용해야 하는 경우 별도의 var 변수를 정의해야 하겠지만, 이름 가림을 활용해 파라미터 이름과 똑같은 이름의 var 지역 변수를 정의해 활용할 수도 있다. 이 경우 주석으로 이름 가림의 목적을 명확히 표시해두는 편이 낫다.

```
fun countDown(n: Int) {
    var n = n                    // n을 함수 내부에서 변화시키면서 계산할 필요가 있음
    while(n > 0) {
        println("$n")
        n--
    }
    println("미사일이 발사됐습니다!")
}
```

여기서 var n = n이라는 선언문은 이상해 보인다. 하지만 지역 영역에 정의된 이름은 해당 선언문이 끝난 다음부터 지역 영역에 도입되므로 var n = n에서 등호 뒤의 n은 정의 중인 var n이 아니라 함수 파라미터인 n: Int로 해석되고, 이 n 값이 지역 변수로 선언한 var n에 대입된다.

익힘문제

다음 코드를 실행하면 어떤 값들이 출력될지 프로그램을 실행하지 말고 적어보라.

```
val x = 1

fun foo(y:Int) {
    fun bar(x: Int) {
        println(y)
        println(x)
    }
    println(x)
    bar(10)
}

fun bar(x:Int) {
    var x = x
    x = x - 1
    println(x)
}

fun main() {
    bar(x)
    foo(x+10)
}
```

지역 영역 규칙이 유용한 다른 경우로 잠시 후 설명할 람다나 익명 함수와 지역 영역 규칙을 조합한 클로저^{closure}를 생성해 프로그램에서 함수를 활용할 수 있다는 점을 들 수 있다. 이에 대해서는 나중에 함수형 프로그래밍을 다룰 때 자세히 설명한다.

3.3 익명 함수와 람다

함수와 비슷한 개념으로 **익명 함수**^{anonymous function}와 **람다**^{lambda}가 있다. 익명 함수는 이름이 없는 함수며, 코틀린 람다는 이름이 없는 함수와 비슷하지만 좀 더 간결한 문법을 제공한다.

익명 함수와 람다 모두 함수 역할을 할 수 있는 값을 정의하는 리터럴이다. 따라서 1이나 3.43, false 같은 다른 타입의 리터럴과 마찬가지로 값이나 식이 쓰일 수 있는 위치에 바로 람다를 쓸 수 있다. 물론, 익명 함수나 람다도 정의된 부분과 사용되는 부분에서 컴파일러의 타입 검사를 통과해야 한다.

우선 함수, 익명 함수, 람다의 문법을 살펴보자. 다음은 두 수 x, y를 더하는 add21 함수와 이 함수를 익명 함수 및 람다로 표기하고 add22, add23라는 이름을 붙인 경우를 보여준다.

```
fun add21(x:Int, y:Int) = x + y
val add22 = fun (x:Int, y:Int) = x + y
val add23 = { x:Int, y: Int -> x + y }
```

add21 함수와 그에 상응하는 익명 함수 및 람다를 나란히 놓고 비교해보자.

1. 익명 함수는 fun 다음에 함수 이름이 없다는 점을 제외하면 일반 함수와 동일하다.

2. 람다는 fun과 함수 이름을 없애고 함수 본문 블록 안에 함수의 파라미터 목록을 넣은 것처럼 생겼다. 이때 파라미터 목록 주변에는 괄호가 없고, 파라미터 목록과 함수 본문 식을 구분하기 위해 ->가 들어간다. ->는 '화살표(애로우^{arrow})'라고 부르며, 함수가 파라미터에 결괏값을 대응시켜주는 점을 드러내는 표기법이라 할 수 있다.

꼭 단일 식 함수 형태로만 익명 함수를 정의할 수 있는 것은 아니다. 일반적인 함수 형태로 익명 함수를 정의해도 된다. 다만 이 경우에는 익명 함수의 파라미터 목록 다음에 타입을 지정해야 한다(지정하지 않으면 컴파일러가 반환 타입을 추론하지 않고 Unit으로 가정한다). 하지만 람다는 항상 본문이 식인 형태로만 정의해야 한다. 따라서 람다 본문에서 return을 쓸 수 없고, 맨 마지막에 쓴 식의 값이 전체 값이 된다.

```
val add24 = fun(x:Int, y:Int):Int { return x + y }
val add25 = { x:Int, y:Int -> return x + y }  // error: 'return' is not
allowed here
```

이렇게 정의한 익명 함수나 람다를 일반 함수를 호출하듯 호출할 수 있다.

```
println(add21(1, 2)) // 3
println(add22(1, 2)) // 3
println(add23(1, 2)) // 3
println((fun (x:Int, y:Int) = x + y)(1, 2))  // 3
println({ x:Int, y: Int -> x + y }(1, 2))    // 3
```

반드시 변수에 대입할 필요 없이, 익명 함수나 람다 리터럴을 그대로 쓰고 뒤에 인자를 넘겨도 잘 작동한다는 점에 유의하라.

람다는 일반적인 값과 마찬가지로 쓰일 수 있다. 즉, 람다를 변수나 데이터 구조에 저장하거나(조금 전에 본 add22, add23), 람다를 함수의 인자로 전달하거나, 람다를 함수에서 생성해 반환할 수 있다. 이런 성질을 일컬어, 람다는 코틀린에서 '**일급 시민**1st class citizen으로 취급된다'라고 말하며, 람다를 파라미터로 받거나 람다를 반환하는 함수를 **고차 함수** high order function라고 부른다.

```
fun applyAfterCompose(x: Int, f: (Int)->Int, g: (Int)->Int) = g(f(x))
val fourAddTwoAndThenSquared = applyAfterCompose(4, { x:Int -> x + 2 }, { x:Int
-> x * x })
fun andThen(f: (Int)->Int, g: (Int)->Int): (Int)->Int = { x: Int -> g(f(x)) }
val fourAddTwoAndThenSquared2 = andThen({ x:Int -> x + 2 }, { x:Int -> x * x })
(4)
```

조금 복잡해 보일 수 있지만 차근차근 따져보면 이해할 수 있다. 위 코드에서 andThen을 좀 더 자세히 살펴보자.

1. **fun andThen**: andThen이라는 함수 선언을 시작한다.

2. **(...)**: 파라미터 목록이다.

3. **f: (Int)->Int**: 첫 번째 인자로 f를 받는다. f의 타입은 (Int)->Int인데, 이 타입은 정수 하나를 파라미터로 받는다는 의미의 (Int)와 함수라는 의미의 ->, 반환 타입인 Int를 조합한 것이다. 즉, (Int)->Int는 정수를 하나 받아서 정수를 반환하는 함수 타입이다.

4. **g: (Int)->Int**: f와 마찬가지 타입이므로 이해하기 어렵지 않을 것이다.

5. **: (Int)->Int**: andThen의 결과 타입이다. andThen 함수가 반환하는 값이 'Int 하나를 파라미터로 받아서 Int 타입의 결과를 내어주는 함수'라는 사실을 알려준다.

6. **=**: 단일 식 함수를 정의할 때 쓰는 =이다.

7. **{...}**: 람다를 선언한다.

8. **x: Int ->**: 람다의 시작 부분에 있는 -> 왼쪽에는 람다의 파라미터 목록이 들어간다. 따라서 이 람다는 x라는 이름으로 Int 타입의 값 하나를 파라미터로 받는다.

9. **g(f(x))**: 람다의 결괏값을 계산해주는 식이다. g와 f가 정수를 받아 정수를 돌려주는 함수이므로, g(f(x))는 x에 먼저 f를 적용한 다음 그 결과에 g를 적용해 얻은 정수를 돌려준다.

익힘문제

다음 함수 타입을 설명하라.

1. (Int)->Int
2. (Int, Int)->Int
3. (Int)->Double
4. (Double)->Int
5. ((Int)->Int)->Int
6. (Int)->((Int)->Int)

다음 람다의 타입을 적어보라.

1. `{ x:Int -> x + 1 }`
2. `{ x:Double -> x * 3.0 }`
3. `{ x:Int -> x.toDouble() }`
4. `{ f:(Int)->Int -> f(10) }`
5. `{ x:Int -> { y:Int -> x + y }}`

조금 전에 푼 익힘문제의 다섯 가지 람다를 익명 함수로 다시 정의해보라.

3.3.1 익명 함수나 람다와 관련된 편의 구문

컴파일러가 익명 함수나 람다의 타입을 명확히 알 수 있는 경우, 파라미터 타입을 생략해도 좋다. 보통 변수에 타입이 지정돼 있거나, 이미 시그니처가 정해져 있는 함수의 인자나 반환값으로 익명 함수나 람다가 쓰인 경우 익명 함수나 람다의 타입을 명확히 알 수 있는 경우가 많다.

```
val x1: (Int)->Double = fun(x) = x * 2.0
val x2: (Int)->Double = { x -> x * 2.0 }
val fourAddTwoAndThenSquared2 = applyAfterCompose(4, { x -> x + 2 }, fun(x)
= x * x )
```

람다 파라미터가 하나일 경우 람다식 안에서 파라미터이름 ->를 쓰기 귀찮을 수 있다. 그리고 간단한 식을 계산하는 람다에서는 오히려 파라미터 이름 정의가 잡음처럼 작용하기도 한다. 이럴 때는 파라미터 이름을 선언하는 부분과 화살표를 생략하고, 유일한 파라미터의 이름을 it으로 부르면 람다를 더 간결하게 작성할 수 있다. 따라서 다음 두 정의의 람다는 같은 코드다.

```
val x1: (Int)->Double = { x -> x * 2.0 }
val x2: (Int)->Double = { it * 2.0 }
```

한편 어떤 함수가 마지막 인자로 람다를 받을 경우, 함수를 호출할 때 이 마지막 람다를 함수 인자를 넘기는 괄호 안에 넣지 않고 밖으로 뺄 수 있다. 다음 예제에서 fourPlus10_1과 fourPlus10_2를 계산하는 코드는 실제로는 같은 코드다. 하지만 마지막 람다를 밖으로 빼내면 마치 코틀린이 제공하는 언어 블록을 사용하는 것처럼 보이는 코드를 작성할 수 있다.

```
fun let(x:Int, f: (Int)->Int):Int = f(x)
val fourPlus10_1 = let(4, { it + 10 })
val fourPlus10_2 = let(4){ it + 10 }
```

하지만 익명 함수에서는 it을 사용한 간략한 표기를 쓸 수 없고, 함수의 마지막 파라미터의 타입이 함수인 경우 적용되는 규칙이 익명 함수에는 적용되지 않는다(아래 예제의 마지막 줄).

```
val fourPlus10_3 = let(4, fun(x)=x+10)
val fourPlus10_4 = let(4)(fun(x)=x+10)              // 컴파일 안 됨
val fourPlus10_5 = let(4)(fun()=it+10)              // 컴파일 안 됨

val fourPlus10_6 = let(4, fun(x):Int {return x+10}) // (1)
val fourPlus10_7 = let(4)(fun(x):Int {return x+10}) // 컴파일 안 됨
```

(1) fun(x) 다음에 :Int를 반드시 적어줘야만 한다. 람다 타입 추론과 달리 익명 함수의 경우 여기서 함수 반환 타입을 적지 않으면 반환 타입을 Unit으로 해석한다는 점에 유의하라.

다음 선언에서 람다를 익명 함수로 바꿔 똑같은 일을 하는 똑같은 타입의 함수가 정의되게 하라. 이때 식 본문 익명 함수와 블록 본문 익명 함수를 사용한 경우를 각각 적어라.

(예시) val x1: (Int)->Double = { x -> x * 2.0 }

식 본문 익명 함수: val x1: (Int)->Double = fun(x)=x*2.0

블록 본문 익명 함수: val x1: (Int)->Double = fun(x):Double { return x*2.0 }

1. val x2: (Int)->Double = { it * 2.0 }
2. val x3: ()->Double = { 2.0 }
3. val x4: (Int, String)->String = { i, s -> "$s : $i" }

3.4 클로저와 값 포획

지역 함수는 구문적 영역 규칙을 통해 찾을 수 있는 이름을 자유롭게 사용할 수 있다. 마찬가지로 람다나 익명 함수도 구문적 영역 규칙을 통해 찾을 수 있는 이름을 자유롭게 사용할 수 있다.

하지만 함수가 다른 함수를 반환하는 고차 함수라면 이런 구문 규칙으로 인해 복잡한 문제가 생길 수 있다. 다음 코드를 보자.

```
fun state(v: Int):(Int)->Int {
  var value = v
  return { v ->
    if(v==0) {
      value
    } else {
      val tmp = value
      value = v
      tmp
    }
  }
}

val s = state(10)
```

```
println(s(0))  // 10
println(s(1))  // 10
println(s(2))  // 1
println(s(3))  // 2
println(s(0))  // 3
```

이 코드는 정수를 하나 저장하기 위한 람다를 만들어준다. state()를 호출하면 정수를
받아서 정수를 내놓는 람다를 돌려준다. 이 람다가 하는 일은 다음과 같다.

1. 인자가 0이면 내부에 저장된 값을 반환한다.
2. 인자가 0이 아니면 내부에 저장된 값을 인잣값으로 바꾼다. 이때 기존에 저장돼
   있던 값을 외부에 돌려준다.

여기서 state()가 반환하는 람다가 state()의 지역 변수로 선언된 var value를 사용한
다는 사실에 유의하라. val s = state(10)을 실행했을 때 s는 생성된 람다를 가리키게 되
지만, 이 시점에 이미 state() 함수는 실행이 끝났으므로 지역 변수 var value는 더 이상
함수 지역 변수를 저장하는 영역인 스택stack에 존재하지 않게 된다.

state()가 반환하는 람다가 스택에 있던 var value를 가리키는 코드로 컴파일된다면,
그 이후 이 람다를 호출하는 모든 코드는 다른 함수가 덮어 쓴 엉뚱한 값을 반환하게 되
고, 잘못하면 다른 함수가 사용하던 스택상의 값을 변경하게 돼 전혀 엉뚱한 동작을 일으
킬 수 있다. 이런 문제가 생기게 되는 이유는 고차 함수가 반환하는 람다의 수명이 고차
함수가 실행되고 반환되는 시점 이후에도 계속될 수 있기 때문이다. 따라서 이런 경우 고
차 함수를 스택에 있던 변수를 가리키는 코드로 컴파일해서는 안 된다.

이럴 때 컴파일러는 반환될 람다를 나중에 호출해도 아무 문제가 없도록, 람다가 참조
하는 람다 밖에 정의된 변숫값들을 포함한 데이터 구조를 힙[1]에 저장한다. 이때 람다가

---

[1] 스택은 함수가 사용할 지역 변수나 함수의 파라미터, 함수 반환 주소 등을 저장하기 위해 사용하는 메모리고, 힙(heap)은
함수 호출과 무관하게 존재할 수 있는 객체 등의 데이터를 저장하기 위한 메모리 영역이다. 함수는 호출된 순서와는 반대
로 실행이 끝나므로 나중에 추가된 데이터가 더 먼저 제거되는 구조(LIFO, Last In First Out)인 스택 방식의 메모리를 사
용하지만, 힙에 저장된 값에 해당하는 메모리는 해당 값을 참조하는 다른 객체나 변수가 없을 때 가비지 컬렉터(garbage
collector)에 의해 재활용된다.

96

나중에 제대로 작동하려면 람다를 반환하는 함수의 지역 변수에 속하는 값만 저장하는 것으로는 충분하지 않고, 람다를 둘러싼 모든 영역에서 람다가 참조하고 있는 값들을 모아서 저장해야만 한다. 람다 코드와 더불어 람다를 계산할 때 필요한 모든 환경을 갖춰서 일종의 닫힌 식을 만들어주기 때문에 이런 구조를 **클로저**closure라 부르기 시작했고, 이제는 클로저라는 말을 그냥 익명 함수나 람다와의 동의어로 여기는 사람도 있다.

state()가 반환하는 람다를 보면, 람다에 의해 람다 밖에 정의된 value 변수가 클로저에 들어오게 된다. 이렇게 람다나 함수 내부에 정의되지 않은(이렇게 어떤 블록 안에 선언되지 않아 바깥 영역에서 정의를 찾아야 하는 변수를 자유 변수free variable라 한다) 외부 영역의 변수를 클로저에 붙들게 되는 현상을 **포획**capture이라 한다. 클로저와 포획은 나중에 배울 함수형 프로그래밍에서 중요한 역할을 한다.

익힘문제

다음 세 람다에서 자유 변수가 무엇인지 적어보라.

```
val f = { x -> x + y }
val g = { it }
val j = { x, y -> x + y }
```

익힘문제

다음과 같은 고차 함수 정의가 있다.

```
fun a(y: Int) = { x:Int -> x + y }
fun b(x: Int, y:Int): (Int)->Int {
    return { it }
}
fun c(x: Int, y:Int) = { y:Int -> x + y }
fun d(x: Int, y:Int) = { x:Int -> x + y }
fun e(x: Int, y:Int) = { x:Int, y:Int -> x + y }
fun f(x: Int, y:Int) = { x + y }
```

아래와 같이 각 고차 함수를 호출해 람다를 돌려받았다. 이때 돌려받은 람다가 포획하는 변수가 있는지 여부를 적고, 포획이 일어난다면 어떤 값이 포획되는지 설명하라. 그리고 각 변수의 타입을 적어라.

```
val aa = a(10)
val bb = b(10, 20)
val cc = c(10, 20)
val dd = d(10, 20)
val ee = e(10, 20)
val ff = f(10, 20)
```

마지막으로, 다음 호출의 결과가 무엇일지 생각해보라.

```
aa(10)
bb(10)
cc(10)
dd(10)
ee(10, 10)
ff()
```

3.5 다양한 파라미터 정의 방법

함수를 작성하다 보면, 다양한 방식으로 인자를 넘기면서 함수를 호출하면 편리한 경우가 있다. 예를 들어 파라미터에 적절한 초깃값이 있는 경우나 파라미터 개수를 미리 알 수 없는 경우, 파라미터 중에 타입이 같은 파라미터가 많아서 혼동할 여지가 큰 경우 등에도 함수를 안전하고 쉽게 호출할 수 있다면 편리할 것이다. 코틀린은 이런 경우를 위해 다양한 파라미터 정의 방식을 제공한다.

3.5.1 디폴트 파라미터

함수의 파라미터에 따라서는 적절한 초깃값이 있기도 한다. 이런 경우 해당 파라미터의 초깃값을 매번 지정하면 코딩하기 번거로울 수 있다.

예를 들어 문자열 배열의 원소를 문자열로 만들면서 사이에 구분자delimiter를 끼워 넣어주고 필요에 따라 맨 앞과 맨 뒤에 접두사prefix와 접미사postfix를 덧붙여주는 함수를 생각해보자.[2]

```kotlin
fun joinToString(array: Array<String>, delimiter:String, prefix:String,
postfix:String): String {
    if(array.isEmpty()) return prefix + postfix          // (1)

    var str = prefix + array[0]                          // (2)

    for( i in 1 until (array.size)) {
        str += delimiter + array[i]                      // (3)
    }
    return str + postfix                                 // (4)
}
```

(1) 배열이 비어 있으면 prefix와 postfix를 앞뒤로 붙인 문자열을 반환한다.

(2) 배열에 원소가 하나 이상 있으면 prefix와 첫 번째 원소를 연결한 문자열로 str을 초기화한다.

(3) 배열의 두 번째 원소부터 마지막 원소까지 for 루프를 돌면서 delimiter와 i번째 원소를 str 뒤에 연결한다.

(4) 지금까지 만든 str 뒤에 postfix를 덧붙여서 반환한다.

일반적으로 구분자로는 쉼표(,)를 사용하고 prefix와 postfix로는 빈 문자열("")을 사용한다. 그러나 이 함수 정의로는 단순히 문자열 배열을 쉼표로만 연결하는 경우에도 어쩔수 없이 쉼표와 두 빈 문자열을 인자로 제공해야 한다.

---

2   문자열과 문자열을 연결하는 연산은 매번 새로운 문자열을 만들어내기 때문에 상대적으로 비용이 많이 든다. 따라서 이 예제처럼 여러 번 반복적으로 문자열을 뒤에 덧붙여야 하는 경우에는 자바 표준 라이브러리가 제공하는 StringBuilder나 StringBuffer 클래스를 써야 한다. 이 두 클래스는 문자열을 덧붙임에 따라 자동으로 내부 배열 크기를 조정해주고, 만들려는 전체 문자열 길이를 아는 경우에는 미리 메모리를 할당해 문자열을 덧붙이면서 내부 배열을 재할당하는 데 드는 할당 및 복사 비용을 줄여준다. StringBuffer는 스레드 안전(thread-safe)하지만 StringBuilder는 그렇지 않다는 점에서 이 둘은 차이가 있는데, 이에 대해서는 두 클래스에 대한 자바독(Javadoc) 문서나 자바/코틀린 동시성 프로그래밍 관련 서적 등을 살펴보라.

```
val vowels = arrayOf("a", "e", "i", "o", "u")
val vowelStr = joinToString(vowels, ",", "", "")
```

코틀린은 이럴 때 디폴트 파라미터를 지원한다. 함수 파라미터 목록에서 파라미터 타입 다음에 등호(=)와 디폴트 값을 추가하면, 함수를 호출할 때 해당 파라미터에 해당하는 인자를 적지 않은 경우 함수 선언에 있는 디폴트 값이 쓰인다. joinToString()을 디폴트 파라미터를 써서 고치면 다음과 같다. 이때 함수 파라미터 부분만 바뀌고 내부 코드는 그대로라는 점에 유의하라.

```
fun joinToString(array: Array<String>, delimiter:String=",", prefix:String
="", postfix:String=""): String {
    ... 내부 코드는 같음 ...
}
```

이제 이 함수를 다음과 같이 호출할 수 있다.

```
val vowels = arrayOf("a", "e", "i", "o", "u")
val vowelStr1 = joinToString(vowels)                 // a,e,i,o,u
val vowelStr2 = joinToString(vowels, ",", "(", ")") // (a,e,i,o,u)
val vowelStr3 = joinToString(vowels, "|")            // a|e|i|o|u
val vowelStr4 = joinToString(vowels, "-", "<-")      // <-a-e-i-o-u
```

이 예제에서 vowelStr2를 보면, prefix나 postfix를 디폴트 값이 아닌 원하는 문자열로 지정하길 원하면 어쩔 수 없이 delimiter 값도 지정해야 한다는 점을 알 수 있다. 따라서 디폴트 파라미터 값을 지정할 때는 디폴트 값이 아닌 값을 쓸 가능성이 낮은 파라미터를 더 뒤쪽에 배치해야 한다. 이런 빈도를 고려해 인자 순서를 정의해도 디폴트 값을 그대로 사용하고 싶은 파라미터의 위치보다 직접 값을 지정하고 싶은 파라미터의 위치가 더 뒤에 있는 경우에는 어쩔 수 없이 디폴트 값을 한 번 더 반복해 적어야 한다.

```
val vowelStr5 = joinToString(vowels, ",", "", ")") // a,e,i,o,u
```

익힘문제

다음 코드를 실행할 때 어떤 출력이 나올지 프로그램을 실행하지 말고 적어보라.

```kotlin
fun pr(a:String="a", b:String="b", c:String="c") = println("$a$b$c")

fun main() {
    pr()
    pr("aaa")
    pr("aaa", "bbb")
    pr("aaa", "bbb", "ccc")
    pr("|", "", "|")
}
```

필요할 때 원하는 인자만 지정해 전달할 방법이 없을까? 코틀린은 이럴 때 이름 붙인 인자를 사용할 수 있게 해준다.

3.5.2 이름 붙인 인자

3.3.1절에서 본 것처럼, 디폴트 파라미터 값이 정의된 함수에서 디폴트 값이 아닌 값을 지정하려 할 때는 그 위치에 따라 함수 호출 코드가 불필요하게 복잡할 수 있다.

```kotlin
val vowelStr5 = joinToString(vowels, ",", "", ")") // a,e,i,o,u
```

또한 함수 인자가 여럿 있는데 각각이 같은 타입인 경우 함수 호출 코드만 봐서는 어떤 인자가 어떤 용도인지 알아보기 어렵다. 조금 전에 본 예제에서 두 번째 인자가 구분자나 접두사 중 어느 쪽일지는 함수의 문서나 소스 코드를 살펴보기 전에는 알기 어렵다.[3]

코틀린에서는 함수를 호출할 때 인자 앞에 파라미터 이름과 등호를 붙여서 어떤 파라미터의 값을 넘기는지 명시할 수 있다.

---

3 최근 IDE나 프로그래밍용 에디터들은 대부분 함수 시그니처를 보여주는 기능이나 인자 위치의 파라미터 이름을 보여주는 기능을 제공하므로 대부분의 경우 큰 문제가 되지는 않는다.

```
val vowelStr6 = joinToString(vowels, delimiter=",", prefix="", postfix=")")
// a,e,i,o,u)
```

이렇게 인자를 지정하는 방법을 이름 붙인 인자^{named argument}라고 부른다. 이름 붙인 인자와 디폴트 값을 함께 사용하면, 디폴트 값으로 충분한 파라미터는 그대로 놔두고 원하는 파라미터만 편리하게 설정할 수 있다. 다음 호출은 vowelStr6 호출과 같은 결과를 낸다. delimiter와 prefix는 디폴트 값과 같아 굳이 지정할 필요가 없으므로 이름 붙인 인자로 postfix만 지정하면 충분하다.

```
val vowelStr7 = joinToString(vowels, postfix=")") // a,e,i,o,u)
```

익힘문제

디폴트 파라미터가 지정된 joinToString()과 모음 배열 vowels를 사용해 다음과 같은 출력을 표시하는 코드를 작성하라. 한 번은 위치 기반 인자를 사용하고, 다른 한 번은 이름 붙인 인자를 사용해 작성하라.

(예시) **aeiou]**: joinToString(vowels, "", "", "]"), joinToString(vowels, delimiter="", postfix="]")

1. aeiou
2. [aeiou]
3. [a, e, i, o, u]
4. [a|e|i|o|u
5. [a, e, i, o, u}

디폴트 인자가 있는 경우 디폴트 값이 지정된 파라미터 위치의 인자를 생략해도 된다. 하지만 인자 지정을 생략하다가 일단 이름 붙인 인자로 인자를 지정하고 나면, 그 뒤로는 (인자를 지정하고 싶다면) 계속 이름 붙인 인자를 사용해야만 한다.

```
fun foo(v1: Int=1, v2: Int=2, v3: Int=3, v4: Int=4) {
    println("$v1 $v2 $v3 $v4")
}
```

```
foo()          // 1 2 3 4
foo(10)        // 10 2 3 4
foo(v2=30)     // 1 30 3 4
foo(v2=30, 20, 30)    // error: mixing named and positioned arguments is not
allowed
foo(v2=30, v4=40)
foo(v2=30, v3=30, 40) // error: mixing named and positioned arguments is not
allowed
```

3.5.3 가변 길이 인자와 스프레드 연산자

함수에 전달한 인자 개수가 가변적이면 편리한 경우가 있다. 대표적으로, 배열을 만들 때
사용하는 arrayOf()나 intArrayOf() 등의 함수에는 0개부터 원하는 개수만큼 배열을 초
기화하기 위한 값을 전달할 수 있었다.

```
val emptyArray = intArrayOf() // 빈 배열
val array10 = intArrayOf(1, 2, 3, 4, 5, 6, 7, 8, 9, 10) // 10개의 원소가 들어 있는
배열
```

이런 함수를 만들 수 있는 이유는 코틀린 컴파일러가 intArrayOf(1, 2, 3, 4, ..., 10)
과 같은 **가변 길이 인자**variable length argument 호출을 지원하기 때문이다. 함수가 받을 수 있는
인자의 개수가 정해져 있지 않으므로 일반적인 파라미터 선언으로는 이런 함수를 지원할
수 없다. 그래서 코틀린에서는 vararg라는 특별한 키워드를 사용해 가변 길이 인자를 선
언한다. 다음 코드를 보자.

```
fun printNumbers(vararg xs: Int) {
  println("number of arguments = ${xs.size}")
  for( x in xs ) {
    println(x)
  }
}
```

함수 파라미터 목록에서 vararg xs: Int는 이 함수가 Int 타입의 값을 0개 이상 임의의

개수만큼 받는다는 뜻이다. 코틀린은 함수 호출 시 전달한 인자들을 그 타입의 배열로 묶어서 함수에 전달하는데, 원시 타입 배열이 존재하는 타입의 경우 vararg로 정의된 파라미터 타입에 해당하는 원시 배열이 쓰이고, 그렇지 않은 타입의 경우 Array<타입>이 쓰인다. 따라서 이 예제의 printNumbers() 함수 안에서 xs는 IntArray가 된다.

함수 파라미터 중에 vararg로 선언된 파라미터는 단 하나만 있을 수 있다. 함수 파라미터의 아무 위치에나 넣어도 되지만, 보통은 맨 마지막에 vararg 파라미터를 넣는다. 호출하는 쪽에서 가변 길이 인자를 쓸 경우 가변 길이 인자 앞부분에 넣어야 할 인자의 개수와 타입이 고정되기 때문에 가변 길이 인자를 몇 개 넣더라도 쉽게 가변 길이 인자로 들어가야 할 값들을 판단할 수 있기 때문이다.

```
fun varargExample(x: String, y: String, vararg strs: String) {
  println("x=$x, y=$y, strs='${strs.joinToString()}'")
}


varargExample("1", "10")       // x=1, y=10, strs=''
varargExample("1", "10", "10") // x=1, y=10, strs='10'
```

하지만 vararg 파라미터를 맨 마지막이 아닌 위치에 넣으면 어디까지가 가변 인자인지 판단하기 애매할 수 있다.

```
fun varargExample1(x:String, vararg strs: String, y: String) {
  println("x=$x, y=$y, strs='${strs.joinToString()}'")
}


varargExample2("1", "10", "10", "20")
```

이런 경우 strs에 어떤 값을 넣으려고 프로그래머가 의도했는지를 항상 알아내기는 힘들다. 이 예제의 함수 호출은 아마 x=1, y=20, strs='10, 20'이 되리라 예상하겠지만, 개발자가 실수로 마지막 인자를 빼먹고 strs에 10, 20, 30을 지정하려고 한 경우일 수도 있다. 이런 경우 섣불리 사용자의 의도를 짐작하기보다는 개발자가 자신의 의도를 최대한 명시하도록 하는 게 좋다. 그래서 코틀린은 이런 경우 가변 인자가 아닌 인자를 이름 붙인 인자로 호출하도록 강제한다. 게다가 반드시 이름 붙인 인자와 가변 인자의 순서가 파라미터 목록에 있는 순서와 일치해야만 한다.

```
varargExample2(x="1", "10", "10", y="20")  // OK
varargExample2(x="1", y="10", "10", "20")  // error: mixing named and
positioned arguments is not allowed
```

본문의 varargExample2() 함수를 사용해 다음과 같은 출력이 나오게 만들라.

1. x=a y=b strs=''
2. x= y=b strs='1, 2, 3'
3. x=1 y=2 strs='1'
4. x=abc y=def strs='hij, klm'

한편 가변 길이 인자를 받는 함수에 배열을 넘기고 싶을 때 원소를 하나하나 나열할 방법이 없으면 불편하므로, 코틀린은 스프레드 연산자^{spread operator}인 *를 배열 앞에 붙이면 배열의 모든 원소를 가변 길이 인자를 받는 함수에 넘길 수 있게 해준다.

```
val arr = intArrayOf(1, 2, 3)
printNumbers(arr)  // error: type mismatch: inferred type is Array<Int> but
Int was expected
printNumbers(*arr) // 정상 동작
```

왜 *를 붙여야 할까? 함수는 IntArray 배열을 파라미터로 받을 수도 있고 가변 길이 인자로 받을 수도 있으므로, 프로그래머가 *를 써서 배열을 가변 길이 인자로 전달하고 싶다는 의도를 명확히 드러내야만 함수를 호출할 때 모호성이 줄어들기 때문이다.

한편 위 예제에서 본 것처럼 이때 가변 길이 인자의 타입이 Int, Double 등 원시 타입 배열이 존재하는 타입인 경우에는 해당 원시 타입 배열만 사용해야 한다는 점에 유의하라.

```
printNumbers(*arrayOf<Int>(1, 2, 3, 4, 5)) // error: type mismatch: inferred
type is Array<Int> but IntArray was expected
```

다음과 같은 코드가 있다. 코드에 주어진 네 배열 변수와 joinToString()을 사용해 문제에 나온 문자열을 만들라(한 가지 이상 방법이 존재할 수도 있다. 그런 경우 가능한 방법을 최대한 많이 찾아보라).

```kotlin
val array1 = intArrayOf(1, 2, 3, 4, 5)
val array2 = arrayOf(1, 2, 3, 4, 5)
val array3 = intArrayOf()
val array4 = arrayOf<Int>()

fun joinToString(delimiter:String=",", prefix:String="", postfix:String=
"", vararg array: Int): String {
    if(array.isEmpty()) return prefix + postfix
    var str = prefix + array[0]
    for( i in 1 until (array.size)) {
        str += delimiter + array[i]
    }
    return str + postfix
}
```

(예시) **"[1, 2, 3, 4, 5]"**: joinToString(",", "[", "]", *array1), joinToString(prefix="[", postfix="]", array=*array1)

1. "[]"
2. "1, 2, 3, 4, 5"
3. "{}"
4. ""
5. "[1][2][3][4][5]"

3.6 연습문제

1. 함수를 정의하는 두 가지 방법(단일 식 함수와 블록 함수)을 설명하라. 어떤 경우 함수 반환 타입을 생략할 수 있는가?

2. Unit 타입을 설명하라.

3. 지역 변수와 지역 함수란 무엇인가?

4. 구문적 영역 규칙을 설명하라.

5. 구문적 영역 규칙을 사용할 때 바깥 영역과 안쪽 영역에 똑같은 이름의 정의가 있으면 어떤 일이 벌어지는가? 이런 현상을 무엇이라 부르는가?

6. 익명 함수를 정의하는 방법을 설명하라.

7. 람다를 정의하는 방법을 설명하라.

8. 람다와 익명 함수의 파라미터 타입을 생략할 수 있는 경우를 설명하라.

9. 고차 함수란 무엇인가? 클로저란 무엇인가?

10. 함수의 마지막 파라미터가 함수인 경우 코틀린이 허용하는 특별한 인자 전달 규칙을 설명하라.

11. 코틀린이 제공하는 세 가지 추가 파라미터 지정 방식을 설명하라.

12. 가변 길이 인자로 받은 파라미터가 함수 본문에서 어떤 타입으로 바뀌는지 설명하라.

13. 다음 각 코드의 어느 부분이 잘못됐는지 설명하라.

a.

```
fun printNumbers(vararg xs: Int) {
  for( x in xs ) {
    println(x)
  }
}

fun main() {
  printNumbers(arrayOf(1, 2, 3, 4, 5))
}
```

b.

```
fun foo(vararg strs: String, y: String) {
  println(strs.joinToString())
  println(y)
}
```

```
fun main() {
  foo(*arrayOf("a", "b", "c"))
}
```

c.
```
fun foo(vararg strs: String, y: String) {
  println(strs.joinToString())
  println(y)
}

fun main() {
  foo(y="a", *arrayOf("a", "b", "c"))
}
```

d.
```
fun foo(v1: Int=1, v2: Int=2, v3: Int=3, v4: Int=4) {
  println("$v1 $v2 $v3 $v4")
}
fun main() {
  foo(v2 = 30, v3 = 30, 40)
}
```

04

클래스와 객체

프로그램은 데이터와 데이터를 처리하기 위한 계산이나 명령으로 구성된다. 3장에서는 계산이나 명령을 추상화하는 도구인 함수를 살펴봤다. 3장에서 배운 함수를 통한 추상화는 관련 있는 계산이나 명령을 묶어 이름을 부여하는 작업과, 공통적인 부분과 가변적인 부분을 나눠 가변적인 부분을 파라미터화하는 작업으로 이뤄진다.

마찬가지로 프로그램이 다루려는 데이터도 추상화가 필요하다. 단순한 프로그램이라면 그냥 기본 타입의 변수를 조작하는 것만으로 원하는 결과를 얻을 수 있겠지만, 조금 복잡한 현실적인 데이터를 다루려고 생각해보면 우리에게 필요한 정보를 다양한 기본 타입의 값을 조합해 표현할 필요가 있다는 사실을 금방 깨닫게 된다. 예를 들어 우리가 학생을 가르치는 선생님이 됐다고 생각해보자. 특히 학생들의 국영수 점수를 관리하는 프로그램을 개발한다면, 이 프로그램은 다음과 같은 값들로 이뤄진 데이터를 처리할 수 있어야 한다.

1. **이름**: 문자열
2. **국어 점수**: 정수
3. **영어 점수**: 정수
4. **수학 점수**: 정수

이런 식으로 여러 타입의 데이터를 묶어 한 덩어리로 다룰 수 있으면 편리하다. 이런 '덩어리'를 알골^{Alogol}에서는 레코드^{record}라 하고, C에서는 구조체^{structure}라 한다.

한편, 레코드가 있으면 이 레코드에 적용하는 연산을 정의할 수 있어야 한다. 이미 함수를 배웠으므로, 이런 연산을 정의하기 위해 함수를 사용한다고 생각할 수 있다. 어떤 레코드에 대해 정의된 연산은 그 레코드를 인자로 받는 함수가 될 것이다. 그리고 이런 함수는 레코드 정의 없이는 사용할 수 없는 함수이므로 레코드와 강하게 결합^{coupling}돼 있다. 따라서 가능한 한 레코드 안에 이런 함수를 정의할 수 있게 허용하면 더 나을 것이다. 그래서 단순히 데이터만 조합한 레코드라는 개념을 데이터를 조합하고 그에 대해 작용하는 함수를 결합한 클래스^{class}라는 개념으로 확장할 수 있다. 더 나아가 기존 클래스에 데이터를 추가한 새 클래스를 정의하거나 기존 클래스에 새 연산을 추가하는 등의 다양한 작업을 통해 프로그램을 더 유연하게 작성할 수 있다.

이렇게 정의한 클래스는 타입(데이터 + 연산)을 정의하며, 실행 시점에는 이 클래스에 해당하는 값을 만들어서 활용해야 한다. 이런 값을 클래스의 인스턴스^{instance}라 하고, 다른 말로는 객체^{object}라고도 한다. 객체는 프로그램 안에서 독립적인 메모리(클래스에 정의된 데이터들)를 가지며, 독립된 행동 양식(클래스에 정의된 연산들)을 제공하는 자율적인 단위라 할 수 있다. 프로그래밍을 할 때 객체를 만들고 객체 간의 상호 작용을 통해 원하는 문제를 해결해나가는 형태의 프로그래밍 방식을 객체지향$^{object oriented}$ 프로그래밍이라 한다.

4장에서는 코틀린이 객체지향 프로그래밍을 어떻게 지원하는지 기본적인 클래스 정의와 객체 생성 방법, 상속 방법을 중심으로 살펴본다.

4.1 클래스

코틀린은 조금 전 설명한 레코드처럼 원하는 타입의 데이터를 조합해 새로운 타입을 만들어낼 수 있는 수단을 제공하며, 이를 **클래스**class라고 한다. 클래스를 정의할 때는 class라는 키워드를 쓰고, 그 뒤에 클래스 이름을 붙인 다음, 중괄호 사이에 클래스에 속한 값들이 가질 수 있는 공통적인 특성을 기술한다.

```
class StudentScore {
    // StudentScore 타입에 속하는 값들이 가질 공통 특성들
}
```

공통 특성에는 이 클래스에 의해 정의될 타입에 속한 모든 값이 가져야 하는 세부 값들과 이 클래스에 의해 정의될 모든 값에 적용할 수 있는 연산들이 있다. 코틀린에서는 이름, 학년, 반 등의 세부 값을 **프로퍼티**property라고 한다.

클래스 프로퍼티 선언은 변수 선언과 비슷하게 프로퍼티 이름, 타입, 대입 연산자(=), 초기화할 값으로 이뤄진다. 그리고 클래스 이름 뒤에 파라미터 목록을 추가하면, 프로퍼티를 초기화할 때 참조할 수 있는 값들을 인자로 받을 수 있다. 이렇게 클래스 이름 뒤에 선언한 파라미터 목록을 **주생성자 파라미터 목록**primary constructor parameter list이라 한다.

```
class StudentScore(name:String, kor:Int, eng:Int, math: Int) {
    val name: String = name // 여기서 마지막 name은 주생성자 파라미터에 있는 name으로 해석됨
    val kor: Int = kor
    val eng: Int = eng
    val math: Int = math
}
```

익힘문제

다음 클래스 정의에서 각 title이 어떤 title을 가리키는지 설명하라.

```
class Foo(title: String) {
    val title = "$title!"
    var title2: String
    fun printTitles() {
        println(title)
        println(title2)
    }

    init {
        title2 = title
    }
}
```

클래스에 속한 값을 만들 때는 다음과 같이 클래스이름(인자들)처럼 호출한다. 이를 **생성자 호출**constructor invocation이라 하고, 앞서 말했듯이 생성자 호출을 통해 만들어낸 값을 클래스의 **인스턴스**(다른 말로는 객체)라고 한다.

```
val hyunsok = StudentScore("오현석", 90, 90, 100)
val gyeyoung = StudentScore("이계영", 100, 100, 100)
```

클래스를 정의할 때 클래스 인스턴스에 대해 적용할 수 있는 연산, 즉 클래스 인스턴스에 작용하는 함수를 정의할 수도 있다. 클래스 인스턴스에 대해 적용할 수 있는 함수를 **멤버 함수**member function라 하며, 자바 등 다른 객체지향 언어에서는 **메서드**method라고도 한다. 멤버 함수 선언 자체는 클래스 본문에 위치한다는 점을 제외하면 함수 선언과 아주 비슷하다.

```
class StudentScore(name:String, kor:Int, eng:Int, math: Int) {
    val name: String = name
    val kor: Int = kor
    val eng: Int = eng
    val math: Int = math
```

```
    fun sum() = kor + eng + math
    fun average(): Double {
        return sum()/3.0
    }
}
```

멤버 함수 선언에는 단일 식 형태의 함수 선언이나 블록 형태의 함수 선언이 모두 가능하다. 앞의 예제에서 sum()은 단일 식 형태, average()는 블록 형태로 선언했다. 한편, 멤버 프로퍼티를 초기화하는 식 내부에서는 자신보다 앞에 선언된 프로퍼티만 사용할 수 있고, 모든 멤버 함수를 사용할 수 있다. 반면 멤버 함수 내부에서는 클래스 안에 정의된 모든 프로퍼티나 함수를 자유롭게 사용할 수 있다.

클래스 내부가 아닌 다른 곳에서 멤버 함수를 사용하려면 인스턴스가 반드시 제공돼야 한다. 이를 위해 인스턴스이름.멤버함수이름(인자) 형태로 멤버 함수를 호출한다.

```
val hyunsok = StudentScore("오현석", 100, 100, 100)
println("${hyunsok.name}")
```

하지만 클래스 내부에서는 잠재적으로 **현재 객체**라는 문맥이 존재하는 상황에서 해당 코드가 실행된다고 가정할 수 있다. 예를 들어 위의 average() 내부를 생각해보자. 이 함수가 호출돼 실행된다는 말은, 이미 누군가가 StudentScore 클래스의 객체를 생성하고 그 객체에 대해 객체.average()를 호출했다는 뜻이다. 따라서 이 average() 안에서는 현재 자신이 호출된 대상 객체(이런 객체를 수신 객체^{receiver object}라고 한다)가 존재한다. 이 객체는 멤버 함수나 프로퍼티를 계산할 때 사용될 문맥을 제공한다고 볼 수 있다. 코틀린에서는 this를 써서 이런 객체를 가리킬 수 있으며, this를 생략해도 같은 클래스에 정의된 멤버 프로퍼티나 함수가 있으면 컴파일러가 알아서 this를 붙여 해석해준다. 따라서 위 average() 선언은 다음과 같고,

```
fun average(): Double {
    return this.sum()/3.0
}
```

sum() 선언은 다음과 같다.

```
fun sum() = this.kor + this.eng + this.math
```

클래스는 객체를 생성하기 위한 틀 비슷한 역할을 하는 동시에 새로운 타입을 정의한다. 코틀린 기본 타입을 사용해 변수 타입을 지정할 수 있었던 것처럼, 앞에서 정의한 StudentScore를 사용해 변수 타입을 지정할 수도 있다.

```
var hyunsok: StduentScore = StudentScore("오현석", 100, 100, 100)
hyunsok = 10     // error: the integer literal does not conform to the
expected type StudentScore
```

물론 함수가 이 타입의 값(클래스의 인스턴스)을 파라미터로 받을 수도 있다.

```
fun wowKorean(s: StudentScore) = if(s.kor > 90) "우와!" else "음..."
println(wowKorean(hyunsok))  // 우와!
```

4.1.1 생성자에서 클래스 프로퍼티 정의하기

StudentClass와 같이 생성자 인자로 들어온 값을 그대로 프로퍼티에 설정하는 경우, 생성자 인자 앞에 var나 val을 붙이면 프로퍼티 선언 및 초기화와 생성자 파라미터 정의가 함께 이뤄진다.

```
class StudentScore(val name:String, val kor:Int, val eng:Int, val math: Int) {
    fun sum() = kor + eng + math
    fun average(): Double {
        return sum()/3.0
    }
}
```

4.1.2 객체와 참조

다음과 같은 대입문이 있을 때 어떤 일이 벌어지는지 생각해보자.

```
fun main() {
    val score = StudentScore("오현석", 100, 100, 100)

    println("${score.name}: ${score.kor} ${score.eng} ${score.math}")
}
```

1. 객체의 생성자를 호출(StudentScore(...))하면 JVM의 힙 영역에 객체 메모리가 할당되고 생성자 코드가 실행되면서 객체가 초기화된다.
2. main() 함수의 지역 변수인 score 변수의 메모리에는 1에서 할당된 객체에 대한 참조reference가 저장된다.

이렇게 변수의 값으로 객체 자체가 아니라 객체를 가리키는 참조가 들어가 있으므로 클래스로 정의한 타입을 **참조 타입**이라 부른다. 한편 코틀린이 기본 제공하는 String 타입도 실제로는 String이라는 클래스로 정의된 참조 타입이다. 반면 기본 타입의 값들은 변수 값으로 해당 타입을 2진수로 표현한 값이 직접 들어간다. 이로 인해 변수 대입이나 함수 호출 시 동작의 차이가 생긴다.

우선 변수 대입을 살펴보자.

```
class StudentScore2(var name:String, var kor:Int, var eng:Int, var math: Int)

fun main() {
    var x1 = 10
    var x2 = x1                    // (1)
    var score1 = StudentScore2("오현석", 100, 100, 100)
    var score2 = score1            // (2)

    println("x1=$x1, x2=$x2")
    println("score1=$score1, score2=$score2")
    println("score1.kor=${score1.kor}, score2.kor=${score2.kor}")
```

```
    x1++                         // (3)
    score1.kor = 0               // (4)

    println("x1=$x1, x2=$x2")
    println("score1=$score1, score2=$score2")
    println("score1.kor=${score1.kor}, score2.kor=${score2.kor}")
}

/*
// 결과:
x1=10, x2=10
score1=StudentScore2@4fbebd8e, score2=StudentScore2@4fbebd8e
score1.kor=100, score2.kor=100
x1=11, x2=10
score1=StudentScore2@4fbebd8e, score2=StudentScore2@4fbebd8e
score1.kor=0, score2.kor=0
*/
```

(1)에서 x2에 x1의 값을 대입하면 x2 변수가 저장하고 있는 값이 x1의 값인 10을 32비트 정수로 표현한 2진수로 정해진다. 그 후 (3)에서 x1을 1 증가시켜도 x2의 값은 변화가 없다. 두 변수에 저장된 값은 처음에 서로 같은 10이었지만, 실제로는 서로 다른 메모리에 존재하는 별도의 10이므로 x1에 저장된 2진수 값이 1 증가돼도 x2에 저장된 값에는 영향이 없다.

반면, (2)에서 score2에 score1의 값을 대입하면 score2 변수가 저장하고 있는 값이 score1의 값인 오현석의 점수를 저장하고 있는 객체에 대한 참조로 정해진다. println()에서 score1과 score2를 찍은 결과를 보면 "score1=StudentScore2@4fbebd8e, score2=StudentScore2@4fbebd8e"라는 마치 암호와도 같은 문장이 있는데, 여기서 StudentScore2@4fbebd8e는 메모리 0x4fbebd8e 위치에 있는 StudentScore2 클래스의 인스턴스라는 사실을 알려준다. 즉, (2)의 대입에 의해 score1과 score2는 똑같은 객체를 가리키게 된다. 그래서 (4)에서 score1.kor을 변경한 후, 출력 결과를 보면 score1.kor과 score2.kor의 값이 모두 0으로 찍힌다. score1과 score2가 같은 객체를 가리키는 참조이므로 실제로는 같은 객체의 kor 프로퍼티를 참조하기 때문이다.

class Person(var name: String) 정의와 똑같이 name 프로퍼티를 제공하는 클래스를 주생성자 안에 var를 정의하지 않고 정의해보라.

4.1.3 객체의 동일성과 동등성

값과 값을 비교할 때 ==를 쓰면 된다는 사실은 이미 배웠다.

```
10 == 10  // true
```

객체와 객체를 비교할 때도 ==를 쓰면 될 것 같다. 그렇다면 다음 식은 어떤 결과가 나올까?

```
StudentScore("오현석", 100, 100, 100) == StudentScore("오현석", 100, 100, 100)
// false
```

두 StudentScore가 다르다는 사실에 놀란 사람도 있을 것이다. 이는 어떤 참조가 가리키는 객체와 다른 참조가 가리키는 객체가 같은지를 판단하는 타당한 기준이 두 가지 있기 때문이다.

1. **동일성**identity(참조 비교): 어떤 두 객체가 메모리상에서 같은 위치에 있는 진짜로 같은 객체일 때만 같다고 판단한다.
2. **동등성**equality(값 비교): 두 객체의 프로퍼티들 중에 우리가 해결하려는 문제 관점에서 의미가 있는 프로퍼티들이 모두 동등한 경우 이 둘을 동등하다고 판단한다.

기본적으로 코틀린의 == 연산은 값 비교 연산을 가정하고 있지만, 참조 타입의 경우 동등성 비교를 위해서는 어떤 프로퍼티들을 비교 대상으로 삼을지를 컴파일러가 임의로 결정할 수 없다. 그래서 참조 타입의 경우 ==의 기본 구현은 동일성으로 돼 있다. 동일성은 메모리 번지를 비교하면 해결되므로 쉽게 구현할 수 있고, 자바에서는 디폴트 동등성 구현이 참조 비교로 돼 있으므로 코틀린 설계자도 이를 활용하기로 결정했기 때문이다.

만약 클래스를 정의하면서 원하는 프로퍼티들을 비교하는 스타일로 동등성을 다시 정의하고 싶다면, equals()라는 멤버 함수를 **오버라이드**override해야 한다. 코틀린 컴파일러는 자동으로 비교 연산자 ==를 equals() 호출로 바꿔준다. equals() 멤버 함수와 오버라이드는 4.2절에서 다룬다.

반대로 동일성을 비교하고 싶은 경우에는 ===라는 연산자를 사용하면 된다. ===는 레퍼런스가 가리키는 주소를 비교하며, 프로그래머가 임의로 이 연산자를 재정의할 수 있는 방법은 없다.

4.1.4 초기화 블록

4.1절에서 코틀린 객체의 주생성자는 클래스 이름 뒤의 파라미터 목록 부분이라고 이야기했다. 그런데 객체를 생성할 때 실행해야 하는 다른 코드가 있다면 어디에 코드를 넣어야 할까? 코틀린은 이를 위해 init{} 블록을 지원한다. 프로그래머는 클래스 본문의 최상위 위치에 init 블록을 원하는 대로 넣을 수 있다.

```kotlin
class InitExample(val x: String = "") {
    init {
        println("x value=$x")
    }
    val len = x.length
    init {
        println("len=$len x.length=${x.length}")
    }
}

fun main() {
    val ex1 = InitExample()
    val ex2 = InitExample("초기화 문자열")
}
/*
// 실행 결과
x value=
```

```
len=0 x.length=0
x value=초기화 문자열
len=7 x.length=7
*/
```

예제를 보면 알 수 있는 것처럼, 여러 init 블록과 프로퍼티 초기화는 클래스 본문에 나타난 순서대로 실행된다.

한편 init 블록 안에서는 클래스에 정의된 프로퍼티에 마음대로 접근할 수 있다. 다만 프로퍼티를 선언하기 전에 어떤 프로퍼티의 값을 설정하거나 프로퍼티의 값을 읽을 수는 없다.

```
class InitError1() {
    init {
      x = 10                    // error: variable cannot be initialized before
declaration
    }
    var x: Int
}

class InitError2() {
  init {
    println("x=$x")            // error: variable 'x' must be initialized
  }
  var x = 20
}
```

따라서 프로퍼티를 정의할 때는 다음 중 한 가지 방식을 택해야 한다.

1. 주생성자 안에서 val/var로 선언해 초기화한다.
2. 클래스 본문 안에서 val/var로 선언하면서 초깃값을 지정해 초기화한다.
3. 클래스 본문 안에서 val/var로 선언하면서 타입만 명시한 후, 선언한 부분보다 뒤에 있는 init{} 블록에서 초깃값을 지정해 초기화한다.
4. (var의 경우에만 해당) 클래스 본문 안에서 var로 선언하면서 초깃값을 지정하고, 그보다 뒤에 있는 init{} 블록에서 다시 다른 값을 재대입해 초기화한다.

```
class InitExample(val v1: Int = 1, var v2: String = "test") {
    val v3 = 10

    val v4: Int
    init {
        v4 = 11
    }

    var v5 = 20

    var v6: Int
    init {
        v6 = 21
    }

    var v7 = 30
    init {
        v7 = 31
    }
}
```

4.2 상속

현실 세계에서는 'A는 B의 일종이다'나 'A는 B이다' 같은 관계로 표현할 수 있는 대상이 많이 있다. 예를 들어 삼각형은 모양shape이고 사각형도 모양의 일종이며, 사람은 동물의 일종이다. 프로그래밍을 할 때도 프로그램에서 다루려는 대상 사이에 이런 식의 '~는 ~ 이다' 관계가 성립되는 경우가 있다. 이런 관계를 is-a(이즈어) 관계라 한다.

예를 들어 화면에 표시해야 할 모양을 표현하는 Shape 클래스가 다음과 같은 프로퍼티와 멤버 함수를 제공한다고 하자.

1. x, y는 화면에 Shape 인스턴스를 표시할 기준점의 x, y 좌표다. 좌표는 수학에서 사용하는 일반적인 직교좌표를 사용한다.

2. paint() 멤버 함수는 화면에 Shape 인스턴스를 표시해준다. 여기서는 실제 화면에 그림을 그리지 않고 println으로 콘솔에 "Shape(x좌표, y좌표)"라고 찍어주는 것으로 대신한다.

화면에 표시해야 할 더 구체적인 모양으로 원(Circle)만 지원한다고 가정하자.

3. 원은 기준점을 중심으로 반지름 radius에 해당하는 원을 그린다.

코틀린에서 상속 관계를 표현할 때는 자식 클래스의 주생성자 파라미터 목록 뒤에 콜론(:)과 상속할 부모 클래스에 대한 생성자 호출을 추가한다. 한편 코틀린에서는 class 키워드 앞에 open이라는 변경자^{modifier}가 붙은 클래스만 부모 클래스로 사용할 수 있다는 제약이 있다. 상속이 제대로 작동하려면 상위 클래스에서 상속을 고려해 프로퍼티와 멤버 함수를 설계해야 하므로, 코틀린에서는 open을 사용해 프로그래머가 명시적으로 상속을 허용한 클래스만 부모 클래스가 될 수 있다.

앞에서 이야기한 Shape와 Circle을 정의해보자. 일단 Shape를 정의해야 하는데, Circle이 Shape를 상속해야 하므로 Shape 앞에 open을 붙여 상속을 허용해야 한다.

```
open class Shape(val x: Double, val y: Double) {
    fun paint() {
        println("Shape($x, $y)")
    }
}
```

Circle은 Shape를 상속하되, 기준점의 x, y 좌표와 반지름을 추가로 받아야 한다. Circle을 다른 클래스가 상속하게 될지는 아직 불분명하므로 일단 open을 제거해서 상속을 막는다.

```
class Circle(x: Double, y: Double, val radius: Double): Shape(x, y)
```

코틀린에서는 다른 클래스를 상속할 경우 반드시 해당 클래스의 생성자를 호출해야 한다. 이 예제 Shape처럼 : 클래스이름(...) 형태로 상속의 대상이 된 클래스를 상위 클래스

super class나 기반 클래스^{base class}, 또는 부모 클래스^{parent class}라 부르고, 상속을 받은 클래스를 하위 클래스^{sub class}나 파생 클래스^{derived class}, 또는 자식 클래스^{child class}라 부른다. 상하위 클래스 관계가 여러 단계로 이어진 경우 자신보다 상속 계층에서 더 위에 있는 클래스를 모두 조상 클래스^{ancestor class}라 하고, 더 아래에 있는 클래스를 모두 자손 클래스^{descendant class}라 한다.

상위 클래스 생성자가 인자가 없는 경우라 해도, 하위 클래스 생성자 파라미터 뒤에 상위 클래스 생성자 호출을 적을 때는 ()를 덧붙여서 생성자 호출임을 표시해줘야만 컴파일이 이뤄진다는 점에 유의하라.

한편 이렇게 Shape를 상속한 Circle은 open 클래스가 아니므로 Circle을 상속할 수는 없다.

```
// error: this type is final, so it cannot be inherited from
class StrangeCircle(x: Double): Circle(x, x, x)
```

만약 상속을 허용하고 싶다면 class Circle 앞에 open을 붙여야 한다.

```
open class Circle(x: Double, y: Double, val radius: Double): Shape(x, y)
class StrangeCircle(x: Double): Circle(x, x, x)
```

한편 상속을 막는 게 디폴트이긴 하지만 final로 상속을 막으려는 의도를 명확히 드러낼 수도 있다. 이때 final을 생략해도 final을 지정한 것과 같다.

```
final class Circle(x: Double, y: Double, val radius: Double): Shape(x, y)
// final을 안 써도 같은 결과
class StrangeCircle(x: Double): Circle(x, x, x) // error: this type is final,
so it cannot be inherited from
```

4.2.1 멤버의 상속 관계 제어: override, open, final

한편 앞에서 Shape의 주생성자 파라미터로 x, y 프로퍼티가 정의돼 있지만, Circle의 주생성자 파라미터에서는 val x, val y 프로퍼티 선언을 하지 않았다. x와 y라는 이름의 프로퍼티는 이미 Shape 안에 정의돼 있기 때문이다.

예를 들어 다음과 같이 Circle 정의를 바꾸면

```
class Circle(val x: Double, y: Double, val radius: Double): Shape(x, y)
```

다음과 같은 컴파일 오류가 발생한다.

```
error: 'x' hides member of supertype 'Shape' and needs 'override' modifier
class Circle(val x: Double, y: Double, val radius: Double): Shape(x, y)
             ^
```

이유는 코틀린의 오버라이드 규칙 때문이다. 오버라이드란 하위 클래스가 상위 클래스에 정의된 멤버를 다시 정의하는 경우를 말한다. 상위 클래스에 이미 선언된 멤버(프로퍼티나 멤버 함수)와 똑같은 이름의 멤버를 하위 클래스에 선언하면, 상위 클래스에 있는 선언과 하위 클래스에 있는 선언 중 어느 쪽을 채택해야 할지 애매하다. 코틀린은 이런 모호함을 싫어한다. 코틀린에서는 프로그래머가 오버라이드를 허용한다는 점과 오버라이드를 하고 있다는 점을 명확히 드러내야만 컴파일 오류가 발생하지 않는다. 그렇다면 어떻게 이런 의도를 표현할 수 있을까?

코틀린 클래스에서는 open과 final을 사용해 상속을 허용하거나 막을 수 있었다. 멤버의 경우에도 마찬가지로 디폴트는 final이다. 따라서 조상 클래스에 따로 open이 돼 있지 않은 멤버 함수나 프로퍼티는 하위 클래스에서 마음대로 오버라이드하거나 이름이 겹치는 멤버를 정의할 수도 없다.

```
open class Parent(val x: Int)
class Child1(val x: Int): Parent(x)        // error: 'x' hides member of
supertype 'Parent' and needs 'override' modifier
class Child2(override val x:Int): Parent(x) // error: 'y' in 'Parent' is
final and cannot be overridden
```

상위 클래스에서 open으로 정의한 멤버 함수를 하위 클래스에서 오버라이드할 때는 반드시 override를 덧붙여야 한다.

```
open class Parent(open val x: Int)
class Child1(override val x:Int): Parent(x) // 정상
class Child2(val x: Int): Parent(x)         // error: 'x' hides member of
supertype 'Parent' and needs 'override' modifier
```

한편 상위 클래스를 상속하면서 하위 클래스를 open으로 설정하고 이 하위 클래스 안
에서 멤버를 override한다면, override된 멤버는 자동으로 open으로 간주된다.

```
open class Parent(open val x: Int)
open class Child(override val x:Int): Parent(x)      // 정상
class GrandChild1(override val x:Int): Child(x)      // 정상
class GrandChild2(val x:Int): Child(x)               // error: 'x' hides
member of supertype 'Child' and needs 'override' modifier
```

override를 하면서 자신보다 하위 클래스에서 오버라이드를 하지 못하게 막고 싶으면
override 앞에 final을 붙여야 한다.

```
open class Parent(open val x: Int)
open class Child(final override val x:Int): Parent(x) // 정상
class GrandChild1(override val x:Int): Child(x)       // error: 'x' in
'Child' is final and cannot be overridden
class GrandChild2(val x:Int): Child(x)                // error: 'x' hides
member of supertype 'Child' and needs 'override' modifier
```

멤버 함수도 프로퍼티와 마찬가지다.

```
open class Parent {
    fun foo() = println("Parent::foo()")
    open fun bar() = println("Parent::bar()")
    open fun baz() = println("Parent::baz()")
}

class Child: Parent() {
    fun foo() = println("Child::foo()")             // error: 'foo' hides
member of supertype 'Parent' and needs 'override' modifier
    override fun bar() = println("Child::bar()")  // 정상
    fun baz() = println("Child::baz()")             // error: 'baz' hides
member of supertype 'Parent' and needs 'override' modifier
```

```
}

open class ChildValid: Parent() {
  override fun bar() = println("ChildValid::bar()")
  final override fun baz() = println("ChildValid::baz()")
}

class GrandChild: ChildValid() {
  override fun bar() = println("GrandChild::bar()")  // 정상
  override fun baz() = println("GrandChild::baz()")  // error: 'baz' in
'ChildValid' is final and cannot be overridden
}
```

4.2.2 상속의 활용: 오버라이드를 통한 세분화와 동적 디스패치

상속을 사용하면 하위 타입이 상위 타입의 구현을 그대로 활용하면서 상위 타입 멤버 중
open인 멤버들을 오버라이드함으로써 각 클래스의 요구 사항에 맞게 동작을 재정의할 수
있다. 다음 코드를 보자.

```
open class Person(val name: String) {
    open fun greeting() = "저는 $name 입니다."
    fun printGreeting() { println(greeting()) }
}

class Student(name: String, val year: Int): Person(name) {
    override fun greeting() = "${super.greeting()} 저는 $year 학년 학생입니다."
}

class Teacher(name: String, val department: String): Person(name) {
    override fun greeting() = "${super.greeting()} 저는 $department 교사입니다."
}

fun printPersons(vararg xs: Person) {
    for(x in xs) {
        x.printGreeting()
    }
}
```

```
fun main() {
    val teacher = Teacher("오현석", "컴퓨터")
    val student = Student("오정원", 8)
    val person = Person("이계영")
    printPersons(teacher, student, person)
}

// 실행 결과
저는 오현석 입니다. 저는 컴퓨터 교사입니다.
저는 오정원 입니다. 저는 8 학년 학생입니다.
저는 이계영 입니다.
```

코드를 보면 Person 클래스의 동작을 Student, Teacher로 더 세분화해서 소개 문구를 다르게 생성했다.

한편 하위 클래스에서는 super를 사용해 상위 클래스의 멤버를 참조할 수 있다. 그래서 Student나 Teacher의 greeting() 함수에서 상위 클래스인 Preson의 greeting() 함수가 돌려주는 "저는 $name 입니다."라는 문자열을 인사말에 포함시킬 수 있었다.

한편 하위 클래스 객체를 마치 상위 클래스 객체인 것처럼 사용할 수 있다. printPersons() 함수를 보면 가변 길이 파라미터로 Person 타입의 값들을 받게 돼 있는데, main() 함수에서 printPersons()를 호출할 때 Teacher나 Student 타입의 값을 전달해도 아무런 문제 없이 컴파일되고 작동한다. 즉, 하위 클래스가 정의하는 타입은 상위 클래스가 정의하는 타입의 하위 타입으로 취급된다.

한편 printPersons 안에서는 Person의 printGreeting()을 호출했지만, 실제 실행 시점에 출력되는 메시지를 살펴보면 Person이 아니라 전달된 객체의 실제 타입에 따라 정해지는 greeting()이 호출됐다는 사실을 알 수 있다. 이런 식으로 어떤 객체를 가리키는 변수의 타입이 아니라 그 변수에 의해 실행 시점에 실제 참조되는 객체의 구체적인 타입에 따라 오버라이드된 적절한 멤버 함수가 호출되도록 컴파일이 이뤄지는데, 이를 **동적 디스패치**dynamic dispatch라 한다.

동적 디스패치를 활용하면, 상위 타입에서 바꿔 낄 수 있는 부분을 open 멤버로 선언하고 계속 유지돼야 하는 부분을 final 멤버로 선언(디폴트가 final이라는 사실에 유의하라)한다.

또한 하위 타입에서는 open 멤버를 오버라이드해 더 세분화된 동작을 제공할 수 있다.

다음 각 클래스 상속에서 틀린 부분을 찾고 이유를 설명하라.

```
class A(val x:Int)
class B(x:Int): A(x)
open class A(val x:Int)
class B(val x:Int): A(x)
open class A(val x:Int) {
    open fun foo() { println("$x") }
}

class B(x:Int): A(x) {
    fun foo() { println("B.foo()") }
}
```

4.2.3 Any와 equals(), hashCode(), toString()

객체지향 언어에서는 보통 모든 객체에 유용한 몇 가지 멤버 함수를 지원하기 위해 모든 객체가 암시적으로 상속하는 특별한 클래스를 정의해두는 경우가 많다. 코틀린에 정의된 모든 클래스는 별도로 명시하지 않으면 Any라는 클래스를 암묵적으로 상속한다. 따라서 클래스 A가 클래스 B를 상속하고 클래스 B에는 특별히 상속하는 클래스를 정의하지 않았다면, 클래스 A는 클래스 B의 자식 클래스면서 Any의 자손 클래스가 되고 클래스 B는 Any의 자식 클래스가 된다.

코틀린 Any에는 세 가지 특별한 멤버 함수가 open으로 정의돼 있다.

1. `open operator fun equals(other: Any?): Boolean`
2. `open fun hashCode(): Int`
3. `open fun toString(): String`

Any?의 ?는 널이 될 수 있는 타입을 뜻하는 접미사다. 널이 될 수 있는 타입은 6장에서 다룬다.

equals()는 == 연산자를 클래스에 맞게 정의할 수 있도록 해주며, hashCode()는 객체의 해시 코드를 정의한다. 불행히도 equals()와 hashCode()를 제대로 정의하기는 쉽지 않다. 이 책을 읽는 독자 수준에서는 개발 도구[IDE]가 자동으로 생성해주는 코드를 활용하는 편이 더 낫다는 정도만 알아두고 일단 넘어가자. equals()와 hashCode()를 구현하는 방법은 2부에서 객체지향을 좀 더 세부적으로 살펴볼 때 자세히 설명한다.

toString()은 객체에 대한 문자열 표현을 돌려주는 함수로, 디버깅 시 콘솔 등에 객체를 출력할 때 사용되기도 한다. Any에 정의된 toString()의 기본 구현은 객체의 타입(클래스) 정보와 메모리 주소를 표시해준다.

```
println(Teacher("오현석", "컴퓨터"))   // Teacher@2f053ff3
```

여기서 주소는 프로그램을 실행할 때마다 달라질 수 있다.

다음과 같이 Teacher 안에서 toString()을 오버라이드하면 이 출력 결과가 달라진다.

```
class Teacher(name: String, val department: String): Person(name) {
    override fun greeting() = "${super.greeting()} 저는 $department 교사입니다."
    override fun toString() = "Teacher($name, $department)"
}
println(Teacher("오현석", "컴퓨터"))  // Teacher(오현석, 컴퓨터)
```

4.2.4 is와 as, 스마트 캐스트

프로그램 안에서 어떤 변수가 어떤 타입에 속하는지 알아보려면 is 연산자를 쓴다. !is는 is를 부정한 연산자다.

```
val x = 10
x is Int     // true
x is Any     // true
x !is Number // false
```

다만 서로 연관 관계(상속 관계)가 없는 타입의 값을 썼는데, 컴파일러가 이를 감지할 수 있으면 아예 컴파일 시점에 오류가 발생한다.

```
val x = 10
x is Double  // error: incompatible types: Double and Int

val y: Number = 10
y is Double  // false
```

여기서 x는 Int로 타입을 추론했기 때문에 아예 Double과 무관한 타입으로 인식해서 컴파일러가 컴파일 시점에 오류를 낸다. 반면 y는 Number로 타입을 지정했으므로 y is Double은 정상적으로 컴파일된다. Double이 Number의 하위 타입이기 때문이다.

상위 타입의 값을 받았지만 하위 타입에 정의된 연산을 수행하고 싶은 경우도 있다. 이런 경우 as로 타입을 변환할 수 있다.

```
fun asDouble(x: Number): Double = x as Double
println(asDouble(10.0)) // 10.0
```

여기서 asNumber()를 호출할 때는 Double 타입의 값을 Number 타입의 값으로 변환했는데, 이런 식으로 하위 타입의 값을 상위 타입으로 변환하는 것을 **업캐스트**upcast라 한다. 이런 변환을 할 때는 as 등을 명시할 필요가 없다. 상하위 타입에 의해 하위 타입 값은 자동으로 상위 타입 값으로 쓰일 수 있기 때문이다.

반대로 asDouble()의 본문에서 x as Double을 할 때는 Number 타입의 값을 더 하위 타입인 Double로 변환했는데, 이런 식으로 상위 타입의 값을 하위 타입으로 변환하는 것을 **다운캐스트**downcast라 한다. 실행 시점에 다운캐스트를 할 때 캐스트가 불가능한 경우라면 ClassCastException 예외가 발생한다(예외는 5장에서 다룬다).

```
println(asDouble(1)) // java.lang.ClassCastException: class java.lang.Integer
cannot be cast to class java.lang.Double(...)
```

다음과 같은 상속 관계가 있다.

```
open class A
open class B: A()
open class C: B()
final class D: B()
class E: C()
```

그리고 다음과 같이 as 캐스트를 사용한 대입문이 있다.

```
val a: A = B() as A
val b: A = A() as A
val c: A = C() as A
val d: D = C() as D
val e: B = E() as B
val f: A = E() as A
val g: E = C() as E
```

1. ClassCastException이 발생하는 대입문은 무엇인가?
2. ClassCastException이 발생하지 않는 대입문은 무엇인가?
3. as 타입을 사용해 캐스트하지 않아도 문제가 없는 대입문은 무엇인가?

스마트 캐스트

컴파일러의 타입 검사기는 업캐스트를 체크해서 안전하지 않은 경우 컴파일 오류를 낼 수 있지만, 모든 다운캐스트의 타입을 항상 확신할 수는 없다. 따라서 다운캐스트할 때는 프로그래머가 주의를 기울일 필요가 있다.

다음과 같이 is로 실행 시점에 타입을 검사해 잘못된 다운캐스트를 피하면 안전한 코드를 작성할 수 있다.

```
fun asDouble(x: Number): Double = if(x is Double) x as Double else 0.0
println(asDouble(0))    // 0.0
println(asDouble(10.0)) // 10.0
```

이 코드를 잘 살펴보면, x is Int가 참인 경우 x as Double이 항상 전혀 문제없이 작동한다는 점을 알 수 있다. 따라서 이 경우 x as Double은 사실상 불필요한 명시적 다운캐스트다. 코틀린에서는 컴파일러가 이런 경우 타입 변환이 필요하지 않다는 사실을 확인하고 알아서 타입을 적절히 변환해준다. 이를 **스마트 캐스트**smart cast라 한다.

```
fun asDouble(x: Number): Double = if(x is Double) x else 0.0
println(asDouble(0))    // 0.0
println(asDouble(10.0)) // 10.0
```

스마트 캐스트와 7장에서 배울 널 가능성을 함께 사용하면 이런 타입 변환 코드를 훨씬 짧게 작성할 수 있다.

4.3 추상 클래스

앞에서 상속을 배웠다. 상속 계층을 설계할 때 상위 타입에서 일반적인 연산을 제공하고 하위 타입에서 구체적인 연산을 오버라이드한 후 동적 디스패치를 사용하면, 여러 객체가 자신의 역할에 맞는 적당한 일을 수행하면서 원하는 목적을 달성할 수 있다.

그런데 하위 클래스가 오버라이드해야 하는 함수의 이름과 시그니처는 정하고 싶지만 적절한 공통 구현을 생각하기 어렵거나, 아예 기본 구현이 없는 함수를 제공해 하위 클래스가 꼭 이를 구현하게 만들고 싶은 경우가 있다.

객체지향에서 이런 식으로 구현은 없이 타입만 정해져 있는 멤버를 **추상 멤버**abstract member라 한다. 추상 멤버에는 추상 함수와 추상 프로퍼티가 있다.

어떻게 추상 멤버를 정의할 수 있을까? 이런 경우 상위 클래스에서는 멤버 프로퍼티의 타입이나 함수의 시그니처만 제공해야 하므로 다음과 같이 작성하고 싶을 것이다.

```
open class ClassWithOverridable {
    // 모든 하위 클래스에서 꼭 오버라이드해야 하는 멤버 함수
    open fun mustOverride(param: Double): Int  // error: function
'mustOverride' without a body must be abstract
}
```

하지만 이런 정의를 허용하면, 실수로 함수 본문을 작성하지 않은 경우와 의도적으로 함수 본문을 작성하지 않은 경우를 구분하기 어렵다는 문제가 있다. 프로그래머가 실수로 mustOverride() 멤버 함수의 뒤에 = param.toInt()라는 구현을 빼먹었는데, 이 함수를 추상 멤버로 취급하면 개발자의 의도와 다른 결과가 생길 수도 있다. 또한 경우에 따라서는 이런 오류를 아주 발견하기 어려울 수도 있다. 코틀린에서는 이를 방지하고자 귀찮더라도 의도를 좀 더 명시적으로 드러내기 위해 추상 멤버 함수 앞에 abstract를 붙여야만 한다. 추상 멤버 함수는 반드시 하위 클래스에서 오버라이드해야 하므로 abstract를 쓰는 경우에는 open을 쓰지 않아도 된다. 마찬가지로 추상 클래스도 하위 클래스가 있어야만 의미가 있으므로 abstract class를 적은 경우 굳이 open을 더 추가할 필요는 없다.

```
abstract class ClassWithOverridable {
  abstract fun mustOverride(param: Double): Int
}
```

추상 멤버가 있는 클래스는 반드시 추상 클래스로 지정돼야 한다.

```
open class ClassWithOverridable { // error: abstract function 'mustOverride'
in non-abstract class 'ClassWithOverridable'
  abstract fun mustOverride(param: Double): Int
}
```

하지만 원한다면 (추상 멤버가 없더라도) 언제나 클래스를 추상 클래스로 선언할 수 있다.

```
abstract class AbstractClassWithNormalFunction{
  fun normal(param: Double): Int = 0
}

abstract class AbstractClassWithOpenFunction{
  open fun normal(param: Double): Int = 0
}
```

어떤 클래스를 추상 클래스로 선언하면 그 클래스의 객체를 직접 생성할 수 없다. 객체를 만들고 싶으면 추상 클래스를 상속하고 그 클래스의 객체를 생성해야 한다.

```
abstract class Parent() {}
class Child: Parent() {}

val f: Parent = Parent()  // error: cannot create an instance of an abstract
class
val g: Parent = Child()
```

본문이 없는 추상 멤버 함수는 쉽게 상상할 수 있지만, 추상 멤버 프로퍼티는 대체 어떤 면에서 '추상적'일까? 추상 멤버 함수가 이름과 시그니처만 제공했다는 점을 생각해보라. 프로퍼티에서 시그니처에 해당하는 부분은 무엇일까? 그렇다. 추상 멤버 프로퍼티는 이름과 타입만 지정하고 초기화를 하지 않은 프로퍼티다.

```
abstract class Foo1(abstract val invalid: String, var other: Int) // (1) //
error: this property cannot be declared abstract

abstract class Foo2(var other: Int) {
    abstract var valid: String    // (2)

    fun foo(v: String) {
        valid = v                 // (3)
    }

    var valid2 = valid            // (4)
}
```

(1) 주생성자 파라미터 목록의 val 선언은 프로퍼티 선언과 프로퍼티 초기화를 함께 수행하기 때문에 추상 클래스의 주생성자 안에서 abstract val invalid: String 같은 선언은 금지된다.

(2) 추상 프로퍼티를 선언하려면 추상 클래스 본문 안에 선언해야 한다.

(3) 추상 클래스 안에서 추상 프로퍼티를 초기화하지는 못하지만, 추상 클래스 안에 있는 함수 내에서 추상 멤버 프로퍼티를 읽거나 쓸 수는 있다.

(4) 추상 클래스 안에서 다른 추상 프로퍼티 값을 참조하는 구체적 프로퍼티를 정의할 수는 있다.

(3), (4)의 경우, 프로그램이 추상 클래스의 인스턴스를 생성할 수는 없으므로 valid 프로퍼티가 제대로 초기화되지 않은 상태에서 foo() 함수가 호출되거나 valid2 프로퍼티를 설정하게 되는 일은 없다. 따라서 추상 클래스 안에서 추상 멤버가 존재하더라도 나머지 구체적 멤버는 그 추상 멤버를 마음대로 활용해도 늘 안전하다.

익힘문제

추상 클래스를 활용한 경우에 따라 달라져야 하는 부분은 추상 멤버로 정의하고, 공통적으로 쓰일 수 있는 부분은 구체적 구현을 제공할 때 쓰인다. 이때 추상 클래스에 제공하는 구체적 구현은 추상 멤버를 활용해 상황에 따라 달라져야 하는 부분의 처리를 위임한다.

다음 코드는 PI 값을 3으로 했을 때와 3.1416으로 했을 때 반지름이 5인 원 둘레와 구 부피를 계산한 값을 비교하면 얼마나 차이가 나는지 살펴보는 코드다. 주석에 지정된 대로 PI를 오버라이드하고 둘레와 부피를 계산해 차이가 몇 %나 발생하는지 알아보자.

```kotlin
abstract class CircleCalculator {
    abstract val PI: Double
    fun circumference(radius: Double): Double = 2.0 * PI * radius
    fun area(radius: Double): Double = PI * radius * radius
    fun volume(radius: Double): Double = 4.0/3.0*PI*radius*radius*radius
    fun surfaceaArea(radius: Double): Double = 4.0 * PI * radius * radius
}

class CircleCalculator1: CircleCalculator() {
    // PI를 3.0으로 오버라이드하라
}

class CircleCalculator2: CircleCalculator() {
    // PI를 3.1416으로 오버라이드하라
}

fun diffPercent(v1: Double, v2: Double) = if(v1>v2) (v1-v2)/v2*100.0 else
(v2-v1)/v1*100.0

fun main() {
    val calculator1 = CircleCalculator1()
    val calculator2 = CircleCalculator2()

    println("PI의 차이: %.2f".format(diffPercent(calculator1.PI, calculator2.
PI)))
```

```
        println("반지름이 5일 때 둘레의 차이: %.2f".format(diffPercent
    (calculator1.circumference(5.0), calculator2.circumference(5.0))))
        println("반지름이 5일 때 구 부피의 차이: %.2f".format(diffPercent(calculator1.
    volume(5.0), calculator2.volume(5.0))))
    }
```

4.4 인터페이스

타입 계층을 클래스로 설계하다 보면 'A는 B이다'라는 관계보다는 'A는 B 기능을 제공한다'라는 관계로 표현하면 적합한 경우가 눈에 띄기 시작한다. 예를 들어 클래스 중에서 인스턴스 간의 크기 비교가 가능한 클래스가 있다고 할 때 이를 어떻게 표현할 수 있을까? 단, 대소 비교는 fun compareTo(other: A): Int라는 시그니처의 함수를 통해 이뤄지며, 이 함수는 다음과 같이 대소 비교 결과를 전달하기로 약속돼 있다.

1. this가 other보다 작으면 음수를 반환한다.
2. this와 other가 같으면 0을 반환한다.
3. this가 other보다 크면 양수를 반환한다.

반환하는 양수, 음수가 항상 같은 값이어도 관계없다. 관심 있는 건 부호뿐이기 때문이다.

이 함수는 대소 비교가 가능한 클래스의 경우 유용하지만, 모든 클래스에서 대소 비교를 정의할 수 있는 것은 아니므로 Any 타입에 포함시키기는 어렵다. 그렇다면 별도의 추상 클래스를 뽑아내서 다음과 같이 선언하면 어떨까?

```
abstract class Comparable {
    abstract fun compareTo(other: Any): Int
}
```

other 타입이 Any라는 점은 조금 못마땅하지만(나중에 제네릭스를 배우면 이 문제를 해결할 수 있다) 일단 작동은 할 것 같지 않은가? 그렇지만, 이 추상 클래스에는 몇 가지 문제가 있다. 그 문제는 무엇일까?

일단, 비교 가능한 모든 타입이 Comparable이라는 타입으로 묶여버린다는 문제가 있다 (이 문제 역시 제네릭스를 배우고 나면 해결할 수 있다). 또 다른 해결할 수 없는 근본적인 문제는 비교 가능한 객체의 클래스 계층이 Comparable을 루트로 하는 계층으로 고정돼 버린다는 점이다.

왜 그럴까? 다음과 같이 정의할 수는 없을까?

```
open class Person(val name: String)
class PersonWithAge(name: String, val age: Int): People(name), Comparable() {
    ...
}
// error: only one class may appear in a supertype list
```

상위 타입 목록에는 클래스가 1개만 나타날 수 있다는 컴파일 오류가 발생한다. **다이아 몬드 상속**diamond inheritance이라는 유명한 문제를 막기 위해 상위 클래스를 둘 이상 적을 수 없게 제한하기 때문에 생기는 문제다. 상위 클래스를 둘 이상 허용하면, 공통의 조상 클래스가 있는 경우 어느 쪽에 오버라이드된 멤버 함수를 실행해야 할지 판단하기 어려운 경우가 생긴다. 만약 컴파일이 된다면, 가장 쉬운 예로 다음과 같은 예를 들 수 있다.

```
open class X() {
    override fun toString(): String = "X"
}

open class Y() {
    override fun toString(): String = "X"
}

// 컴파일되지 않음!! error: only one class may appear in a supertype list
class XY(): X(), Y() {
    fun foo() {
        println("${this.toString()}")   // (1)
    }
}
```

(1)에서 어느 쪽 toString()을 호출해야 할까? XY 타입의 객체는 X 클래스와 Y 클래스 모두를 이어받기 때문에 둘 중 어느 쪽을 선택해야 할지 알 수 없다. 이런 식으로 상속 계층에서 부모 클래스가 둘 이상 있는 **다중 상속**multiple inheritance을 허용하면 필연적으로 다이아몬드 상속 문제가 발생하며, 언어에 따라 이를 처리하는 방법이 다르다.

자바 설계자들은 이 문제를 인식하고 클래스 다중 상속을 금지하는 대신에 다중 상속 가능한 인터페이스를 도입했다. 코틀린도 자바의 방식을 따라서 클래스 다중 상속을 금지하고 인터페이스만 다중 상속할 수 있게 한다.

4.4.1 인터페이스 정의와 상속하기

interface 뒤에 인터페이스 이름을 붙이고, 그 뒤에 나오는 중괄호 사이에 본문을 적으면 인터페이스를 선언할 수 있다. 인터페이스 이름 뒤에 파라미터 목록이 없다(빈 괄호도 필요 없음)는 점에 유의하라. 인터페이스 안에는 멤버 프로퍼티나 멤버 함수가 들어갈 수 있는데, 멤버 함수에는 본문을 적을 수도 있지만[1] 프로퍼티를 초기화할 수는 없다. 또한 인터페이스를 인스턴스화할 수는 없으며 인터페이스를 구현한 클래스를 인스턴스화해야 한다.

```kotlin
interface Foo {
    fun bar() = "bar"
    val x: Int = 1          // error: property initializers are not allowed
in interfaces
}

interface Bar {}

val bar = Bar()             // error: interface Bar does not have constructors
```

인터페이스 안에 정의된 멤버 함수는 자동으로 open이며, 본문이 없어도 abstract를 붙이지 않아도 된다.

---

1   원래 자바의 인터페이스에서는 메서드(멤버 함수를 자바에서 부르는 이름) 본문을 정의할 수 없었지만, 자바 8부터 **디폴트 메서드**(default method)라는 이름으로 메서드 본문 정의를 허용하기 시작했다.

```
interface Comparable {
    fun compareTo(other: Any): Int
}
```

인터페이스와 다른 클래스를 동시에 상속할 수 있고, 상속을 원하면 : 다음에 인터페이스 이름을 다른 클래스나 인터페이스와 ,로 분리해 적으면 된다.

```
open class Person(val name: String) {
    override fun toString(): String = "Person('$name')"
}

class PersonWithAge(name: String, val age: Int): Person(name), Comparable {
    override fun toString(): String = "PersonWithAge('$name', $age)"
    override fun compareTo(other: Any): Int {
        if(other is PersonWithAge) {
            return this.age - other.age
        } else {
            // throw는 5장에서 다룬다
            throw UnsupportedOperationException("PersonWithAge와 다른 타입의
검사는 허용하지 않습니다.")
        }
    }
}

val hong = PersonWithAge("홍길동", 400)
val jeon = PersonWithAge("전우치", 100)

println(hong.compareTo(jeon)) // 300
println(jeon.compareTo(hong)) // -300
```

따라서 어떤 클래스든 주생성자 파라미터 뒤에 :이 오는 경우(즉, 상위 클래스나 인터페이스를 적는 경우)에는 : 다음에 오는 이름 중에 생성자 호출이 있는(즉, 괄호로 둘러싼 인자 목록이 있는) 이름은 하나만 있거나 없어야 한다. 이때 생성자 호출이 있는 이름이 하나만 있으면 그 이름이 부모 클래스의 이름이며, 아예 없으면 Any가 부모 클래스가 된다. 그리고 나머지 이름들은 모두 인터페이스의 이름이어야 한다.[2]

---

2   한 가지 예외가 있는데, 클래스에 주생성자가 없는 경우다. 이 경우는 13장에서 다시 설명한다.

4.4.2 인터페이스 오버라이드 규칙

인터페이스가 인터페이스를 상속할 수도 있고, 한 클래스가 여러 인터페이스를 상속할 수도 있다. 이럴 경우 오버라이드한 같은 시그니처의 함수가 여럿 생길 가능성이 있다. 그중 한 가지는 한 상속 계층에서 여러 번 인터페이스가 오버라이드된 경우로, 이런 경우에는 상속 계층에서 가장 아랫쪽에 오버라이드된 멤버 함수 본문이 실행된다고 정의하면 어떤 함수를 호출할지가 명확히 정해진다(클래스의 멤버 함수를 오버라이드하는 경우에도 마찬가지다).

```kotlin
interface IA {
  fun toString2(): String = "IA"
}

interface IB: IA {
  override fun toString2(): String = "IB: IA"
}

open class A: IA {
    override fun toString(): String = "A: Any"
}

open class B: A(), IB {
    override fun toString(): String = "B: A: Any"
}

class C: B(), IB

fun main() {
    val c = C()
    val b = B()
    val a = A()

    println(a)
    println(b)
    println(c)

    println(a.toString2())
    println(b.toString2())
```

```
    println(c.toString2())
}

/*
// 실행 결과
A: Any
B: A: Any
B: A: Any
IA
IB: IA
IB: IA
*/
```

C 클래스의 경우, 상위 클래스나 인터페이스의 open 메서드 중 아무것도 오버라이드 하지 않았지만 상속 단계에서 가장 아래에 위치한 B와 IB에서 오버라이드한 toString(), toString2()가 호출됐다는 점을 알 수 있다.

만약 동일한 시그니처의 메서드가 여러 상위 인터페이스와 클래스에 존재하는 경우는 어떨까(다이아몬드 상속은 이런 경우의 특별한 예라고 할 수 있다)? 예를 들어 다음 코드에서(실제 로는 컴파일되지 않는다) C 클래스 객체인 c에 대해 toString2()를 호출하면 어떤 함수가 호 출돼야 할까?

```
interface IRoot {
    fun toString2(): String = "IRoot"
}

interface IParent1: IRoot {
    override fun toString2(): String = "IParent1:IRoot"
}

interface IParent2 {
    fun toString2(): String = "IParent2"
}

class C: IParent1, IParent2

fun main() {
    val c = C()
```

```
    println(c.toString2())  // ???
}
```

이런 경우 문제를 근본적으로 해결할 방법이 없다. 그래서 코틀린에서는 이런 식으로 시그니처가 동일한 멤버가 있으면 해당 멤버를 반드시 오버라이드해 모호성을 프로그래머가 직접 해결하도록 강제한다. 실제로 앞에서 본 코드를 컴파일해보면 다음과 같은 오류가 발생한다.

```
error: class 'C' must override public open fun toString2(): String defined in
IParent1 because it inherits multiple interface methods of it
```

이런 경우 C는 반드시 자신만의 toString2()를 오버라이드해 어떤 동작을 수행할지 명시해야 한다.

```
class C: IParent1, IParent2 {
    override fun toString2() = "C: IParent1, IParent2"
}

fun main() {
  val c = C()
  println(c.toString2())  // C: IParent1, IParent2
}
```

이때 멤버 함수를 정의하는 과정에서 상위 클래스나 인터페이스의 특정 함수를 호출하고 싶을 때가 있다. 이런 경우 super<상위타입>.멤버함수이름(...)을 사용해 원하는 상위 타입의 멤버를 호출할 수 있다.

```
class C: IParent1, IParent2 {
    override fun toString2() = "C: ${super<IParent1>.toString2()},
${super<IParent2>.toString2()}"
}
fun main() {
    val c = C()
    println(c.toString2())  // C: IParent1:IRoot, IParent2
}
```

단, 이때 <상위타입> 부분에는 클래스나 인터페이스가 직접 상속하고 있는 타입만 적을 수 있다는 점에 유의하라. 간접적으로 상속한 조상 타입을 적으면 'error: not an immediate supertype'이라는 오류가 발생한다.

```
interface IRoot {
    fun toString2(): String = "IRoot"
}

interface IParent1: IRoot

interface IParent2 {
    fun toString2(): String = "IParent2"
}

class C: IParent1, IParent2 {
    override fun toString2() = "C: ${super<IParent1>.toString2()},
${super<IParent2>.toString2()}"  // (1)
    // 다음 코드는 error: not an immediate supertype 오류를 발생시킨다
    // override fun toString2() = "C: ${super<IRoot>.toString2()},
${super<IParent2>.toString2()}"
}

fun main() {
    val c = C()
    println(c.toString2())  // C: IRoot, IParent2
}
```

(1) 여기서 IParent1에는 직접 정의된 toString2()가 없다. 따라서 super<IParent1>.toString2()는 결국 IRoot에 정의된 toString2()를 가리킨다.

상위 타입에서 멤버 함수가 정의된 위치가 명확하다면(즉, 같은 시그니처의 멤버 함수 정의가 여러 상위 타입에 존재하지 않는 경우) 그냥 super만 써도 상위 타입의 멤버 함수 구현을 호출할 수 있다.

```
interface Root {
    fun foo() = "foo"
```

```
    fun bar() = "Root.bar"
}

interface Parent: Root {
    override fun bar() = "Parent.bar"
}

class Child: Parent {
    fun baz() = "${bar()}|${super.bar()}|${super.foo()}"
    override fun bar() = "Child.bar"
}

fun main() {
    val c = Child()
    println(c.baz())  // Child.bar|Parent.bar|foo
}
```

baz() 본문에서 bar()는 Child 안에 오버라이드된 bar()를 호출하고 super.bar()는 Child가 아니라 부모인 Parent의 bar()를 호출하는데, 이 bar()는 "Parent.bar"를 돌려주게 오버라이드돼 있다. 반면 foo는 상속 계층에서 Root 안에만 정의돼 있으므로 상위 클래스의 foo()도 동적 디스패치에 의해 자동으로 Root의 foo를 호출한다.

익힘문제

코틀린에서 클래스 파라미터 목록과 : 뒤에 클래스 이름을 최대 하나만 적도록 제한하는 이유를 설명하라. 그리고 코틀린에서 다중 상속이 일어나려면 반드시 상속 계층의 위쪽에 인터페이스가 있어야만 하는 이유를 설명하라.

익힘문제

B, C는 A를 상속하고 D는 B, C를 상속하는 클래스 계층이 있다. 다음 코드에서 잘못된 부분을 찾아 어떻게 수정하면 될지 설명하라. 수정해야 할 부분이 한 곳 이상일 수도 있다.

```
interface A {
    fun foo() = 10
}
open class B: A {
```

```
        override fun foo(): Int = 20
    }
    open class C: A {
        override fun foo(): Int = 30
    }
    open class D: B(), C() {
        override fun foo(): Int = super<B>.foo() + super<C>.foo()
    }
```

B, C는 A를 상속하고 D는 B, C를 상속하는 클래스 계층이 있다. 다음 코드에서 잘못된 부분을 찾아 어떻게 수정하면 될지 설명하라. 수정해야 할 부분이 한 곳 이상일 수도 있다.

```
interface A {
    fun foo() = 10
}
interface B: A {
    fun bar(): Int = 20
}
open class C: A {
    override fun foo(): Int = 30
}
open class D: B, C() {
    override fun foo(): Int = super<A>.foo() + super<C>.foo()
}
```

4.5 프로퍼티 정의하기: 게터, 세터, 뒷받침하는 필드

지금까지는 마치 단순한 변수를 선언하는 것처럼 클래스 프로퍼티 선언을 설명했다. 하지만 실제 코틀린 프로퍼티는 그보다 더 복잡한 개념을 모아둔 기능이다.

객체지향 프로그래밍에서는 캡슐화encapsulation와 정보 은닉information hiding을 통해 외부에서 객체를 작성한 사람의 의도와 다른 방식으로 객체 상태를 변경하지 못하도록 막는 게 중요하다. 객체의 프로퍼티를 그대로 노출시키면 객체 밖에서 마음대로 프로퍼티 값을 설정할 수 있으므로 클래스 설계자가 구상한 가정이 깨지면서 프로그램이 잘못될 수 있다. 객체 내부에 있는 필드를 직접 밖으로 노출시키지 않고 멤버 함수를 통해 필드를 읽거나 쓸 수 있게 하면 멤버 함수가 프로그래머의 의도에 맞게 필드 값이 변경되는지 검사할 수 있어 이런 문제가 해결된다.

초기 코틀린이 가장 큰 목표로 삼았던 JVM 플랫폼의 경우, 1990년대 반향을 일으켰던 **컴포넌트 기반 개발**component based development을 위해 **자바빈즈**JavaBeans라는 특별한 규약을 지정했고 그 전통이 지금까지 이어져 내려오고 있다. 자바빈즈에서는 **빈**bean이라는 독립된 객체들이 상호 작용을 하면서 원하는 목표를 달성한다. 빈은 자바 클래스로 정의될 수 있는데, 특히 다음 규약을 따라야 한다.

1. 클래스는 인자가 없는 기본 생성자를 지원해야 한다.
2. 표준 명명법을 따르는 게터와 세터를 통해 프로퍼티에 접근해야 한다.
3. 클래스는 직렬화 가능해야 한다(java.io.Serializable을 구현).

세터와 게터의 표준 명명법은 다음과 같다.

1. 프로퍼티 이름이 namedProperty라면 기본적으로 세터는 setNamedProperty(), 게터는 getNamedProperty()라는 이름을 사용해야 한다.
2. 프로퍼티 타입이 Boolean인 경우에는 게터 이름으로 getNamedProperty() 대신 isNamedProeprty()를 사용한다.

하지만 이런 규약을 따를 경우 단점이 있다. 필드와 게터, 세터가 서로 이름이 다르고, 필드 값을 직접 설정하거나 읽는 코드와 게터나 세터를 통해 값을 설정하거나 읽는 코드도 서로 달라진다. 예를 들어 bean이라는 객체에서 foo라는 필드에 직접 접근하는 경우와 getFoo(), setFoo() 게터/세터를 사용하는 경우 자바 코드는 다음과 같이 달라진다. 프로퍼티 타입이 문자열이라고 가정하자.

```
// 필드 직접 접근
bean.foo = "test"
```

```
println(bean.foo)

// 게터/세터
bean.setFoo("test2")
println(bean.getFoo())
```

하지만 코드에서는 필드나 프로퍼티에 쓰는 접근(대입문을 사용)과 필드나 프로퍼티를 읽는 접근("객체.프로퍼티이름"을 사용)이 쉽게 구분되므로 굳이 이런 식으로 접근 코드가 달라질 이유가 없다. 필드가 없는 계산된 프로퍼티가 필요할 때도 있는데, 접근하는 쪽에서는 대상이 계산을 통해 제공되는 것이든 내부에 저장된 필드를 통해 제공되는 것이든 서로 다른 접근 방법을 택해 정보를 얻어올 필요도 없다. 상태가 담긴 필드를 직접 사용하든, 세터/게터를 사용해 간접적으로 필드에 접근하든, 필드가 없는 상태에서 계산된 결과를 읽든 관계없이 클라이언트가 똑같은 방식으로 프로퍼티에 접근할 수 있으면 나중에 원하는 방식으로 클래스의 프로퍼티 구현을 변경할 수 있어 편리하므로 항상 같은 방식으로 프로퍼티를 사용할 수 있으면 좋다. 이를 **단일 접근 원칙**uniform access principle이라 한다.

또한 자바에서는 게터와 세터가 클래스 내 여기저기에 흩어져 있을 수 있고 게터/세터가 사용하는 필드를 정의한 위치와 게터/세터의 정의도 서로 떨어져 있을 수 있으므로, 나중에 코드를 찾아볼 때 한눈에 게터와 세터가 함께 정의된 프로퍼티인지, 둘 중 하나만 정의된 프로퍼티인지 알아보기 힘들 수도 있다.

이런 문제를 해결하기 위해 코틀린에서는 프로퍼티를 선언할 때 게터, 세터를 함께 정의하도록 강제한다. 앞에서 봤듯이 필드 값을 그대로 읽고 쓰는 단순한 디폴트 게터/세터만 있는 프로퍼티의 경우 다음과 같이 선언할 수 있다. 초기화 식에서 타입을 추론할 수 있으면 타입을 생략해도 된다.

```
val(또는 var) 프로퍼티이름: 타입 = 초기화식    // 타입을 추론할 수 없거나 타입을 명시하고 싶은 경우
val(또는 var) 프로퍼티이름 = 초기화식         // 타입을 코틀린 컴파일러가 추론할 수 있는 경우
```

모든 프로퍼티에는 프로퍼티 값을 읽는 연산을 정의하는 게터를 덧붙일 수 있다. 게터가 추가된 프로퍼티 선언은 다음과 같다.

```
val(또는 var) 프로퍼티이름: 타입 = 초기화식
    get(): 타입 = 식
          또는
    get(): 타입 { 블록 }
```

게터는 fun이 없고 이름이 get()으로 정해진 함수처럼 보인다. 실제 함수와 마찬가지로 단일 식 형태와 블록 형태라는 두 가지 방식으로 게터를 정의할 수 있다. 단일 식 형태의 게터에서는 프로퍼티 이름 뒤나 get() 뒤에 타입을 붙일 수 있고, 게터의 구현에서 타입을 추론할 수 있는 경우에는 프로퍼티 이름과 get() 뒤에서 타입을 생략해도 된다. 블록 형태의 게터에서는 프로퍼티 이름 뒤나 get() 뒤 중 적어도 어느 한 곳에는 프로퍼티 타입을 지정해야만 한다.

```
class Example {
  val foo1: String
    get():String = "Hello2"

  val foo2: String
    get() = "Hello2"

  val foo3
    get():String = "Hello2"

  val foo4
    get() = "Hello2"   // 타입을 추론할 수 있는 경우에만 foo4 뒤와 get() 뒤에 타입 생략 가능

  val bar1: String
    get():String {
      return "Hello2"
    }

  val bar2: String
    get() {
      return "Hello2"
    }

  val bar3
    get():String {
```

```
        return "Hello2"
    }

  val bar4                    // error: this property must either have a
type annotation, be initialized or be delegated
    get() {
      return "Hello2"
    }
}
```

게터가 프로퍼티 타입과 일치하는 타입의 값을 반환하는 게 일반적이지만, 좀 더 느슨
하게 프로퍼티 타입의 하위 타입을 반환해도 된다.

```
val n: Number
    get() = 10    // OK: 10은 Number이기도 하다
```

var 프로퍼티에는 쓰는 연산을 정의하는 세터를 덧붙일 수 있다. 세터가 추가된 프로
퍼티 선언은 다음과 같다. 이때 세터의 파라미터 타입은 프로퍼티 타입과 같아야 한다.
세터는 함수 정의와 비슷해 보이지만 함수와 달리 파라미터 이름 뒤에 타입을 붙이지 않
아도 되며, 디폴트 파라미터 등을 지정할 수는 없다.

```
var 프로퍼티이름: 타입 = 초기화식
    set(파라미터이름: 타입) { 블록 }
        또는
    set(파라미터이름) { 블록 }
```

하지만 세터 블록 안에서는 파라미터로 받은 값을 프로퍼티에 저장할 방법이 필요하다
는 문제가 있다. 사실 게터를 설명할 때도 별다른 언급 없이 넘어갔지만, 게터 식이나 블
록 안에서도 프로퍼티에 저장돼 있는 값을 읽어 활용할 방법이 필요하다.

4.5.1 뒷받침하는 필드

코틀린에서는 게터와 세터에서 field라는 이름으로 프로퍼티 상태를 저장하는 필드에 접
근할 수 있게 해준다. 이때 이 field를 뒷받침하는 필드[backing field]라고 부른다.

val/var 프로퍼티이름: 타입 = 초기화식으로 프로퍼티를 초기화하는 식은 이 뒷받침하는 필드를 직접 초기화해준다.

```
val x: Int = 10    // x를 뒷받침하는 필드를 10으로 초기화
var y: Int = 10    // y를 뒷받침하는 필드를 11로 초기화
```

최상위 프로퍼티의 경우에는 반드시 초기화 식을 지정해 뒷받침하는 필드를 초기화해야만 한다. 게터 호출이 반환하는 값과 초기화 식에서 초기화된 필드의 값이 다를 수도 있다는 점에 유의하라.

```
val x2: Int = 10
    get() = field + 10

val y1: Int = 10
    get() = field + 10
    set(v:Int) { field = v }
```

별도로 게터와 세터를 정의하지 않은 프로퍼티는 뒷받침하는 필드를 설정하는 세터와 뒷받침하는 필드를 바로 반환해주는 게터를 컴파일러가 자동으로 만들어준다. 앞의 x, y 프로퍼티를 예로 들면 다음과 같은 방식의 바이트코드가 생겨난다. 이런 게터와 세터를 디폴트 게터, 디폴트 세터라고 한다.

```
val x: Int = 10
    get() = field

var y: Int = 10
    get() = field
    set(v) { field=v }
```

클래스의 경우 init{} 블록 안에서 프로퍼티를 초기화할 수도 있다. var 프로퍼티의 경우에는 프로퍼티 이름이 있는 부분과 init{} 블록에서 여러 번 초기화해도 되며, 가장 나중에 실행된 코드에 따라 필드 값이 정해진다.

```
class X {
    val x: Int = 10     // x를 뒷받침하는 필드를 10으로 초기화
    var y: Int = 10     // y를 뒷받침하는 필드를 11로 초기화
    val x2: Int
    var y2: Int = 10   // y2를 뒷받침하는 필드를 10으로 초기화

    init {
        x2 = 10     // x2를 뒷받침하는 필드를 10으로 초기화
        y2 = 11     // y2를 뒷받침하는 필드를 11로 초기화
    }
}

val y2_X = X().y2  // 11
```

그러나 var 프로퍼티에 대해 세터를 정의할 경우에는 반드시 var 선언 지점에서 뒷받침하는 필드를 초기화해야만 한다.

```
class InvalidVar {
    var y2: Int                     // error: property must be initialized
        get() { return field }
        set(v) { field = v }

    init {
        y2 = 11
    }
}
```

init{} 블록에서 프로퍼티를 다시 초기화하는 경우에는 세터가 호출된다.

```
class ValidVar {
    init {
        println("---------- ValidVar init --------------")
    }
    var y2: Int = 10
        get() { println("get: $field"); return field }
        set(v) { println("set: old: $field new: $v"); field = v }

    init {
        y2 = 11
```

```
        println("---------- ValidVar init end ------------")
    }
}

fun main() {
    val x = ValidVar()
    println(x.y2)
    x.y2 = 100
    println(x.y2)
}
/*
---------- ValidVar init ---------------
set: old: 10 new: 11
---------- ValidVar init end ------------
get: 11
11
set: old: 11 new: 100
get: 100
100
*/
```

출력을 보면 ValidVar 인스턴스를 생성할 때 y2를 뒷받침하는 필드를 10으로 설정하는
부분에서는 세터가 호출되지 않지만, init{} 블록 안에서 y2를 11로 설정하는 코드는 세
터를 호출함을 알 수 있다. 물론 그 후, x.y2 = 100으로 프로퍼티를 설정하는 코드도 당연
히 세터를 호출한다.

앞에서 프로퍼티가 아무런 게터와 세터 정의를 포함하지 않아도 디폴트 게터와 세터
를 생성해준다고 했다. 하지만 클래스 내부에서 필드처럼 쓰기 위해 게터와 세터 없이 선
언한 프로퍼티를 클래스 내부에서 접근하면서 디폴트 게터와 세터를 통해 접근하면 부가
비용이 너무 커진다. 그래서 게터와 세터를 정의하지 않은 프로퍼티를 클래스 내부에서
private으로 선언한 경우(private은 13장에서 다룸)에는 게터/세터를 통하지 않고 바로 뒷받
침하는 필드에 접근하도록 바이트코드를 최적화해준다.

4.5.2 뒷받침하는 필드가 없는 경우

val 프로퍼티를 선언하면서 게터에서 field를 쓰지 않으면 컴파일러가 뒷받침하는 필드를 생성하지 않는다. 이런 경우 val 선언 부분에서 프로퍼티를 초기화하면 뒷받침하는 필드가 없기 때문에 초기화를 허용하지 않는다는 컴파일 오류가 발생한다.

```
val x: String = "Test2" // error: Initializer is not allowed here because
this property has no backing field
    get() = "Test"
```

이런 경우 프로퍼티 게터는 임의의 식을 반환할 수 있다. 심지어 가변 변수 값이나 시간에 따라 변하는 값을 반환할 수도 있다. 게터는 함수이므로 이런 동작이 가능하지만, 혼동을 줄 수 있으므로 이런 코드를 작성하면 안 된다.

```
package ch4.invalidvalproperty

val x
    get() = "Hello, World!"

val z
    get() = java.time.Instant.now().toString() // 현재 시각을 UTC로 얻어서 문자열로
만듦

fun main() {
    println(x)
    println(z)
    Thread.sleep(2000) // 2초간 멈춤
    println(x)
    println(z)
}
/*
Hello, World!
2022-10-25T14:01:45.742246Z
Hello, World!
2022-10-25T14:01:47.756108Z
*/
```

var 프로퍼티를 선언할 때는 게터와 세터 양쪽에서 모두 field를 사용하지 않는 경우에만 뒷받침하는 필드를 생성하지 않는다.

```
var x: Int = 10     // initializer is not allowed here because this property
has no backing field
    get() = 10
    set(v) { }
```

게터와 세터 중 어느 한쪽만 field를 사용하도록 작성해도 컴파일러가 이를 막지는 않는다.

```
var y: Int = 10
    get() = field
    set(v) { }

var z: Int = 10
    get() = 10000
    set(v) { field = v }
```

게터와 세터가 상태를 저장하기 위해 뒷받침하는 필드를 사용하는 대신, 자바처럼 다른 프로퍼티를 상태 저장에 사용할 수도 있다. 이런 경우 게터와 세터가 상태 저장을 위해 사용하는 프로퍼티를 **뒷받침하는 프로퍼티**backing property라 한다. 앞에서 이야기한 것처럼, 이런 경우 뒷받침하는 프로퍼티를 private으로 선언하면 별도의 게터와 세터 함수를 생성하지 않고 직접 해당 필드에 접근하는 코드를 만들어준다.

```
class BackingProperty {
    private var _sum: Int

    val sum: Int
        get() = _sum
        set(v) { _sum = v }
}
```

1. 다음 코드에서 틀린 부분은?

```
class X {
  val sum:Int = 10
    get() = 10
}
```

2. 다음 코드에서 "set!"이라는 메시지는 몇 번 호출될까?

```
class X {
  var i:Int = 10
    set(v) {
        println("set!")
        field = v
    }

  init {
      i = 100
  }
}
fun main() {
    val x = X()
    x.i = 100
}
```

   a. 한 번
   b. 두 번
   c. 호출되지 않는다.
   d. 그때그때 다르다.

4.5.3 지연 초기화 프로퍼티

프로퍼티를 var로 선언하면서 초기화할 값을 바로 알 수 없거나, 가능하면 선언 시점을 최대한 늦추고 싶은 경우가 있다. 이럴 때 값이 없음을 뜻하는 널null로 초기화한 후 나중에 원하는 값을 대입하는 방법도 있겠지만, 그런 경우 프로퍼티 타입을 널이 될 수 있는 타입으로 선언해야 하고 사용하는 지점마다 항상 프로퍼티 값이 널인지 검사해야 한다 (널의 개념과 널이 될 수 있는 타입은 7장에서 설명한다).

154

코틀린은 이런 경우 lateinit var로 프로퍼티를 선언하면서 초기화를 미룰 수 있게 해준다. lateinit은 지연 초기화라고도 한다. lateinit var를 클래스 주생성자 파라미터 부분에 선언할 수는 없고, lateinit var 프로퍼티에 대해서는 게터와 세터를 정의할 수 없다. 지연 초기화 프로퍼티는 최상위나 클래스, 객체 내부에 선언할 수 있고, 함수나 블록 내에 지역적으로 선언할 수는 없다. 한편, 기본 타입의 값에 대해서는 지연 초기화 프로퍼티 선언을 허용하지 않고 참조 타입에 대해서만 지연 초기화 프로퍼티 선언을 허용한다.

```kotlin
fun Boot(): Server = Server()

class LateStartup {
    class Server {
        fun action() { println("do action") }
    }

    lateinit var server: Server

    fun startUp() {
        server = Boot()
    }

    fun action() {
        server.action()
    }
}
```

지연 초기화한 프로퍼티를 초기화하지 않고 사용하면 실행 시점에 예외가 발생한다.

```kotlin
lateinit var x: String

fun main() {
    println(x)  // kotlin.UninitializedPropertyAccessException: lateinit
property x has not been initialized
}
```

지연 초기화 프로퍼티가 실제 초기화됐는지 여부를 알고 싶다면 프로퍼티 참조에 대해 .isInitialized의 값을 살펴보면 된다. 프로퍼티 참조는 12.2.5절에서 다룬다.

```
lateinit var x: String

fun checkAndPrint() {
  if(::x.isInitialized)
    println("x is initialized to $x")
  else
    println("x is not initialized")
}

fun main() {
  checkAndPrint()
  x = "Inited"
  checkAndPrint()
}
/*
x is not initialized
x is initialized to Inited
*/
```

익힘문제

다음 코드에서 잘못된 부분은?

```
class X {
  lateinit var x: Int
  fun initX() {
    x = 100
  }
  fun readX() = x
}

fun main() {
  val x = X()
  x.initX()
  println(x.readX())
}
```

4.5.4 프로퍼티 게터와 인자가 없는 함수 중 어느 것을 사용해야 할까?

게터를 호출하는 다른 방식을 제공하는 것으로 프로퍼티를 생각한다면, 프로퍼티 게터는 인자가 없는 함수와 큰 차이가 없어 보인다. 그렇다면 언제 함수를 사용하고 언제 프로퍼티를 사용해야 할까? 가변 객체의 경우 다음 가이드라인을 따라 언제 프로퍼티를 쓰고 언제 함수를 쓸지 결정할 수 있다.

1. 상태를 표현하면 프로퍼티, 동작을 표현하면 함수를 사용한다.
2. 여러 번 호출해도 돌려주는 값이 달라지지 않으면 프로퍼티를 사용한다. 단, 이때 다른 부수 효과(입출력이나 다른 가변 프로퍼티를 변경하는 등)가 있거나 예외를 던질 수 있으면 함수를 사용한다.
3. 항상 같은 결과를 내놓더라도 계산 비용이 많이 드는 경우에는 함수를 사용해 뭔가 복잡한 계산이 이뤄질 수 있음을 표현한다. 다만, 최초 계산 시 결과를 캐시해 두고 계속 이 캐시값을 돌려줄 수 있다면 프로퍼티를 써도 좋다.

4.6 연습문제

1. 클래스가 무엇인지 설명하라.

2. 다음 클래스 정의에서 잘못된 부분이 무엇인지 설명하라.

```
class Foo(x: Int) {
  var x: Int
  init {
    x = x
  }
}
```

3. 다음 코드에서 컴파일 오류가 발생할 수 있는 부분을 찾아 표시하라. 그리고 오류가 발생하는 이유를 설명하라.

```
open class Root
open class Parent1: Root()
class Parent2: Root()
class Child1: Parent1()
class Child2: Parent2()
```

4. open과 final을 클래스 선언 시 class 앞에 표시한 경우와 멤버 프로퍼티나 멤버 함수 선언 시 val, var, fun 앞에 쓴 경우 어떤 차이가 있는지 설명하라.

5. 동적 디스패치란 무엇인가?

6. Any를 설명하라.

7. Any에 선언돼 있는 equals(), hashCode(), toString()을 설명하라.

8. is와 as를 설명하라.

9. 업캐스트를 설명하라. 언제 업캐스트가 필요하고, 어떤 방식으로 업캐스트를 수행할 수 있는가?

10. 다운캐스트를 설명하라. 언제 다운캐스트가 필요하고, 어떤 방식으로 다운캐스트를 수행할 수 있는가?

11. 스마트 캐스트를 설명하라.

12. 추상 클래스를 설명하라. 추상 클래스를 인스턴스화할 수 없는 이유는 무엇인가?

13. 다음 클래스 정의에서 오류가 있는 부분을 찾고 왜 문제가 되는지 설명하라.

```
abstract class Foo1(abstract val invalid: String, var other: Int)
```

14. 인터페이스를 설명하라. 인터페이스와 추상 클래스의 차이를 설명하라.

15. 다음 각각의 개념이 인터페이스로 표현하기에 적합한지 추상 클래스로 표현하기에 적합한지 설명하라.

a. 비교 가능한 값을 표현하는 Comparable. 내부에 fun compare(other: Any):Int 가 있어서 this와 other를 비교해 this가 크거나 같으면 1을, this가 작으면 0 을 반환하고, 두 객체가 서로 호환될 수 없으면 −1을 반환한다.

b. 회사 직원들을 표현하는 Employee, Manager, Director 클래스가 지켜야 할 공통 적인 인적 사항을 처리하기 위한 Person 클래스. 생년월일, 이름, 주소 등의 정 보가 프로퍼티로 들어간다.

c. 다양한 퀵 정렬 알고리듬을 표현하는 QuickSortAlgorithm. 프로퍼티로 정렬 대상 배열에 대한 참조, 최저 인덱스, 최고 인덱스가 있고, 배열을 둘로 나 누는 전략을 표현하는 추상 함수 parition()이 있으며, 퀵 정렬을 표현하는 quicksort()가 있다.

d. 〈던전 앤 드래곤D&D〉 같은 롤플레잉 게임에 나오는 몬스터들을 표현하기 위해 쓰이는 클래스. 크기, 종류, 선악, 방어도, 체력, 속도 등의 다양한 프로퍼티가 있고, 사용자와 전투를 수행할 때 게임 엔진이 호출할 combat() 함수가 있다.

e. 네트워크를 통해 SNS에 요청을 보내고 결과를 받았을 때 그 결과를 통지받기 위한 리스너listener. receive(date: String, data: String)이라는 멤버 함수가 들어 있고, SNS 처리 엔진은 응답이 오면 이 receive() 함수를 호출해준다.

16. 어떤 클래스(또는 인터페이스)를 구현하는 과정에서 둘 이상의 상위 인터페이스에 같은 시그니처의 멤버 함수가 들어 있는 사실을 발견했다. 어떤 조치를 취해야 하 는가?

17. 다음과 같은 코틀린 클래스가 있다. 이 클래스를 컴파일러가 컴파일하면 x 프로퍼 티와 관련해 어떤 코드들이 생겨날지 설명하라.

```
class Foo(var x:Int)
```

18. 뒷받침하는 필드란 무엇인가?

19. 뒷받침하는 필드가 없는 경우를 설명하라.

20. `lateinit` 프로퍼티를 설명하라.

21. 다음 코드에서 클래스 A 안에 `lateinit`으로 선언한 프로퍼티가 초기화됐는지 여부를 main() 함수에서 실행 시점에 판단하고 싶다. 그럼 다음 코드의 /* 1 */ 부분에 어떤 코드를 작성해야 할까?

```kotlin
import kotlin.random.Random

class A {
  lateinit var myString: String
}

fun init(a: A) {
  if(Random.nextBoolean())
    a.myString = Random.nextLong().toString()
}

fun main() {
  val a = A()
  init(a)
  if(/* 1 */) {
    println("a가 초기화됐습니다: ${a.myString}")
  } else {
    println("a가 초기화되지 않았습니다.")
  }
}
```

22. 다음 코드에서 부적절한 부분을 찾아 수정하고 이유를 설명하라.

```kotlin
class A {
  val x: Long
    get() = Random.nextLong()

  fun y() = Random.nextLong()
}
```

05

예외 처리

보통 프로그램을 작성할 때는 **정상 경로**happy path를 가정하고 프로그램을 작성한다. 하지만 프로그램이 항상 제대로 작동하지는 않는다. 다음과 같은 이유로 함수 등이 실패할 수 있다.

1. **사용자 입력이 잘못된 경우**: 프로그램이 예상하는 입력과 사용자가 입력한 내용이 다른 경우가 있다. 예를 들어 JSON^{JavaScript Object Notation} 입력을 받는데, 문법적으로 틀린 JSON을 입력하거나 원하는 프로퍼티 이름이 없는 경우 등이 사용자 입

력 오류라 할 수 있다.

2. **프로그래머의 실수**: 프로그래머가 작성한 로직이 틀린 경우 잘못된 결과를 내놓을 수도 있다. 또 프로그래머가 하위 API[Application Programming Interface]를 잘못 이해해서 비정상적인 API 요청을 하는 경우에도 문제가 생길 수 있다.

3. **JVM, 운영체제, 컴퓨터를 이루는 여러 장치에 문제가 생긴 경우**: 운영체제도 프로그램이므로 드물게 버그가 있을 수 있고, 컴퓨터의 여러 구성 요소나 외부 장치들이 고장 날 수도 있다.

4. **자원 부족**: 메모리가 부족해서 생기는 오류[Out Of Memory], 디스크 드라이브에 충분한 저장 공간이 없는 경우, 과금이 필요한 서비스에서 과금이 안 된 경우 등 프로그램 실행에 필요한 자원이 부족해 문제가 생길 수도 있다.

오류를 처리하는 방법은 오류를 무시하거나(당연히 무시하면 안 된다!), 오류가 발생했음을 알리고 프로그램을 안전하게(필요하면 최종 상태를 저장해 다시 재개할 수 있도록 만들 수도 있다) 중단시키거나, 다른 대안을 사용자에게 요구해 재시도하거나, 실패한 자원이나 방식이 아닌 다른 방식을 사용하는 등의 방법이 있다. 하지만 각각의 경우를 어떻게 처리해야 할지는 프로그램의 요구 사항이나 개발 단계에 따라 달라지기 마련이다.

어쨌든 프로그램을 작성할 때는 이런 비정상적인 상황이 발생했음을 인지한 후 그 자리에서 그 문제를 해결할 수 있으면 해결하고, 그렇지 못한 경우에는 문제를 해결할 수 있는 쪽으로 문제가 발생했다는 사실을 알려줄 방법이 필요하다. 문제 발생 사실을 전달해야 하는 방향은 함수 호출 방향의 역방향이다. 문제에 따라서는 더 큰 맥락을 알아야 문제를 해결하거나 대안을 제시할 수 있는데, 호출 사슬의 아래쪽보다 위쪽에 있는 함수들이 더 큰 맥락을 알고 있기 때문이다.

이런 과정을 컴파일러나 언어의 도움 없이 쉽게 처리하기는 어렵다. 예를 들어 main(), task(), subtask() 순으로 함수 호출이 이뤄지며 subtask() 안의 작업인 work()에서 문제가 발생할 수 있다고 하자. 오류 코드를 사용하는 경우 다음과 같이 처리해야 한다.

```
fun main() {
    ...
    val errorCode = task()
    if(errorCode < 0) {
        // 오류 처리
    }
    ...
}

fun task(): Int {
    ...
    val errorCode = subtask()
    if(errorCode < 0) {
        if(복구불가능) return errorCode
        // 여기서 복구 시도
    }
    ...
    reuturn 0  // 정상 코드 반환
}

fun subtask(): Int {
    ...
    val errorCode = work()
    if(errorCode < 0) {
        if(복구불가능) return errorCode
        // 여기서 복구 시도
    }
    ...
    reuturn 0  // 정상 코드 반환
}
```

여기서 호출 사슬을 거슬러 올라가면서 전달하는 책임을 각 함수가 직접 구현해야만 한다. 또한 작업이 많은 경우 코드가 상당히 번잡스러워진다. 하지만 **예외**exception를 사용하면 코드에 예외 처리 방식을 좀 더 쉽게, 정상 경로에 대한 방해를 줄이면서 작성할 수 있다. 이번 장에서는 예외를 살펴보자.

프로그램이 실행되는 도중에 실패를 겪을 수 있으므로 프로그램은 실패에 대비해야 한다. 실패에 대비하는 방법에 대한 설명 중 적절하지 않은 것은?

1. 함수가 잘못됐을 경우 특별한 오류 코드를 반환하는 방식을 사용해 실패를 감지하고 처리할 수도 있다.
2. 실패에는 복구 가능한 실패와 복구 불가능한 실패가 있다.
3. 복구 가능한 실패라도 실패가 발생한 지점과 문제를 해결한 지점이 서로 다를 수 있다.
4. 실패가 발생했을 때는 프로그램을 중단시키고 처음부터 새로 시작하면 문제를 항상 해결할 수 있다.

5.1 예외 던지기

우선 문제가 생길 수 있는 경우 어떻게 예외를 던질 수 있는지 살펴보자. 그런데 왜 예외를 '던진다'라고 표현할까? 문제가 발생한 부분에서 문제를 '던지면' 그 문제를 해결할 수 있는 누군가가 문제를 '받아서' 처리하는 것과 비슷하기 때문이다.

예외를 던지는 것은 쉽다. 그냥 throw 다음에 예외 객체를 적으면 된다. 보통은 예외 객체 생성자를 호출해서 예외를 새로 생성해 던진다. 예외 객체가 만들어질 때는 예외 객체 안에 현재 함수의 호출 스택 트레이스^{stack trace}가 남는다.

```kotlin
// Exception.kt
fun bar() {
    throw IllegalArgumentException("잘못된 인자입니다.")
}

fun foo() {
    bar()
}

fun main() {
    foo()
}
/*
// 실행 결과:
```

```
Exception in thread "main" java.lang.IllegalArgumentException: 잘못된 인자입니다.
        at ThrowKt.bar(Throw.kt:2)
        at ThrowKt.foo(Throw.kt:6)
        at ThrowKt.main(Throw.kt:10)
        at ThrowKt.main(Throw.kt)
*/
```

예외를 던지지만 처리하는 코드가 없기 때문에 코틀린 런타임이 예외의 메시지와 스택 트레이스를 화면에 표시해준다. 이때 화면에 출력되는 정보는 다음과 같다.

1. **`Exception in thread "main"`**: 예외가 발생한 스레드(나중에 동시성을 설명할 때 다룸)의 이름을 표시한다. 여기서는 메인 스레드인 `"main"`에서 예외가 발생했다.

2. **`java.lang.IllegalArgumentException: 잘못된 인자입니다.`**: 발생한 예외의 타입(JVM에서 코틀린 `IllegalArgumentException`은 `java.lang.IllegalArgumentException`이다)과 메시지(`"잘못된 인자입니다."`)가 표시된다.

3. 함수 호출 스택이 `at` 어디어디(파일:줄번호) 식으로 표시된다. 여기서 호출 사슬의 아래쪽(가장 나중에 불린 함수)이 가장 먼저 표시(즉, 호출된 순서의 역순으로 표시)된다. 이를 통해 bar() ← foo() ← main() 순으로 함수가 호출됐음을 알 수 있다.

이렇게 아무도 잡아내지 않은 예외를 **미처리 예외**[unhandled exception]라고 부르며, 프로그램을 개발하는 과정에서 예상하지 못한 미처리 예외가 발생하면 스택 트레이스와 소스 코드를 보고 원인을 찾아서 예외가 발생하지 않게 문제를 수정해야 한다.

5.1.1 예외 타입 선언하기

코틀린의 모든 예외는 Throwable이라는 클래스의 하위 클래스여야 한다.

Throwable은 클래스이므로 그냥 Throwable 클래스를 생성해 던질 수도 있다.

```kotlin
// Throwable.kt
fun main() {
    throw Throwable()
```

```
}
/*
// 결과:
Exception in thread "main" java.lang.Throwable
        at ThrowableKt.main(Throwable.kt:2)
        at ThrowableKt.main(Throwable.kt)
 */
```

Throwable을 생성할 때 메시지를 전달할 수도 있다. 전달한 메시지는 message라는 String 타입의 프로퍼티로 예외 안에 저장된다.

```
// Throwable2.kt
fun main() {
  throw Throwable("예외가 발생했습니다.")
}
/*
// 결과:
Exception in thread "main" java.lang.Throwable: 예외가 발생했습니다.
        at Throwable2Kt.main(Throwable2.kt:2)
        at Throwable2Kt.main(Throwable2.kt)
 */
```

Throwable은 오류의 원인을 받을 수도 있다. 이 부분은 나중에 catch를 다루면서 다시 설명한다.

5.1.2 다양한 예외 타입

코틀린에는 Throwable 외에 자주 볼 수 있는 몇 가지 예외 클래스가 정의돼 있다(JVM에서 돌아가는 코틀린의 경우 실제로는 자바에 정의된 예외 클래스들이다).

1. **Exception**: Throwable을 상속한 클래스로, 자바의 모든 **체크 예외**checked exception는 이 Exception의 하위 클래스여야 한다. 원칙적으로 애플리케이션이 핸들러를 제공해야만 하는 예외는 이 예외의 하위 클래스로 정의해야 한다.

2. **RuntimeException**: Exception을 상속한 클래스로, 자바의 모든 **언체크 예외**unchecked

exception는 이 RuntimeException의 하위 클래스여야 한다.

3. **Error**: Throwable을 상속한 클래스로, 자바 런타임(JVM 등)에서 발생하는 메모리 부족 등의 심각한 문제를 표현하는 예외를 다룬다. 일반 애플리케이션 프로그래머가 이 예외를 상속해 쓸 가능성은 거의 없다.

다음은 평소 볼 수 있는 예외 중 Error의 자손 클래스인 예외들이다.

1. **AssertionError**: 프로그래머가 프로그램에서 항상 참이 되리라 생각하고 선언한 단언문assertion이 false로 판명난 경우 발생한다. 코드에서 항상 성립해야 하는 중요한 **불변 조건**invariant을 기술하기 위해 단언문을 사용한다.

2. **NotImplementedError**: 아직 구현되지 않은 함수를 호출하면 던져지는 예외다.

3. **OutOfMemoryError**: JVM 메모리가 부족해 더 이상 객체를 할당할 수 없을 때 발생하는 예외다.

다음은 RuntimeException의 자손 클래스(자바 언체크 예외)인 예외들이다.

1. **IllegalArgumentException**: 함수 등의 인자로 잘못된 값을 넘기는 경우에 발생하는 예외다.

2. **IndexOutOfBoundsException**: 배열 인덱스가 배열 크기를 벗어난 경우 발생한다.

3. **IllegalStateException**: 애플리케이션이나 클래스의 상태가 요청받은 연산을 수행하기에 적절하지 않은 경우 발생한다. 예를 들어 어떤 네트워크 연결이 이미 이뤄진 상태에서 다시 연결을 요청한다면 이 예외의 하위 클래스로 정의된 **AlreadyConnectedException**을 발생시킬 수 있다.

4. **NumberFormatException**: IllegalArgumentException을 상속한 클래스로, 문자열을 정수 등으로 변환할 때 형식이 잘못된 경우 발생하는 예외다.

5. **NullPointerException**: 할당되지 않은 참조를 역참조할 때 발생한다. 코틀린의 경우 이 예외를 막을 수 있는 기능을 언어가 제공하므로 자바와 비교할 때 이 예외를 볼 가능성이 적다.

다음은 RuntimeException의 자손 타입은 아니지만 Exception의 자손에는 속하는 예외들(자바 체크 예외)이다.

1. **IOException**: 파일 읽기/쓰기, 네트워크 입출력 등 입출력 시 발생할 수 있는 오류들을 표현하는 예외다.

2. **EOFException**: IOException의 자식 클래스로, 파일 끝에 도달했는데 데이터를 더 읽으려고 시도하는 등의 경우에 발생하는 예외다.

3. **FileNotFoundException**: IOException의 자식 클래스로, 지정한 이름의 파일이 없는 경우 발생한다.

체크 예외와 언체크 예외

자바에서는 원래 메서드 정의 다음에 메서드가 던질 가능성이 있는 오류를 throws 뒤에 적어야 하며, 적지 않으려면 반드시 catch로 처리하게 돼 있었다. 다만 Throwable의 하위 타입인 Error와 그 하위 타입, Exception의 하위 타입인 RuntimeException이나 그 하위 타입이 발생할 수 있는 경우에는 throws 뒤에 적지 않아도 된다. 반드시 throws 뒤에 적어야 하는 예외를 체크 예외(checked exception)라 하고, 그렇지 않은 예외를 언체크 예외(unchecked exception)라 한다. 원래 자바에서 체크 예외를 둔 이유는 예외 처리를 하지 않는 경우를 컴파일러가 감지해 경고함으로써 프로그래머의 예외 처리를 돕기 위해서였다. 하지만 예외 처리나 throws 절에 예외를 적는 게 번거로운 탓에 그냥 catch로 예외를 잡아서 아무 복구도 하지 않고 발생한 예외가 조용히 사라지게 하는 경우가 많았고, 오히려 이로 인한 버그가 늘어나는 부작용이 있었다. 이런 교훈을 바탕으로 코틀린 설계자들은 함수 뒤의 throws를 없애고, 체크 예외도 없앴다.

익힘문제

다음 중 모든 예외의 조상이 되는 최상위 예외 클래스는?

1. Exception
2. Throwable
3. Failure
4. Error

5.2 예외 받기: catch

예외를 throw로 던질 수 있다는 사실을 알았으니, catch로 받으면 되리라 충분히 상상해 볼 수 있다. 실제로도 그렇다.

그런데 catch를 쓸 때 한 가지 문제가 있다. catch를 쓰더라도 이 catch가 도대체 어디에서 발생한 예외를 받아야 할까? 프로그램 전체에서 발생한 오류를 한군데서 잡아내기보다는 프로그래머가 원하는 영역에서 발생한 오류를 원하는 영역 안에서 잡아낼 수 있으면 좋을 것이다. 결국 어떤 방법으로든 오류 처리는 프로그램 블록과 연결이 될 수밖에 없다.

코틀린에서는 예외가 발생할 수 있는 블록을 지정하려고 try { }를 사용한다. 다만, try 블록만 사용하면 아무 의미가 없으므로 "error: expecting 'catch' or 'finally'"라는 컴파일 오류가 발생한다.

try와 catch를 사용하는 가장 기본적인 방법은 try { 코드 } catch(잡아낼예외) { 처리코드 } 형태로 try와 예외를 잡아내는 catch를 조합해 사용하는 방법이다. 여기서 catch () {...}를 캐치 절catch-clause이라 한다.

캐치 절의 괄호 안에서는 (e: Exception)처럼 처리 코드 안에서 오류에 접근할 때 사용할 이름과 잡아낼 오류의 타입을 적는다.

오류 이름에 관심이 없을 때는 _를 사용할 수 있다.

```
class MyException(message: String): Throwable(message)

fun main() {    // MyException 오류 발생! 출력됨
    try {
        throw MyException("MyException 오류 발생!")
    } catch(e: MyException) {
        println(e.message)
    } catch(_: Throwable) {
        println("다른 예외 발생")
    }
}
```

여기서 여러 catch 절을 나열해 각각의 경우를 처리 가능하다는 점을 알 수 있다. 그리고 마지막에서 _: Throwable을 사용하면 모든 예외를 잡아낸다는 점에 유의하라. catch 절이 연결돼 있는 경우에는 나열된 순서대로 예외 매칭이 일어난다. 따라서 위 코드를 다음과 같이 바꾸면 결과가 달라진다.

```
fun main() {
    try {    // 다른 예외 발생 출력됨
        throw MyException("MyException 오류 발생!")
    } catch(_: Throwable) {
        println("다른 예외 발생")
    } catch(e: MyException) {
        println(e.message)
    }
}
```

한편, catch로 잡아내지 못한 예외는 try를 감싸고 있는 함수를 호출한 함수 쪽으로 전달되며 함수의 나머지 코드는 실행되지 않는다. 만약 이렇게 예외가 전달된 함수 쪽에도 적절한 catch 절이 없으면 다시 예외가 호출 스택을 거슬러 올라가면서 적절한 catch 절을 찾을 때까지 전달되며, 이 과정은 main() 함수에 이를 때까지 반복된다. 최종적으로 main()에 적절한 핸들러가 없는 경우에는 예외의 메시지와 호출 스택을 콘솔에 표시해주면서 프로그램이 중단된다.

```
class MyException(message: String): Throwable(message)
class OtherException(message: String): Throwable(message)

fun foo() {
    try {
        throw OtherException("OtherException 오류 발생!")
    } catch(_: MyException) {
        println("MyException 발생!")
    }
}

fun bar() {
    foo()
}
```

```
fun main() {
    bar()
}
/*
// 실행 결과:
Exception in thread "main" OtherException: OtherException 오류 발생!
        at UncaughtExceptionKt.foo(UncaughtException.kt:6)
        at UncaughtExceptionKt.bar(UncaughtException.kt:13)
        at UncaughtExceptionKt.main(UncaughtException.kt:17)
        at UncaughtExceptionKt.main(UncaughtException.kt)
*/
```

여러 예외를 같은 방식으로 처리하고 싶으면 어떻게 해야 할까? 코틀린은 아쉽게도 여러 예외를 한꺼번에 나열하는 문법을 제공하지 않는다. 하지만 예외의 타입 계층과 is 연산을 사용하면 비슷한 결과를 얻을 수 있다.

```
class CommonException(message: String) : Throwable(message)
class MyException1(message: String) : CommonException(message)
class MyException2(message: String) : CommonException(message)
class OtherException(message: String) : Throwable(message)

fun f() {
    val x = kotlin.random.Random.nextInt(0, 3)  // 난수로 0이나 1, 2를 얻음
    when (x) {
        0 -> throw MyException1("my exception1")
        1 -> throw MyException1("my exception2")
        2 -> throw OtherException("other exception")
    }
}

fun main() {
    try {
        f()
    } catch (e: CommonException) {
        when (e) {
            is MyException1 -> {
                println("공통 예외 중 MyException1")
            }
            is MyException2 -> {
                println("공통 예외 중 MyException2")
```

```
        }
        else -> {
            println("공통 예외")
        }
    }
} catch (_: OtherException) {
    println("Other Exception 발생!")
}
}
```

이 프로그램은 실행할 때마다 난수에 따라 다른 예외가 발생한다. 한편 CommonException 을 잡아내는 catch 문에 의해 MyException1과 MyException2도 처리할 수 있으므로 여러 예외를 나열하는 것과 동일한 효과를 얻을 수 있다. 구체적인 예외 타입이 필요하면 is 연산을 써서 타입을 판단하고 as로 원하는 예외 타입으로 다운캐스트할 수도 있다. 프로 그램을 작성할 때 잘 설계된 예외 계층 구조를 정의해두면 여러모로 편리하게 활용할 수 있다.

익힘문제

다음 코드에서 잘못된 부분을 찾아 수정하라.

```
class MyException(message: String): Throwable(message)

fun main() {    // MyException 오류 발생! 출력됨
  try {
    throw MyException("MyException 오류 발생!")
  } catch(_: Throwable) {
    println("다른 예외 발생")
  } catch(_: Throwable) {
    println("다른 예외 발생")
  } catch(e: MyException) {
    println(e.message)
  }
}
```

5.2.1 예외 다시 던지기와 예외 변환해 던지기

catch 절 안에서 처리할 수 없는 상황이면 예외를 다시 던질 수도 있다. 이 경우 다시 던져진 예외는 catch에 의해 잡히지 않은 예외처럼 호출 스택을 거슬러 올라가면서 전달된다.

```kotlin
// Rethrow.kt
class MyException(message: String): Throwable(message)

fun foo() {
  throw MyException("처리가 실패했습니다.")
}

fun bar() {
  try {
    foo()
  } catch(e: MyException) {
    throw e
  }
}

fun main() {
  bar()
}
/*
// 결과:
Exception in thread "main" MyException: 처리가 실패했습니다.
        at RethrowKt.foo(Rethrow.kt:4)
        at RethrowKt.bar(Rethrow.kt:9)
        at RethrowKt.main(Rethrow.kt:16)
        at RethrowKt.main(Rethrow.kt)
*/
```

경우에 따라 catch한 예외를 다른 예외로 변환해 던질 수도 있다. 이럴 때 새로 만들어진 예외의 원인이 되는 예외를 담을 수 있도록 Throwable의 생성자 중에는 메시지와 함께 다른 Throwable 객체를 넘기는 생성자가 존재한다.

```
// RethrowWithCause.kt
class MyException(message: String): Throwable(message)
class InternalException(message: String, cause: Throwable): Throwable
(message, cause)

fun foo() {
  throw MyException("처리가 실패했습니다.")
}

fun bar() {
  try {
    foo()
  } catch(e: MyException) {
    throw InternalException("내부 처리 실패", e)
  }
}

fun main() {
  bar()
}
/*
// 결과:
Exception in thread "main" InternalException: 내부 처리 실패
        at RethrowWithCauseKt.bar(RethrowWithCause.kt:13)
        at RethrowWithCauseKt.main(RethrowWithCause.kt:18)
        at RethrowWithCauseKt.main(RethrowWithCause.kt)
Caused by: MyException: 처리가 실패했습니다.
        at RethrowWithCauseKt.foo(RethrowWithCause.kt:6)
        at RethrowWithCauseKt.bar(RethrowWithCause.kt:11)
        ... 2 more
*/
```

오류 메시지를 보면 'Caused by: MyException: 처리가 실패했습니다.'라는 부분부터 원래 처음에 발생했던 예외 정보가 표시된다는 점을 알 수 있다. 현재 개발 중인 프로그램이나 모듈의 내부가 아닌 곳에서 오류가 발생했고, 이를 적절히 우리 시스템에 맞춰 포장한 후 처리하거나 안내하고 싶을 때 이런 식으로 cause를 사용해 예외를 다른 예외로 변환해 던질 수 있다.

다음 코드의 main() 함수 안에서 // 여기라고 표시해둔 부분에 try/catch를 추가하면서 다음과 같은
처리를 수행하라.

1. foo()에서 발생하는 예외를 잡아낸다.
2. 잡은 예외의 printStackTrace() 멤버 함수를 사용해 콘솔에 스택 트레이스를 출력한다.
3. 잡은 예외를 InternalException으로 감싸서 다시 던진다. 이때 메시지로는 "예외 다시 던짐"을
   사용하라.

```kotlin
// RethrowWithCause.kt
class MyException(message: String): Throwable(message)
class InternalException(message: String, cause: Throwable):
Throwable(message, cause)

fun foo() {
  throw MyException("처리가 실패했습니다.")
}

main() {
  // 여기
    foo()
  // 여기
}
```

5.2.2 try/catch 식

코틀린은 if나 when을 식으로 쓸 수 있게 해주는 것처럼 try/catch를 식으로 쓸 수 있게
해준다. try에서 처리한 결과를 값으로 변수에 담고 싶거나 멤버 함수 호출을 연속적으로
사용하는 중간에 예외가 발생할 수 있는데, 이 예외를 받아서 적절한 값을 지정해주고 싶
을 때 try/catch 식을 쓸 수 있다. 사용자에게서 입력받은 문자열 str을 정수로 변환하되
사용자가 잘못된 형식의 문자열을 넣은 경우 0을 지정하고 싶다고 하자.

```kotlin
val userInput = try { str.toInt() } catch (e: NumberFormatException) { 0 }
```

try{} 블록의 결과는 블록의 맨 마지막에 적은 식의 값이며, catch{} 절의 결과는 역시

catch와 예외를 지정하는 괄호 뒤에 오는 중괄호 블록의 맨 마지막에 적은 식의 값이 된다. 당연히 이 두 결괏값의 타입은 서로 같은 타입이거나 호환되는 타입(즉, 상하위 타입 관계)이어야 한다.

한편 예외가 발생했을 때 적절한 디폴트 값이 없다면 어떻게 try/catch를 쓸 수 있을까? 이럴 경우 catch 절 안에서 그냥 예외를 다시 던지면 된다. 코틀린 타입 검사기는 이런 경우 catch 절의 타입을 Nothing이라는 특별한 타입으로 간주해 타입 검사를 통과시킨다. 왜 이런 특별한 타입을 도입해야 할까?

5.2.3 Nothing 타입

다음 userInput은 잡은 예외를 다시 던지는 경우를 보여준다.

```
class InputException(e: Throwable): RuntimeException("입력한 문자열을 정수로 변환할
수 없습니다.", e)

val userInput = try { str.toInt() } catch (e: NumberFormatException) { throw
InputException(e) }
```

여기서 userInput의 타입은 무엇일까? 예외 처리 코드를 설계할 때는 정상 경로의 흐름을 예외 처리 로직이 방해해서는 안 된다는 점을 고려해야 한다. 이 예제의 경우 예외 처리가 아예 없다면 무난히 Int로 타입이 추론될 수 있다.

```
val userInput = str.toInt()
```

물론 예외를 캐치하는 catch 절이 있다면 이 절이 반환하는 값의 타입을 추론에 반영해야만 한다.

```
val userInput = try { str.toInt() } catch(e: Exception) { 0 }
```

여기서 문제가 생긴다. 다음과 같이 예외를 다시 던지는 코드를 사용할 경우 throw InputException(e)의 타입을 무엇으로 지정해야 userInput 타입 추론이 영향을 가장 적게

받을 수 있을까?

```
val userInput = try { str.toInt() } catch (e: NumberFormatException) { throw
InputException(e) }
```

마찬가지 문제가 if 식에서도 발생한다. if 문의 결과에 따라 예외가 발생할 수 있는 경우가 있다.

```
val result = if(b) 0 else throw IllegalArgumentException()
```

여기서도 0이라는 Int와 throw의 타입을 아우를 수 있는 공통 조상 타입 중에 가장 구체적인 타입을 result의 타입으로 지정할 수 있다. 여기서는 result가 Int가 될 수 있게 throw IllegalArgumentException()의 타입도 Int가 되거나 적어도 Int의 하위 타입이 되는 것이 가장 바람직하다. throw IllegalArgumentException()의 타입이 Int의 하위 타입이 된다면 전체 if 식의 결과 타입을 Int로 자연스럽게 추론할 수 있기 때문이다.

하지만 if에서 발생할 수 있는 값의 종류는 무궁무진하다. 따라서 throw가 들어간 절이 아닌 나머지 쪽의 타입은 사실상 코틀린에서 만들어질 수 있는 모든 타입이 가능하다고 봐야 한다. 결국 throw의 타입은 모든 코틀린 타입의 하위 타입이어야 한다는 결론을 내릴 수 있다. 코틀린은 이런 용도를 위해 Nothing이라는 타입을 사용한다.

Nothing은 조금 특별하다. 일단 Nothing 타입의 인스턴스는 없다. 모든 타입의 상위 타입이면서 인스턴스도 만들 수 있는 Any와는 인스턴스가 존재할 수 없다는 점에서 차이가 있다. 왜 인스턴스를 만들 수 없을까? Nothing 타입은 정상적인 프로그램 흐름이 아닌 경우를 표현하는 타입이기 때문이다.

식의 일부분으로 쓰일 때 Nothing으로 판정되는 두 가지 코드가 있는데, 하나는 여기서 본 throw 문이다. Nothing으로 프로퍼티를 선언하면서 throw로 예외를 던지는 식을 대입하면 일단 컴파일은 성공한다.

```
val x1:Nothing = throw Throwable("아무예외")

fun main() {
```

```
    val x2:Nothing = throw Throwable("아무예외")
    println("x1=$x1")
    println("x2=$x2")
}
/*
Exception in thread "main" java.lang.ExceptionInInitializerError
Caused by: java.lang.Throwable: 아무예외
        at NothingKt.<clinit>(Nothing.kt:3)
*/
```

하지만 실행하면 처리되지 않는 예외로 인해 즉시 프로그램이 중단된다. 따라서 x1과 x2에는 타입이 지정돼 있고 컴파일도 되지만, 런타임에 Nothing 타입의 이 두 변수에 값이 저장되는 경우는 없다.

Nothing 타입의 값을 변수에 저장할 가능성이 있는 다른 경우로는 함수 반환 타입이 Nothing인 경우가 있다. 이 경우 return으로 뭔가 값을 반환하면 타입이 일치하지 않아 문제가 생기므로(Nothing이 모든 타입의 하위 타입이므로 어떤 값을 반환하든 Nothing과 호환되지 않는다. 함수는 반환 타입의 하위 타입 값을 반환할 수는 있어도 상위 타입 값을 반환할 수는 없다는 점에 유의하라) throw를 쓰거나 아예 값을 반환하지 않는 함수를 작성하는 수밖에 없다.

```
fun foo():Nothing {
    throw Throwable("아무예외")
}
fun bar():Nothing {
    while(true) {
        // 무한 루프
    }
}
```

하지만 두 경우 모두 이 함수를 실행하는 순간 프로그램이 종료되거나 무한 루프를 돌면서 함수가 중단되지 않는다. 따라서 Nothing 타입의 값을 실행 시점에 얻을 방법은 없다.

따라서 Nothing은 컴파일러가 타입 검사를 할 때만 사용하는 상징적인 타입이라고 할수 있다. 다만 모든 정상적인 코틀린 타입의 하위 타입이므로 if, when, try/catch 등의 식

에서 어느 한 가지가 Nothing이어도 전체 식의 타입을 확정할 수 있게 된다.

이로 인해 return을 식 위치에 사용할 경우 약간 혼동을 일으키는 상황이 발생할 수 있다.

```
import kotlin.random.Random

fun foo(): Int {
    val x = if(Random.nextBoolean()) "10" else return 0
    return x.toInt()
}
```

여기서 if의 한쪽 가지는 "10"이라는 문자열을 돌려주고, 반대쪽은 0을 return하면서 함수를 중단시킨다. 여기서 return 0이 반환하는 타입은 함수의 반환 타입과 일치하므로 문제가 없다. 하지만 return 식 자체의 타입은 Int가 아니다. 만약 이 return 0을 Int로 취급한다면 x 전체의 타입이 Any로 추론되고, 그로 인해 x.toInt() 멤버 함수가 없어서 컴파일이 실패했을 것이다. return 문은 return 문이 반환하는 값의 타입과 무관하게 Nothing으로 취급된다는 사실에 주의하라.

5.3 정리 작업: finally

try{} 블록을 실행하는 과정에서 예외가 발생하면, 그 즉시 실행이 중단되고 예외에 해당하는 catch 절을 찾아 예외를 처리하거나, 적절한 catch 절이 없는 경우 함수가 즉시 중단되고 호출 스택을 거슬러 올라가면서 핸들러를 찾게 된다. 만약 예외가 발생한 함수가 꼭 정리해야 하는 자원을 지역 변수에 할당한 경우 문제가 생길 수 있다.

자원을 할당하고 자원을 처리한 후 자원을 정리해야만 하는 어떤 자원이 있다고 가정하고, 그 자원에서 자원을 처리하는 동안 IOException이 발생할 수 있다고 가정하자.

```
fun foo() {
  var resource = 자원할당()
  try {
```

```
      자원처리()
    } catch(e: IOException) {
      if(복구가능) {
        복구
      } else {
        throw e
      }
    }
    자원해제()
}
```

catch 문 안에서 복구가 가능하면 자원을 복구하지만, 복구가 불가능하면 예외를 다시 던졌다. 이 함수에는 발생한 IOException을 복구할 수 없는 경우 자원해제()를 호출하지 않아 자원 누수leak가 일어날 수 있다는 문제가 있다. 이 문제를 개발자가 직접 해결하려면 catch 절 안에서도 경우에 따라 자원을 닫는 코드를 실행해주거나 예외를 잡아 일단 저장해두고 자원을 해제한 후 다시 던져야 하는데, 이런 코드를 작성하는 것은 귀찮기도 하고 자칫 처리를 깜빡 잊을 수 있다는 문제가 있다. 게다가 미래에 발생할 오류를 막으려면 항상 모든 예외를 잡아서 처리해야만 한다. 예를 들어 앞의 foo() 함수에서 자원처리() 코드가 지금은 IOException만 발생시킬 수 있지만, 누군가 코드를 변경해 IllegalArgumentException이 발생한다면 어떨까? 결국 IOException뿐 아니라 일반적인 Throwable을 처리하는 catch 절을 하나 추가하는 수밖에 없다. 게다가 여러 catch 절이 있다면 자원을 처리하는 절을 각각의 catch 절 안에 넣어야 할 수도 있는데, 언제 넣는 게 적절한지 판단하는 것도 귀찮고 그렇다고 무조건 다 넣는 것도 귀찮기는 마찬가지다.

이런 경우를 방지하기 위해 코틀린은 finally{} 블록을 허용한다. finally() 블록은 try{} finally{}나 try{} catch{} finally{} 형태로 쓰일 수 있으며, 각 경우에 의미는 다음과 같다.

1. try{} finally{}의 경우 try{} 안에서 예외가 발생하면 finally{} 블록을 실행한 후 예외가 현재 함수를 호출한 쪽으로 던져진다.

2. try{} catch{} finally{}의 경우 발생한 예외를 잡아낼 수 있는 catch{} 절이 없으

면 finally{} 블록을 실행한 후 예외가 현재 함수를 호출한 쪽으로 던져지고, 적절한 catch{} 절이 있으면 그 캐치 절의 블록을 실행한 후 finally{} 블록을 실행한다. 이때 캐치 절 블록 안에서 예외를 다시 던지거나 예외가 발생하는 경우에도 finally{} 실행은 보장된다.

```kotlin
// TryCatchFinally.kt
fun ex1() {
  try {
    println("처리1")
  } finally {
    println("정리1")
  }
}

fun ex2() {
  try {
    println("처리2-1")
    throw Throwable("예외발생")
    println("처리2-2")
  } finally {
    println("정리2")
  }
}

fun ex3() {
  try {
    println("처리3-1")
    throw Throwable("예외발생")
    println("처리3-2")
  } catch(e: Throwable) {
    println("예외처리3")
    throw e
  } finally {
    println("정리3")
  }
}

fun main() {
  ex1()
```

```kotlin
    try {
        ex2()
    } catch(e: Throwable) {
        e.printStackTrace()
    }
    try {
        ex3()
    } catch(e: Throwable) {
        e.printStackTrace()
    }
}
/*
/*
// 결과:
처리1
정리1
처리2-1
정리2
java.lang.Throwable: 예외발생
        at TryCatchFinallyKt.ex2(TryCatchFinally.kt:13)
        at TryCatchFinallyKt.main(TryCatchFinally.kt:36)
        at TryCatchFinallyKt.main(TryCatchFinally.kt)
처리3-1
예외처리3
정리3
java.lang.Throwable: 예외발생
        at TryCatchFinallyKt.ex3(TryCatchFinally.kt:23)
        at TryCatchFinallyKt.main(TryCatchFinally.kt:41)
        at TryCatchFinallyKt.main(TryCatchFinally.kt)
*/
```

ex1()에서는 "처리1"과 "정리1"이, ex2()에서는 "처리2-1"과 "정리2"가 찍히고 그 후 예외가 발생해서 main() 함수의 핸들러가 화면에 스택 트레이스를 찍는다. ex3()에서는 "처리3-1"과 "예외처리3"이 찍히고 "정리3"이 찍힌 후 예외가 다시 던져지면서 main() 함수의 핸들러가 스택 트레이스를 찍는다.

경고: finally 안에서 return을 쓰지 말라!

try/catch/finally 식의 경우 finally 블록의 값은 컴파일러에 의해 무시된다.

```kotlin
fun main() {
    val x = try { 0 } catch(_:Throwable) { 1 } finally { 2 }
    println(x) // 0

    val y = try { throw Throwable(); 0 } catch(_:Throwable) { 1 } finally {
2 }
    println(y) // 1
}
```

하지만 finally 안에 return 문이 있으면 해당 return 문의 값이 모든 return 문을 사실상 무효
화한다.

```kotlin
fun f1(): Int {
  try {
    return 0
  } catch(_: Throwable) {
    return 1
  } finally {
    return 2
  }
}

fun f2(): Int {
  try {
    throw Throwable()
    return 0
  } catch(_: Throwable) {
    return 1
  } finally {
    return 2
  }
}

fun f3(): Int {
  try {
    throw Throwable()
    return 0
  } catch(_: Throwable) {
```

```
        throw Throwable()
    } finally {
        return 2
    }
}

fun main() {
    println(f1())
    println(f2())
    println(f3())
}
/*
// 결과:
2
2
2
*/
```

심지어 f3()에서는 캐치 절 안에서 예외를 발생시켰음에도 2가 반환됐다. 이런 코드는 혼란을 야기하고 버그의 온상이 될 수 있다. 따라서 절대로 finally 안에서 값을 return하지 말라!

익힘문제

try { 블록 } catch {} finally {}의 블록 부분에서 예외가 발생한 경우와 try { 블록 } finally {}의 블록 부분에서 예외가 발생한 경우 어떻게 예외 처리가 달라지는지 설명하라.

5.3.1 자원 자동 해제를 처리하는 더 나은 방법

언어에 따라 자동 해제에 접근하는 방법이 다양하다. 자바는 java.lang.AutoCloseable을 구현하는 모든 클래스의 인스턴스에 대해 try를 사용해 자원 자동 해제를 지원한다. C#은 IDisposable이라는 인터페이스를 구현하는 모든 클래스의 인스턴스에 대해 using이라는 키워드를 사용해 비슷한 기능을 제공한다. C++는 함수가 반환될 때 지역 변수로 선언한 객체의 소멸자가 호출된다는 점을 활용하는 패턴(자원 획득은 초기화Resource acquisition is initialization)을 사용한다.

코틀린은 자바와 똑같은 AutoCloseable 타입을 구현한 모든 타입에 대해 자원 자동 해제 연산을 제공하는데, try 같은 특별한 키워드를 사용하지 않고 **확장 함수**extension function라는 언어 기능을 통해 표준 라이브러리에 정의된 use 함수로 자원 자동 해제를 제공한다.

AutoCloseable 인터페이스의 정의는 다음과 같다.

```
interface AutoCloseable {
    void close() throws Exception;
}
```

파일을 생성하고 write() 함수를 통해 문자열을 파일에 쓸 수 있게 해주는 FileWriter라는 클래스가 있는데, 이 클래스는 AutoCloseable을 구현한다고 하자. use 함수를 사용해 다음과 같이 파일 출력을 수행하고 자동으로 파일을 닫을 수 있다. use에 전달된 람다가 끝나면 자동으로 AutoCloseable의 close() 함수가 호출된다.

```
val writer = FileWriter("파일이름")
writer.use {
    writer.write("저장할내용")
}
```

5.4 연습문제

1. 예외가 무엇이고 왜 필요한지 설명하라.

2. 예외가 함수 호출 스택을 거슬러 올라가면서 전달돼야 하는 이유는 무엇일까?

3. 스택 트레이스란 무엇인가?

4. 코틀린의 모든 예외가 상속해야 하는 부모 클래스는 어떤 클래스인가?

5. Exception, RuntimeException, Error의 차이를 설명하라.

6. Throwable에는 cause라는 프로퍼티가 있다. 이에 대해 설명하라.

7. catch와 finally를 설명하라.

8. finally 안에서 return 문을 사용하면 어떤 문제가 있는지 프로그램 예시와 함께 설명하라.

9. Nothing 타입을 설명하라. 왜 throw 문의 타입이나 return의 타입을 Nothing으로 취급해야 하는지 예제 프로그램과 함께 설명하라.

10. 자원을 할당해 사용하고 해제하지 않으면, 그 자원을 다른 곳에서 다시 사용하지 못하게 되거나 시스템 자원이 부족해져 프로그램이나 시스템이 불안정해질 수 있다. 이런 문제를 해결하기 위해 자원 자동 해제를 사용하면 편리한데, 코틀린의 자원 자동 해제 기능을 설명하고 그 기능을 활용하면 try {} catch {} finally {} 에서 직접 자원을 해제할 때와 무엇이 다른지 설명하라.

06

제네릭스

앞에서 함수와 클래스를 살펴봤다. 함수는 파라미터 타입과 반환 타입이 있고, 클래스에는 여러 타입으로 이뤄진 필드나 다양한 타입의 함수가 있다. 그런데 여러 가지 타입에 한꺼번에 적용할 수 있는 설계가 가능한 경우가 있다. 예를 들어 어떤 값을 저장할 수 있는 컬렉션을 만든다면, 이 컬렉션이 제공하는 연산은 구체적인 원소의 타입에 따라 결정되기보다는 컬렉션 내에 원소를 담고 가져올 때 사용하는 알고리듬에 따라 결정된다. 따라서 일반적인 구현을 명시하고 구체적인 타입에 따라 그때그때 다른 컬렉션 타입을 얻을 수 있다면 편리할 것이다. 어떻게 이런 경우를 편리하게 처리할 수 있을까?

값을 파라미터화해 파라미터 값에 따라 서로 다른 결괏값을 내놓는 함수와 달리, 타입을 파라미터화해 파라미터로 전달되는 타입에 따라 서로 다른 결과 타입을 만들어낼 수 있는 기능이 있다면 조금 전에 이야기했던 컬렉션 문제를 해결할 수 있다. 이런 추상화가 바로 **제네릭스**generics다.

6장에서는 코틀린의 제네릭스를 살펴본다.

6.1 제네릭스의 필요성

어떤 값을 저장하기 위한 컨테이너가 필요하다고 하자. 가장 단순한 경우로, Int 타입의 값을 담는 Box라는 클래스를 정의한다고 하자. 이 클래스는 값을 얻기 위한 get(): Int와 set(v: Int)를 제공해야 한다.[1]

```
class Box(x: Int) {
  var _x: Int = x
  fun get(): Int = _x
  fun set(v: Int) { _x = v }
}
```

그런데 내용물을 담고 값을 돌려주는 행위는 실제 이 컨테이너에 들어갈 타입 Int와는 아무 관계가 없다. Double을 담는 Box 클래스가 있다면 다음과 같은 모양이 될 것이다.

```
class Box(x: Double) {
  var _x: Double = x
  fun get(): Double = _x
  fun set(v: Double) { _x = v }
}
```

1　여기서 var _x: Int의 _x는 이 클래스에서 _x가 클래스 안에서만 쓰이는 비공개 필드임을 표현하기 위한 일종의 관습인데, 클래스 멤버에 접근할 수 있는 위치를 제어해주는 **가시성**(visibility) **제어**가 없는 언어에서는 이런 식으로 관습을 통해 서로 가시성을 암묵적으로 표현하는 경우가 가끔 있다. 하지만 코틀린에서는 언어가 제공하는 기능을 사용해 가시성을 제어할 수 있는데, 13.8절에서 이와 관련된 내용을 다룬다.

Int를 사용한 경우와는 프로퍼티나 메서드, 생성자의 시그니처가 달라진다는 점을 빼면 실제 구현상에 차이가 없으며, 뭔가 이를 더 일반화할 수 있을 것으로 보인다. 지금까지 배운 내용만 갖고 생각해보면, Any를 사용해 Box를 정의할 수 있을 것 같다.

```
class Box(x: Any) {
  var _x: Any = x
  fun get(): Any = _x
  fun set(v: Any) { _x = v }
}
```

이렇게 만든 Box 객체에 값을 넣는 것은 문제없지만, 다른 몇 가지 문제가 있다. 다음 코드를 살펴보자.

```
val intBox = Box(10)        // (1)
val v = intBox.get()        // (2)
println(v+10)               // (3)
intBox.set(20.0)            // (4)
```

아마도 우리가 원하는 동작은 다음과 같을 것이다.

(1) 정수만 담을 수 있는 intBox를 선언한다.

(2) intBox.get()을 하면 정수를 얻을 수 있다.

(3) v의 타입이 정수(Int)라면 자유롭게 정수에 대한 연산을 적용할 수 있어야 한다.

(4) intBox에 다른 타입의 값을 넣으면 **컴파일 시점**compile time에 오류가 발생해야 한다.

하지만 실제로 이 코드는 다음과 같이 작동한다.

(1) Any를 담을 수 있는 Box 클래스가 생긴다. 즉, 모든 타입의 값을 이 intBox에 넣을 수 있다.

(2) intBox.get()을 해서 얻은 값의 타입은 Int가 아니라 Any가 된다.

(3) Any에 +를 적용할 수는 없다.

(4) intBox에 Any를 담을 수 있으므로 이 코드는 아무 문제 없이 컴파일되고 실행된다.

이 모두가 우리 의도와는 다르다. 우리는 컴파일 시점에 정확한 타입을 알 수 있는 컨테이너를 원한다. Int 타입을 인자로 받으면 Int 타입의 원소가 담긴 Box가 생기고, Double 타입을 인자로 받으면 Double 타입의 원소가 담긴 Box가 생기는 추상화가 필요하다. 값을 받아 새 함수를 돌려주던 고차 함수를 생각해보면, 타입을 받아 새로운 클래스를 돌려주는 또 다른 유형의 함수를 상상해볼 수 있다. 타입을 마치 값처럼 처리하기 위해 모든 타입을 아우르는 type이라는 특별한 타입을 도입하고, 함수의 본문에서는 클래스를 돌려주는 것을 표현해보자. 이 함수가 돌려줄 클래스에는 이름이 필요하지 않다.

```
fun makeBoxType(T: type) = class (x: T) {
  var _x: T = x
  fun get(): T = _x
  fun set(v: T) { _x = v }
}
type IntBoxType = makeBoxType(Int)  // (1)
val intBox = IntBoxType(10)          // (2)
val v = intBox.get()                 // (3)
println(v+10)                        // (4)
intBox.set(20.0)                     // (5)
```

이 함수가 제대로 작동한다면 (1)~(5)는 다음과 같이 처리될 수 있다.

(1) 단일 식 함수에서 인자로 받은 값이 식에 있는 모든 파라미터 부분을 대치했던 것처럼, makeBoxType(Int) 호출은 T 대신 Int를 넣은 다음과 같은 클래스를 만들어준다. 이때 이 타입이 생기는 시점이 컴파일 시점이라는 점에 유의하라.

```
class 이름없음(x: Int) {
  var _x: Int = x
  fun get(): Int = _x
  fun set(v: Int) { _x = v }
}
```

(2) intBox는 (1)에서 보여준 클래스의 인스턴스다.

(3) intBox.get()의 타입은 Any가 아니고 Int다. 컴파일러는 컴파일 시점에 이 타입을 확정할 수 있다.

(4) v의 타입이 Int이므로 v+10도 정상적으로 정수 덧셈으로 처리된다.

(5) intBox.set()의 파라미터 타입은 Int이므로 Double 타입인 20.0을 전달하면 컴파일 오류가 발생한다.

이렇게 타입을 파라미터화해 새 타입을 만들 수 있게 한 함수는 실행 시점에 실행되지 않고 컴파일 시점에 컴파일러에 의해 처리되므로 함수라고 부르기보다는 **파라미터화한 타입**parameterized type이라고 부르거나 **제네릭스**라고 부른다. 제네릭스는 '**일반화한 것들**'이라는 뜻이고, 제네릭 함수(일반화한 함수)나 제네릭 클래스(일반화한 클래스)가 제네릭스에 속한다.

파라미터화한 타입(코틀린에서는 제네릭 타입이라 한다)의 장점은 다음과 같다.

1. 다양한 타입에 공통으로 적용될 수 있는 구현을 코드 하나로 작성할 수 있다.
2. 1에서 언급한 장점이 있음에도, 컴파일 시점에 파라미터화한 타입에 대한 타입 검사가 엄격하게 이뤄지므로 Any 등의 타입을 사용해 구현할 때 생기는 업캐스트, 다운캐스트 문제가 사라진다.
3. 타입 추론으로 인해 컴파일러가 자동으로 타입 파라미터의 타입을 추론할 수 있으므로 파라미터화한 타입을 도입해도 코드가 그렇게 많이 복잡해지지는 않는다.

6.2 코틀린 제네릭스 문법

코틀린에서 정의할 수 있는 제네릭 타입으로는 제네릭 클래스, 제네릭 인터페이스, 제네릭 함수가 있다.

제네릭 클래스와 제네릭 인터페이스는 정의 방법이 거의 비슷하다. 클래스나 인터페이스 이름 바로 뒤에 <>로 타입 파라미터를 ,로 구분해 나열하면 된다. 앞에서 정의했던 Box 타입을 프로퍼티를 활용해 단순하게 정의하면 다음과 같다.

```
class Box<T>(var value: T)    // fun Box(T: type) = class (var value: T)에 해당
```

이렇게 정의한 제네릭 타입인 Box를 다음과 같이 쓸 수 있다.

```
val intBox = Box(10)          // (1)
val v = intBox.value
println(v+10)                 // (2)
intBox.value = 20.0           // (3)
```

(1) Box(10)이라는 타입 적용은 타입 추론에 의해 Box<Int>(10)으로 해석된다.

(2) intBox.value 프로퍼티를 읽으면 Int 타입의 값 10을 돌려주기 때문에 + 연산을 수
   행할 수 있다.

(3) intBox.value 프로퍼티에 Double을 쓰는 것은 금지된다.

인터페이스의 경우도 특별히 다르지 않다. 예를 들어 다음과 같은 코틀린 Iterator 인
터페이스를 살펴보자.

```
interface Iterator<T> {
    fun hasNext():Boolean  // (1)
    fun next():T           // (2)
}
```

(1) hasNext()는 다음 원소가 있으면 true를, 없으면 false를 반환한다.

(2) next()는 다음 원소를 돌려준다.

이제 이 Iterator 인터페이스를 상속하고 시작 값부터 시작해 끝 값까지 계속 1씩 증가
하는 Long을 돌려주는 이터레이터를 정의해 사용할 수 있다.

```
class LongIterator(private val from: Long, private val to: Long):
Iterator<Long> {
  private var current = from
  override fun hasNext(): Boolean = current <= to
  override fun next(): Long = current++
}

fun main() {
```

```
    val itr = LongIterator(0L, 10L)
    while(itr.hasNext()) {
        print("${itr.next()},")
    }
    println()
}
/*
0, 1, 2, 3, 4, 5, 6, 7, 8, 9, 10,
*/
```

한편 클래스나 인터페이스 내부에서 쓰이는 타입이 아니라 일반적인 함수의 인자 타입이나 반환 타입을 일반화할 수도 있다. 이런 경우에는 함수 이름 앞에 타입 파라미터를 배치한다.

배열의 첫 번째 원소를 반환하는 제네릭 함수는 다음과 같이 정의할 수 있다.

```
fun <T> firstOfArray(arr: Array<T>): T = if(arr.size==0) throw
IllegalArgumentException() else arr[0]

val intArray = arrayOf(1, 2, 3)
println(firstOfArray(intArray))  // 1

val stringArray = arrayOf("a", "b", "c")
println(firstOfArray(stringArray))  // a
```

한편 어떤 클래스 A가 제네릭 타입 B를 상속하면서 B의 제네릭 타입 인자로 A 자신을 넘길 수도 있다. 예를 들어 객체 사이의 비교를 허용하고 싶은 경우 비교 가능함을 표현하는 Comparable 인터페이스를 상속할 수 있는데, 이 클래스는 비교 가능한 객체의 타입을 파라미터로 받는 제네릭 인터페이스다.

```
interface Comparable<T> {
    // this > other이면 양수, this == other이면 0, this < other이면 음수를 반환해야 함
    fun compareTo(other:T): Int
}
```

Comparable은 인터페이스이므로 이를 상속한 클래스를 선언하면서 compareTo() 메서드를 오버라이드해야 한다.

```
class ComparableIntBox(val value: Int): Comparable<ComparableIntBox> {
    override fun compareTo(other: ComparableIntBox): Int = value - other.
value
}
```

여기서 ComparableIntBox 클래스를 정의하면서 제네릭 Comparable<> 인터페이스의 파라미터에 ComparableIntBox를 넘기는 방식이 약간 어색해 보일 수도 있지만, 제네릭 타입을 쓸 때 이런 형태를 드물지 않게 볼 수 있다. Comparable<> 제네릭 인터페이스의 타입 파라미터에 ComparableIntBox 자신을 넘겼으므로 compareTo() 메서드의 시그니처가 compareTo(other: ComparableIntBox): Int가 될 수 있기 때문이다.

익힘문제

원소를 3개 담는 불변 객체인 Triple 제네릭 클래스를 설계하라. 이 클래스는 다음 연산을 지원해야 한다.

1. 생성자는 세 가지 원소를 인자로 받는다. 세 원소의 타입은 모두 널이 아닌 임의의 타입일 수 있다.
2. val first는 Triple 인스턴스의 첫 번째 원소를 돌려준다.
3. val second는 Triple 인스턴스의 두 번째 원소를 돌려준다.
4. val third는 Triple 인스턴스의 세 번째 원소를 돌려준다.
5. fun reverse(): Triple<...>은 이 객체의 세 원소 순서를 뒤집은 새로운 Triple을 돌려준다 (...에 적당한 타입을 지정하라).
6. override fun toString(): String은 (첫 번째, 두 번째, 세 번째) 형식의 문자열을 돌려준다. 이때 첫 번째, 두 번째, 세 번째 부분은 각 원소에 대해 toString()을 호출한 결과를 넣는다.

다음은 이렇게 만든 Triple을 사용하는 main() 함수다.

```
fun main() {
    val triple1 = Triple(1, 2, 3)
    val triple2 = Triple("first", 2, 3.0)

    println(triple1)  // (1, 2, 3)
    println(triple2)  // (first, 2, 3.0)

    println(triple1.first) // 1
    println(triple1.second) // 2
```

```
    println(triple1.third)  // 3

    println(triple1.reverse()) // (3, 2, 1)
    println(triple2.reverse()) // (3.0, 2, first)
}
```

6.3 타입 바운드

제네릭 타입의 타입 파라미터에 **상위 타입 바운드**upper type bound[2]를 지정하면 지정한 바운드의 **하위 타입**만 타입 인자로 넘길 수 있게 제한할 수 있다. 타입 파라미터 이름 뒤에 :과 바운드 타입의 이름을 적어서 타입 바운드를 지정한다. 다음은 Number의 하위 타입만 담을 수 있는 NumberBox 클래스를 정의한다.

```
class NumberBox<T: Number>(val value: T)

val intBox = NumberBox(10)
val doubleBox = NumberBox(10.0)
val booleanBox = NumberBox(false)  // error: the boolean literal does not
conform to the expected type Number
```

NumberBox(false)처럼 Number의 하위 타입이 아닌 타입을 NumberBox<>의 타입 인자로 넘기면 컴파일 시점에 타입 오류가 발생한다. NumberBox<T>처럼 쓸 경우 T는 Any?의 하위 타입(즉, 널이 될 수 있는[3] 모든 코틀린 타입)이 되지만, NumberBox<T: Number> 선언은 T가 Number의 하위 타입임이 확실하므로 NumberBox<T: Number>의 본문 안에서 다음과 같이 Number에 정의된 멤버 함수를 활용할 수 있다.

---

2   실제로는 하위 타입 바운드도 정의할 수 있겠지만 그다지 쓸모가 없으므로 코틀린은 하위 타입 바운드를 제공하지 않는다. 그래서 코틀린에서는 상위 타입 바운드를 그냥 '타입 바운드'라고 부르기도 한다.

3   물음표가 붙은 Any?는 Any이거나 null일 수 있다는 의미다. 널 가능성은 7장에서 다룬다.

```
class NumberBox<T: Number>(val value: T) {
    fun toDoubleBox() = NumberBox(value.toDouble())
}
```

Number 타입은 toDouble() 등의 타입 변환 함수를 제공하므로 value.toDouble()을 호출해도 아무 문제가 없고, 컴파일러가 타입 검사를 통해 이를 확인해준다.

익힘문제

다음과 같은 클래스 상속 계층이 있다.

```
interface Tag
open class A
open class B: A()
open class C1: B(), Tag
class C2: B(), Tag
open class D: C1()
class E: D()
```

다음과 같은 제네릭 클래스가 있을 때 이 제네릭 클래스의 타입 인자로 들어갈 수 있는 타입으로 옳은 것은?

```
class C1Box<T: C1>(val x: T)
```

1. A, B, C1, D, E
2. C1, C2, D, E
3. C1, D, E
4. A, B

다음과 같은 제네릭 함수가 있을 때 이 함수에 전달할 수 있는 인자가 아닌 값은?

```
fun <T: Tag> tagIt(x: T) { println("Tag: $it") }
```

1. A()
2. B()
3. C1()
4. C2()
5. D()
6. E()

6.3.1 재귀적 타입 바운드

타입 바운드 중에는 **재귀적 타입 바운드**recursive type bound가 있다. 처음에는 복잡해 보이지만, 일단 이해하고 나면 왜 재귀적 타입 바운드가 필요한지 직관적으로 알 수 있다.

예를 들어 배열에서 최댓값을 찾는 함수를 정의하고 싶다고 하자. 만약 Array<Int> 배열이라면 다음과 같이 이 max() 함수를 정의할 수 있다.

```
fun max(arr: Array<Int>): Int =
  if(arr.isEmpty())
    throw IllegalArgumentException()
  else {
    var max = arr[0]
    for(v in arr) {
      if(max < v) max = v
    }
    max
  }
```

이 함수를 임의의 타입에 대해 일반화할 수 있을까? 아마도 다음과 같이 하면 될 것 같다. 여기서는 비교 가능한comparable 타입이라는 뜻에서 타입 파라미터 이름으로 C를 사용하자.

```
fun <C> maxGeneric(arr: Array<C>): C =
  if(arr.isEmpty())
    throw IllegalArgumentException()
  else {
    var max = arr[0]
    for(v in arr) {
      if(max < v) max = v
    }
    max
  }
```

하지만 한 가지 문제가 있다. 모든 타입이 비교 연산을 지원하지는 않으므로 max < v에서 < 연산을 사용할 수 없다. 이를 해결하려면 C라는 타입이 비교 연산을 지원한다는 사실을 표현할 수 있어야 한다.

코틀린에서 <라는 비교 연산자는 다음과 같이 정의된 kotlin.Comparable이라는 제네릭 클래스에 의해 정의되는 연산이다. 코틀린의 연산자는 상당수가 operator가 붙은 특별한 멤버 함수에 의해 구현되는데, 이에 대해서는 12.1절에서 다룬다. 사실 이 Comparable은 operator가 붙어 있다는 점과 in(6.4절에서 설명한다)을 제외하면, 6.2절에서 보여준 Comparable 인터페이스와 똑같다.

```
public interface Comparable<in T> {
    public operator fun compareTo(other: T): Int
}
```

따라서 maxGeneric() 함수의 C 타입은 Comparable<>을 상속한 타입이어야 한다. 타입 바운드를 사용해 적는다면 다음과 같이 적어야 할 것이다. 여기서 ??? 부분에는 무엇이 들어가야 할까?

```
fun <C: Comparable<???>> maxGeneric(arr: Array<C>): C =
    ... 구현 부분은 그대로 ...
```

C: Comparable<???>에서 ??? 부분에는 C 자신이 들어가야 한다. 왜일까? 6.2절에서 Comparable<> 인터페이스를 상속하면서 class ComparableIntBox(...): Comparable<ComparableIntBox>라고 정의했던 것을 생각하면 된다. Comparable<> 인터페이스의 정의에서 타입 인자 T가 쓰이는 부분이 다음과 같은 함수다.

```
public operator fun compareTo(other: T): Int
```

우리가 정의 중인 제네릭 함수의 타입 파라미터 C가 바로 이 T 부분에 들어가야 한다. 따라서 C: Comparable<C>라고 적어야 Comparable의 타입 파라미터 T를 C로 대치할 수 있게 된다.

익힘문제

다음 코드에서 잘못된 부분을 설명하고 문제를 해결하라.

```kotlin
class Account<T>(initialBalance: T): Comparable<T> {
    val balance = initialBalance
    override fun compareTo(other: T): Int = this.compareTo(other)
}

fun main() {
    val account = Account<Long>(100L)
    println("Account(100L).compareTo(100L) : ${account.compareTo(100L)}")
}
```

6.3.2 다중 바운드: where

지금까지는 제네릭 클래스의 타입 파라미터에 대한 타입 바운드가 하나만 존재하는 경우를 살펴봤다. 그럼 둘 이상의 타입 바운드를 지정하고 싶을 때는 어떻게 해야 할까?

구문 구조상 타입 파라미터 뒤에 : 타입을 사용하는 타입 바운드는 단 하나의 상위 타입만 지정할 수 있다. : 뒤에 여러 클래스를 나열하면 코드가 너무 번잡해진다. 이런 경우 코틀린은 클래스가 상속하는 타입 이름을 모두 열거한 후 where 뒤에 타입 바운드를 열거함으로써 다중 타입 바운드를 처리할 수 있게 해준다.

다음은 코틀린 문서에 나오는 예제 코드다. 여기서 T 타입은 문자열이 될 수 있는 문자 시퀀스[4]인 동시에 비교 연산에 쓰이므로 Comparable<> 인터페이스의 하위 타입이어야 한다.

```kotlin
fun <T> copyWhenGreater(list: List<T>, threshold: T): List<String>
    where T : CharSequence,
          T : Comparable<T> {
    return list.filter { it > threshold }.map { it.toString() }
}
```

---

4 문자 시퀀스여야 한다는 조건은 이 함수의 본문에 있는 return 문을 보고 떠올릴 수 있는 조건이 아니며, 외부에서 주어지는 조건이라고 봐야 한다.

6.4 선언 지점 변성: in, out

클래스 계층 구조를 만드는 한 가지 이유는 하위 타입 객체를 항상 상위 타입 객체인 것처럼 쓸 수 있다는 특징(이를 리스코프 치환 원칙Liskov Substitution Principle이라 한다)을 활용해 일반적인 연산과 구체적인 연산을 분리해 활용하는 데 있다. 제네릭스를 활용하면 편리하게 여러 타입을 활용할 수 있는 함수나 클래스를 정의할 수 있는데, 이미 존재하는 클래스 계층 구조가 있을 때 이 계층 구조에서 상하위 타입 관계에 있는 타입들을 제네릭 클래스나 함수의 타입 인자로 전달해 만든 새로운 클래스들 사이의 상하위 타입 관계가 정의되면 편리한 경우가 있다. 복잡해 보이지만, 이 말은 다음과 같은 질문을 던지는 것과 같다.

A가 B의 상위 타입이고 Gen\<T\>가 제네릭 타입일 때, Gen\<A\>는 Gen\<B\>의 상위 타입일까?

구체적인 예를 들어 이야기하자면, 다음과 같은 질문들이 이 범주에 들어갈 것이다. 물론 이런 질문을 한없이 많이 만들 수 있다.

1. Number가 Int의 상위 타입이면, Array\<Number\>는 Array\<Int\>의 상위 타입일까?
2. Any가 Int의 상위 타입이면, List\<Any\>는 List\<Int\>의 상위 타입일까?
3. Number와 Int가 있다면, Comparable\<Number\>는 Comparable\<Int\>의 상위 타입일까?

이런 질문을 일컬어 **제네릭 타입의 변성**이라 한다. 제네릭 타입의 타입 파라미터 간 상하위 타입 관계가 각각의 타입을 타입 파라미터로 전달한 타입의 상하위 타입 관계에 어떤 영향을 주는가와 관련된 질문이기 때문이다. 그리고 이런 질문에 대한 답은 언제나 다음 세 가지 중 하나일 수밖에 없다.

1. **공변**covariance: A가 B의 상위 타입이고 Gen\<T\>가 제네릭 타입일 때, Gen\<A\>는 Gen\<B\>의 상위 타입이다.
2. **반공변**contravariance: A가 B의 상위 타입이고 Gen\<T\>가 제네릭 타입일 때, Gen\<A\>는 Gen\<B\>의 하위 타입이다.
3. **무공변**invariance: A가 B의 상위 타입이고 Gen\<T\>가 제네릭 타입일 때, Gen\<A\>는 Gen\<B\>

와 아무런 상하위 타입 관계가 성립하지 않는다.

이 세 가지 성질은 어떻게 결정될까? 타입 파라미터가 제네릭 타입 안에서 쓰이는 방법에 의해 결정된다. 어떤 식으로 쓰일 때 공변, 반공변, 무공변이 성립하는지 알기 위해 Number와 Int, Double이라는 타입 계층과 박스를 예로 들 것이다.

6.4.1 공변성

박스를 만들고 나면 항상 값을 읽을 수만 있는 읽기 전용 박스를 생각해보자. Number만 받을 수 있게 타입 바운드를 지정하자.

```
class OutBox<T: Number>(private val v: T) {
    fun get():T = v
    override fun toString(): String = "OutBox($v)"
}
```

(private은 멤버를 외부에서 볼 수 없게 하는 가시성 변경자^{visibility modifier}로, 13.8절에서 자세히 설명한다.)

이제 intOutBox와 numberOutBox를 만들자.

```
val intOutBox = OutBox<Int>(10)
val numberOutBox = OutBox<Number>(10.0)   // Double도 Number임
```

여기서 변성을 파악할 때 우리가 관심 있는 것은 OutBox<Int>와 OutBox<Number> 사이의 상하위 타입 관계다. 만약 OutBox<Number>가 OutBox<Int>의 상위 타입이라면, OutBox<Int>를 OutBox<Number> 위치에 써도 아무 문제가 없어야 한다. 즉, 리스코프 치환이 성립해야 하며 다른 말로 OutBox<Int>를 OutBox<Number>로 업캐스트해도 문제가 없어야 한다.

어떻게 업캐스팅의 안전성을 확인할 수 있을까? 상위 타입이라고 생각하는 InBox<Number> 타입의 변수를 정의하고, 그 변수에 위의 intOutBox와 numberOutBox를 대입했을 때 어떤 일이 벌어지는지 봐야 한다. (사실 다음 코드는 error: type mismatch: inferred type is OutBox<Int> but OutBox<Number> was expected라는 오류를 내면서 컴파일되지 않는다. 여기서는 컴

파일이 된다고 가정하고, 어떤 일이 벌어질지 컴파일러 입장에서 생각해보자.)

```
var unknownBox1: OutBox<Number> = numberOutBox
val number1 = unknownBox1.get()
var unknownBox2: OutBox<Number> = intOutBox
val number2 = unknownBox.get()    // (1)
```

이 OutBox가 제공하는 유일한 연산인 get()을 살펴보면 항상 Number를 반환하도록 시그니처에 적혀 있는데, intOutBox를 unknownBox에 대입하면 항상 Int가 돌아오고 이 Int는 Number이기도 하므로 (1)에서는 아무 문제가 생기지 않음을 확신할 수 있다.

따라서 이 OutBox는 타입 인자 T에 대해 공변적이다. 공변적이라는 말은 타입 파라미터의 상하위 타입 관계와 제네릭 타입의 상하위 타입 관계가 같은(한자어로 '공共'이라고 씀) 방향으로 변한다는 뜻이다. 이럴 때 제네릭 타입의 타입 파라미터 앞에 out을 붙이면 컴파일러는 error: type mismatch: inferred type is OutBox<Int> but OutBox<Number> was expected 오류를 내지 않고 정상적으로 제네릭 타입의 상하위 타입 관계를 추론해 컴파일을 수행해준다.

```
class OutBox<out T: Number>(private val v: T) {
  fun get():T = v
  override fun toString(): String = "OutBox($v)"
}
val intOutBox = OutBox<Int>(10)
val unknownBox: OutBox<Number> = intOutBox // 컴파일이 됨!
val number = unknownBox.get()
```

익힘문제

다음 공변성에 대한 설명 중 옳지 않은 것은?

1. 공변성은 제네릭 타입 G<T>가 있을 때 G<T>와 T 사이의 상하위 타입 관계가 어떻게 결정되는지를 설명한다.
2. 어떤 제네릭 타입 G<T>가 공변이라는 말은 G<Int> 타입의 변수에 G<Any> 타입의 값을 대입할 수 있다는 뜻이다.

---

3. 어떤 제네릭 타입 G<T>가 공변이라는 말은 G<Any> 타입의 변수에 G<Int> 타입의 값을 대입할 수 있다는 뜻이다.
4. 공변인 타입 파라미터의 앞에는 out을 붙인다.

6.4.2 반공변성

역으로 쓰기만 할 수 있고 값을 읽을 수는 없는 박스를 생각해보자.

```
class InBox<T: Number>(private var v: T) {
  fun set(v: T) {
      this.v = v
  }
  override fun toString(): String = "InBox($v)"
}
```

이제 앞에서 OutBox에 했던 것과 같은 방식으로 검증을 해보자. 일단 Int와 Number가 들어가는 박스를 만든다.

```
val intInBox = InBox<Int>(10)
val numberInBox = InBox<Number>(10.0)  // Double도 Number임
```

공변성이 성립할까? 컴파일은 되지 않지만 한번 마음속으로 테스트해보자.

```
var unknownBox1: InBox<Number> = numberInBox
unknownBox1.set(10.0)              // (1)
var unknownBox2: InBox<Number> = intInBox
unknownBox2.set(10.0)              // (2)
```

InBox<>가 제공하는 유일한 연산은 set()뿐인데, Number에 속하는 10.0을 넘기면 (1)에서는 문제가 없지만 (2)에서는 문제가 생긴다. unknownBox2는 실제로는 정수만 담을 수 있는 박스인데 실수인 10.0을 넣으려고 시도하기 때문이다.

그렇다면 반대 방향으로 반공변성은 성립할까? 역시 컴파일은 되지 않지만 한번 마음속으로 테스트해보자.

```
var unknownBox3: InBox<Int> = intInBox
unknownBox3.set(10)                 // (1)
var unknownBox4: InBox<Int> = numberInBox
unknownBox4.set(10)                 // (2)
```

InBox<Int> 타입의 변수에 InBox<Int>를 대입하면 당연히 아무 문제가 없다((1)). 흥미로운 것은 InBox<Int> 타입의 변수에 InBox<Number> 타입의 값을 대입해도 (2)에서 문제가 생기지 않는다는 사실이다.

InBox<>의 경우 Int와 Number의 상하위 타입 관계와 InBox<Int>와 InBox<Number>의 상하위 타입 관계가 서로 반대로 변한다. 그래서 '반공변'이라 부른다.

코틀린에서는 타입 파라미터 앞에 in을 붙여서 반공변을 표시하게 한다.

```
class InBox<in T: Number>(private var v: T) {
  fun set(v: T) {
    this.v = v
  }
  override fun toString(): String = "InBox($v)"
}
val intInBox = InBox<Int>(10)
val numberInBox = InBox<Number>(10.0)
var unknownBox: InBox<Int> = numberInBox
unknownBox.set(10)
```

익힘문제

다음 반공변성에 대한 설명 중 옳지 않은 것은?

1. 반공변성은 제네릭 타입 G<T>가 있고 T1과 T2 사이에 상하위 타입 관계가 성립할 때, G<T1>과 G<T2> 사이에 어떤 상하위 타입 관계가 성립하는지를 설명해준다.
2. 어떤 제네릭 타입 G<T>가 반공변이라는 말은 G<Int> 타입의 변수에 G<Any> 타입의 값을 대입할 수 있다는 뜻이다.
3. 어떤 제네릭 타입 G<T>가 반공변이라는 말은 G<Any> 타입의 변수에 G<Int> 타입의 값을 대입할 수 있다는 뜻이다.
4. 반공변 타입 파라미터의 앞에는 out을 붙인다.

6.4.3 무공변

그렇다면 값 설정과 값 읽기를 동시에 제공하는 박스를 만들면 어떻게 될까?

```kotlin
class InOutBox<T: Number>(private var v: T) {
    fun set(v: T) {
        this.v = v
    }
    fun get(): T = v

    override fun toString(): String = "InOutBox($v)"
}
```

앞에서 했던 것처럼 Int와 Number가 들어간 박스를 만들자.

```kotlin
val intInOutBox = InOutBox<Int>(10)
val numberInOutBox = InOutBox<Number>(10.0)
```

컴파일은 되지 않지만, InOutBox<Number>에 InOutBox<Int>를 대입한 경우를 마음속으로 체크해보자.

```kotlin
val unknownBox1: InOutBox<Number> = intInOutBox
val x1: Number = unknownBox1.get()  // (1)
unknownBox1.set(10.0)               // (2)
```

(1)에서는 unknownBox에서 무엇을 꺼내든 Number에 속하는 정숫값이 나오기 때문에 아무 문제가 없지만, (2)에서는 Number에 속하는 10.0을 대입했지만 실제 이 박스는 정수만 담는 박스이므로 문제가 생긴다. 그렇다면 거꾸로 InOutBox<Int>에 InOutBox<Number>를 대입하면 어떨까?

```kotlin
val unknownBox2: InOutBox<Int> = numberInOutBox
val x2: Int = unknownBox2.get()    // (1)
unknownBox2.set(10)                // (2)
```

이번에는 (2)의 경우 Number를 넣을 수 있는 박스에 Int를 넣기 때문에 아무 문제가 없지만, (1)에서는 정수만 내놓아야 하는 박스에서 Number 값이 10.0이 나올 수 있어 문제가 생긴다.

따라서 InOutBox<>는 타입 파라미터에 대해 모두 공변일 수도 없고 반공변일 수도 없으므로, 무공변일 수밖에 없다. 코틀린에서는 무공변 타입 파라미터에 대해 in이나 out을 표시하지 않으며, 이런 경우 무공변으로 처리하기 때문에 InOutBox<Int>와 InOutBox<Number>는 Int와 Number가 서로 상하위 타입 관계에 있음에도 전혀 별개의, 서로 호환되지 않는 타입으로 처리된다.

익힘문제

다음 무공변성에 대한 설명 중 옳지 않은 것은?

1. 무공변성은 제네릭 타입 G<T>가 있고 T1과 T2 사이에 상하위 타입 관계가 성립할 때, G<T1>과 G<T2> 사이에 어떤 상하위 타입 관계가 성립하는지를 설명해준다.
2. 어떤 제네릭 타입 G<T>가 무공변이라는 말은 G<Int> 타입의 변수에 G<Any> 타입의 값을 대입할 수 있다는 뜻이다.
3. 어떤 제네릭 타입 G<T>가 무공변이라는 말은 G<Any> 타입의 변수에 G<Int> 타입의 값을 대입할 수 있다는 뜻이다.
4. 어떤 제네릭 타입 G<T>가 무공변이라는 말은 G<Any> 타입의 변수에 G<Int> 타입의 값을 대입할 수 있고, G<Int> 타입의 변수에 G<Any> 타입의 값을 대입할 수 있다는 뜻이다.
5. 반공변적인 타입 파라미터의 앞에는 inout을 붙인다.
6. 타입 파라미터의 앞에 in이나 out이 붙어 있지 않으면 해당 타입 파라미터를 무공변으로 취급한다.

6.4.4 반공변성과 공변성은 어디서 오는가?

InBox<>와 OutBox<> 예제에서 보면, InBox<> 내에서는 타입 파라미터가 함수의 파라미터 타입으로만 쓰였고 OutBox<> 내에서는 타입 파라미터가 함수의 반환 타입으로만 쓰였다.

in 타입 파라미터는 기본적으로 다음 위치에서 쓰여야 제네릭 타입의 상하위 타입 반공변성이 유지된다.

1. 멤버 함수의 파라미터 타입
2. 멤버 프로퍼티 세터의 파라미터 타입

out 타입 파라미터는 거꾸로 다음 위치에서 쓰여야 제네릭 타입의 상하위 타입 공변성이 유지될 수 있다.

1. 멤버 함수의 반환 타입
2. 읽기 전용 멤버 프로퍼티 게터의 반환 타입

다만 현재 코틀린에서는 프로퍼티에서 게터만 정의할 수는 있어도 세터만 정의할 수는 없으므로 in 타입 파라미터가 쓰일 수 있는 위치는 멤버 함수의 파라미터 타입뿐이다. 타입 파라미터를 사용해 var 프로퍼티의 타입을 지정할 경우 타입 파라미터가 무공변이 돼야만 한다는 점에 유의하라.

주의: 생성자나 private 멤버는 공변성 검사 대상이 아님

아마도 지금껏 설명하지 않고 어물쩍 넘어간 부분이 있다는 사실을 눈치챈 독자도 있을 것이다. InBox<>나 OutBox<>, InOutBox<> 모두 생성자에서 비공개(private)로 T 타입의 프로퍼티를 지정했다. 이 부분은 공변성이나 반공변성을 판단할 때 체크할 대상이 아니다.

이유가 뭘까? 첫째, 생성자의 파라미터로 out 타입 파라미터가 쓰이더라도 객체가 생성된 이후 발생하는 모든 연산이 out 제약을 지키기만 한다면 객체의 공변성에 아무 문제가 없기 때문이다. 게다가 생성자 파라미터로 out 타입 파라미터를 쓸 수 없다면 out 파라미터에 해당하는 타입의 상태를 객체 내부에 설정할 적절한 방법이 없어져버린다. 그래서 생성자는 특별히 취급해야 한다.

둘째, 비공개 멤버는 타입이 제공하는 외부 계약을 구성하는 구성원이 아니기 때문이다. 우리는 공개된 멤버를 그대로 유지하는 한 얼마든지 비공개 멤버를 자유롭게 추가하거나 제거할 수 있다. 만약 비공개 멤버까지 변성 판정에 활용하게 되면 어제까지 멀쩡히 잘 쓸 수 있던 제네릭 클래스가 비공개 멤버 추가로 인해 쓸 수 없는 클래스로 바뀌는 일이 발생할 수 있다. 그리고 경우에 따라 내부에서는 변성을 깨는 연산을 써서 좀 더 나은 성능을 제공하거나 디버깅에 활용할 수도 있다. 따라서 코틀린은 비공개 멤버를 변성 판정 시 활용하지 않고, 구현하는 개발자가 알아서 마음대로 활용할 수 있게 해준다.

한편 T 타입의 프로퍼티 게터와 세터는 각각 () -> T 타입의 함수나 (T) -> Unit 타입의 함수로 생각할 수 있다는 점에서, 사실 위의 두 가지 규칙은 다음 한 가지 규칙으로 정리될 수 있다.

함수 타입의 공변성은 파라미터 타입에 대해 반공변이고 반환 타입에 대해 공변이다.

코틀린 컴파일러는 여러분이 표시한 in, out 표시가 이런 규칙을 만족하는지 검사해서 제대로 in, out 표기가 돼 있지 않은 경우 오류를 표시해준다.

변성이 혼동될 때 올바른 변성을 찾는 방법

익숙해지고 나면 공변성이 그다지 어렵게 느껴지지 않겠지만 처음에는 혼동될 수 있다. 이럴 때 여러분이 선언한 제네릭 타입의 타입 파라미터에 in과 out을 차례로 붙여보면서 컴파일러가 어떤 오류를 내는지 살펴보면 해당 타입 파라미터의 공변성을 쉽게 확인할 수 있다. 컴파일러는 제네릭 클래스 안에서 타입 파라미터가 어떻게 쓰이는지를 살펴보고 여러분이 표시한 in/out과 어긋나면 컴파일 오류를 표시한다.

```
class InBox<out T: Number>(private var v: T) {
  fun set(v: T) {  // error: type parameter T is declared as 'out' but
occurs in 'in' position in type T
    this.v = v
  }
  override fun toString(): String = "InBox($v)"
}
```

예제를 보면 out으로 선언한 T를 set() 함수의 파라미터 타입으로 지정했다. 컴파일러는 out 파라미터를 in 위치에 사용한다고 경고해준다. 변성 표시를 out에서 in으로 바꾸면 컴파일러가 아무 오류도 표시하지 않으므로 이 타입 파라미터는 반공변이다. 만약 in과 out에서 모두 오류가 발생한다면 해당 타입 파라미터를 무공변으로 생각해야 한다.

물론 in이나 out인 타입 파라미터를 무공변으로 (아무 표시도 하지 않은 경우) 표시하면 타입 검사 시 오류가 발생하지 않는다. 하지만 이런 경우 타입 파라미터를 무공변으로 다루기 때문에 타입 인자 사이의 상속 관계에 따라 제네릭 타입의 상속 관계가 어떻게 결정될 수 있을지 전혀 판단하지 못하게 된다.

6.4.5 둘 이상의 타입 파라미터가 있는 제네릭 타입의 변성 판정

타입 파라미터가 둘 이상 있는 제네릭 타입도 있다. 여러분이 잘 느끼지는 못했겠지만,
별 생각 없이 사용해온 제네릭 타입으로 함수를 들 수 있다. 함수는 파라미터 타입과 반
환 타입을 타입 파라미터로 하는, 타입 파라미터가 2개 이상 있는 제네릭 타입이라고 할
수도 있다.

실제 코틀린에서는 operator fun invoke() 함수를 선언해 함수처럼 호출할 수 있는 객
체를 만들 수 있다.

```
class MyHello() {
  operator fun invoke(): String = "Hello, World!"
}

fun main() {
  val hello = MyHello()
  println(hello())   // Hello, World! 출력됨
}
```

여기서는 파라미터가 하나만 있는 함수를 검토하기로 하자. 이런 함수를 표현하는
Function<T, R>이라는 인터페이스를 다음과 같이 정의할 수 있고, 그 인터페이스를 구현
할 수 있다.

```
interface Function<T, R> {
  operator fun invoke(v:T):R
}

class MyDouble(): Function<Int, Int> {
  override operator fun invoke(v:Int): Int = v+v
}

val myDouble = MyDouble()
println(myDouble(10)) // 20 출력됨
```

(T)->R이라는 함수 타입은 위의 Function<T, R>로 생각할 수 있고, 다음과 같은 람다 타
입 정의와 람다 본문 정의를 MyDouble() 선언과 객체 생성을 합친 것처럼 생각할 수 있다.

```
val myDouble: (Int)->Int = { it + it }
```

이제 이 함수 타입은 파라미터 타입과 반환 타입에 대해 어떤 공변성이 성립하는지 알아보자.

입력 타입으로는 Number와 Int 타입 계층을 사용하고, 출력 타입으로는 Any와 Boolean 타입 계층을 사용하자. 파라미터 타입과 출력 타입의 조합에 따라 다음 네 가지 함수 타입을 정의할 수 있다.

```
val num2Any: (Number)->Any = { v:Number -> "Hahaha" }
val num2Boolean: (Number)->Boolean = { v:Number -> true }
val int2Any: (Int)->Any = { i:Int -> "'$i'" }
val int2Boolean: (Int)->Boolean = { i:Int -> i%2==0 }
```

이제 각각의 타입에 해당하는 변수를 선언하고, 대입문이 어떻게 작동하는지 살펴보자. 우선 (Number)->Any를 보자.

```
val num2AnyFun1: (Number)->Any = num2Boolean
val num2AnyFun2: (Number)->Any = int2Any        // 컴파일 안 됨!
val num2AnyFun3: (Number)->Any = int2Boolean    // 컴파일 안 됨!
```

왜 이런 결과가 나왔을까? num2AnyFun2나 num2AnyFun3는 모두 Number를 인자로 받을 수 있으므로, Int가 아닌 Double을 넘길 수 있어야 한다. 하지만 위 대입문을 타입 검사에서 통과시켜주면, 다음과 같이 실행 시점에 정수를 받는 함수의 인자로 Double이 전달된다.

```
num2AnyFun2(10.0)
num2AnyFun3(10.0)
```

따라서 이 두 함수 대입을 허용할 수는 없다. 타입 검사는 이런 대입을 반드시 걸러내줘야 안전하다. 실제로 코틀린 컴파일러도 이 두 변수 대입을 금지한다.

다음으로 (Number)->Boolean을 보자.

```
val num2BooleanFun1: (Number)->Boolean = num2Any        // 컴파일 안 됨!
val num2BooleanFun2: (Number)->Boolean = int2Any        // 컴파일 안 됨!
val num2BooleanFun3: (Number)->Boolean = int2Boolean    // 컴파일 안 됨!
```

여기서 num2BooleanFun2와 num2BooleanFun3는 조금 전에 설명했던 것처럼 Int를 받는 함수에 Int가 아닌 Number 타입의 값을 전달하게 되므로 컴파일을 허용할 수 없다. 반대로 num2BooleanFun1은 파라미터 타입을 처리하는 능력에는 문제가 없지만, num2Any는 Any 타입인 문자열을 돌려주는데 타입 검사가 통과하는 경우 이 함수를 호출한 타입을 Boolean으로 사용하게 된다. 따라서 컴파일할 때 타입 검사를 통과시키면 런타임에 문자열에 대해 논리 연산을 수행하는 등의 오류가 발생한다. 따라서 이 세 문장은 모두 컴파일이 되면 안 되고, 실제로 코틀린 컴파일러는 세 문장을 모두 거부한다.

비슷한 방식으로 (Int)->Any와 (Int)->Boolean을 살펴볼 수 있다.

```
val int2AnyFun1: (Int)->Any = num2Any                    // (1)
val int2AnyFun2: (Int)->Any = num2Boolean                // (2)
val int2AnyFun3: (Int)->Any = int2Boolean                // (3)
val int2BooleanFun1: (Int)->Boolean = num2Any            // 컴파일 안 됨!
val int2BooleanFun2: (Int)->Boolean = num2Boolean
val int2BooleanFun3: (Int)->Boolean = int2Any            // 컴파일 안 됨!
```

int2BooleanFun1과 int2BooleanFun3는 독자들에게 연습문제로 남겨둔다.

int2AnyFun1, int2AnyFun2, int2AnyFun3 컴파일이 모두 잘되는 이유를 생각해보기 위해 앞에서 설명했던 다음 변성 판정 규칙을 다시 한 번 기억하라.

함수 타입의 공변성은 파라미터 타입에 대해 반공변이고 반환 타입에 대해 공변이다.

우선, (1)과 (3)부터 해결해보자. (1)에서 반환 타입은 Any로 같지만, 파라미터 타입에서 Number가 Int보다 상위 타입이므로 (Int)->Any는 (Number)->Any보다 상위 타입이어서 이 대입문이 타입 검사를 통과한다. (3)에서 파라미터 타입은 Int로 같지만, 결과 타입에서 Any가 Boolean보다 상위 타입이므로 (Int)->Any는 (Int)->Boolean의 상위 타입이다.

한편 (2)는 (1)이나 (3)으로부터 이끌어낼 수 있다. (3)으로부터 해결해보자. (3)에 의해

(Int)->Any는 (Int)->Boolean의 상위 타입이다. 그런데 Number는 Int의 상위 타입이므로 파라미터 타입의 반공변성에 의해 (Int)->Boolean은 (Number)->Boolean의 상위 타입이다. 따라서 (Int)->Any는 (Int)->Boolean의 상위 타입이고 (Int)->Boolean은 (Number)->Boolean의 상위 타입이므로, (Int)->Any는 (Number)->Boolean의 상위 타입이다.

익힘문제

앞의 코드에서 (2)의 상하위 타입 관계를 (1)로부터 증명하라.

익힘문제

int2BooleanFun1과 int2BooleanFun3 대입을 허용하면 어떤 문제가 생길지 분석해보라.

6.4.6 선언 지점 변성과 사용 지점 변성, 타입 프로젝션

지금까지 설명한 변성 지정은 모두 제네릭 타입(클래스, 인터페이스, 함수)을 선언하는 시점에 in, out을 통해 변성을 지정하는 방식이었다. 이런 방식을 **선언 지점 변성**declaration site variance이라 한다.

선언 지점 변성을 사용하면 사용하는 쪽에서 변성을 신경 쓰지 않아도 타입 검사에서 잘못된 제네릭 타입 사용을 감지해주므로 편리하다. 하지만 제네릭 타입을 사용하는 지점에서 항상 in 기능이나 out 기능만을 사용한다면 이를 사용 지점에 명시함으로써 무공변 타입의 변성을 해당 시점에만 제약해 사용할 수 있고, 이를 통해 무공변 클래스 사이의 타입 변환을 가능하게 하면서 타입 안전성을 얻을 수 있다.

예를 들어 앞에서 정의했던 InOutBox<>에 Number, Int를 타입 인자로 적용한 경우를 살펴보자.

```
class InOutBox<T>(private var v: T) {
    fun set(v: T) {
        this.v = v
    }
```

```
    fun get(): T = v

    override fun toString(): String = "InOutBox($v)"
}

fun readBox(box: InOutBox<Number>) {
    println("Content = ${box.get()}")
}

val numberBox = InOutBox<Number>(10.0)
val intBox = InOutBox<Int>(10)

readBox(numberBox) // Content = 10.0
readBox(intBox)    // error: type mismatch
```

여기서 readBox()는 InOutBox<Number>를 기대하지만, InOutBox<>의 무공변성으로 인해 intBox는 IntOutBox<Number>와는 무관한 타입이므로 readBox()에 intBox를 넘길 수 없다. 하지만 readBox() 내부를 보면 내부에서 InOutBox<> 타입의 값을 out 위치에서만 사용한다는 사실을 알 수 있다. 이런 경우 readBox()의 파라미터 타입을 InOutBox<Number>로 지정하지 않고 InOutBox<out Number>로 지정하면, readBox() 함수 내부에서 box 객체에 대해 공변적인(out 위치) 연산만 사용한다는 사실을 컴파일러에 알려줄 수 있다.

```
fun readBox(box: InOutBox<out Number>) {
    println("Content = ${box.get()}")
}

readBox(intBox) // Content = 10
```

이제 readBox(intBox)가 정상적으로 컴파일된다. InOutBox<out Number>는 InOutBox<Number>라는 무공변 제네릭 타입을 공변적인 타입으로만 취급하겠다는 표현이므로, 이를 **타입 프로젝션**^{type projection}이라 한다.

반대로 in 프로젝션도 있다.

```
fun setBox(box: InOutBox<in Int>, n: Int) {
    box.set(n)
```

```
}

setBox(intBox, 10)
setBox(numberBox, 10)
```

readBox() 예제와 반대로, 여기서는 in 프로젝션에 의해 InOutBox<Number>를 InOutBox<Int>의 하위 타입처럼 사용할 수 있다.

한편 함수 내부에서 타입 프로젝션의 제약에 어긋나는 연산을 사용하면 컴파일러가 오류를 내준다.

```
fun setBox(box: InOutBox<in Int>, n: Int) {
  val x:Int = box.get() // error: type mismatch: inferred type is Any? but
Int was expected
  box.set(x+n)
}
```

익힘문제

선언 지점 변성과 사용 지점 변성을 설명하라.

익힘문제

다음 코드가 제대로 컴파일될 수 있게 readBox의 파라미터 목록 부분을 수정하라.

```
class InOutBox<T>(private var v: T) {
  fun set(v: T) { this.v = v }
  fun get(): T = v
}

fun readBox(box: InOutBox<Number>) {
  println("Content = ${box.get()}")
}

val numberBox = InOutBox<Number>(10.0)
val intBox = InOutBox<Int>(10)

readBox(numberBox)
readBox(intBox)
```

코틀린의 타입 프로젝션 처리

타입 프로젝션을 어겼을 때 나타나는 오류 메시지가 약간 특이하게 느껴질 것이다.

out 프로젝션을 어기면 error: the integer literal does not conform to the expected type Nothing이라는 오류가, in 프로젝션을 어기면 error: type mismatch: inferred type is Any? but Int was expected라는 오류가 컴파일 시점에 발생한다.

이는 현재 코틀린 컴파일러가 in 프로젝션이 걸린 타입은 out 위치에 있는 타입 파라미터를 모두 Any?로 취급하고 out 프로젝션이 걸린 타입은 in 위치에 있는 타입 파라미터를 모두 Nothing으로 취급하기 때문이다.

in 프로젝션을 어기는 경우를 생각해보자. 코틀린 컴파일러가 out 위치에 있는 타입 파라미터를 모두 Any?로 취급하는데, Any?는 Any에 대응하는 널 가능 타입(7장 참조)이며 함수 안에서 이 타입을 다른 타입으로 변환하려면 명시적으로 다운캐스팅해야 한다. 하지만 널 가능성으로 인해 무조건 디폴트 값을 지정해야만 제대로 다운캐스팅이 가능하다. 따라서 이런 처리는 프로그래머가 in 프로젝션을 위반할 경우 타입 오류가 발생하고, 강제로 in 프로젝션을 어기고 싶더라도 잘못된 제네릭 타입 연산을 호출해 생기는 타입 불일치를 런타임에 체크해 해결해야만 하도록 강제하는 효과가 있다. 예를 들어 다음과 같이 강제로 타입을 변환하면 런타임 오류가 발생한다.

```
fun setBox(box: InOutBox<in Int>, n: Int) {
    val x:Int = box.get() as Int    // 컴파일은 되지만
    box.set(x+n)
}

setBox(numberBox, 10)   // 실행 시점에 ClassCastException 발생
```

이를 회피하려면 다음과 같이 디폴트 값을 제공해야만 한다.

```
fun setBox(box: InOutBox<in Int>, n: Int) {
    val x:Int = box.get() as? Int ?: 0 // 타입이 어긋날 경우의 디폴트 값으로 0을 지정
    box.set(x+n)
}

setBox(numberBox, 10) // 정상적으로 실행됨
```

out 프로젝션 제약을 어기는 경우를 생각해보자. 컴파일러는 모든 in 위치의 타입 파라미터를 Nothing으로 취급한다. 그런데 Nothing은 모든 타입의 하위 타입인 특별한 타입이다(5.2.3절 참조). Nothing은 해당하는 값이 없는 타입이므로 어떤 방법으로도 (Nothing) -> T 타입의 함수를 호출할 수 없다. 그럼에도 함수 파라미터의 반공변성으로 인해 (Nothing) -> R 타입의 함수는 (T) -> R 타입의 함수의 상위 타입이 되므로 프로그래머는 원할 때 이 값을 적절한 함수 타입으로 업캐스팅해 사용할 수 있고, 이때 발생하는 문제는 전적으로 프로그래머의 책임이 된다.

6.5 연습문제

1. 제네릭 클래스와 제네릭 인터페이스, 제네릭 함수를 정의하는 방법을 설명하라.

2. 타입 파라미터란 무엇인가?

3. 다음 코드의 (1), (2), (3) 부분에 적절한 식별자를 넣어서 코드가 정상적으로 컴파
   일되고 main()이 정상적으로 작동하게 만들라.

```
class Box<(1)>(x: (2)) {
  val x: (3) = x
}

fun main() {
  val intBox = Box(1)
  val stringBox = Box("Hello")

  if(intBox.x != 1) throw Throwable("x 값이 1이 아님")
  if(stringBox.x != "Hello") throw Throwable("x 값이 Hello가 아님")
}
```

4. 다음 코드가 (설령 컴파일이 된다고 해도) 문제가 생기는 이유를 설명하라.

```
class Val<out T>(v: T) {
  val v: T = v
}

fun main() {
  val vNumber = Val<Number>(1.0)
  val vAny: Val<Any> = vNumber
  val vInt: Val<Int> = vNumber

  println(vAny.v.toString())
  println(vInt.v + 1)
}
```

5. 타입 바운드를 설명하라. 상위 바운드가 정해진 타입 파라미터와 상위 바운드가

정해져 있지 않은 타입 파라미터의 차이를 설명하라.

6. 다음 maxGeneric 함수에서 (1) 부분에 파라미터 C를 넣으면 컴파일이 되지 않는다. 어디서 오류가 발생하는지 설명하고, 이 문제를 해결하기 위해 (1) 부분에 어떤 코드를 채워 넣어야 하고 그렇게 하면 왜 문제가 해결되는지를 설명하라.

```
fun <(1)> maxGeneric(arr: Array<C>): C =
  if(arr.isEmpty())
    throw IllegalArgumentException()
  else {
    var max = arr[0]
    for(v in arr) {
      if(max < v) max = v
    }
    max
  }
```

7. 변성을 설명하고 무공변, 공변, 반공변 제네릭 클래스의 예를 보여라.

8. 함수 타입이 파라미터 타입에 대해 반공변인 이유를 설명하라.

9. 함수 타입이 반환 타입에 대해 공변인 이유를 설명하라.

10. 코틀린 선언 지점 변성을 설명하라.

11. 코틀린 사용 지점 변성을 설명하라.

12. 다음 코드를 보고 setBox() 함수 파라미터 box의 타입인 InOutBox<in Int>에서 in 이 어떤 역할을 하는지 설명하라.

```
class InOutBox<T>(private var v: T) {
  fun set(v: T) { this.v = v }
  fun get(): T = v
}

fun setBox(box: InOutBox<in Int>, n: Int) {
  box.set(n)
}
```

07

널 가능성

프로그래밍을 하다 보면, 적절한 값이 아직 존재하지 않지만 변수를 정의해야 하거나 어떤 값이 없음을 표현하면 유용한 경우가 있다. 이와 관련해 이번 장에서는 널 가능성을 다룬다. 코틀린은 널이 될 수 있는 타입과 널이 될 수 없는 타입을 구분하며, 이를 통해 널이 아무 대책 없이 프로그램의 이곳저곳을 옮겨 다니는 일을 막는다.

7.1 널 도입과 널 가능성의 필요성

예를 들어 배열에서 어떤 조건을 만족하는 원소를 검색해 값을 돌려주는 함수가 있다고 하면, 원하는 값을 찾지 못했을 때 예외를 던질 수 있다.

```
class NotFound: Exception("원소를 찾을 수 없습니다.")

fun <T> find(array: Array<T>, predicate: (T)->Boolean): T {
    for(element in array) {
        if(predicate(element)) return element
    }
    throw NotFound()
}

val array = arrayOf(1, 2, 3, 4, 5)
find(array){ it%2 == 0 } // 2
find(array){ it > 5 }    // NotFound 예외가 발생함
```

하지만 이런 경우 찾는 원소가 없음을 예외로 표현하는 것은 비용이 많이 들고(예외를 던지고 받는 과정에서 스택 트레이스를 만들어내고 전달하는 등 부가 비용이 많이 든다), 원하는 원소가 없는 상황을 비정상적인 예외 상황으로 간주해야 할지도 애매하다.

변수를 선언해야 하는데 적절한 초깃값이 없는 경우도 그렇다. 일반적인 정수 값이라면 특별한 값(예를 들어 0이나 Int.MAX_VALUE, Int.MIN_VALUE) 등을 초기화되지 않은 값을 표현하는 특별한 값(이런 값을 보촛값sentinel value이라 한다)으로 설정할 수도 있겠지만, 이 또한 일반적일 수는 없다.

과거 토니 호어Tony Hoare도 알골Algol 언어를 설계하면서 이와 같은 문제를 인식하고 널 참조null reference를 도입했다. null이라는 값은 모든 타입에 적용할 수 있는 특별한 참조 값으로, 값이 없음을 뜻한다. null은 일반적인 참조와 마찬가지로 참조이기 때문에 예외를 사용하는 경우보다 훨씬 부가 비용이 적게 들고, if로 널인지 여부를 검사할 수 있어서 try/catch로 예외를 처리하는 방식보다 더 코드를 단순하게 작성할 수 있다.

하지만 섣불리 널을 도입하면 문제가 발생한다. 어떤 문제인지 살펴보기 위해, 코틀린

에 null을 도입해서 모든 타입의 값이 쓰일 수 있는 위치에 null을 쓸 수 있다고 가정하자(혹시 널이 될 수 있는 타입을 아는 독자라면 널이 될 수 있는 타입이 없다고 생각하길 바란다). 앞의 find 함수를 null을 써서 작성해보자. 아래 코드는 올바른 코틀린 코드가 아니다.

```
// 이 함수는 컴파일이 되지 않는다
fun <T> find(array: Array<T>, predicate: (T)->Boolean): T {
    for(element in array) {
        if(predicate(element)) return element
    }
    return null
}

val array = arrayOf(1, 2, 3, 4, 5)
val result = find(array){ it > 5 }     // null을 돌려받음?
```

여기까지는 아무 문제도 없어 보인다. null을 사용해 값이 없음을 표현했고, result에는 null이 들어갔다. 하지만 여기서 result를 사용할 때 문제가 생길 수 있다.

```
println("결과의 10배는 = ${result * 10} 입니다.")
```

컴파일러는 result의 타입이 Int이므로 result * 10을 정상적으로 컴파일한다. 하지만 실행 시점에 result에 널 값이 들어가 있으면 * 연산을 적용할 수 없다. 따라서 실행 시점에 이 코드는 NullPointerException이라는 예외(줄여서 NPE라고 함)를 발생시킨다.

무엇이 문제였을까? 값이 없음을 표현하는 null이 포함된 값이라는 사실을 타입 정보에서 알 수 없기 때문이다. 널이 될 수 있는 경우와 그렇지 않은 경우가 모두 같은 타입으로 표현되면, 널 가능성이라는 중요한 정보가 타입에서 사라져버리므로 안전하게 널을 처리하지 않은 경우를 컴파일러가 판단하기 어려워진다.

만약 위의 result가 널 또는 (널이 아닌) Int 타입의 값이라는 사실을 컴파일러가 알고 있다면 타입 검사 단계에서 result * 10이라는 수식은 널이 될 수 있는 값과 널이 아닌 10이라는 상수의 곱셈이므로 타입 검사를 통과하지 못하고, 프로그래머가 result가 널인지 여부를 검사하는 코드를 꼭 넣어야만 컴파일에 성공할 수 있다.

최근 언어에서는 이런 식으로 타입 시스템에 널이 될 수 있는지 여부를 표현하는 타입을 추가해 컴파일 시점에 NPE를 발생시킬 만한 코드를 최대한 걸러낼 수 있도록 해주는 경우가 많다. 그리고 널 가능성을 타입에 넣으면서, 널 값을 더 쉽게 처리하기 위한 여러 가지 보조 기능을 언어에 추가함으로써 널이 될 수 있는 값을 좀 더 간결한 구문을 활용해 처리할 수 있게 해준다.

> **익힘문제**
>
> null이란 무엇인가? null을 도입하면 생기는 문제점은 무엇인가?

7.1.1 제네릭 타입 파라미터에서의 널 가능성

제네릭 함수/클래스/인터페이스의 본문에서 타입 파라미터 이름 뒤에 ?를 붙이면 널이 될 수 있는 타입을 지정할 수 있다. 앞에서 정의했던 배열 검색 함수를 null을 반환할 수 있도록 제대로 작성하면 다음과 같다.

```
fun <T> find(array: Array<T>, predicate: (T)->Boolean): T? {
    for(element in array) {
        if(predicate(element)) return element
    }
    return null
}
```

하지만 제네릭 타입 파라미터 T 위치에 지정될 수 있는 타입 인자는 널이 될 수 있는 타입이나 널이 될 수 없는 타입이 모두 들어갈 수 있다. 따라서 다음과 같이 find의 배열에 널이 될 수 있는 원소 값이 들어간 배열을 사용하면, 람다의 파라미터 타입이 널이 될 수 있는 타입이 된다. 따라서 다음 코드는 error: operator call corresponds to a dot-qualified call 'it.compareTo(100)' which is not allowed on a nullable receiver 'it'. 이라는 오류를 내며, 컴파일이 되지 않는다.

```
fun main() {
    val x = arrayOf(null, 1, 2, 3)
    find(x) { it >= 100 }
}
```

여기서 문제는 람다 it이 널이 될 수 있는 타입인 Int?로 추론된다는 점에 있다. 물론 it이 널인 경우에 대한 처리를 람다에 추가해주는 방법도 있겠지만, find가 널이 될 수 없는 원소만 포함하는 배열을 받게 정의할 수 있다면 더 편할 것이다. 어떻게 그렇게 할 수 있을까?

타입 바운드와 널이 될 수 있는 타입

타입 파라미터는 널 가능성에 대해 아무 이야기도 해주지 못한다. 하지만 타입 바운드로 널이 될 수 없는 타입을 지정하면 타입 파라미터의 널 가능성을 제한할 수 있다. 앞에서 정의한 find가 널이 들어 있지 않은 배열만 파라미터로 받게 하려면 다음과 같이 T를 Any로 제한하면 된다.

```
fun <T: Any> find2(array: Array<T>, predicate: (T)->Boolean): T? {
    for(element in array) {
        if(predicate(element)) return element
    }
    return null
}
```

이렇게 T의 상위 바운드를 널이 될 수 없는 Any로 제한하면, T에는 널이 될 수 없는 Any의 하위 타입인 널이 될 수 없는 모든 코틀린 타입이 들어갈 수 있다. 이로 인해 널이 될 수 있는 타입이 원소인 배열을 find2()에 넘기면 컴파일 시점에 오류가 발생한다.

```
val x = arrayOf(null, 1, 2, 3)  // error: type mismatch: inferred type is
Int? but Any was expected
find(x) { it >= 100 }
```

여기서 배열의 원소 타입의 상위 바운드가 Any로 돼 있는데 전달한 x 배열의 원소 타입은 Int?이므로 error: type mismatch: inferred type is Int? but Any was expected라는 오류 메시지가 출력된다.

반면 널이 될 수 없는 값을 전달하면 다음과 같이 람다 내부에서는 널이 될 수 없다는 사실을 확신할 수 있다.

```
val y = arrayOf(1, 2, 3)
find2(y) { it >= 100 }
```

반대로 널이 될 수 있는 타입이라는 점을 명확히 하려면 Any?를 상위 바운드로 사용할 수도 있다(참고로, 타입 이름 뒤에 ?를 여러 번 반복해도 경고가 표시될 뿐 정상적으로 코드가 컴파일된다). Any?를 상위 바운드로 사용하면 아무 바운드도 지정하지 않은 것과 같다.

```
fun <T: Any?> find3(array: Array<T>, predicate: (T)->Boolean): T? {
    for(element in array) {
        if(predicate(element)) return element
    }
    return null
}
```

상위 바운드로 널이 될 수 있는 타입을 지정했더라도, 널이 될 수 없는 타입을 제네릭스의 타입 인자로 넘길 수 있고 제네릭 코드도 제대로 작동한다는 점에 유의하라. 그래서 위의 find3()에 대해 널이 될 수 없는 정수 배열을 적용해도 컴파일이 잘되고 프로그램도 잘 실행된다.

```
val y = arrayOf(1, 2, 3)
find3(y) { it >= 100 }
```

익힘문제

다음 update() 함수는 배열의 모든 멤버를 주어진 람다가 반환하는 새로운 값으로 갱신하는 제네릭 함수다.

```
fun <T> update(array: Array<T>, transform: (T)->T) {
    for(i in array.indices) {
        array[i] = transform(array[i])
    }
}
```

이 함수의 타입 파라미터 부분만 변경해서 함수가 널이 될 수 없는 원소로 이뤄진 배열만 첫 번째 인자로 받게 하라. 즉, 다음 코드에서 (1)은 컴파일되지 않고, (2)는 컴파일돼야 한다.

```
fun main() {
    val array = arrayOf(null, 1, 2)
    update(array){if(it==null) 1 else it+1}   // (1)

    val array2 = arrayOf(0, 1, 2)
    update(array2){it+1}                       // (2)
}
```

7.2 널이 될 수 있는 타입과 그렇지 않은 타입

코틀린에서 정의한 모든 타입은 기본적으로 널이 될 수 없다. 예를 들어 어떤 변수를 Int라고 선언하면 그 변수에 null을 대입할 수 없고, 어떤 함수의 반환 타입이 Boolean이면이 함수는 null을 반환할 수 없다.

```
val x:Int = null                // error: null can not be a value of a non-
null type Int
fun foo(x: Int): Boolean = null  // error: null can not be a value of a non-
null type Boolean
```

널이 될 수 없는 타입^{not-nullable type}을 정의하지 않고 널이 될 수 있는 타입^{nullable type}을 직접 정의하는 방법은 없다. 널이 될 수 있는 타입은 널이 될 수 없는 타입에 속하는 값들에 null이라는 특별한 값을 추가한 타입이기 때문이다.

코틀린에서는 널이 될 수 없는 타입 T의 뒤에 (T?와 같이) ?를 붙여 널이 될 수 있는 타입을 선언한다.

```
val x:Int? = null
val y:Int? = 10
```

타입 계층으로 볼 때, 널이 될 수 있는 타입은 널이 될 수 없는 타입의 상위 타입이다. 따라서 널이 될 수 있는 타입의 변수에 널이 될 수 없는 타입의 값을 대입할 수 있다.

```
var z: Int? = null
var ten: Int = 10
z = ten  // OK
ten = z  // error: type mismatch: inferred type is Int? but Int was expected
```

7.3 널 여부 검사와 스마트 캐스트

널이 될 수 없는 값을 사용하려면 널인지 여부를 검사해야 한다. if로 null과 값을 비교하면 널 여부를 알 수 있다.

```
val result1 = find(array){ it > 5 }                              // (1)
val result2 = find(array){ it < 5 }                              // (2)
val result1x10_1 = (if(result==null) 10 else (result as Int)) * 10   // (3)
val result1x10_2 = (if(result==null) 10 else result) * 10            // (4)
```

(1)의 result 타입은 Int?로 추론된다. (2)는 널이 아닌 Int 값을 돌려주지만 타입은 여전히 Int?이다. find() 함수의 반환 타입이 T?라는 타입으로 지정됐기 때문이다.

(3)에서는 result가 널인 경우 10을 디폴트 값으로 지정하고, 널이 아닌 경우에는 result에 저장된 정수 값을 사용해 곱셈을 계산한다. 엄밀히 말해 Int?와 Int는 다른 타입이므로 result에 저장된 값이 null이 아닌 경우 Int 타입으로 result를 다운캐스트해야 한다. 하지만 코틀린은 널 검사에 대해서도 스마트 캐스트를 지원하기 때문에 (4)처럼 다운캐스트 없이 result를 그냥 써도 자동으로 result를 널이 될 수 없는 타입으로 처리해준다.

7.3.1 널 가능성에 대한 스마트 캐스트와 Nothing 타입

5.2.3절에서는 Nothing 타입을 배웠다. Nothing이 반환 타입으로 된 함수가 있다면 이 함수는 무한 루프를 돌거나 예외와 함께 프로그램을 중단시킨다는 사실을 설명했다. Nothing 타입을 반환하는 함수와 널이 될 수 있는 타입의 값에 대한 스마트 캐스트가 결합되면, 널인 경우 특정 코드로 절대 진입할 수 없다는 사실을 알고 컴파일러가 널 가능성을 좀 더 잘 예측해줄 수 있다.

```kotlin
import kotlin.random.Random
fun alwaysFail(i: Int?):Nothing { throw Throwable("항상 예외발생") }

fun getIntOrNull(): Int? = if(Random.nextBoolean()) Random.nextInt(0, 1000)
else null

fun main() {
  val number = getIntOrNull()
  if(number == null || number > 900) alwaysFail(number)        // (1)
  val twice = number * 2                                       // (2)
  println("generated: $number twice: $twice")
}
```

(1) number가 널이면 무조건 alwaysFail()을 호출하고 프로그램이 종료된다. number가 널이 아닌 경우에도 alwaysFail()을 호출하면서 프로그램이 종료될 가능성이 있다. alwaysFail()의 반환 타입인 Nothing이 그 사실을 가리켜준다.

(2) 컴파일러는 여기까지 코드가 정상적으로 흘러온 경우는 number가 널이 아니고 900보다 작은 경우라는 사실을 추론할 수 있다. 따라서 number를 자동으로 널 아닌 타입으로 스마트 캐스트해준다.

만약 alwaysFail() 함수의 반환 타입이 Unit 등과 같은 구체적인 타입이었다면 컴파일러가 alwaysFail() 함수가 항상 실패하는 함수라는 사실을 알 수 없으므로 (2) 지점에서 number를 널이 아닌 타입으로 스마트 캐스트해주지 못한다. 다음과 같이 alwaysFail() 함수의 반환 타입을 Unit으로 바꾸면 어떤 일이 벌어지는지 살펴보자.

```
fun alwaysFail(i: Int?) { throw Throwable("항상 예외발생") }
... 나머지 코드는 이전 코드와 같음 ...
```

컴파일할 때 main() 함수의 ⑵ 부분에서 다음과 같은 오류가 발생한다. number * 2라는 곱셈 연산에서 number가 널이 될 수 있는 값이므로 이 오류 메시지는 * 연산에 해당하는 times() 멤버 연산자 함수를 호출할 수 없다는 뜻이다.

```
`error: operator call corresponds to a dot-qualified call 'number.times(2)'
which is not allowed on a nullable receiver 'number'.`
```

7.3.2 널이 될 수 있는 타입의 값과 is, as 연산

Int? 타입의 변수라고 해도 내부에 어떤 값이 들어 있느냐에 따라 변수 is Int와 변수 is Int?의 결과가 달라진다.

```
val v1: Int? = null
val v2: Int? = 10
println(v1 is Int?) // true
println(v1 is Int)  // false
println(v2 is Int?) // true
println(v2 is Int)  // true
```

as를 사용해 T 타입 값을 T 타입으로 다운캐스팅할 수 있다. T? 타입의 변수에 대해 변수 is Int를 하면, 변수 안에 널이 들어 있는지 여부를 체크할 수 있다. 이것은 실행 시점에 널이 될 수 있는 타입의 값을 널이 될 수 없는 타입의 변수에 대입하는 등 타입 검사를 어기는 일을 할 수 없지만, 프로그래머가 as를 써서 널이 될 수 있는 타입의 값을 널이 될 수 없는 타입으로 강제로 캐스팅할 수는 있다. T? 타입의 값을 as를 사용해 널이 될 수 없는 T 타입의 값으로 다운캐스트할 때 대상 참조가 널이면 클래스 변환 예외인 ClassCastException이 발생하지 않고 NPE가 발생한다.

```
val v = null as Int // NPE 발생
```

참고로, println()에 널을 넘기면 NPE가 발생하지 않고 null이라는 문자열이 출력된다.

다음 코드에서 발생할 수 있는 예외는 무엇인가? 그 예외가 발생하는 지점은 어디인가?

```
import kotlin.random.Random

fun intOrNull(): Int? = if(Random.nextBoolean()) Random.nextInt(0, 100)
else null

fun main() {
    val x:Int = intOrNull()
    println(x)
}
```

7.4 엘비스 연산자와 안전한 호출 연산자

식 안에 널이 될 수 있는 타입의 값이 많이 쓰이거나 객체.멤버함수1().멤버함수2()처럼 멤버 함수 호출을 연쇄적으로 사용할 경우, 스마트 캐스트와 if/else 식을 써도 전체 식이 복잡해지는 것을 막기는 어렵고 코드를 알아보기도 힘들다.

먼저 널이 될 수 있는 타입의 값을 식 중간에 사용하는 경우를 살펴보자.

```
val result1x10_2 = (if(result==null) 10 else result) * 10
```

코틀린은 널 여부를 검사해서 널인 경우 사용할 수 있는 대안 값을 제공하는 특별한 연산자를 제공한다. 다음 코드는 result1x10_2와 똑같은 결과를 내놓지만 더 간결하다.

```
val result1x10_3 = (result ?: 10) * 10
```

?: 연산자는 유명한 미국 연예인인 엘비스 프레슬리의 이름을 따서 엘비스 연산자[Elvis operator]라고 부르기도 한다. v ?: value는 if(v == null) value else v와 같다.

다음으로 멤버 함수 호출이나 멤버 프로퍼티 접근을 연쇄시켜야 하는 경우를 살펴보자.

```
val s = "abc"
val firstLetterDoubleString = s.firstOrNull().code.toDouble().toString()
// 컴파일되지 않음!!
```

firstLetterDoubleString의 중간에 있는 firstOrNull()이 널이 될 수 있는 Char? 타입의 값을 반환하기 때문에 코드 연쇄를 쓸 수 없다. 이런 경우 객체.멤버프로퍼티나 객체.멤버함수()의 . 앞에 ?를 붙이면, 객체가 널이면 널을 돌려주고 널이 아니면 멤버프로퍼티나 멤버함수를 호출한 결과를 돌려준다. 이런 연산자를 **안전한 호출**safe call 연산자라고 한다.

위 식에서 firstOrNull()이 널이 될 수 있는 타입을 돌려주므로 firstOrNull() 뒤의 .을 ?.으로 바꾸면 될 것 같다.

```
val firstLetterDoubleString = s.firstOrNull()?.code.toDouble().toString()
// 컴파일되지 않음!
```

하지만 그렇지 않다! 왜 그럴까? s.firstOrNull()?.code의 타입은 code의 결과 타입인 Int가 아니라 Int?여야 한다. firstOrNull()이 null인 경우 null?.code도 null이기 때문이다. 따라서 ?.code처럼 일단 한 번 안전한 호출 연산자를 사용한 뒤에는 모두 안전한 호출을 사용하거나 엘비스 연산자로 적당한 대체값을 지정해서 널 가능성을 처리해줘야만 한다.

```
val firstLetterDoubleString2 = s.firstOrNull()?.code?.toDouble()?.toString()
// (1)
val firstLetterDoubleString3 = s.firstOrNull()?.code?.toDouble()?.toString()
?: ""  // (2)
val firstLetterDoubleString4 = (s.firstOrNull()?.code?.toDouble() ?: 0.0).
toString()  // (3)
val firstLetterDoubleString5 = s.firstOrNull()?.code?.toDouble()?.toString()
?: throw IllegalArgumentException("잘못된 문자열 s입니다.")  // (4)
```

(1)은 마지막까지 안전한 연산을 사용했다. 그로 인해 firstLetterDoubleString2의 타입은 String이 아니라 String?가 된다는 사실에 유의하라. (2)에서는 엘비스 연산자를 사

용해 전체가 널일 때 빈 문자열을 지정했다. (3)에서는 중간에 `Double`로 변환할 때 널이면 `0.0`을 돌려주기 위해 엘비스 연산자를 사용했다. (4)에서는 맨 마지막에 널이 전달되면 예외를 던지게 했다. 이런 식으로 안전한 호출을 연쇄시키면서 맨 마지막에 `throw`나 `return`을 사용해 예외 코드나 보촛값을 전달하는 방식도 자주 쓰인다. 이때 `throw`나 `return`의 타입이 `Nothing`이라는 사실이 유용하다.

익힘문제

1. 아래 main()에서 if/else와 스마트 캐스트를 사용한 코드를 엘비스 연산자를 사용한 코드로 변경하라.

```
import kotlin.random.Random

fun intOrNull(): Int? = if(Random.nextBoolean()) Random.nextInt(0, 100)
else null

fun main() {
  val x = intOrNull()
  println(if(x == null) 10 else x)
  println(if(x != null) x else 10)
}
```

2. s가 임의의 문자열(String 타입의 값)일 때 다음 각 코드의 차이를 설명하라.

   a. s.firstOrNull()?.code?.toDouble()?.toString()

   b. (s.firstOrNull() ?: 'd')?.code?.toDouble()?.toString()

   c. (s.firstOrNull()?.code ?: 100)?.toDouble()?.toString()

   d. (s.firstOrNull()?.code?.toDouble() ?: 100.0)?.toString()

   e. s.firstOrNull()?.code?.toDouble()?.toString()?:100.0

3. s가 ""일 때 예외를 발생시키고 그렇지 않을 때 첫 글자의 유니코드 코드 포인트 값을 문자열로 얻고 싶다. 다음 코드에서 틀렸거나 불필요한 부분들을 찾아 제거하라.

   (s.firstOrNull() ?: throw IllegalArgumentException("잘못된 문자열 s입니다."))?
   .code?.toDouble()?.toString() ?: "잘못된 문자열"

7.5 널 아님 단언 연산자

컴파일러가 추론한 타입은 널이 될 수 있는 타입이지만, 프로그래머가 보기에 절대로 널이 될 수 없는 경우가 있다. 이런 경우 엘비스 연산자로 디폴트 값을 제공하거나 안전한 호출 연산을 쓰는 것이 불편하면, 값 뒤에 !!를 붙여서 해당 값이 (프로그래머의 생각에) 절대로 널이 될 수 없다고 단언할 수 있다. 컴파일러는 !!가 붙은 경우에는 널 가능성을 무시하고 항상 널이 될 수 없는 타입으로 해당 식을 취급한다.

```
val x:Int? = 10
println(x!! + 10)
```

!! 연산자는 널 아님 단언 연산자^{not null assertion operator}라고 부른다.

하지만 !!를 쓸 때는 조심해야 한다. 실행 시점에 !! 앞의 값이 널이면 NPE가 발생한다. 널이 될 수 없다는 사실을 확신할 때만 !!를 사용하고, 가능하면 엄격한 증명이나 테스트를 통해 실제로도 널이 될 수 없음을 확인하라.

```
val x:Int? = null
println(x!! + 10)  // NPE 발생!
```

7.6 연습문제

1. 널이 될 수 있는 타입을 설명하라.

2. 코틀린에서 제공하는 널이 될 수 있는 타입에 대한 스마트 캐스트를 설명하라.

3. ?: 연산자를 설명하라.

4. 안전한 호출 연산자를 설명하라. 어떤 경우에 안전한 호출 연산자를 사용하는가?

5. !! 연산자를 설명하라.

08

패키지와 임포트

프로그램의 규모가 커지면 코드를 유지 보수하기가 어려워진다. 코드를 기능이나 역할에 따라 잘 조직화하고 잘 설계해 개발하면 이 문제를 해결할 수 있는데, 특히 최상위에 선언된 함수나 클래스 등의 이름이 서로 겹치지 않게 최상위 선언들을 잘 조직화할 수 있어야 한다.

특히 비슷한 이름이 여기저기서 쓰일 수 있으므로 최상위 이름이 겹치더라도 이를 잘 구분할 수 있는 수단이 필요하다. 예를 들어 주식 투자 프로그램을 개발한다면 프로그램의 UI를 담당하는 부분에서 사용자의 UI 설정을 저장하는 클래스의 이름으로 Preference

를 사용하는데, 사용자의 투자 선호도를 저장하는 클래스도 Preference라는 이름이 될
수 있다. 이 경우 각 클래스가 속한 기능 단위에 따라 서로를 구분할 수 있어야 한다.

코틀린은 패키지라는 개념을 사용해 최상위 선언들을 서로 분리해준다. 이름이 같
은 최상위 선언이라도 다른 패키지에 속해 있으면 컴파일하고 사용하는 데 아무 문제가
없다. 그리고 다른 패키지에 선언된 클래스 등을 사용하고 싶을 때는 그 이름을 임포트
import해야 코드 안에서 해당 이름을 쓸 수 있다.

8장에서는 코틀린 패키지와 임포트를 배운다.

8.1 패키지와 임포트

이번 절에서는 패키지를 선언하는 방법과 패키지에 들어 있는 이름을 다른 패키지에서
가져와 사용하는 방법을 다룬다.

8.1.1 패키지 선언

운영체제에서 파일을 계층화한 폴더나 디렉터리로 구분해 넣는 것처럼, 코틀린 프로그램
의 각 요소는 **패키지**package라는 계층화한 구조로 분류할 수 있다. 파일의 맨 앞에 package
패키지이름을 적으면 해당 파일에 선언된 모든 선언을 패키지이름으로 지정한 패키지에 담을
수 있다.

```
// MyPackage.kt
package mypackage
fun foo(): Stirng = "mypackage.foo()"
val bar: String = "mypackage.bar"
```

한 파일에 여러 package 선언이 들어가거나 파일 중간에 패키지를 선언할 수는 없다.
파일 중간에 패키지를 선언한 경우(파일 맨 앞에서 패키지를 두 번 선언한 경우, 두 번째 패키지
선언은 파일 중간에 패키지를 선언한 것과 마찬가지로 생각할 수 있다), **error: expecting a top**

level declaration이라는 오류 메시지를 내면서 컴파일이 실패한다.

```
// TwoPackageDecl.kt
package mypackage1

package mypackage2 // error: expecting a top level declaration

fun foo() = "mypackage2.foo()"
```

폴더에서 각 계층을 /나 \로 구분하는 것처럼 패키지 계층을 .으로 구분한다. 패키지 계층은 논리적이며 개념적인 구분일 뿐이므로 .kt 파일이 들어 있는 폴더의 계층 구조와 반드시 일치하지 않아도 된다. 또한 같은 폴더 안에 다양한 패키지에 속하는 파일을 작성해도 아무 문제가 없다.

예를 들어 다음과 같이 다양한 패키지로 구성된 파일을 한 폴더 안에 정의해보자.

1. MyPackage.kt

```
// MyPackage.kt
package mypackage

fun foo() = "mypackage.foo()"
```

2. MyPackageSubPackage.kt

```
// MyPackageSubPackage.kt
package mypackage.subpackage

fun foo() = "mypackage.subpackage.foo()"
```

3. OtherPackage.kt

```
// OtherPackage.kt
package otherpackage

fun foo() = "otherpackage.foo()"
```

코틀린 컴파일러나 IDE에서 이 세 파일을 한꺼번에 컴파일해도 아무 문제가 없다.

```
$ kotlinc MyPackage.kt MyPackageSubPackage.kt OtherPackage.kt
```

패키지를 선언하면 함수 시그니처가 겹쳐도 문제없이 컴파일이 잘 이뤄진다는 사실을 알 수 있다. 그렇다면 어떻게 각 패키지에 들어 있는 이름을 사용할 수 있을까?

8.1.2 전체 이름과 짧은 이름, 임포트

다른 패키지에 있는 이름을 가리키는 가장 명확한 방법은 패키지 전체 경로를 포함하는 전체 이름을 사용하는 것이다. 전체 이름은 영어로 FQN^{Fully Qualified Name}이라고 줄여 부르기도 한다.

앞에서 정의한 세 가지 패키지의 foo() 함수를 사용하는 main() 함수를 작성해보자. 이 함수를 Main.kt에 저장하되, main이라는 패키지 안에 넣자.

```
// Main.kt
package main

fun main() {
    println(mypackage.foo())
    println(mypackage.subpackage.foo())
    println(otherpackage.foo())
}
```

이제 명령줄에서 이 파일과 나머지 세 파일을 한꺼번에 컴파일하고 실행해보면 다음과 같다. $는 OS 프롬프트로, 사용자 입력이 아니라는 점에 유의하라.

```
$ kotlinc -include-runtime -d main.jar MyPackage.kt MyPackageSubPackage.kt
OtherPackage.kt Main.kt
$ java -jar main.jar
mypackage.foo()
mypackage.subpackage.foo()
otherpackage.foo()
```

세 함수가 제대로 불린다. 하지만 여러 번 이름을 사용해야 한다면 FQN을 사용하는 것은 불편하다. 이런 경우 import 전체이름을 통해 원하는 이름을 현재 파일 안에 불러오면, FQN을 사용하지 않고 짧은 이름으로 사용할 수 있다.

```
// Main2.kt
package main2
import mypackage.foo

fun main() {
    println(foo())                      // (1)
    println(mypackage.foo())
    println(mypackage.subpackage.foo())
    println(otherpackage.foo())
}
```

이 프로그램을 컴파일하고 실행해보면 다음과 같이 (1)에서 mypackage.foo()가 호출된다.

```
$ kotlinc -include-runtime -d main2.jar MyPackage.kt MyPackageSubPackage.kt
OtherPackage.kt Main2.kt
$ java -jar main2.jar
mypackage.foo()
mypackage.foo()
mypackage.subpackage.foo()
otherpackage.foo()
```

임포트해야 할 이름이 많을 경우 import 패키지경로.*라고 지정하면 패키지 경로 안에 있는 모든 최상위 선언을 불러와 사용할 수 있게 된다. 이런 임포트를 **와일드카드 임포트** wildcard import라고 한다.

예를 들어 MultiDecl.kt라는 파일과

```
// MultiDecl.kt

package multidecl

fun foo() = "multidecl.foo()"

val bar = "multidecl.bar"
```

Main3.kt라는 파일을 만들고,

```
// Main3.kt

package main3
import multidecl.*

fun main() {
    println(foo())
    println(bar)
}
```

컴파일해보면 정상적으로 Main3.kt 파일 안에서 multidecl 패키지 안에 정의된 foo()
와 bar를 짧은 이름으로 쓸 수 있다.

```
$ kotlinc -include-runtime -d main3.jar MultiDecl.kt Main3.kt
$ java -jar main3.jar
multidecl.foo()
multidecl.bar
```

8.2 임포트 이름 충돌과 임포트 별명

현재 파일에 정의돼 있는 이름과 겹치는 이름을 임포트하면 어떤 이름을 써야 할지 애매
할 수 있다.

```
// DupImport.kt
package dupimport
import mypackage.foo

fun foo() = "dupimport.foo()"

fun main() {
    println(foo())  // dupimport.foo()일까, mypackage.foo()일까?
}
```

이런 경우 코틀린은 오류를 내지 않고 임포트한 이름을 우선적으로 사용한다. 하지만 이런 식으로 코드를 작성하면 코드를 읽을 때 혼란을 일으킬 수 있으니 가급적 이런 식의 임포트는 사용하지 말아야 한다.

```
$ kotlinc -include-runtime -d DupImport.jar MyPackage.kt DupImport.kt
$ java -jar DupImport.jar
mypackage.foo()
```

둘 이상의 패키지에서 같은 이름을 임포트하는 경우, 임포트 문에서는 오류가 발생하지 않지만 해당 이름을 사용하는 부분에서 컴파일 오류가 발생한다.

```
// DupImport2.kt
package dupimport2
import mypackage.foo
import mypackage.subpackage.foo

fun foo() = "dupimport.foo()"

fun main() {
    println(foo()) // error: overload resolution ambiguity
}
```

여기서 오류가 발생하는 이유는 컴파일러가 임포트할 때는 단순히 임포트한 이름과 시그니처 정보를 내부의 심볼 테이블에 등록해두기만 하고, 이름을 사용하는 코드를 컴파일할 때 심볼 테이블을 뒤져서 호출 가능한 모든 이름을 찾아내며, 미리 정해진 오버로드 해소 규칙에 따라 어떤 이름을 호출할지 결정하기 때문이다. 오버로드 해소 규칙은 12.3 절에서 자세히 다룬다.

이런 경우 이름이 겹치는 것을 방지하고자 임포트할 때 as를 사용해 별명을 붙일 수 있다.

```
// DupImport3.kt
package dupimport3
import mypackage.foo as myFoo
import mypackage.subpackage.foo as subFoo
```

```
fun foo() = "dupimport.foo()"

fun main() {
    println(foo())
    println(myFoo())
    println(subFoo())
}
```

이제 우리가 의도한 대로 함수가 호출된다.

```
$ kotlinc -include-runtime -d dupimport3.jar MyPackage.kt DupImport3.kt
MyPackageSubPackage.kt
$ java -jar dupimport3.jar
dupimport.foo()
mypackage.foo()
mypackage.subpackage.foo()
```

8.3 디폴트 임포트

코틀린 기본 라이브러리의 멤버를 매번 임포트하거나 FQN으로 가리키면 코드를 작성할 때 불편하므로, 코틀린은 다음과 같은 패키지에 들어 있는 모든 이름을 기본적으로 임포트해준다.

1. **kotlin.***: 코틀린 언어에 필요한 기본적인 타입, 함수 등이 정의된 패키지

2. **kotlin.annotation.***: 코틀린 애너테이션을 지원하기 위한 기능이 들어 있는 패키지

3. **kotlin.collections.***: 코틀린 컬렉션 라이브러리가 들어 있는 패키지

4. **kotlin.comparisons.***: 비교기comparator 인스턴스 생성을 지원하기 위한 패키지

5. **kotlin.io.***: 파일이나 스트림 입출력을 지원하기 위한 패키지

6. **kotlin.ranges.***: 범위와 순열(11.2절을 참조하라) 관련 패키지

7. **kotlin.sequences.***: 시퀀스 지원을 위한 패키지

8. **kotlin.text.***: 텍스트(문자열 처리)와 정규식 지원을 위한 패키지

또한 플랫폼에 따라 필수적인 다른 패키지도 임포트해준다.

9. **자바의 경우**: 자바에서 기본 임포트되는 java.lang.*와 코틀린의 jvm 관련 기능 패키지인 kotlin.jvm.*를 임포트한다.

10. **자바스크립트의 경우**: 자바스크립트에 필요한 API와 함수 등을 제공하는 kotlin.js.*를 임포트한다.

8.4 연습문제

1. 패키지란 무엇인가? 패키지를 선언하려면 어떻게 해야 하는가?

2. 어떤 패키지에 선언된 이름을 가져와 사용하는 두 가지 방법(전체 이름과 임포트)을 설명하라.

3. 다음 코드처럼 현재 패키지에 선언된 함수와 이름을 지정해 임포트한 함수의 이름이 같을 때 main() 안의 bar()는 어떤 함수를 호출하는가?

```
// Foo.kt
package foo

fun bar() { println("foo.bar()") }

// Bar.kt
package bar
import foo.bar

fun bar() { println("bar.bar()") }

fun main() {
    bar()
}
```

4. 다음 코드처럼 현재 패키지에 선언된 함수와 이름을 지정해 임포트한 함수의 이름이 같을 때 main() 안의 bar()는 어떤 함수를 호출하는가?

```kotlin
// Foo2.kt
package foo2

fun bar() { println("foo2.bar()") }

// Bar2.kt
package bar2
import foo2.*

fun bar() { println("bar2.bar()") }

fun main() {
    bar()
}
```

5. import에 사용하는 as를 설명하라.

6. 다음 중 코틀린에서 자동으로 임포트되지 않는 패키지는?

   a. kotlin.*

   b. kotlin.math.*

   c. kotlin.annotation.*

   d. kotlin.collections.*

   e. kotlin.comparisons.*

   f. kotlin.io.*

   g. kotlin.ranges.*

   h. kotlin.random.*

   i. kotlin.sequences.*

   j. kotlin.text.*

   k. JVM 플랫폼: java.lang.*

242

l. JVM 플랫폼: java.util.*

m. JVM 플랫폼: kotlin.jvm.*

n. JS 플랫폼: kotlin.js.*

09

컬렉션

"열 가지 데이터 구조에 작용하는 함수가 10개 있는 것보다
한 가지 데이터 구조에 작용하는 함수가 100개 있는 편이 더 낫다."

— 앨런 펄리스Alan Perlis

9장에서 다루는 내용

- 코틀린 컬렉션 소개
- Iterable과 Collection
- 컬렉션 종류에 따른 생성, 원소 접근, 삽입, 삭제 방법
- 컬렉션 검색과 걸러내기 연산
- 컬렉션 변환 연산
- 컬렉션 종합 연산

프로그래밍을 하다 보면 다양한 객체를 하나로 묶어서 처리해야 할 경우가 있다. 이렇게
어떤 정해진 타입의 객체를 0개 이상 포함할 수 있는 특별한 객체를 **컬렉션**collection이라 한
다. 9장에서는 컬렉션을 알아보고, 컬렉션이 제공하는 연산 중 자주 쓰이고 이해하기 쉬
운 공통 연산을 먼저 살펴본다. 복잡한 컬렉션 연산과 구체적 타입에 따라 정의된 몇 가
지 중요한 연산이나 계산을 최대한 지연시켜주는 컬렉션인 시퀀스sequence는 15장에서 다
룬다.

9.1 컬렉션 소개

2장에서는 이미 배열을 살펴봤다. 배열 외에 자주 쓰이는 컬렉션 유형으로는 다음 세 가지가 있다. 사용 목적에 따라 각 컬렉션의 특성이 다르므로 적합한 컬렉션을 사용해 문제를 해결해야 한다.

1. **리스트**^{list}: 리스트는 (배열과 마찬가지로) 정수 인덱스를 사용해 각 원소에 접근할 수 있고, 삽입한 순서대로 원소의 순서가 정해지는 컬렉션이다. 리스트에는 같은 원소를 여러 번 넣을 수 있다.

2. **맵**^{map}: 맵은 키^{key}와 그에 연관된 값^{value}으로 이뤄진 컬렉션이다. 맵에 저장된 값에 접근하려면 키를 사용해 인덱싱해야 한다. 맵의 키는 중복될 수 없다. 따라서 한 키에 대해서는 한 가지 값만 대응하게 된다.

3. **집합**^{set}: 집합은 원소가 하나씩만 들어갈 수 있는 컬렉션이다. 순서가 필요하지 않고, 원소 자체에 접근하기보다는 원소가 집합에 포함돼 있는지 여부에 관심이 있을 때 주로 원소를 사용한다.

각 컬렉션은 읽기 전용^{read only}인 버전과 가변^{mutable}(읽고 쓰기가 가능)한 버전이 존재한다. 또한 컬렉션에 대한 공통 연산을 타입 계층을 통해 원활하게 지원하고자 코틀린은 다음 두 가지 추가적인 타입을 정의하고 컬렉션들을 계층적인 타입 구조로 선언해뒀다.

1. **이터러블**(Iterable<>): 원소를 차례로 방문(이터레이션)하는 기능을 제공하는 컬렉션이 모두 지키기로 약속한 공통 인터페이스다. 역시 읽기 전용이다.

2. **컬렉션**(Collection<>): 컬렉션 계층 구조의 최상위^{root} 타입인 인터페이스다. 읽기 전용 클래스가 지원하는 공통적인 기능을 제공한다.

이 두 인터페이스를 상속한 가변 인터페이스가 둘 존재한다.

1. **가변 이터러블**(MutableIterable<>): Iterable<>에 쓰기 기능이 추가된 인터페이스다. Iterable<>을 상속한다.

2. **가변 컬렉션**(MutableCollection<>): Collection<>에 쓰기 기능이 추가된 인터페이스다. MutableIterable<>과 Collection<>을 상속한다.

코틀린 컬렉션 라이브러리의 타입 계층은 다음과 같다(출처: 코틀린 홈페이지의 컬렉션 설명 문서(https://kotlinlang.org/docs/collections-overview.html#collection-types)).

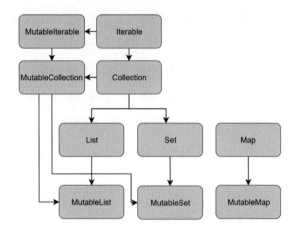

리스트와 집합은 컬렉션의 하위 타입이지만, 키와 값을 대응시키는 맵은 컬렉션의 하위 타입이 아닌 별도의 타입이라는 점에 유의하라. 다만, 맵에서 키나 값으로 이뤄진 컬렉션을 얻거나 키-값 쌍으로 이뤄진 컬렉션을 얻을 수 있으며, 그에 대해 작업할 때는 다른 컬렉션 클래스에 대한 지식이 도움이 된다.

9.1.1 컬렉션이 제공하는 연산의 분류

모든 컬렉션이 기본적으로 제공해야 하는 연산을 정리하면 아래와 같다. 이와 같은 연산만 제공하면 컬렉션을 사용해 어떤 작업이든 수행할 수 있다.

1. 컬렉션 생성
2. 개별적인 원소에 접근
3. (가변 컬렉션의 경우) 원소 추가

4. (가변 컬렉션의 경우) 원소 제거

5. 컬렉션의 모든 원소 순회

하지만 컬렉션을 사용하다 보면, 일단 생성한 컬렉션 전체를 대상으로 다음과 같은 유형의 연산을 자주 수행하게 된다는 사실을 알 수 있다.

1. 검색searching, **걸러내기**filtering: 컬렉션 안에서 조건에 맞는 원소(단일 값)나 원소들(새로운 컬렉션)을 찾는다.

2. 변환transformation: 각 원소를 새로운 타입의 원소로 변환하는 연산을 모든 원소에 대해 수행해서 새로운 (원소 타입이나 내용이 다른) 컬렉션을 만들어낸다.

3. 종합aggregation(집계라고도 함): 컬렉션의 모든 원소를 활용해 어떤 단일 값을 계산해 낸다.

예를 들어 어떤 학교 학생들의 점수를 표현하는 클래스가 있고, 학생의 점수 정보가 한 줄에 하나씩 들어 있는 파일이 있다고 하자. 이때 여학생들의 수학 평균 점수를 계산하고 싶다면 어떻게 해야 할까?

전통적인 명령형 프로그래머라면 파일을 한 줄씩 처리하면서 합계를 더해나가는 프로그램을 가장 먼저 생각하게 된다. 이런 경우 생각해낼 만한 프로그램을 의사 코드 pseudocode(간략한 문법과 자연어로 처리 방식을 기술한 코드)로 작성하면 다음과 같다.

```
합계 = 0
N = 0
for(line in 파일) {
    if(line의 학생이 여학생인가?) {
        수학점수 = line에서 수학점수 가져오기
        합계 = 합계 + 수학점수
        N = N + 1
    }
}
여학생수학평균 = 합계 / N
```

하지만 컬렉션을 사용하고 컬렉션의 연산을 활용해 위 내용을 적으면 다음과 같이 수행할 수도 있다.

```
문자열컬렉션 = 파일의 각 줄을 읽어서 컬렉션으로 변환
학생컬렉션 = 문자열컬렉션.map{학생정보(it)}              // 입력 컬렉션에 대한 변환 적용
여학생컬렉션 = 학생컬렉션.filter{it.성별==여성}            // 검색
수학점수 = 여학생컬렉션.map{it.수학점수}.sum()           // 변환과 종합
여학생수학평균 = 수학점수 / 여학생컬렉션.size
```

두 번째 의사 코드가 첫 번째 의사 코드보다 세부 구현에 대한 정보가 적게 들어 있고 이해하기 쉽다(물론 이는 보는 사람에 따라 다를 수 있다). 하지만 무엇보다 첫 번째 의사 코드의 경우 구체적인 이터레이션 방법이 들어 있지만 두 번째 의사 코드에서는 이터레이션 방법 등이 map(), filter(), sum() 등의 함수에 위임돼 있다는 점이 중요하다. 따라서 컬렉션 라이브러리를 제공하는 쪽에서 결과의 올바름을 보장하면서 얼마든지 내부 구현을 변경하거나 개선할 수 있고, 필요하다면 병렬화 등을 사용해 성능을 좀 더 편리하게 향상시킬 수도 있다.

또한 이런 방식을 사용하면 map(), filter() 등의 고차 함수에 전달하는 각각의 람다를 단순하게 유지할 수 있어 실수할 여지도 줄어들고 처리 방법을 생각해내기도 좀 더 쉬워진다. 그리고 조건이 변경되거나 원하는 필드가 추가되거나 할 때도 타입 시스템과 미리 정의된 다양한 컬렉션 처리 함수의 도움을 받아 좀 더 쉽게 코드를 수정할 수 있다.

더 나아가 이런 사고 방식은 컬렉션뿐 아니라 여러 가지 방면에서 적용될 수 있다. 예를 들어 데이터베이스를 처리하는 SQL 문의 논리 구조는 이런 방식의 논리 구조와 일치한다. 다음 SQL은 고객 테이블에서 40세 이상인 고객들의 재산 평균을 도시별로 계산하는 코드다. 여기서 유사성을 발견할 수 있을 것이다.

```
SELECT average(propertyValue), city
FROM Customer
WHERE age >= 40
GROUP BY city
```

알골 개발 등에 참여하고 초기 컴퓨터 과학 발전에 기여한 공로로 튜링상을 받은 앨런 펄리스는 "열 가지 데이터 구조에 작용하는 함수가 10개 있는 것보다 한 가지 데이터 구

조에 작용하는 함수가 100개 있는 것이 더 낫다"라는 말로 한 가지 데이터 구조에 대해 잘 정의된 다양한 연산을 활용하면 많은 일을 할 수 있다는 사실을 강조했다. 잘 정의된 컬렉션 라이브러리는 컬렉션 데이터 구조에 공통적으로 작용하는 함수를 여러 가지 제공함으로써 리스트, 집합, 시퀀스 등 다양한 데이터 구조에 풍부한 함수를 활용해 원하는 목적을 쉽게 달성하고 개발자들이 코드를 통해 좀 더 쉽게 의사소통하도록 해준다. 또한 코틀린 컬렉션을 통해 걸러내기, 변환, 종합(또는 집계)을 수행함으로써 원하는 목적을 달성하는 방법을 훈련해두면 리액티브 스트림reactive stream이나 LINQ(C# 언어에 통합된 쿼리), 함수형 프로그래밍 등을 좀 더 쉽게 배울 수 있다.

9.2절부터는 컬렉션 계층 구조를 이루는 기본적인 인터페이스를 살펴보고 각 유형의 컬렉션에 대한 기본 연산을 알아본 후 검색, 변환, 종합이라는 관점에서 모든 컬렉션이 공통적으로 제공하는 함수를 살펴본다.

9.2 Iterable〈〉과 Collection〈〉

우선 컬렉션의 공통 부모인 이터러블과 컬렉션 인터페이스에 대해 정리하자.

9.2.1 Iterable〈〉

컬렉션을 처리할 때 가장 중요한 연산은 아마도 컬렉션의 각 원소를 빠짐없이 방문하는 연산일 것이다. 이런 연산이 있어야 각 원소를 방문하면서 검색이나 변환, 종합 등 다양한 연산을 구현할 수 있기 때문이다.

Iterable<>에는 이런 순차적 원소 접근에 사용할 수 있는 Iterator<>를 반환하는 iterator() 메서드가 선언돼 있다.

```
public interface Iterable<out T> {
    // 이 이터러블(this)에 담긴 모든 원소를 순차적으로 돌려주는 Iterator를 반환한다
    public operator fun iterator(): Iterator<T>
}
```

iterator()가 반환하는 `Iterator<>`는 다음 원소가 있는지 판단할 때 사용하는 hasNext()와 다음 원소를 읽으면서 소비하는 next()를 제공한다.

```
public interface Iterator<out T> {
    // 현재 원소를 돌려주고 이 이터레이터가 다음 원소를 가리키게 한다
    public operator fun next(): T

    // next()로 돌려줄 원소가 있으면 true를 더 이상 원소가 없으면 false를 반환한다
    public operator fun hasNext(): Boolean
}
```

Iterable을 람다로 작성하기: iterator() 함수와 Iterable() 함수

코틀린은 람다를 사용해 손쉽게 `Iterator<>`를 작성할 수 있는 제네릭 iterator() 함수를 제공한다. 이 함수의 시그니처는 다음과 같다.

```
fun <T> iterator(
    block: suspend SequenceScope<T>.() -> Unit
): Iterator<T>
```

이 함수에 전달되는 람다는 일시 중단 람다suspend lambda인데, 좀 더 자세히 알고 싶다면 웹사이트(https://kotlinlang.org/docs/coroutines-overview.html)를 참조하라. 사용하는 입장에서는 일반 람다와 큰 차이 없이 이 람다를 사용할 수 있지만, 블록 내부에서 yield()로 원소를 내놓을 수 있다는 점이 다르다.

```
fun main() {
    val iterOne2Five = iterator {
        yield(1)
        yield(2)
        yield(3)
        yield(4)
        yield(5)
    }

    for (i in iterOne2Five) {
```

```
            println(i)
        }
}
/*
1
2
3
4
5
*/
```

이 함수를 사용하면 쉽게 이터러블을 만들 수 있다.

```
class IterOneToFive: Iterable<Int> {
    override fun iterator(): Iterator<Int> = iterator {
        (1..5).forEach{yield(it)}
    }
}
fun main() {
    val iterable = IterOneToFive()
    for(i in iterable) {
        println(i)
    }
}
```

또는 13장에서 배울 익명 객체를 사용해 Iterable을 구현하는 방식을 사용할 수도 있고, 표준 라이브러리에 있는 함수인 Iterable()을 사용할 수도 있다. Iterable() 함수를 사용할 때는 함수 인자로 Iterator 객체를 전달하면 된다. 따라서 앞에서 본 iterator() 함수를 사용해 다음과 같이 Iterable을 만들 수도 있다.

```
fun main() {
    val iterable = Iterable {
        iterator {
            (1..5).forEach{yield(it)}
        }
    }
    for(i in iterable) {
        println(i)
```

```
        }
    }
```

사실 코틀린 컬렉션의 대부분 함수는 Iterable()에 대한 멤버 함수나 확장 함수(확장 함수는 12.2절에서 다룬다)로 정의돼 있다.

9.2.2 Collection()

컬렉션은 Iterable<>을 구현해 원소에 대한 이터레이션을 지원하며, 추가로 다음과 같은 프로퍼티와 메서드를 제공한다(원소 타입이 E라고 가정하자).

1. **abstract val size: Int 프로퍼티**: 컬렉션에 들어 있는 원소의 개수를 돌려준다.

2. **abstract operator fun contains(element: E): Boolean 함수**: element가 컬렉션 안에 있으면 참을, 없으면 거짓을 반환한다. operator가 붙은 이유는 이 함수가 in 과 !in 연산자에 쓰이기 때문이다.

3. **abstract fun containsAll(elements: Collection<E>): Boolean 함수**: elements 컬렉션의 모든 원소가 컬렉션 안에 있으면 참을, 없으면 거짓을 반환한다.

4. **abstract fun isEmpty(): Boolean**: 컬렉션이 비어 있으면(즉, size가 0이면) true를, 비어 있지 않으면 false를 반환한다. (주의: 컬렉션이 비어 있는지 확인하고 싶으면 컬렉션.size == 0 대신 이 함수를 사용하라.)

5. **override fun iterator(): Iterator<T>**: Iterable의 iterator()를 오버라이드한 함수다.

한편 Iterable<>과 Collection<> 모두 읽기 전용이라는 점에 유의하라. 이제 이 두 인터페이스의 가변 버전을 살펴보자.

9.2.3 MutableIterable<>과 MutableCollection<>

Iterable<>의 iterator() 함수는 읽기 전용 Iterator<>를 반환하지만, MutableIterable<>의 iterator() 함수는 Iterator<>의 하위 타입이며 원소 삭제를 제공하는 MutableIterator<>를 반환한다는 점이 다르다.

```
public interface MutableIterable<out T> : Iterable<T> {
    override fun iterator(): MutableIterator<T>
}
```

MutableIterator<>는 원소를 삭제하는 remove() 연산을 제공한다. 단, 삭제할 원소를 지정해 삭제하는 게 아니라 next()로 반환했던 마지막 원소를 삭제한다는 점에 유의하라.

```
public interface MutableIterator<out T> : Iterator<T> {
    /**
     * 이 이터레이터가 가장 마지막에 next()로 반환한 원소를 삭제한다
     */
    public fun remove(): Unit
}
```

MutableCollection<>은 Collection<>을 구현하는 동시에 MutableIterator<>를 구현하고, 추가로 원소를 제거하는 다음 함수들을 제공한다.

1. **abstract fun clear()**: 컬렉션의 모든 원소를 제거한다.

2. **abstract fun remove(element: E): Boolean**: 컬렉션에서 element를 제거한다. 컬렉션 안에 원소가 있었으면 원소를 제거하고 **true**를 반환하며, 원소가 없었으면 **false**를 반환한다.

3. **abstract fun addAll(elements: Collection<E>): Boolean**: 컬렉션에 elements에 들어 있는 원소들을 추가한다. 원소가 하나라도 추가되면 **true**를, (elements의 모든 원소가 this 컬렉션에 이미 들어 있어서) 원소가 하나도 추가되지 않으면 **false**를 반환한다.

4. **abstract fun removeAll(elements: Collection<E>): Boolean**: 컬렉션에서

elements에 들어 있는 원소들을 제거한다. 원소가 하나라도 제거되면 true를, (elements의 모든 원소가 this 컬렉션 안에 들어 있지 않아서) 하나도 제거되지 않으면 false를 반환한다.

5. `fun retainAll(elements: Collection<E>): Boolean`: 컬렉션에서 elements에 들어 있는 원소를 제외한 모든 원소를 제거한다. 원소가 하나라도 제거되면 true를, (this 컬렉션의 원소 집합이 elements의 부분집합이어서) 전혀 제거되지 않았으면 false를 반환한다.

9.2.4 forEach(), forEachIndexed()

컬렉션 함수 중 Iterable과 밀접한 관계가 있는 함수로는 forEach()와 forEachIndexed()가 있다. forEach()는 for 문을 함수로 만든 것이라 할 수 있다. 다음 코드에서 마지막 for 루프와 forEach() 함수 호출은 같은 일을 수행한다.

```
fun main() {
  val iterOne2Five = Iterable {
    iterator {
      yield(1)
      yield(2)
      yield(3)
      yield(4)
      yield(5)
    }
  }

  for (i in iterOne2Five) {
    println(i)
  }
  iterOne2Five.forEach { println(it) }
}
```

각 원소의 인덱스가 필요한 경우 for 루프에서는 외부에 인덱스 변수를 두고 직접 증가시켜야 했지만, forEachIndexed()를 사용하면 람다가 인덱스와 변수를 받아 사용할 수 있다.

```
fun main() {
  val names = Iterable {
    iterator {
      yield("오현석")
      yield("홍길동")
      yield("성춘향")
    }
  }

  names.forEachIndexed { i, name ->
    println("$i: $name")
  }
}
```

9.3 컬렉션 종류에 따른 생성, 원소 접근, 삽입, 삭제 방법

9.3.1 리스트

리스트는 원소를 삽입한 순서에 따라 원소 이터레이션 순서나 인덱스 번호가 정해지고
원소가 일렬로 늘어서 있는 선형적인 데이터 구조다. 원소를 맨 뒤에 하나씩 삽입해가면
서 리스트를 구성하는 비용이 크지 않고 Iterable을 얻어 맨 앞에서부터 순차 접근을 할
때는 상당히 효율적으로 작동하기 때문에 프로그래밍에서 리스트를 사용하는 경우는 흔
하다.

리스트 생성

읽기 전용 리스트를 생성할 때는 listOf<>()라는 제네릭 함수를 사용한다. 반면 읽고 쓸
수 있는 리스트를 생성하고 싶을 때는 mutableListOf<>() 제네릭 함수를 사용한다. 이들
함수를 호출할 때는 괄호 안에 원소를 ,로 구분해 지정하면 된다. 아무 원소도 넣지 않으
면 빈 리스트가 생성되는데, 이 경우 타입을 꼭 지정해줘야만 한다.

```
val intList1 = listOf<Int>(1, 2, 3)      // 읽기 전용 리스트
val intList2 = listOf(1, 2, 3)           // 읽기 전용 리스트
val intList3 = mutableListOf(1, 2, 3)    // 가변 리스트

val stringList1 = listOf<String>("a", "b", "c")
val stringList2 = listOf("a", "b", "c")
val stringList3 = mutableListOf("a", "b", "c")
```

intList2, intList3 등에서처럼 원소 타입을 제네릭 함수의 각괄호 안에 지정하지 않으면 함수의 인자로 넘긴 모든 객체의 타입을 한꺼번에 아우를 수 있는 가장 구체적인 타입으로 타입이 정해진다.

리스트 원소 얻기와 원소 여부 검사

가장 기본적인 리스트 원소 접근 연산으로는 정수 인덱스 연산자 []를 사용해 원소를 얻는 연산이 있다. 배열과 마찬가지로 리스트 내 첫 번째 원소의 인덱스는 0이다. 인덱스 범위는 0 이상, 리스트 길이(리스트.size) 미만이다. 이 범위를 벗어난 인덱스를 사용하면 ArrayIndexOutOfBoundsException 예외가 발생한다.

```
println(intList2[1])       // 1
println(listOf<Int>()[0])  // IndexOutOfBoundsException: Empty list doesn't
contain element at index 0
println(intList2[3])         // ArrayIndexOutOfBoundsException: Index 3 out of
bounds for length 3
```

다른 연산으로는 최초 원소를 얻는 first()와 last()가 있다. 두 함수 모두 빈 리스트에 적용하면 NoSuchElementException을 발생시킨다.

```
println(stringList1.first()) // a
println(stringList1.last())  // c
println(listOf<String>().first()) // NoSuchElementException: List is empty
```

한편 어떤 원소가 리스트에 들어 있는지 여부는 in 연산을 통해 알 수 있다. 원소 여부를 검사하려는 값이 대상 집합보다 앞에 있어야 한다.

```
"" in stringList1   // false
"a" in stringList1  // true
```

다른 컬렉션의 모든 원소가 리스트에 들어 있는지 여부는 containsAll() 함수를 통해 알 수 있다. 모든 원소가 들어 있어야만 true를 반환한다.

```
stringList1.containsAll(listOf("a", "b")) // true
stringList1.containsAll(listOf("c", ""))  // false
```

가변 리스트의 원소 변경하기

가변 리스트의 경우 인덱스를 지정해 대입하면 원소를 변경할 수 있다.

```
val intList3 = mutableListOf(1, 2, 3)   // 가변 리스트

intList3[0] = 10
println(intList3)  // [10, 2, 3]
```

add() 함수를 사용해 리스트의 뒤에 원소를 덧붙일 수도 있다. 원소 추가에 성공하면 true를 반환한다. 리스트에서 정상적이라면 이 함수가 false를 반환하는 경우는 사실상 없다고 봐야 한다.

```
intList3.add(20)  // true
println(intList3) // [10, 2, 3, 20]
```

addAll() 함수를 사용하면 리스트의 뒤에 컬렉션의 모든 원소를 덧붙일 수 있다. 역시 원소 추가에 성공하면 true를 반환한다.

```
intList3.addAll(listOf(1, 2, 3)) // true
println(intList3)                // [10, 2, 3, 20, 1, 2, 3]
```

원소 값을 바탕으로 원소를 제거하는 연산으로는 특정 원소를 제거하는 remove()와 컬렉션에 들어 있는 모든 원소를 제거하는 removeAll()이 있다. remove()는 원소가 리스트 안에 들어 있으면 true를 반환하면서 리스트에서 원소를 제거하며, removeAll()은 리스트 안에 들어 있는 원소들 중에서 인자로 전달된 리스트에 있는 모든 원소를 제거하고 제거된 원소가 하나라도 있으면 true를 반환한다. 단, remove()를 사용하면 같은 원소가 여러 번 들어가 있어도 맨 처음으로 발견된 원소만 제거된다는 점에 유의하라. 반면 removeAll()은 모든 원소를 제거해준다.

```
intList3.remove(0)          // false
println(intList3)           // [10, 2, 3, 20, 1, 2, 3]
intList3.remove(2)          // true
println(intList3)           // [10, 3, 20, 1, 2, 3]          <- 두 번째 원소였던 2만
제거됨
intList3.removeAll(listOf(3, 2))  //  true
println(intList3)           // [10, 20, 1]                  <- 모든 2, 3이 제거됨
```

특정 위치에 있는 원소를 없애고 싶으면 removeAt()을 사용하라. removeAt()은 사용자가 지정한 위치에 있던 원소를 제거하고 반환해준다.

```
intList3.removeAt(1)    // 20
println(intList3)       // [10, 1]
```

모든 원소를 제거하고 싶으면 clear()를 쓴다.

```
intList3.clear()
println(intList3)  // []
```

구체적인 리스트 구현체

listOf로 생성되는 리스트는 기본적으로 ArrayList 클래스의 인스턴스다. ArrayList는 내부에서 원소를 저장하기 위해 배열을 사용한다. 따라서 정수 인덱스를 사용해 원소에 접근할 때는 시간 복잡도가 배열과 마찬가지로 O(1)로 상당히 빠르고, 평균적으로 원소 삽

입과 삭제도 O(1)의 시간 복잡도를 보인다. 하지만 가변 리스트에서 원소를 삭제하거나 삽입할 때는 내부 배열의 크기를 조정하고 원소를 복사해야 할 수도 있으므로 삽입하고 삭제하는 시간이 가끔 길어질 수 있다.

구체적으로 ArrayList 클래스의 리스트를 생성하고 싶다면 arrayListOf()로 리스트를 생성할 수도 있다. 한편 ArrayList 자체는 가변 컬렉션이므로 이렇게 arrayListOf()로 생성한 리스트의 원소를 변경할 수 있다는 점에 유의하라.

```
val arrayList = arrayListOf(1, 2, 3)
println(arrayList)  // [1, 2, 3]
arrayList[0] = 10
println(arrayList)  // [10, 2, 3]
```

arrayListOf()를 호출하지 않고 직접 ArrayList의 생성자를 호출할 수도 있다. ArrayList는 세 가지 생성자를 제공한다.

1. **ArrayList<원소타입>()**: 빈 리스트를 생성한다.
2. **ArrayList<원소타입>(initialCapacity: Int)**: 빈 리스트를 생성하되, 내부에 initialCapacity만큼 원소를 저장할 수 있는 배열을 미리 할당한다.[1]
3. **ArrayList<원소타입>(elements: Collection<원소타입>)**: elements 컬렉션에 들어 있는 모든 원소가 포함된 새 리스트를 생성한다. 컬렉션은 리스트뿐 아니라 집합이나 배열 등의 다른 Collection 하위 타입이 가능하다는 점에 유의하라.

```
val arrayList1 = ArrayList<Int>()      // 디폴트 설정을 사용해 빈 리스트 생성
val arrayList2 = ArrayList<Int>(10)  // 원소 10개를 저장할 수 있는 공간을 확보하면서 빈
리스트 생성
val arrayList3 = ArrayList<Int>(setOf(1, 2, 3, 4, 5))   // [1, 2, 3, 4, 5]
println(arrayList2.size)            // 0
arrayList3.clear()
```

---

1 다중 플랫폼의 경우 플랫폼에 따라 달라질 수 있다. 예를 들어 JVM 환경에서는 용량을 사용한 생성자나 용량 확보를 위한 멤버 함수 등 모든 내부 용량 관련 동작이 제대로 구현돼 있지만, 자바스크립트의 ArrayList 구현은 길이가 자동 조절되는 자바스크립트 배열을 사용하기 때문에 별도로 용량 관련 함수를 호출해도 내부 동작에 아무런 영향이 없다.

```
println(arrayList30)                    // []
```

다른 리스트 구현으로 이중 연결 리스트가 있는데, 코틀린에서 사용할 수 있는 이중 연결 리스트로는 자바가 제공하는 LinkedList가 있다.

따라서 JVM 환경에서만 이중 연결 리스트를 사용할 수 있으며, 사용할 때는 java.util 패키지에 있는 LinkedList를 사용해야 한다(따라서 java.util.LinkedList라는 전체 이름을 쓰거나 임포트해야만 한다). LinkedList 생성자는 두 가지뿐이다.

1. **LinkedList<원소타입>()**: 빈 리스트를 생성한다.
2. **LinkedList<원소타입>(elements: Collection<원소타입>)**: elements 컬렉션에 들어 있는 모든 원소가 포함된 새 리스트를 생성한다.

```
// JVM 환경에서만 작동함
val linkedList = java.util.LinkedList<Int>()
val linkedList2 = java.util.LinkedList<Int>(setOf(1, 2, 3, 4, 5))  // [1, 2,
3, 4, 5]
```

컬렉션의 원소가 들어 있는 리스트 생성

구체적인 클래스인 ArrayList나 LinkedList는 컬렉션 원소를 모두 포함하는 새 리스트를 생성해주는 생성자를 제공한다. 하지만 listOf()나 mutableListOf()의 인자로 컬렉션을 넘기면, 컬렉션의 원소가 들어 있는 리스트가 아니라 컬렉션을 원소로 하는 리스트가 생기므로 주의해야 한다. 예를 들어 다음은 집합을 갖고 리스트를 만드는데 1, 2, 3, 4, 5가 들어 있는 리스트가 생기지 않고, {1, 2, 3, 4, 5}라는 정수 집합이 하나 들어 있는 리스트가 생긴다.

```
val l = listOf(setOf(1, 2, 3, 4, 5))  // [[1, 2, 3, 4, 5]]
```

이를 방지하려면 스프레드 연산자를 사용해야 하는데, 이럴 경우 어쩔 수 없이 컬렉션을 배열로 바꿔서 스프레드 연산을 적용해야만 한다. Collection<>에 대해 정의된 확장 함수(12.2절에서 설명한다)인 toTypedArray() 메서드를 활용해 구체적인 타입의 배열을 얻을 수 있다.

```
val l = listOf(*setOf(1, 2, 3, 4, 5).toTypedArray())  // [1, 2, 3, 4, 5]
```

9.3.2 집합

집합은 같은 원소가 두 번 이상 들어갈 수 없고, 어떤 원소가 들어 있는지 여부를 빠르게 알아낼 수 있는 데이터 구조다. Iterable을 얻어서 원소에 대해 이터레이션을 하는 경우 데이터를 삽입한 순서가 지켜지지 않을 수도 있고 메모리를 리스트보다 많이 사용하는 경향이 있다. 따라서 순차 접근이 필요한 선형 데이터에 대해 집합을 사용하는 것은 적합하지 않다.

집합 생성

불변 집합을 생성할 때는 setOf<>()를 사용한다. 이때 초기화할 원소가 없다면 <> 안에 원소 타입을 지정해야만 하지만, 괄호 안에 초기화할 원소들이 들어 있으면 <원소타입>을 지정해도 좋고 그렇게 하지 않아도 좋다. 가변 집합을 원한다면 mutablesetOf<>()를 쓰면 된다.

```
val intSet1 = setOf<Int>(1, 2, 3)
val intSet2 = setOf(1, 2, 3)

val strSet1 = setOf<String>()

val mutableIntSet1 = mutableSetOf(1, 2, 3)
```

집합 원소 접근

집합은 리스트와 달리 [] 연산자를 제공하지 않는다.

집합도 리스트와 마찬가지로 first()와 last()를 제공한다. 빈 집합의 경우 이 두 함수
는 NoSuchElementException 예외를 던진다.

```
strSet.first()   // NoSuchElementException: Collection is empty
intSet1.first() // 1
intSet1.last()   // 3
```

setOf()나 mutableSetOf()로 생성한 집합은 LinkedHashSet이라는 클래스이므로 삽입
순서대로 순서가 정해지지만, 모든 집합 타입에서 이런 식으로 순서를 보장해주지는 않
는다. 나중에라도 다른 더 효율적인 구현이 생기면 setOf()와 mutableSetOf()의 디폴트
구현이 바뀔 수도 있으므로 이런 순서에 의존해 코드를 작성하지 않는 편이 더 낫다.

리스트와 마찬가지로, 어떤 값이 집합에 들어 있는지 여부는 in 연산자를 통해 알 수
있고, 다른 컬렉션의 모든 원소가 들어 있는지 여부도 containsAll()을 통해 알 수 있다.

```
1 in intSet1  // true
0 in intSet1  // false
intSet1.containsAll(listOf(1, 2, 3)) // true
intSet1.containsAll(setOf(2, 3, 4))  // false
```

가변 집합의 원소 변경하기

리스트와 마찬가지로 add()와 addAll()을 지원한다. 일반적으로 항상 삽입이 성공해 true
를 반환하는 리스트의 add()와 달리, 집합에서는 원소가 이미 존재하는 경우 삽입이 되지
않고 add()가 false를 반환할 수 있다. addAll()도 인자로 전달된 컬렉션의 모든 원소가
이미 집합에 존재하는 경우 false를 반환한다.

```
mutableIntSet1.add(1)    // false
mutableIntSet1.add(4)    // true
println(mutableIntSet1) // [1, 2, 3, 4]
```

```
mutableIntSet1.addAll(setOf(4, 5))  // true
println(mutableIntSet1)  // [1, 2, 3, 4, 5]
mutableIntSet1.addAll(listOf(4, 5)) // false
println(mutableIntSet1)  // [1, 2, 3, 4, 5]
```

원소를 제거하는 연산으로 remove()와 removeAll()이 있으며, 동작도 리스트의 경우와 비슷하다.

```
mutableIntSet1.remove(0)     // false
mutableIntSet1.remove(1)     // false
println(mutableIntSet1)  // [2, 3, 4, 5]
mutableIntSet1.removeAll(listOf(1, 3))    // true
println(mutableIntSet1)  // [2, 4, 5]
mutableIntSet1.removeAll(listOf(1, 3))    // false
println(mutableIntSet1)  // [2, 4, 5]
```

구체적인 집합 구현체

코틀린에서 setOf<>()로 생성한 컬렉션 객체는 LinkedHashSet이다. LinkedHashSet은 해시를 사용해 원소가 집합에 들어 있는지 여부를 신속히 알 수 있게 해주는 동시에 원소를 삽입한 순서에 따라 이터레이션을 하도록 해주는 집합이다.

LinkedHashSet은 HashMap을 내부에 사용하지만, 저장된 순서에 따라 원소를 연결 리스트로 저장하기 위해 HashMap의 내부 엔트리(키와 값의 쌍)에 이전에 삽입된 엔트리와 다음에 삽입된 엔트리를 가리키는 참조를 추가해 저장한다.

LinkedHashSet을 생성하고 싶으면 linkedSetOf()를 사용하면 된다(linkedHashSetOf()가 아니라는 점에 유의하라). 이렇게 생성한 집합은 읽기 전용 집합이 아니라 가변 집합이라는 점에 유의하라.

```
val set = linkedSetOf(1, 2, 3)
for(i in set) {
    println(i)
}
```

```
/*
// 출력 결과:
1
2
3
*/
```

또는 LinkedHashSet의 생성자를 직접 호출할 수도 있다. LinkedHashSet도 세 가지 생성자를 제공한다. ArrayList와 마찬가지로, JVM 플랫폼이 아닌 경우 내부 용량 관련 파라미터나 로드 팩터^{load factor} 관련 파라미터[2]들은 제대로 작동하지 않을 수 있다.

1. **LinkedHashSet<원소타입>()**: 빈 집합을 생성한다.
2. **LinkedHashSet<원소타입>(initialCapacity: Int)**: 초기 내부 공간을 지정하면서 빈 집합을 생성한다.
3. **LinkedHashSet<원소타입>(initialCapacity: Int, loadFactor: Float)**: 초기 내부 공간과 로드 팩터를 지정하면서 빈 집합을 생성한다.
4. **LinkedHashSet<원소타입>(elements: Collection<원소타입>)**: elements에 들어 있는 원소들을 포함하는 새 집합을 생성한다.

```
val set = LinkedHashSet<Int>()
set.add(1)      // true
set.add(2)      // true
set.remove(1)   // true
```

다른 집합 구현으로는 HashSet이 있으며 hashSetOf()로 HashSet을 만들 수 있다. 이 집합도 가변 집합이다.

---

2 해시를 사용하는 집합의 경우 해시값에 따라 특정 버킷에 엔트리를 저장하는데, 원소를 할당함에 따라 버킷이 하나둘 차게 된다. 모든 버킷이 가득 차기 전이라도 너무 많은 버킷에 원소가 들어가 있으면 해시의 특성상 해시값 충돌이 많이 일어나서 성능이 급격히 나빠지는데, 이를 방지하기 위해 로드 팩터로 정해둔 비율 이상 버킷에 원소가 들어가면 버킷 개수를 더 늘리고 전체 원소를 다시 재배치한다. LinkedHashSet 생성자에서 initialCapacity는 초기 버킷의 수를 지정하고 loadFactor는 로드 팩터를 지정한다.

```
val set = hashSetOf(87, 123, 19990)
for(i in set) {
    println(i)
}
/*
// 출력 결과:
123
19990
87
*/
```

HashSet의 경우 삽입 순서를 유지하지 않고, 해시 함수가 반환하는 해시값에 따라 결정되는 순서로 원소를 이터레이션한다는 사실을 알 수 있다.

LinkedHashSet과 마찬가지로 HashSet도 직접 생성자를 호출해 집합을 생성할 수 있다.

1. **HashSet<원소타입>()**: 빈 집합을 생성한다.

2. **HashSet<원소타입>(initialCapacity: Int)**: 초기 내부 공간을 지정하면서 빈 집합을 생성한다.

3. **HashSet<원소타입>(initialCapacity: Int, loadFactor: Float)**: 초기 내부 공간과 로드 팩터를 지정하면서 빈 집합을 생성한다.

4. **HashSet<원소타입>(elements: Collection<원소타입>)**: elements에 들어 있는 원소들을 포함하는 새 집합을 생성한다.

언제 HashSet과 LinkedHashSet을 써야 할까?

원소 접근 속도는 실제로 거의 차이가 없어서 두 집합 구현 중 어느 쪽을 택해도 별다른 문제가 없다. 하지만 삽입 순서대로 이터레이션을 할 필요가 없는 경우 HashSet을 사용하면 메모리를 절약할 수 있고 집합을 생성하는 속도도 약간 더 빠르다. 반면 삽입 순서대로 이터레이션을 할 필요가 있다면 무조건 LinkedHashSet을 써야 한다.

한편 JVM에서는 자바 라이브러리가 TreeSet을 제공하는데, 코틀린에서는 sortedSetOf() 함수를 사용해 이 집합을 만들 수 있다.

266

```
fun <T> sortedSetOf(vararg elements: T): TreeSet<T>
fun <T> sortedSetOf(comparator: Comparator<in T>, vararg elements: T):
TreeSet<T>
```

sortedSetOf()는 원소들만 받아 정렬된 TreeSet 객체를 만드는 버전과 비교기
(Comparator 객체)와 원소들을 받아 비교기에 의해 정렬된 TreeSet 객체를 만드는 버전이
있다.

```
val set = sortedSetOf("a", "c", "b", "aa")
for(m in set) println(m)  // a aa b c가 한 줄에 하나씩 출력됨

val set2 = sortedSetOf(Comparator{a, b -> b.compareTo(a)}, "a", "c", "b",
"aa")
for(m in set2) println(m)  // c b aa a가 한 줄에 하나씩 출력됨
```

문자열(String) 타입에는 이미 compareTo() 메서드가 오버라이드돼 있으며, a와 b의 순
서를 뒤집어 비교하므로 정렬 순서가 역순이 된다. 여기서 사용한 Comparator{a, b ->
b.compareTo(a)}는 람다를 사용해 추상 메서드가 하나뿐인 인터페이스를 정의하는 특별한
코틀린 문법이다(13.2.3절 참조).

9.3.3 맵

리스트나 배열은 정수 인덱스를 갖고 정해진 위치에 있는 원소를 찾을 수 있는 컬렉션인
데, 맵map은 정해진 타입의 키 값을 사용해 원소를 찾을 수 있게 해주는 컬렉션이다. 맵
의 키는 중복될 수 없지만, 여러 키에 같은 값을 대응시킬 수는 있다.

맵 생성

mapOf()라는 함수를 사용해 맵을 만들 수 있다. 이때 키와 값을 연결하기 위해 to라는 연
산을 사용한다. 리스트나 배열, 집합은 원소 타입만 지정하면 되지만 맵은 키와 원소 타
입을 지정해야 하므로 <> 사이에 타입 인자를 두 가지 지정해야 한다. 첫 번째 타입 인자

는 키의 타입이고, 두 번째 타입 인자는 값의 타입이다.

```
val emptyMap1 = mapOf<Int, String>()
val emptyMap2: Map<Int, String> = mapOf()
val map = mapOf("a" to 1, "b" to 2)
```

가변 맵을 원하면 mutableMapOf()를 사용하면 된다.

```
val mutableMap = mutableMapOf(1 to "a", 2 to "b")
```

생성할 때 키가 중복되면 아무 오류도 발생하지 않고, 맨 나중에 들어간 키-값 연관이
저장된다.

```
val m = mapOf(1 to 1, 1 to 2)
println(m) // {1=2}
```

맵 원소 접근

맵의 인덱스 연산은 키를 사용해 값을 찾는 연산이다. 키에 해당하는 값이 없으면 null이
반환된다. 즉, 맵의 인덱스 연산은 널이 될 수 있는 타입의 값을 반환한다.

```
println(map["a"]) // 1
println(map[""])  // null
```

맵은 Collection<>을 구현하지 않으므로(따라서 Iterable<>도 구현하지 않기 때문에)
first(), last()를 지원하지 않는다.

하지만 프로그래머의 관심이 어디에 있느냐에 따라 맵에는 세 가지 다른 컬렉션이 들
어 있다고 생각할 수 있다.

1. 키-값이 연관된 순서쌍의 집합
2. 키로 이뤄진 집합
3. 값으로 이뤄진 컬렉션

맵은 이 세 가지를 필요에 따라 얻을 수 있도록 해준다.

우선 키-값이 연관된 순서쌍을 정의하는 Entity<> 타입(인터페이스)을 제공한다
(가변 맵의 경우 이 Entry를 상속하면서 값을 변경하기 위한 setValue() 함수를 추가로 제공하는
MutableEntry<>라는 인터페이스를 제공한다).

```
interface Entry<out K, out V> {
    val key: K
    val value: V
}
```

그리고 Map<K, V>는 다음 세 가지 프로퍼티를 제공한다.

1. **entries**: Set<Entry<K, V>> 타입의 집합이다. 같은 키-값 쌍이 두 번 들어갈 수 없
   으므로 엔트리 컬렉션은 집합으로 정의될 수 있다.
2. **keys**: Set<K> 타입의 집합이다. 맵에서 모든 키는 유일하기 때문에 집합으로 정의
   될 수 있다.
3. **values**: Collection<V> 타입의 컬렉션이다.

```
println(map.entries) // [a=1, b=2]
println(map.keys)    // [a, b]
println(map.values)  // [1, 2]
```

다른 컬렉션들과 달리 for 루프로 맵을 이터레이션하면 Entry<> 타입의 값을 순서대로
얻게 된다.

```
for(entry in map) {
    println("key=${entry.key} value=${entry.value}")
}
/*
// 실행 결과:
key=a value=1
key=b value=2
*/
```

가변 맵의 원소 변경하기

가변 맵에 원소를 추가할 때는 인덱스 연산자와 대입을 함께 사용하면 된다. 이미 키에 해당하는 엔트리가 맵에 있는 경우에는 키와 연관된 값을 변경하고, 키에 해당하는 엔트리가 없는 경우에는 새 엔트리를 추가한다.

```
val mutableMap = mutableMapOf(1 to "a", 2 to "b")
mutableMap[1]="abc"
println(mutableMap) // {1=abc, 2=b}
mutableMap[3]="cba"
println(mutableMap) // {1=abc, 2=b, 3=cba}
```

엔트리를 추가하되, 이미 키가 있는 경우 키에 연관된 기존 값을 알고 싶으면 put()을 사용한다. put()은 지정한 키가 맵의 키 집합 안에 들어 있지 않으면 키-값 쌍을 엔트리로 추가해주고 null을 돌려주며, 지정한 키가 이미 맵에 들어 있는 경우에는 키에 연관된 값을 새로 지정한 값으로 변경하고 기존에 연관돼 있던 값을 반환한다.

```
mutableMap.put(1, "one")  // abc
println(mutableMap)       // {1=one, 2=b, 3=cba}
mutableMap.put(10, "ten") // null
println(mutableMap)       // {1=one, 2=b, 3=cba, 10=ten}
```

여러 엔트리를 한꺼번에 추가할 때는 putAll을 쓴다. putAll()은 다른 맵을 인자로 받을 수 있다.

```
mutableMap.putAll(mapOf(4 to "four", 6 to "six"))
println(mutableMap)       // {1=one, 2=b, 3=cba, 10=ten, 4=four, 6=six}
```

키를 사용해 엔트리를 맵에서 제거하고 싶을 때는 remove()를 호출한다. remove()는 키가 맵에 들어 있으면 엔트리를 삭제하고 키와 연관된 값을 반환하며, 키가 맵에 들어 있지 않으면 null을 반환한다.

```
mutableMap.remove(4)  // four
println(mutableMap)   // {1=one, 2=b, 3=cba, 10=ten, 6=six}
```

```
mutableMap.remove(4)  // null
println(mutableMap)    // {1=one, 2=b, 3=cba, 10=ten, 6=six}
```

키와 연관된 값이 모두 일치할 때만 엔트리를 제거하고 싶을 경우 remove()에 키와 값을 함께 넘기면 된다. 이 경우에는 키-값 쌍이 맵에 들어 있으면 엔트리를 제거하면서 true를 돌려주고, 키는 들어 있지만 값이 일치하지 않거나 아예 키가 들어 있지 않다면 아무 엔트리도 제거하지 않고 false를 돌려준다.

```
mutableMap.remove(10, "tenn") // false
println(mutableMap)           // {1=one, 2=b, 3=cba, 10=ten, 6=six}
mutableMap.remove(10, "ten")  // true
println(mutableMap)           // {1=one, 2=b, 3=cba, 6=six}
```

모든 항목을 제거하고 싶으면 clear()를 호출한다.

```
mutableMap.clear()
println(mutableMap)  // {}
```

9.4 컬렉션 검색과 걸러내기 연산

이번 절에서는 컬렉션에서 원하는 원소를 찾아내는 연산을 살펴본다.

9.4.1 filter(), filterNot()

컬렉션(맵 포함)의 멤버 함수 filter()는 주어진 람다(Boolean을 반환하는 람다로 술어predicate라고도 한다)가 true를 내놓는 원소를 모은 새 컬렉션을 돌려준다. 이때 반환되는 새로운 컬렉션은 읽기 전용 List이다.

배열(9장에서 별다른 언급이 없으면 배열이라는 말에는 제네릭 Array나 원시 타입 배열이 모두 포함된다)이나 리스트, 집합의 filter()는 모두 비슷하게 작동한다. 짝수만 걸러내는 경우를 살펴보자.

```
println(arrayOf(1, 2, 3, 4, 5).filter{ it%2 == 0 })  // [2, 4]
println(listOf(1, 2, 3, 4, 5).filter{ it%2 == 0 })   // [2, 4]
println(setOf(1, 2, 3, 4, 5).filter{ it%2 == 0 })    // [2, 4]
```

맵의 경우 술어 람다가 받는 인자가 엔트리라는 점에 유의하라. 따라서 키/값을 원하는 대로 조합한 조건을 술어 람다에 사용할 수 있다.

```
println(mapOf(1 to "one", 2 to "two", 3 to "three", 4 to "four").filter{
it.value.startsWith("t") }) // {2=two, 3=three}
```

filterNot은 술어가 거짓을 반환하는 원소만 포함된 컬렉션을 돌려준다. 따라서 술어 람다의 조건을 부정한 람다를 사용해 filter()를 한 결과와 같다.

```
println(arrayOf(1, 2, 3, 4, 5).filterNot{ it%2 == 0 })  // [1, 3, 5]
println(arrayOf(1, 2, 3, 4, 5).filter{ it%2 != 0 })     // [1, 3, 5]
println(listOf(1, 2, 3, 4, 5).filterNot{ it%2 == 0 })   // [1, 3, 5]
println(listOf(1, 2, 3, 4, 5).filter{ it%2 != 0 })      // [1, 3, 5]
println(setOf(1, 2, 3, 4, 5).filterNot{ it%2 == 0 })    // [1, 3, 5]
println(setOf(1, 2, 3, 4, 5).filter{ it%2 != 0 })       // [1, 3, 5]
println(mapOf(1 to "one", 2 to "two", 3 to "three", 4 to "four").filterNot{
it.value.startsWith("t") })  // {1=one, 4=four}
println(mapOf(1 to "one", 2 to "two", 3 to "three", 4 to "four").filter{ !it.
value.startsWith("t") })     // {1=one, 4=four}
```

9.4.2 filterIndexed()

배열과 Iterable의 하위 타입(Collection이 Iterable을 상속하므로, Map 종류를 제외한 집합, 리스트 등이 이에 속한다)에는 filter와 비슷한 filterIndexed() 함수가 들어 있다. filterIndexed()의 술어 람다는 타입이 (Int, 원소타입) -> Boolean이다. 시그니처를 보면, 첫 번째 파라미터로 현재 람다에 전달되는 원소의 인덱스가 들어오고 두 번째 파라미터로 원소가 들어온다는 사실을 알 수 있다. 원소 값뿐만 아니라 원소의 위치에 따라서도 걸러내야 하는 경우 filterIndexed()를 사용한다.

예를 들어 첫 번째 원소부터 시작해 하나씩 건너뛰면서 원소를 걸러내는 경우를 살펴
보자.

```
println(intArrayOf(1, 2, 3, 4, 5).filterIndexed{ index,_ -> index%2 == 0 })
// [1, 3, 5]
println(arrayOf(1, 2, 3, 4, 5).filterIndexed{ index,_ -> index%2 == 0 })
// [1, 3, 5]
println(listOf(1, 2, 3, 4, 5).filterIndexed{ index,_ -> index%2 == 0 })
// [1, 3, 5]
println(setOf(1, 2, 3, 4, 5).filterIndexed{ index,_ -> index%2 == 0 })
// [1, 3, 5]
```

여기서 _는 람다에서 사용하지 않는 파라미터의 이름을 지정하고 싶지 않을 때 사용
한다.

한편 filterIndexedNot()은 없다.

9.4.3 filterNotNull()

참조 타입을 원소로 하는 제네릭 배열과 Iterable의 하위 타입에는 원소 중에 널이 아닌
값만 선택해주는 filterNotNull()이 제공된다. 원시 타입 배열에는 널이 들어갈 수 없으
므로 filterNotNull()이 정의돼 있지 않다.

```
fun generateOrNull(x: Int): Int? = if(x % 2 == 0) null else x*2

// map을 수행하면 컬렉션의 모든 원소에 지정된 람다를 적용해 얻은 새로운 원소로 이뤄진 컬렉션을 반환한
다(9.5.1절 참조)
println(arrayOf(1, 2, 3, 4, 5).map{generateOrNull(it)}.filterNotNull())
// [2, 6, 10]
```

널만 모아서 쓸모가 있는 경우는 없으므로 filterNull()은 없다.

filterNotNull()이 필요한 이유

이미 널을 걸러낼 때 쓸 수 있는 filter()가 있는데 굳이 왜 filterNotNull()이 필요할까?

바로 filter()에서는 걸러낸 결과 리스트의 원소가 널인지 여부를 컴파일러가 알아내기 어렵지만 filterNotNull()에서는 걸러낸 결과 리스트의 모든 원소가 널이 아님을 확신할 수 있기 때문이다.

이로 인해 널이 될 수 있는 값이 들어 있는 리스트를 filter()로 걸러내면서 널도 함께 걸러내고, 각 원소에 대해 널이 아닌 값에 대해 적용해야만 하는 연산을 적용할 경우 filter() 뒤에서는 안전한 호출 연산을 쓰거나 널이 될 수 있는 타입의 값을 처리하는 코드를 추가해야 한다. 하지만 filterNotNull() 뒤에 연쇄시키는 코드 안에서는 널에 대해 고려할 필요가 없다. 다음 예제에서 filter()가 반환한 리스트의 원소는 Int? 타입이지만 filterNotNull()이 반환한 리스트의 원소는 Int 타입이 된다.

```
fun generateOrNull(x: Int): Int? = if(x % 2 == 0) null else x*2

val a1 = arrayOf(1, 2, 3, 4, 5).map{generateOrNull(it)}.filterNotNull()
// 리스트 원소는 Int 타입
val a2 = arrayOf(1, 2, 3, 4, 5).map{generateOrNull(it)}.filter{it!=null}
// 리스트 원소는 Int? 타입
```

9.4.4 indexOf(), lastIndexOf(), indexOfFirst(), indexOfLast()

배열과 Iterable의 하위 타입에는 주어진 원소의 최초 위치를 돌려주는 indexOf() 멤버 함수가 있다. 해당 원소가 없으면 -1을 반환한다.

```
arrayOf(1, 2, 3, 4, 5).indexOf(1)  // 0
setOf(1, 2, 3, 4, 5).indexOf(0)    // -1
```

어떤 원소의 마지막 위치를 찾고 싶을 때는 lastIndexOf() 멤버 함수를 쓴다. 해당 원소가 없으면 -1을 반환한다.

```
arrayOf(1, 2, 3, 4, 5).lastIndexOf(1)  // 0
arrayOf(1, 2, 3, 2, 5).lastIndexOf(2)  // 3
setOf(1, 2, 3, 4, 5).lastIndexOf(0)    // -1
```

어떤 조건을 만족하는 첫 번째 원소의 위치를 찾고 싶을 때는 indexOfFirst()를 사용한다. indexOfFirst() 역시 배열과 Iterable의 하위 타입에 대해 정의돼 있다.

```
arrayOf(1, 2, 3, 4, 5).indexOfFirst{it>=5}  // 4
setOf(1, 2, 3, 4, 5).indexOfFirst{it>5}     // -1
```

어떤 조건을 만족하는 원소 중 마지막 원소의 위치를 찾고 싶을 때는 indexOfLast()를 사용한다. indexOfLast() 역시 배열과 Iterable의 하위 타입에 대해 정의돼 있다.

```
arrayOf(1, 2, 3, 2, 5).indexOfLast{it==3}  // 2
arrayOf(1, 2, 3, 2, 5).indexOfLast{it==2}  // 3
setOf(1, 2, 3, 4, 5).indexOfLast{it>5}     // -1
```

9.5 컬렉션 변환 연산

이번 절에서는 컬렉션의 각 원소에 어떤 연산을 적용해 얻은 결과로 이뤄진 새 컬렉션을 돌려주는 멤버 함수를 살펴본다.

9.5.1 map(), mapNotNull()

배열이나 Iterable, Map의 하위 타입들은 인자로 전달받은 람다를 사용해 원소를 변환한 새 리스트를 돌려주는 map() 연산을 제공한다. Map의 경우 람다의 파라미터가 Entry 타입이라는 사실에 유의하라.

```
println(arrayOf(1, 2, 3, 4, 5).map{it*2})  // [2, 4, 6, 8, 10]
println(setOf(1, 2, 3, 4, 5).map{it*2})    // [2, 4, 6, 8, 10]
```

```
println(listOf(1, 2, 3, 4, 5).map{it*2})    // [2, 4, 6, 8, 10]
println(mapOf("1" to 1, "2" to 2, "3" to 3).map{"${it.key}->${it.value}"})
// [1->1, 2->2, 3->3]
```

변환 함수가 널을 반환할 수 있는 경우 map()을 수행한 다음에 filterNotNull()을 호출
해 처리해야 하는 경우가 많다.

```
val list = listOf(1, 2, 3, 4, 5)
fun generateOrNull(x: Int): Int? = if(x % 2 == 0) null else x*2
println(list.map{generateOrNull(it)}.filterNotNull()) // [2, 6, 10]
```

이런 식으로 처리하면 map()을 하면서 전체 컬렉션을 한 번 순회하고, filterNotNull()
을 하면서 중간 컬렉션을 한 번 더 순회하며, map()이 생성하는 리스트에는 불필요한
null 참조가 많이 들어가므로 메모리도 많이 사용하고 속도도 많이 떨어진다. 이럴 때
mapNotNull()을 쓰면 map()과 filterNotNull()을 한꺼번에 처리할 수 있다.

```
println(list.mapNotNull{generateOrNull(it)}) // [2, 6, 10]
```

9.5.2 flatten()

컬렉션 전체를 대상으로 map() 등의 연산을 수행하다 보면 컬렉션의 컬렉션이 생기는 경
우가 가끔 있다. 예를 들어 어떤 문장을 이루는 단어 목록에서 글자 빈도를 계산하고 싶
다면, 우선 단어들을 분해해 글자의 리스트로 만들어야 한다.

```
// split()은 주어진 구분자를 기준으로 문자열을 나눠서 문자열의 리스트로 만들어준다
val words = "This is an example of a sentence".split(" ")

// toList()는 문자열을 각 문자의 리스트로 만들어준다
println(words.map{it.toList()}) // [[T, h, i, s], [i, s], [a, n], [e, x, a, m,
p, l, e], [o, f], [a], [s, e, n, t, e, n, c, e]]
```

여기서 map()의 결과가 List<Char>이면 좋겠는데, 아쉽게도 List<List<Char>>이다. 데이터베이스나 비즈니스 모델에서 어떤 유형의 객체들을 순회하면서 질의나 검색을 수행한 결과가 리스트로 나오는 경우도 마찬가지로 List<List<질의결과타입>> 형태의 리스트의 리스트가 생기게 된다. 프로그래밍에서는 이런 리스트의 리스트를 보게 되는 경우가 꽤 자주 있다.

이런 경우 리스트 안에 들어 있는 모든 리스트의 원소들이 포함된 깊이가 1인 리스트를 만들면 이터레이션 처리 등에서 훨씬 더 편리하다. 이를 위해 코틀린 참조 타입 배열과 Iterable은 flatten()이라는 함수를 제공한다. 이 함수는 Array<Array<원소타입>>이나 Iterable<Iterable<원소타입>>인 경우에만 정의되며(즉, 배열 내부에는 배열이, 이터러블 내부에는 이터러블이 들어 있는 경우에만 정의됨), 모든 원소를 펼쳐서 연결한 단일 배열이나 리스트를 돌려준다.

이 flatten()을 쓰면 문자들의 리스트를 다음과 같이 얻고, 이 characters를 대상으로 빈도를 구하는 연산을 수행할 수 있다(9.6절 참조).

```
val characters = words.map{it.toList()}.flatten() // [T, h, i, s, i, s, a, n,
e, x, a, m, p, l, e, o, f, a, s, e, n, t, e, n, c, e]
```

9.5.3 flatMap()

map()에 전달하는 변환 함수의 반환 타입이 리스트 등의 컬렉션 타입인 경우가 자주 있고, 그럴 때마다 flatten()을 호출하는 것은 귀찮기 때문에 코틀린은 map()과 flatten()을 합친 flatMap()을 제공한다.

```
val characters = "This is an example of a sentence".split(" ").flatMap{it.
toList()} // [T, h, i, s, i, s, a, n, e, x, a, m, p, l, e, o, f, a, s, e, n, t,
e, n, c, e]
```

컬렉션 함수를 많이 알면 알수록, 이런 식으로 컬렉션 전체를 대상으로 다양한 연산을 연쇄적으로 적용해 문제를 해결해나가는 코드를 많이 작성하게 된다.

9.5.4 mapIndexed()와 flatMapIndexed()

filter()와 filterIndexed()의 관계와 비슷하게, map()에 대해서도 원소 인덱스와 원소를 함께 람다에 전달해주는 mapIndexed()가 있다.

앞의 단어 문제에서 매 단어의 첫 번째 글자를 대문자로 바꿔 처리하고 싶다면 다음과 같이 할 수 있다.

```
val words = "This is an example of a sentence".split(" ")
val charList = words.map{it.toList()}
val firstLetterCapitalizedCharList = charList.flatMap{it.mapIndexed{index, c
-> if(index==0) c.uppercaseChar() else c}}
// [T, h, i, s, I, s, A, n, E, x, a, m, p, l, e, O, f, A, S, e, n, t, e, n, c, e]
```

여기서 charList는 문자의 리스트(각 리스트는 한 단어에 해당됨)로 이뤄져 있으므로, charList.flatMap()의 람다에서 it.mapIndexed()를 호출하면 각 단어에 해당하는 리스트에 대해 mapIndexed()가 호출된다. mapIndexed()에 전달되는 람다는 index를 보고 단어의 첫 번째 글자인 0번 인덱스에 해당하는 글자를 대문자로 만든다(c.uppercaseChar()). 그렇지 않은 글자는 그대로 놔둔다.

flatMap()도 비슷하게 flatMapIndexed()를 제공한다. 예를 들어 매 두 번째 단어만 모두 대문자로 만들면서 문자의 리스트를 만들고 싶다면 다음과 같이 flatMapIndexed()를 쓸 수 있다.

```
val words = "This is an example of a sentence".split(" ")
val charList = words.flatMapIndexed{index, wordlist->if(index%2==0) wordlist.
map{it.uppercaseChar()} else wordlist.toList()}
// [T, H, I, S, i, s, A, N, e, x, a, m, p, l, e, O, F, a, S, E, N, T, E, N, C, E]
```

9.6 컬렉션 종합 연산

이제 컬렉션의 모든 값을 종합해 한 가지 값으로 졸여내주는 종합 연산을 살펴보자.

9.6.1 합계 연산: sum(), sumOf()

기본 타입 중 사칙 연산이 가능한 타입(Byte, Short, Int, Long, Float, Double 등)의 배열과 Iterable에 대해서는 sum() 연산을 수행해 전체 합계를 쉽게 구할 수 있다.

```
listOf(1, 2, 3, 4, 5, 6, 7, 8, 9, 10).sum() // 55
setOf(kotlin.math.PI, kotlin.math.E).sum()  // 5.859874482048838
```

sum()의 경우 Byte나 Short, Int의 sum()은 Int 타입을 돌려주는데, Int 컬렉션을 다 더하는 경우 오버플로overflow나 언더플로underflow가 발생할 수 있다. 마찬가지로 Long의 컬렉션을 다 더해도 오버플로나 언더플로가 발생할 가능성이 있다.

```
listOf(Int.MAX_VALUE, Int.MAX_VALUE).sum()   // -2
setOf(Long.MIN_VALUE, -2L).sum()             // 9223372036854775806
```

언더플로나 오버플로 가능성이 있는 경우, sumOf()를 사용하면 문제를 해결할 수 있다. sumOf()는 원소 타입을 다른 덧셈 가능한 타입(Byte, Short, Int, Long, Float, Double, BigInteger, BigDecimal)으로 변환해주는 선택자 람다를 인자로 받는데, 이 람다의 반환 타입을 적절히 설정해주면 합계의 정밀도와 표현 가능한 범위를 조절할 수 있다. 모든 배열과 Iterable의 하위 타입에는 sumOf()가 제공된다.

```
listOf(Int.MAX_VALUE, Int.MAX_VALUE).sumOf{it.toLong()}    // 4294967294
setOf(Long.MIN_VALUE, -2L).sumOf{it.toBigInteger()}    // -9223372036854775810
```

경고: sumBy(), sumByDouble()을 사용하지 말라

sumOf()와 비슷한 함수로 정수를 반환하는 선택자 람다를 받는 sumBy()와 실수를 반환하는 선택자 람다를 받는 sumByDouble()이 있지만, 코틀린 1.5부터 사용이 금지됐다.

sumOf()는 정밀도나 자릿수 문제를 해결해줄 수 있을 뿐 아니라, 클래스에서 원하는 값을 추출해 합계를 낼 때도 쓸 수 있다.

```
class Score(val name: String, val kor: Int, val eng: Int)
val sumKor = listOf(Score("오현석", 100, 100), Score("홍길동", 50, 50),
Score("성춘향", 10, 90)).sumBy{it.kor} // 160
val sumEng = listOf(Score("오현석", 100, 100), Score("홍길동", 50, 50),
Score("성춘향", 10, 90)).sumBy{it.eng} // 240
```

9.6.2 축약 연산: reduce(), reduceIndexed(), reduceIndexedNull()

컬렉션의 원소 중간중간에 컬렉션 원소 타입과 같은 타입의 인자를 둘 받은 후 같은 타입
의 값을 내놓는 연산(람다)을 집어넣어 전체 결과를 얻고 싶을 때가 있다.

예를 들어 정수 컬렉션 $[a_1, ..., a_n]$이 있을 때 모든 원소의 곱을 계산하는 함수를 아래
와 같이 생각할 수 있다. 여기서 곱셈 연산은 두 정수를 파라미터로 받아 정수를 내놓는
연산이라는 점에 유의하라.

$a_1 * a_2 * ... * a_n$

연산자의 결합법칙을 감안해 이 연산의 순서를 명확히 표시하면 다음과 같다.

$(...(((a_1 * a_2) * a_3) ... * a_n)$

* 연산자를 times()라는 이항 함수로 생각해 다시 작성하면 다음과 같이 쓸 수 있다.

$times(...(times(times(a_1 * a_2), a_3)..., a_n)$

이 식을 보면 times() 함수를 a_1, a_2에 대해 적용하고 그 결과와 a_3에 대해 다시 times()
함수를 적용하며, 이 과정을 모든 원소에 times()를 다 적용할 때까지 반복한다는 점을
알 수 있다. 이런 식의 함수를 축약reduce 함수라고 부른다.

코틀린은 모든 배열과 Iterable의 하위 타입에 대해 reduce()라는 함수를 제공한다.
*를 연속적으로 적용하는 경우는 reduce()를 쓰면 다음과 같이 계산할 수 있다.

```
listOf(1, 2, 3, 4, 5).reduce{ acc, y -> acc*y }  // 120
```

reduce()에 람다를 넘길 때는 보통 어느 쪽에 값이 누적되는지를 명확히 인식할 수 있도록 acc 등의 파라미터 이름을 사용하는 경우가 일반적이다.

reduce() 연산이 적용되는 방향을 확인하기 위해 한 가지 예를 더 살펴보자.

```
listOf("a", "b", "c", "d", "e").reduce{ acc, y -> "f($acc, $y)" }
// f(f(f(f(a, b), c), d), e)
```

reduce()의 경우 인자로 이항 람다를 받기 때문에 원소가 없거나 1개인 컬렉션에 대해서는 결과를 정의하기 애매하다.

reduce()는 원소가 없는 경우 UnsupportedOperationException 예외를 발생시키고, 원소가 1개뿐인 경우 최초의 원소(하나뿐임)를 돌려준다.

```
listOf<Int>().reduce{ acc, y -> acc*y }
// error: UnsupportedOperationException: Empty collection can't be reduced.
listOf<Int>(100).reduce{ acc, y -> acc*y } // 100
```

연산을 수행할 때 인자의 위치도 감안해 연산을 수행하고 싶다면 reduceIndexed()를 사용한다. reduceIndexed()에 전달되는 함수는 파라미터가 3개인 3항 람다로, 첫 번째 파라미터는 인덱스, 두 번째 파라미터는 직전에 reduceIndexed()가 계산한 값, 세 번째 파라미터는 컬렉션에서 현재 계산해야 하는 원소(첫 번째 파라미터로 받은 인덱스 위치에 있는 원소)가 전달된다.

```
listOf("a", "b", "c", "d", "e").reduceIndexed{ i, acc, y -> "f[$i]($acc, $y)"
}  // f[4](f[3](f[2](f[1](a, b), c), d), e)
listOf("a").reduceIndexed{ i, acc, y -> "f[$i]($acc, $y)" }
// a
listOf<String>().reduceIndexed{ i, acc, y -> "f[$i]($acc, $y)" }
// error: UnsupportedOperationException: Empty collection can't be reduced.
```

reduce()는 원소가 없는 컬렉션에 대해 예외를 발생시키지만, 예외를 발생시키는 대신 null을 돌려받길 원할 때도 있다. 이런 경우를 위해 reduceOrNull()과 reduceIndexedOrNull()도 있다. filterNotNull() 등과 달리 이 두 함수에서는 전달되는 람다의 반환 타입이 널이 될 수 있는 타입이 아니라는 점에 유의하라.

```
listOf<Int>().reduceOrNull{ acc, y -> acc*y }                            // null
listOf<String>().reduceIndexedOrNull{ i, acc, y -> "f[$i]($acc, $y)" } // null
```

이 코드를 보면 두 람다 { acc, y -> acc*y }와 { i, acc, y -> "f[$i]($acc, $y)" }의 반환 타입은 널이 될 수 없는 Int와 String 타입이지만, reduceOrNull()과 reduceIndexedOrNull() 의 반환 타입은 널이 될 수 있는 Int?와 String? 타입이다.

9.6.3 오른쪽 축약 연산: reduceRight()와 reduceRightIndexed()

축약 연산의 방향이 꼭 왼쪽에서 오른쪽으로 정해질 필요는 없다. 반대로 마지막 원소부 터 축약을 진행하면 다음과 같은 컬렉션에 대해

```
a₁, ..., aₙ
```

다음과 같이 이항 함수 f를 오른쪽에서 왼쪽으로 적용할 수 있다.

```
f(a₁, f(...f(aₙ₋₂, f(aₙ₋₁, aₙ))))
```

이런 축약을 오른쪽 축약^{reduce right}이라 하고, 앞에서 살펴본 축약은 왼쪽 축약^{reduce left} 이라 부르기도 한다. 왼쪽 축약의 경우 지금까지 누적한 축약 결과가 이항 람다의 첫 번 째 파라미터로 전달되고 현재 원소가 이항 람다의 두 번째 파라미터로 전달되지만, 오른 쪽 축약의 경우 지금까지 누적한 축약 결과가 이항 람다의 두 번째 파라미터로 전달되고 현재 원소가 이항 람다의 첫 번째 파라미터로 전달된다는 점에 유의하라.

축약 연산이 결합법칙이 성립하는 연산이라면 오른쪽 축약과 왼쪽 축약의 결과가 같 다. 예를 들어 *는 결합법칙이 성립하므로 두 축약의 결과가 동일하다.

```
arrayOf(1, 2, 3, 4, 5).reduce{ acc, y -> acc*y }        // 120
arrayOf(1, 2, 3, 4, 5).reduceRight{ x, acc -> x*acc }    // 120
```

하지만 결합법칙이 성립하지 않는 연산이라면 오른쪽 축약과 왼쪽 축약의 결과가 다르다.

```
arrayOf(1, 2, 3, 4, 5).reduce{ acc, y -> acc-y }      // (((1-2)-3)-4)-5 =
-13
arrayOf(1, 2, 3, 4, 5).reduceRight{ x, acc -> x-acc } // 1-(2-(3-(4-5))) =
1-2+3-4+5 = 3
```

배열이나 리스트의 경우 맨 마지막 원소에 바로 접근할 수 있으므로 reduceRight()를 정의할 수 있지만, 일반적인 Iterable의 경우 맨 마지막 원소에 바로 접근할 수 없고 next()를 한번 수행하고 나면 이전 원소를 다시 방문하지 못하므로 Iterable()의 reduceRight()는 정의돼 있지 않다. 이럴 때는 어쩔 수 없이 이터러블을 직접 리스트나 배열로 변환한 후 접근해야 한다.

```
// 집합은 Iterable()의 하위 타입이라서 reduceRight()가 들어 있지 않음
setOf(1, 2, 3, 4, 5).reduceRight{ x, acc -> x+acc }  // error: unresolved
reference. None of the following candidates is applicable because of receiver
type mismatch:
setOf(1, 2, 3, 4, 5).toList().reduceRight{ x, acc -> x+acc } // 15
```

reduceRight()도 빈 컬렉션에 대해서는 UnsupportedOperationException을 던진다. 그에 따라 배열과 리스트는 reduceRightOrNull()도 제공한다.

마찬가지로 오른쪽 축약 연산의 경우에도 인덱스를 허용하는 reduceRightIndexed()와 reduceRightIndexedOrNull() 축약 연산이 있다. 단, 이때 전달되는 람다의 파라미터 순서가 인덱스, 누적값, 현재 원소 순서라는 점에 유의하라.

```
listOf("a", "b", "c", "d", "e").reduceIndexed{ i, acc, y -> "f[$i]($acc, $y)"
}        // f[4](f[3](f[2](f[1](a, b), c), d), e)
listOf("a", "b", "c", "d", "e").reduceRightIndexed{ i, x, acc -> "f[$i]($x,
$acc)" } // f[0](a, f[1](b, f[2](c, f[3](d, e))))
```

위 코드를 보면 reduceIndexed()에서는 람다의 두 번째 인자 쪽에 계속 람다를 호출한 값이 누적되고 (a, b)에 대한 호출이 가장 먼저(괄호를 기준으로 가장 안쪽에 f[1](a, b)가 들어

가 있다) 이뤄짐을 알 수 있지만, reduceIndexedRight()에서는 람다의 세 번째 인자 쪽에 계속 람다를 호출한 값이 누적되고 (d, e)에 대한 호출이 가장 먼저 이뤄짐을 알 수 있다.

또 reduceIndexed()의 경우 맨 처음에 인덱스로 0이 아닌 1이 전달되고, reduceRightIndexed() 의 경우 맨 처음에 인덱스로 (컬렉션.size-1)이 아니라 (컬렉션.size-2)가 전달된다는 점 에 유의하라. 이는 reduce()에서 최초 누적값으로 첫 번째(인덱스는 0) 원소를 사용하고 reduceRight()에서 최초 누적값으로 마지막(인덱스는 컬렉션.size-1) 원소를 사용하기 때문이 다. 따라서 누적값이 들어가는 위치가 아닌 쪽의 파라미터에는 각각 두 번째(인덱스는 1)와 끝에서 두 번째(인덱스는 컬렉션.size-2) 원소가 최초로 들어간다.

9.6.4 접기 연산: fold(), foldIndexed(), foldRight(), foldRightIndexed()

reduce()는 유용하지만 한 가지 단점이 있다. reduce()에 전달하는 람다의 두 인자 타입 이 서로 호환돼야 한다는 점이다. 누적값의 타입이 컬렉션 원소와 다르면 reduce()를 사 용해 함수를 반복 적용하면서 값을 누적할 수 없다.

하지만 누적값의 디폴트 값이 존재하고 지금까지 누적된 값과 컬렉션의 원소를 인자로 받아 새로운 누적값을 만들어주는 연산이 있다면 누적값의 타입을 컬렉션 원소와 다른 타입으로 할 수 있다.

예를 들어 다음과 같은 T 타입 컬렉션이 있을 때

```
a₁, ..., aₙ
```

초기 누적값으로 acc_0라는 R 타입의 값을 주고 (R, T)->R 타입의 함수 f가 있다면 다음 과 같이 reduce()와 비슷한 방식의 연산을 생각해볼 수 있다.

```
f(...f(f(f(acc₀, a₁), a₂)..., aₙ)
```

이런 식의 연산을 접기[fold] 연산이라 하며, 코틀린은 배열과 Iterable의 하위 타입에 대 해 접기 연산인 fold()를 제공한다. reduce()에서는 최초 누적값으로 리스트의 첫 번째 원소를 사용했지만, fold()에서는 사용자가 직접 최초 누적값을 제공해야 한다.

다음은 정수 리스트의 모든 원소를 서로 연결한 문자열을 만드는 코드를 보여준다.

```
listOf(1, 2, 3, 4, 5).fold(""){ acc, y -> acc+y.toString() }
```

코드를 보면 알 수 있듯이, 접기 연산은 reduce 연산과 달리 새로운 타입의 값을 만들어낼 수 있다는 장점이 있다.

컬렉션 원소가 없을 때 결과를 정의할 수 없는 reduce()와 달리, fold()는 원소가 없는 컬렉션에 대해 최초 누적값을 반환한다. 따라서 foldOrNull() 같은 함수는 필요 없다.

reduce()와 마찬가지로 fold()에 대응하는 foldIndexed() 함수도 있다.

정수 리스트를 모두 연결한 문자열을 만들되 사이사이에 ,를 넣고 싶다고 하자. 처음에는 단순히 ,와 현재 원소를 누적값에 덧붙이면 되리라 생각하기 쉽다.

```
listOf(1, 2, 3, 4, 5).fold(""){ acc, y -> acc+","+y.toString() }  // ,1, 2, 3,
4, 5
```

하지만 한 가지 문제가 있다. 첫 번째 원소 앞에도 ,가 추가된다. 이럴 때 foldIndexed()를 쓰면 첫 번째 원소 앞에 ,를 붙이지 않도록 코드를 작성할 수 있다.

```
listOf(1, 2, 3, 4, 5).foldIndexed(""){ i, acc, y -> if(i==0) y.toString()
else acc+","+y.toString() } // 1, 2, 3, 4, 5
```

접기 연산에도 왼쪽 접기와 오른쪽 접기가 있다. fold()나 foldIndexed()는 왼쪽 접기 연산이다.

```
listOf(1, 2, 3, 4, 5).fold(""){ acc, y -> "f($acc, $y)"}
// f(f(f(f(f(,1), 2), 3), 4), 5)
listOf(1, 2, 3, 4, 5).foldIndexed(""){ i, acc, y -> "f[$i]($acc, $y)" }
// f[4](f[3](f[2](f[1](f[0](,1), 2), 3), 4), 5)
```

foldRight()와 foldRightIndexed()는 오른쪽 접기 연산이다. reduceRight()와 마찬가지로 배열과 리스트에 대해서만 foldRight()와 foldRightIndexed()가 정의된다.

```
listOf(1, 2, 3, 4, 5).foldRight(""){ x, acc -> "f($x, $acc)"}
// f(1, f(2, f(3, f(4, f(5,)))))
listOf(1, 2, 3, 4, 5).foldRightIndexed(""){ i, x, acc -> "f[$i]($x, $acc)" }
// f[0](1, f[1](2, f[2](3, f[3](4, f[4](5,)))))
```

9.6.5 문자열 변환 연산

컬렉션의 모든 원소를 엮은 문자열을 만드는 일이 자주 있으므로 코틀린은 joinToString()
이라는 함수를 통해 이를 지원한다.

joinToString() 함수는 모든 배열과 Iterable 하위 타입에 대해 정의돼 있으며, 다음 여
섯 가지 파라미터를 받는다.

1. **separator: CharSequence**: 문자열이며 원소와 원소 사이에 삽입될 문자열을 지정
한다. 디폴트는 ", "이다.

2. **prefix: CharSequence**: 생성될 문자열의 맨 앞에 붙을 문자열을 지정한다. 디폴트
는 ""이다.

3. **postfix: CharSequence**: 생성될 문자열의 맨 뒤에 붙을 문자열을 지정한다. 디폴
트는 ""이다.

4. **limit: Int**: 생성된 문자열이 커질 경우에 대비해 최대 몇 개까지 원소를 문자
열에 넣을지 결정할 때 이 값을 참조한다. limit가 0 이상이면 limit에 해당하
는 개수의 원소만 처리하고 그 뒤의 원소를 생략하면서 truncated로 지정된 문자
열을 뒤에 덧붙여준다. 만약 limit가 컬렉션 길이보다 크면 잘라내지 않으므로
truncated 문자열이 뒤에 붙지 않는다. 디폴트는 −1로, 문자열을 잘라내지 않는
다는 뜻이다.

5. **truncated: CharSequence**: limit가 양수일 때 그 길이 이상으로 문자열이 커지지
못하게 잘라낸 경우 뒤에 덧붙일 문자열이다. 디폴트는 "..."이다.

6. **transform: ((T) -> CharSequence)?**: 각 원소를 다른 문자열로 변환해서 표시할 때

사용하는 함수다. 디폴트는 null이며, null이 지정된 경우 toString()을 호출한 결과를 연결한다.

separator와 prefix, postfix를 사용하는 경우 다음과 같이 다양한 조합이 가능하다. 이름 붙인 인자를 활용하면 좀 더 쉽게 원하는 파라미터를 설정할 수 있다는 점도 참고하라.

```
val vowels = listOf("a", "e", "i", "o", "u")
vowels.joinToString()                      // a, e, i, o, u
vowels.joinToString(",", "(", ")")  // (a,e,i,o,u)
vowels.joinToString("|")                   // a|e|i|o|u
vowels.joinToString("-", "<-")      // <-a-e-i-o-u
vowels.joinToString(",", "", ")")    // a,e,i,o,u)
vowels.joinToString(separator=",", postfix=")") // a,e,i,o,u)
vowels.joinToString(postfix=")")      // a,e,i,o,u)
```

limit는 표시할 원소 개수를 지정한다. truncated는 limit에 의해 생략된 원소가 있을 때 생략되는 부분에 표시할 문자열이다.

```
vowels.joinToString(limit=0)                    // ...
vowels.joinToString(limit=10)                   // a, e, i, o, u
vowels.joinToString(",", "(", ")", limit=0)  // (...)
vowels.joinToString(",", "(", ")", limit=0, truncated="이하 생략...")   // (이하
생략...)
vowels.joinToString("|", limit=1)           // a|...
vowels.joinToString("-", "<-", limit=3)   // <-a-e-i-...
```

transform은 각 원소를 표시하는 데 사용할 문자열을 만들어내는 람다다. null을 지정하면 toString()을 통해 생성된 문자열이 들어간다.

```
listOf(arrayOf<Int>(), arrayOf<Int>(1, 2, 3)).joinToString() // [Ljava.lang.
Integer;@2640f5ea, [Ljava.lang.Integer;@45accb5
```

JVM에서 컬렉션 원소로 배열이 들어간 경우 배열의 toString()은 [Ljava.lang.Integer; @2640f5ea와 같이 배열과 내부 원소 타입, 배열의 주소를 표시해준다. 이런 경우 transform

을 사용해 원하는 문자열을 얻을 수 있다.

```
listOf(arrayOf<Int>(), arrayOf<Int>(1, 2, 3)).joinToString(){"${it.
joinToString(prefix="[", postfix="]")}"}  // [], [1, 2, 3]

class Score(val name: String, val kor: Int, val eng: Int)
listOf(Score("오현석", 30, 100), Score("홍길동", 100, 50)).joinToString{if(it.
kor>=80) "국어훌륭" else if(it.eng>=80) "영어훌륭" else "보통보통"} // 영어훌륭, 국어
훌륭
```

9.7 컬렉션 전체 변환 연산

여기서는 컬렉션의 원소를 유지하면서 다른 컬렉션으로 컬렉션을 변환하는 연산을 살펴
본다.

9.7.1 리스트 변환: toList(), toMutableList()

배열이나 Iterable()에 대해 toList()를 호출하면 같은 원소를 갖는 리스트를 얻을 수 있
다. 맵의 경우 키–값 쌍이 Pair의 인스턴스로 들어 있는 리스트가 생긴다.

```
arrayOf("a", "b").toList()  // [a, b]     // List<String> 타입임
setOf(1, 2, 3).toList()      // [1, 2, 3] // List<Int> 타입임
mapOf(1 to "a", 2 to "b").toList() // [(1, a), (2, b)] // List<Pair<Int,
String>> 타입임
```

가변 리스트가 필요하면 toMutableList()를 호출할 수 있다. 다만 배열과 이터러블, 컬
렉션에 대해서만 toMutableList()가 정의돼 있다(즉, Map을 가변 리스트로 직접 변환하는 함수
는 없다).

```
arrayOf("a", "b").toMutableList()  // [a, b]     // MutableList<String> 타입임
setOf(1, 2, 3).toMutableList()      // [1, 2, 3] // MutableList<Int> 타입임
mapOf(1 to "a", 2 to "b").toMutableList() // error: unresolved reference.
```

```
None of the following candidates is applicable because of receiver type
mismatch
```

9.7.2 배열 변환: toTypedArray()

배열로 변환하는 연산으로 toTypedArray()가 있으며, 원시 타입 배열과 컬렉션에 대해 이 연산이 정의돼 있다. 배열은 가변이므로 toMutableTypedArray()는 없다.

```
intArrayOf(1, 2, 3).toTypedArray() // [1, 2, 3] // Array<Int> 타입임
setOf(1, 2, 3).toTypedArray()      // [1, 2, 3] // Array<Int> 타입임
```

9.7.3 집합 변환: toSet()

배열이나 Iterable의 하위 타입에 대해 toSet()을 호출하면 집합을 얻을 수 있다. 이때 중복되는 원소가 있으면 하나만 남는다.

```
intArrayOf(1, 2, 3, 3, 1).toSet()      // [1, 2, 3]
listOf("a", "aa", "aa", "ca").toSet()  // [a, aa, ca]
```

배열이나 Iterable의 하위 타입에 대해 toMutableSet()을 하면 가변 집합을 얻을 수 있다.

```
intArrayOf(1, 2, 3, 3, 1).toMutableSet()       // [1, 2, 3]     //
MutableSet<Int> 타입
listOf("a", "aa", "aa", "ca").toMutableSet()  // [a, aa, ca]   //
MutableSet<String> 타입
```

9.7.4 맵 변환: toMap(), toMutableMap()

순서쌍ordered pair(튜플tuple이라고도 함)인 Pair의 컬렉션을 맵으로 변환할 수 있다. 원소인

Pair 객체의 첫 번째 원소(first 프로퍼티)가 맵의 키가 되고, 두 번째 원소(second 프로퍼티)가 맵의 값이 된다. 키가 중복되는 경우 컬렉션 이터레이션 순서에서 뒤쪽에 있는 값이 최종 값으로 맵에 들어간다.

Pair를 만드는 to 함수

Pair 생성자를 호출해서 순서쌍을 만들면 너무 번잡스러우므로, 임의의 두 값을 엮은 Pair를 만들 수 있는 제네릭 함수 to가 정의돼 있다.

```
1 to 2          // (1, 2) // Pair<Int, Int> 타입
"string" to 2L // (string, 2) // Pair<String, Long> 타입
```

특히 맵을 만들거나 할 때 to를 사용하면 키-값 쌍의 연관 관계를 좀 더 쉽게 이해할 수 있다.

```
listOf(1 to "one", 2 to "two").toMap()              // {1=one, 2=two}    //
Map<Int, String> 타입
listOf(1 to "one", 2 to "two", 1 to "three").toMap()  // {1=three, 2=two}  //
Map<Int, String> 타입
```

불변 맵을 가변 맵으로 변경하고 싶을 때는 toMutableMap()을 호출한다. Map에 대해서만 toMutableMap()이 정의돼 있다.

```
listOf(1 to "one", 2 to "two").toMap().toMutableMap()  // {1=one, 2=two} //
MutableMap<Int, String> 타입
```

9.8 기타 연산

유용한 연산 중에 정렬과 원소 순서를 반대로 만드는 방법을 살펴본다.

9.8.1 정렬

정렬에는 새로운 컬렉션이나 배열 객체를 생성하지 않고 컬렉션 안에서 원소 순서를 변경하면서 정렬하는 제자리 정렬in place sort과 새로운 객체를 생성하는 정렬이 있다. 제자리 정렬이 아닌 경우 리스트나 배열이 새로운 객체로 생성된다.

원소를 정렬하는 기준으로 원소의 자연스러운 순서를 사용할 수도 있고 별도의 비교 가능한 값을 돌려주는 셀렉터selector 람다를 사용해 각 원소를 대표하는 정렬 기준값을 얻을 수도 있다. 또는 셀렉터 대신 비교기comparator를 사용해 정렬할 수도 있다.

여기서 자연스러운 순서란 무엇을 의미할까? 바로 Comparable 인터페이스에 정의된 compareTo() 멤버 함수를 통해 결정되는 대소 관계에 따라 정해지는 순서를 뜻한다. 따라서 자연스러운 순서를 사용할 수 있는 컬렉션의 원소 타입은 반드시 다음과 같은 Comparable 인터페이스를 구현하는 타입이어야 한다.

```
interface Comparable<in T> {
    abstract operator fun compareTo(other: T): Int
}
```

예를 들어, 학생 점수를 표현하는 Score 클래스의 자연스러운 순서로 학생 이름을 기준으로 하는 순서를 정의할 수도 있다. 이름을 표현하는 데 사용한 String 타입은 다시 Comparable을 구현하기 때문에 쉽게 이런 자연스러운 순서를 구현할 수 있다. String뿐만 아니라 모든 수 타입들(Int, Long, Double, Float 등은 물론이고 BigInteger, BigDecimal)도 Comparable 인터페이스를 이미 구현하고 있다.

```
class Score(val name: String, val kor: Int, val eng: Int): Comparable<Score> {
    override fun compareTo(other: Score): Int = this.name.compareTo(other.
name)
}
```

따라서 일반적으로 셀렉터 함수는 객체의 프로퍼티 중 정렬 가능한 어느 하나를 선택해 정렬하고 싶을 때 주로 사용한다.

반면 정렬할 때 사용해야 할 프로퍼티가 여럿이거나 원소 사이의 대소 비교 규칙이 복잡할 경우에는 비교기를 사용한 정렬을 쓸 수 있다. 비교기는 다음과 같은 Comparator 인터페이스를 구현하는 람다다.

```
fun interface Comparator<T> {
    fun compare(a: T, b: T): Int
}
```

fun interface는 인터페이스 중에서 람다로 구현이 가능한 특별한 유형의 인터페이스다. 이에 대해서는 13.2.3절에서 다룬다. compare 함수는 a가 b보다 작으면 음수, a와 b가 같으면 0, a가 b보다 크면 양수를 내놔야 한다. 두 정수 a와 b의 대소를 비교하기 위해 a-b를 한 경우를 생각하면, 이 함수가 돌려줘야 하는 값의 부호를 기억하기 쉽다.

그리고 정렬 순서도 오름차순^{ascending order}과 내림차순^{descending order}이 있어서 이를 모두 지원하기 위해 다양한 함수가 존재한다.

제자리 정렬: sort(), sortDescending(), sortBy(), sortByDescending()

먼저 가변 리스트와 배열에서만 사용할 수 있고 반환 타입이 바뀌지 않는 제자리 정렬부터 살펴보자. 제자리 정렬은 모두 sort라는 이름으로 시작하며, 제자리 정렬이므로 Unit을 반환한다.

원시 배열의 경우, 수(Byte, Short, Int, Long, Float, Double) 타입의 원시 배열에 대해서는 sort()를 사용해 배열 안의 원소들을 정렬할 수 있다(원본 배열의 내용이 변경된다).

```
val array = intArrayOf(5, 3, 2, 1, 4)
array.sort()
println(array.joinToString())  // 1, 2, 3, 4, 5
```

가변 리스트도 sort()를 사용해 정렬할 수 있다.

```
val list = mutableListOf(5, 3, 2, 1, 4)
list.sort()
println(list)  // [1, 2, 3, 4, 5]
```

sortBy()는 원소로부터 정렬에 사용할 기준값을 만들어내는 람다를 파라미터로 받아서, 람다가 만들어낸 기준값을 바탕으로 정렬을 수행한다. 이때 람다가 반환하는 기준값의 타입은 반드시 다음과 같은 Comparable<> 인터페이스를 구현한 타입이어야 한다.

예를 들어 학생 점수 리스트를 학생의 평균 점수를 바탕으로 정렬하고 싶을 때 다음과 같이 sortBy()를 쓸 수 있다.

```
class Score(val name: String, val kor: Int, val eng: Int)
val scores = arrayOf(Score("오현석", 30, 100), Score("홍길동", 0, 50), Score("아
인슈타인", 100, 100))
scores.sortBy{(it.eng + it.kor) / 2.0}
println(scores.joinToString{"${it.name}"}) // 홍길동, 오현석, 아인슈타인
```

지금까지 살펴본 sort()와 sortBy()는 모두 오름차순(작은 값에서 큰 값 순서로) 정렬을 수행한다. 내림차순으로 정렬하고 싶은 경우 sortDescending()과 sortByDescending()을 사용한다.

```
list.sortDescending()
println(list)  // [5, 4, 3, 2, 1]

scores.sortByDescending{(it.eng + it.kor) / 2.0}
println(scores.joinToString{"${it.name}"}) // 아인슈타인, 오현석, 홍길동
```

정렬된 복사본 리스트를 돌려주는 정렬:
sorted(), sortedDescending(), sortedBy(), sortedByDescending()

원본을 변화시키지 않고 정렬된 결과가 필요할 때도 있다. 그리고 정렬된 결과가 배열이 아니어도 될 수 있다. 이럴 때 배열과 Iterable의 하위 타입은 sorted()와 sortedDescending()을 사용하면 원본을 복사하면서 정렬한 리스트를 얻을 수 있다. 또한 주어진 람다를 원소에 적용해 순서를 적용하는 sortedBy()와 sortedByDescending()도 정의돼 있다.

```
val list = mutableListOf(5, 3, 2, 1, 4)
println(list.sorted())           // [1, 2, 3, 4, 5]
println(list.sortedDescending()) // [5, 4, 3, 2, 1]
println(list)                    // [5, 3, 2, 1, 4]

val scores = arrayOf(Score("오현석", 30, 100), Score("홍길동", 0, 50), Score("아
인슈타인", 100, 100))
println(scores.sortedBy{(it.eng + it.kor) / 2.0}.joinToString{"${it.name}"})
// 홍길동, 오현석, 아인슈타인
println(scores.sortedByDescending{(it.eng + it.kor) / 2.0}.joinToString{"${it
.name}"}) // 아인슈타인, 오현석, 홍길동
println(scores.joinToString{"${it.name}"})
// 오현석, 홍길동, 아인슈타인
```

배열의 정렬된 복사본 배열을 돌려주는 정렬:
sortedArray(), sortedArrayDescending()

배열을 제자리 정렬하지 않고 sorted() 등을 사용하면 리스트가 생긴다. 하지만 배열
을 정렬한 복사본 배열이 필요할 때도 있다. 이를 위해 모든 배열은 sortedArray(),
sortedArrayDescending()을 제공한다.

```
val array = arrayOf(5, 3, 2, 1, 4)
println(array.sortedArray().joinToString())           // 1, 2, 3, 4, 5
println(array.joinToString())                         // 5, 3, 2, 1, 4
println(array.sortedArrayDescending().joinToString()) // 5, 4, 3, 2, 1
println(array.joinToString())                         // 5, 3, 2, 1, 4
```

비교기를 사용하는 정렬: sortWith(), sortedWith(), sortedArrayWith()

배열과 리스트를 정렬할 때, 셀렉터나 원소의 자연스러운 순서를 사용하지 않고 비교기
를 구현하는 클래스나 람다를 사용해 정렬을 수행할 수도 있다.

예를 들어 앞의 점수 목록을 정렬하는 예제에서 국어를 먼저 고려하고 국어 점수가 같

을 때 영어를 고려해 정렬을 수행하고 싶다면, 다음과 같이 비교기를 람다로 구현해 사용할 수 있다.

```
val scores = arrayOf(Score("오현석", 30, 100), Score("홍길동", 0, 50), Score("아인슈타인", 100, 100))
println(scores.sortedWith{x, y -> if(x.kor==y.kor) x.eng-y.eng else x.kor-y.kor}.joinToString{"${it.name}"})                    // 홍길동, 오현석, 아인슈타인
println(scores.joinToString{"${it.name}"})                    // 오현석, 홍길동, 아인슈타인
println(scores.sortedArrayWith{x, y -> if(x.kor==y.kor) x.eng-y.eng else x.kor-y.kor}.joinToString{"${it.name}"})                    // 홍길동, 오현석, 아인슈타인
println(scores.joinToString{"${it.name}"})                    // 오현석, 홍길동, 아인슈타인
scores.sortWith{x, y -> if(x.kor==y.kor) x.eng-y.eng else x.kor-y.kor}
println(scores.joinToString{"${it.name}"})                    // 홍길동, 오현석, 아인슈타인
```

정렬을 내림차순으로 수행하는 sortWithDescending() 등은 없다. 하지만 비교기의 부호를 뒤집으면 손쉽게 역순 정렬을 수행할 수 있다.

> **익힘문제**
>
> 앞 예제의 scores 배열에 대한 정렬을 역순으로 수행하도록 비교기 람다를 새로 구현해 정렬을 수행해 보라.

9.9 연습문제

1. 코틀린 컬렉션에서 다음 유형의 클래스에 대한 읽기 전용 컬렉션과 읽고 쓸 수 있는 컬렉션 클래스를 열거하라.

    a. 예: 리스트(List와 MutableList)

    b. 집합

    c. 맵

    d. 컬렉션

    e. 이터러블

2. Iterable에 정의돼 있는 유일한 메서드는 무엇인가?

3. Iterable과 MutableIterable의 차이는 무엇인가?

4. Collection과 MutableCollection의 차이는 무엇인가?

5. listOf(setOf(1, 2, 3))과 listOf(*setOf(1, 2, 3).toTypedArray())의 결과는 어떤 차이가 있는가?

6. 다음 코틀린 리스트 연산자나 멤버 함수를 설명하라. 불변 리스트(List)와 가변 리스트(MutableList) 중 어느 쪽에서 이 연산을 지원하는지도 함께 설명하라.

   a. 인덱스 연산자 []

   b. first()

   c. last()

   d. in 연산자

   e. containsAll()

   f. add()

   g. addAll()

   h. remove()

   i. removeAll()

   j. removeAt()

   k. clear()

7. 리스트의 add()와 addAll()이 반환하는 값은 어떤 타입이며 각각 무슨 의미인가?

8. 코틀린이 제공하는 구체적인 리스트 클래스에 속하지 않는 것은?

   a. ArrayList

   b. LinkedList

9. 다음 코틀린 집합 연산자나 멤버 함수를 설명하라. 불변 집합(Set)과 가변 집합

(MutableSet) 중 어느 쪽에서 이 연산을 지원하는지도 함께 설명하라. 지원하지 않는 경우 지원하지 않는다고 적어라.

a. 인덱스 연산자 []

b. `first()`

c. `last()`

d. in 연산자

e. `containsAll()`

f. `add()`

g. `addAll()`

h. `remove()`

i. `removeAll()`

j. `removeAt()`

k. `clear()`

10. 집합의 `add()`와 `addAll()`이 반환하는 값은 어떤 타입이며 각각 무슨 의미인가?

11. 집합의 `remove()`와 `removeAll()`이 반환하는 값은 어떤 타입이며 각각 무슨 의미인가?

12. 코틀린이 제공하는 구체적인 집합 클래스에 속하지 않는 것은?

a. LinkedHashSet

b. HashSet

c. TreeSet

13. '코틀린에서 LinkedHashSet 객체를 생성하고 싶으면 `linkedHashSetOf()`를 생성하면 된다'라는 문장은 맞는 문장인가, 틀린 문장인가?

14. 코틀린 Map이 Collection<>이나 Iterable<>을 상속하지 않은 이유는 무엇일까?

15. 키와 값의 연관이라는 관점 외에 Map에 들어 있는 컬렉션을 살펴보는 나머지 두

가지 관점은?

16. Map에서 모든 키-값 연관 순서쌍을 얻는 방법은?

17. Map에서 모든 키로 이뤄진 집합을 얻는 방법은?

18. Map에서 모든 값으로 이뤄진 컬렉션을 얻는 방법은?

19. MutableMap의 put()의 두 파라미터와 반환값을 설명하라.

20. MutableMap의 remove()에는 두 가지 오버로드한 함수가 있다. 각각의 파라미터와 반환값을 설명하라.

21. MutableMap에서 모든 원소를 제거하고 싶으면 어떤 함수를 호출해야 하는가?

22. 다음 filter() 연산과 똑같은 결과를 내는 연산을 filterNot()을 사용해 구현하라.

```
println(arrayOf(1, 2, 3, 4, 5).filter{ it%2 == 0 })
println(listOf(1, 2, 3, 4, 5).filter{ it%2 == 0 })
println(setOf(1, 2, 3, 4, 5).filter{ it%2 == 0 })
```

23. 맵에서 키가 짝수거나 (또는) 값이 짝수인 항목만 포함시킨 새로운 맵을 찾는 연산을 … 부분에 구현하라.

```
println(mapOf(1 to 1, 2 to 4, 3 to 4, 4 to 1, 5 to 1).filter{...})
```

24. filterIndexed() 연산을 사용해 컬렉션의 첫 번째에 위치한(즉, 인덱스가 0) 원소나 값이 홀수인 원소로 이뤄진 리스트를 얻는 코드를 구현하라.

```
println(arrayOf(1, 2, 3, 4, 5, 7, 8, 9, 10).filterIndexed{...})
```

25. 널 또는 1 이상 100 이하인 정수 난수로 이뤄지고 매번 난수로 정해지는 길이의 리스트를 반환하는 generateNullableList() 함수가 있다. 이 함수로 만들어진 리스트에서 널이 아닌 값을 모아, 그중 20 이상(20도 포함), 50 이하(50도 포함)면서 7

의 배수인 숫자들만 모은 새로운 리스트를 얻은 후 합계를 구해 출력하는 프로그램을 작성하라. 이때 filter()를 사용한 경우와 filterNotNull()을 사용한 경우 프로그램이 어떻게 달라지는지 비교해보라.

```
package ch9.exercise.ex25

import kotlin.random.Random

fun generateNullableList() =
    // 배열의 생성자를 사용하면 배열을 만들면서 크기를 지정하고 초기화를 함께 수행할 수 있다
    IntArray(Random.nextInt(5, 100)) { Random.nextInt(1, 110) }
        .toList().map { if (it > 100) null else it }

fun main() {
    println(generateNullableList().filter { ... }.sumOf { it ?: 0 })
    println (generateNullableList().filterNotNull { ... }.sumOf { it })
}
```

26. "I am a boy"라는 문자열이 있다. 이 문자열에서 a가 나타난 최초 위치와 마지막 위치를 찾는 코드를 ... 부분에 작성하라.

```
val firstAPos = "I am a boy"...       // a가 나타난 최초 위치
val lastAPos = "I am a boy"...        // a가 나타난 마지막 위치
```

27. map()과 flatten()을 사용해 flatMap()을 구현하라.

```
fun <T, R> flatMap(l: List<T>, f: (T)->List<R>): List<R> = ...
```

28. **스네이크 표기법**snake case은 식별자를 표기할 때 단어와 단어 사이를 _로 구분하고 모든 글자를 소문자로 적는 표기법이며, **낙타 표기법**camel case은 단어와 단어를 붙여쓰되 각 단어의 첫 번째 글자를 대문자로 적는 표기법이다. 스네이크 표기법으로 된 문자열을 받아서 낙타 표기법으로 바꿔주는 프로그램을 작성하자.

우선 각 단계를 나눠서 적어보자. ...으로 표시된 곳을 채워라. 단어를 나눌 때

는 split()을, 문자열의 첫 번째 글자를 바꿀 때는 replaceFirstChar()를, 문자를 대문자로 바꿀 때는 uppercase()를 사용한다. 또한 문자열을 하나로 합칠 때는 joinToString()을 쓰면서 구분자로 ""를 넣으면 단어와 단어가 서로 붙게 된다.

```kotlin
fun snakeCase2CamelCase(snakecase: String): String {
    val words = snakecase.split(...)
    val capitalizedWords = words.map{...}
    return capitalizedWords.joinToString("")
}
```

이제 전체 호출을 연쇄시켜 식 본문 함수로 변경하라.

```kotlin
fun snakeCase2CamelCase(snakecase: String) = snakecase.split(...).map{
...}.joinToString("")
```

29. 다음은 주어진 리스트의 합계를 구하는 함수를 sum()을 사용해 구현한 코드다.

```kotlin
fun generateList() =
    IntArray(Random.nextInt(5, 100)){Random.nextInt(1, 100)}

fun sum(l:List<Int>) = l.sum()
```

이 sum(l:List<Int>) 함수를 주어진 컬렉션 함수를 사용해 구현하라.

a. reduce()

b. fold()

c. forEach()

30. (JVM) fold()의 초깃값으로 StringBuilder 객체를 전달하고, fold()의 람다에서 이 문자열 빌더 객체의 append()를 호출한 결과를 반환받을 수 있다. fold()와 StringBuilder[3]를 사용해 joinToString() 함수를 만들려고 한다. 함수 시그니처는

---

3 StringBuilder는 웹사이트(https://docs.oracle.com/en/java/javase/12/docs/api/java.base/java/lang/StringBuilder.html)를 참조하라.

다음과 같다.

```
fun <T> joinToString(list: List<T>, delimiter: String): String
```

fold()의 첫 번째 인자로는 새 StringBuilder 객체를 넣어줘야 한다. 이제 람다만 작성하면 된다.

```
fun <T> joinToString(list: List<T>, delimiter: String): String = list.
fold(StringBuilder()){...}...
```

a. 람다는 현재까지 만들어진 문자열이 누적된 StringBuilder 객체의 뒤에 리스트 원소와 구분자를 적절히 추가하면 된다. 여기서 fold()의 두 번째 인자인 람다의 타입은 (StringBuilder, T)->StringBuilder가 된다는 점을 참고해 적절히 람다를 구현하라.

b. 함수 반환 타입을 맞추려면 list.fold(...){...} 다음에서 fold()가 반환한 StringBuilder()를 문자열로 반환해 돌려줘야 한다. a에서 만든 람다 뒤에 적절한 코드를 추가해 타입을 일치시켜라.

c. a에서 정의한 람다를 활용한 joinToString()이 다음의 경우에 정상 작동하는지 테스트해보라. 각 호출이 어떤 결과를 내놓아야 할지 알아보기 위해 예상값과 실제 실행한 결과를 비교해보라. 정상적으로 작동하지 않는다면 원인이 무엇인지 따져보고 이 문제를 어떻게 해결할지 생각해보라.

- joinToString(listOf(1, 2, 3, 4, 5), ",")
- joinToString(listOf(1), ",")
- joinToString(listOf(), ",")

d. 지금까지 문제에 주어진 틀을 사용했다면, 첫 번째 원소 앞에 delimiter가 더 붙거나 마지막 원소 뒤에 delimiter가 더 붙는 문제가 생길 것이다. 이 문제를 람다 안에서 해결하기는 어렵다. 한 가지 해결 방법은 fold() 대신 foldWithIndex()를 사용하는 것이다. foldWithIndex()를 써서 joinToString()을

제대로 구현하라.

31. 아래와 같은 여러 가지 종합 연산을 fold()나 reduce()를 사용해 정의하라.

    a. fun <T> length(list: Iterable<T>): Int

    b. fun <T:Number> sum(list: Iterable<T>): T

    c. fun <T:Number> max(list: Iterable<T>): T

    d. fun <T:Number> min(list: Iterable<T>): T

32. 아래에 제시한 각 연산을 fold(), foldRight()를 사용해 정의하라.

    a. 주어진 리스트를 그대로 복사한 새 리스트를 돌려주는 함수인 fun <T> copy (list: List<T>): List<T>

    b. 주어진 리스트의 원소 순서를 역순으로 바꾼 새 리스트를 돌려주는 함수인 fun <T> reverse(list: List<T>): List<T>

33. 문자열 리스트들로 이뤄진 리스트가 있고, 이 리스트를 마크다운 표로 만들어주는 makrDownTable() 함수를 만들고 싶다. 우리가 만들 함수는 다음과 같은 출력을 내놔야 한다.

```
fun markDownTable(l:List<List<String>>): String {
    ...
}

fun main() {
    val list = listOf(listOf(1, 2, 3), listOf(4, 5, 6), listOf(7, 8,
9))

    println(markDownTable(list))
}

/*
| 1 | 2 | 3 |
|---|---|---|
| 4 | 5 | 6 |
| 7 | 8 | 9 |
*/
```

34. 주어진 정수 리스트에서 중복된 원소를 제거하는 함수를 만들라. 편의상 코드 옆에 표시된 주석에는 원소 순서를 정렬해 표시했지만, 함수가 반환한 리스트의 원소 순서는 중요하지 않다.

```
fun removeDuplicate(list: List<Int>): List<Int> {
    ...
}

fun main() {
    println(removeDuplicate(listOf(1, 2, 3, 4, 5)))          // [1, 2,
3, 4, 5]
    println(removeDuplicate(listOf(1, 2, 2, 3, 4, 5)))       // [1, 2,
3, 4, 5]
    println(removeDuplicate(listOf(2, 3, 1, 2, 3, 4, 5, 2))) // [1, 2,
3, 4, 5]
}
```

35. 34에서 만든 함수가 원소 크기에 대해 내림차순으로 정렬된 리스트를 반환하게 만들라.

36. 주어진 정수 리스트에서 각 원소별 빈도수 맵을 구하는 함수를 작성하라.

```
fun stat(list: List<Int>): Map<Int, Int> {
    ...
}

fun main() {
    println(stat(listOf(1, 2, 3, 4, 5)))          // {1=1, 2=1, 3=1,
4=1, 5=1}
    println(stat(listOf(1, 2, 2, 3, 4, 5)))       // {1=1, 2=2, 3=1,
4=1, 5=1}
    println(stat(listOf(2, 3, 1, 2, 3, 4, 5, 2))) // {1=1, 2=3, 3=2,
4=1, 5=1}
}
```

## 제2부

코틀린 더 자세히 살펴보기

1부에서는 코틀린의 기본적인 기능을 살펴봤다. 1부에서 배운 내용만으로도 상당히 복잡한 프로그램을 작성할 수 있을 뿐 아니라, 다른 프로그래밍 언어로 작성할 수 있는 프로그램과 비슷한 프로그램을 상당 부분 구현할 수 있다.

　하지만 설명하기 너무 복잡해서 잠시 미뤄뒀거나, 여러 가지 코틀린 언어 기능이 복합적으로 활용돼야 해서 설명하지 않았거나, 단지 편의를 위한 (필수적이지 않은) 기능이라서 미뤄둔 부분도 적지 않다. 2부에서는 1부에서 다뤘던 내용을 더욱 심화시켜 살펴보면서 이제까지 설명하지 않았던 코틀린 언어의 다양한 기능을 설명한다.

10

변수 선언과 기본 타입
자세히 살펴보기

10장에서 다루는 내용

- 코틀린 데이터 타입에 대한 상세 설명
- 변수 이름 규칙과 이름 충돌, const
- 연산자와 연산자 우선순위
- 문자열, 로우 문자열, 문자열 템플릿
- 문자열 조작 함수

2장에서 이미 프로그램 진입점, 변수 선언 방법, 기본 타입을 살펴봤다. 이번 장에서는 이와 관련된 기술적인 세부 사항을 좀 더 자세히 설명한다.

10.1 기본 데이터 타입

여기서는 코틀린이 제공하는 기본 타입을 자세히 살펴본다.

10.1.1 정수형 기본 타입

이미 살펴봤지만, 코틀린은 다음 표와 같은 정수형 기본 타입을 제공한다. 정수 타입에는
부호 있는 정수와 부호 없는 정수가 있다.

표 10.1 코틀린 정수형 타입

타입	저장된 값의 크기(단위: 바이트)	범위(양 끝의 값 포함)
Byte	8	$-128 \sim +127$
Short	16	$-32768 \sim +32767$
Int	32	$-2{,}147{,}483{,}648(-2^{31}) \sim 2{,}147{,}483{,}647(2^{31}-1)$
Long	64	$-9{,}223{,}372{,}036{,}854{,}775{,}808(-2^{63}) \sim$ $9{,}223{,}372{,}036{,}854{,}775{,}807(2^{63}-1)$
UByte	8	$0 \sim +255$
UShort	16	$0 \sim +65535$
UInt	32	$0 \sim 4{,}294{,}967{,}295(2^{32}-1)$
ULong	64	$0 \sim 18{,}446{,}744{,}073{,}709{,}551{,}615(2^{64}-1)$

정수 리터럴은 10진, 2진, 16진 리터럴로 나뉘며, 타입에 따라 일반 정수 리터럴과
Long 리터럴로 나뉜다. 10진 리터럴은 우리가 일반적으로 사용하는 10진수고, 2진 리터
럴은 0b나 0B로 뒤에 1, 0으로만 된 2진 숫자들을 덧붙여 이뤄지며, 16진 리터럴은 0x나
0X로 뒤에 0부터 9까지의 숫자와 a부터 f까지의 영문 알파벳 대소문자들을 덧붙여 이뤄
진다. 한편 정수 리터럴 중간에는 가독성을 위해 밑줄(_)을 추가해도 된다. 이때 밑줄은
최초의 숫자(16진수라면 영어 알파벳 포함)와 맨 마지막 숫자 이전에 들어갈 수 있으며, 밑줄
의 개수나 밑줄 사이의 숫자 개수에는 아무 제약이 없다. 다음은 10진, 2진, 16진 리터럴
예제다.

1. **10진 정수 리터럴:** 0, 1, 1123213, 2_147_483_648L, 1___1(−11로 해석됨)
2. **2진 정수 리터럴:** 0b0, 0B1, 0b10100101, 0b0___1(1로 해석됨), 0b01111111_11111111_11 111111_11111111_11111111_11111111_11111111_11111111
3. **16진 정수 리터럴:** 0x0, 0XFF, 0x7FFF_FFFF_FFFF_FFFF

정수 리터럴에서 최초의 숫자는 반드시 1부터 9 사이에 있어야 한다(00, 01100 등은 허용하지 않는다). 다만 2진 리터럴이나 16진 리터럴에서는 0x나 0b 다음에 0이 몇 개 나오고 그 후 0이 아닌 숫자가 올 수도 있다.

```
000      // error: unsupported [literal prefixes and suffixes]
0b0001   // 정상
0x000F   // 정상
```

부호 없는 정수 리터럴은 부호 있는 정수 리터럴 뒤에 u, U를 붙이며, 부호 없는 큰 Long 리터럴은 UL이나 uL을 붙이면 된다.

- **부호 없는 정수 리터럴:** 0u, 0U, 0b111u, 0b111U, 0xFFFF_FFFFu, 0xFFFF_FFFFU
- **부호 없는 Long 리터럴:** 0uL, 0UL, 0b111uL, 0b111UL, 0xFFFF_FFFFuL, 0xFFFF_FFFFUL, 0xFF_FFFF_FFFFUL

코틀린에서는 Int.MAX_VALUE, Int.MIN_VALUE처럼 타입.MAX_VALUE와 타입.MIN_VALUE를 사용해 각 수 타입의 최댓값과 최솟값을 알아낼 수 있다. 이때 MAX_VALUE는 가장 큰 양수를 알려주고, MIN_VALUE는 가장 작은 음수를 알려준다.

코틀린 정수 리터럴의 범위

코틀린에서 음수 리터럴은 그 자체를 하나의 단어로 취급하지 않고, 부호 반전 전위 연산자인 -를 양의 정수 리터럴 앞에 붙인 것으로 해석된다. 이렇게 리터럴을 해석하므로 코틀린 코드에서는 리터럴로 Long 타입의 최솟값인 -922_3372_0368_5477_5808을 표현할 수 없다. 922_3372_0368_5477_5808을 비트로 표현하면 64비트가 되는데(16진수로는

8000_0000_0000_0000), 이 값은 64비트 2의 보수로는 음수로 해석되기 때문이다. 마찬가지 원리로 0b 다음에 1이 오고 그 뒤에 1이나 0이 63개 계속된 리터럴은 모두 범위를 벗어나는 정수 리터럴로 취급되며, 0x 다음에 8 이상의 16진 숫자가 오고 그 뒤에 16진 숫자가 15개 오는 16진 리터럴도 모두 범위를 벗어나는 정수 리터럴로 취급돼 컴파일러가 the value is out of range라는 오류를 표시한다.

아무것도 붙지 않은 정수 리터럴은 값의 범위에 따라 적절한 타입으로 취급될 수 있다. 예를 들어 1은 경우에 따라 Byte, Short, Int, Long 타입의 값으로 쓰일 수 있고 문맥에 따라 적절한 타입의 값으로 취급된다. 하지만 Int 타입으로 표현할 수 있는 범위를 벗어나는 값이나, L이 붙은 리터럴[1]은 Long 타입의 값으로만 쓰일 수 있다. 예를 들어 0L은 어떤 경우든 Long이고, 2_147_483_648이나 0x6FFF_FFFF_FFFF_FFFF와 같이 32비트 정수 범위로 표현할 수 없는 값은 무조건 Long 타입의 값이 된다.

일상생활에서 정수가 널리 쓰이므로 컴퓨터 프로그래밍에서도 정수를 자주 사용한다. 특히 대상이 미리 정해져 있는 집합의 값을 표현할 때 고유의 이름을 부여할 수도 있지만 정수 일련번호를 부여하면 쉽게 대상을 가리킬 수 있어 유용하고, Long 타입의 값을 이런 용도에 사용하면 상당히 큰 집합도 별다른 문제 없이 처리할 수 있다(대략 992경까지 숫자를 셀 수 있음).

익힘문제

다음 리터럴 중 정수형 리터럴이 아닌 것을 모두 골라라.

1. 10
2. 0x20
3. 0b1101
4. 0x20L
5. 10L
6. 3.14

---

[1] 다른 언어에서는 소문자 l을 허용하는 경우도 있지만, 숫자 1과 구분하기 어려우므로 코틀린에서는 Long 정수 리터럴 뒤에 붙는 접미사로 L만 허용한다. 마찬가지로 부호 없는 Long 리터럴에서도 uL이나 UL만 허용한다.

7. 1F3D

8. 0xFFFFFFFF

10.1.2 실수형 기본 타입

코틀린은 다음 표와 같은 실수형 기본 타입을 제공한다.

표 10.2 코틀린 실수형 타입

타입	저장된 값의 크기(단위: 바이트)	범위와 유효 자릿수
Float	4	대략 ±3.40282347E+38 (유효 자리 6~7자리)
Double	8	대략 ±1.79769313486231570E+308 (유효 자리 15자리)

코틀린 실수 타입을 **부동소수점 수**^{floating point number}라 한다. 부동소수점이라는 말은 소수점 위치가 정해져 있지 않다는 뜻이다. 예를 들어 1.1, 2.4512, 0.1211처럼 값에 따라 소수점 위와 아래의 자릿수가 달라지기 때문에 부동소수점 수라고 부른다. Float라는 타입 이름은 바로 이 사실을 나타내준다. Double이라는 이름은 Float보다 두 배 더 많은 비트를 사용하기 때문에 붙여졌다. 부동소수점 수 계산은 보통 과학 기술에 사용하는데, Float 값은 너무 표현할 수 있는 범위도 좁고 유효 자리 숫자의 개수도 적기 때문에 보통 Double 타입을 사용한다. 그래서 Float를 단정도(또는 단정밀도), Double을 배정도(또는 배정밀도) 부동소수점 수 타입이라고도 한다.

실수 타입의 리터럴은 일반적인 10진 소수 형태의 리터럴과 지수 형태의 리터럴이 있고, Float 타입의 리터럴을 표현하려면 리터럴 맨 뒤에 f를 붙여야 한다. 다른 일부 언어와 달리 모든 실수 리터럴은 Double 타입이므로 Float 타입의 값으로 쓰려면 Double 타입의 리터럴에 대해 .toFloat()를 호출해 타입을 변환하거나 리터럴 뒤에 f나 F를 접미사로 붙여서 Float 타입의 리터럴임을 표시해야만 한다.

10진 소수 형태의 리터럴은 0.121처럼 일반적인 10진 소수 형태가 될 수도 있고, .123과 같이 정수 부분의 0을 생략한 형태일 수도 있다. 1f와 같이 정수 부분만 들어 있는 Float 타입 리터럴도 허용한다. 반면 여러 언어가 123.과 같이 .으로 끝나는 실수 리터럴

을 허용하지만 코틀린은 이를 허용하지 않는다.[2]

지수를 사용하는 형태의 리터럴은 e나 E의 왼쪽에 10진 소수가 오고, 오른쪽에 지수(음의 정수 또는 양의 정수)가 오는 형태의 과학 기술 표기법으로 돼 있으며, 맨 뒤에 f나 F를 붙여 Float 타입의 리터럴로 만들 수도 있다. 실수 리터럴에서도 _를 중간중간 넣을 수 있으나 소수점, e나 E를 기준으로 나뉘는 각 부분의 첫 번째와 마지막 숫자 사이에만 _가 들어가야 한다. 즉 _1f, 1._312, 1e_304 같은 리터럴은 오류가 발생한다.

실수의 2진 표기법: IEEE 754 표준

모든 실수 타입은 IEEE 754의 2진 소수 표준을 따르며, 이 표준에 따르면 부동소수점 수의 2진 표기는 1비트의 부호(1이면 음수, 0이면 양수)와 지수 부분(exponent) 그리고 마지막 가수 부분(fraction)으로 나뉜다. 다음은 IEEE 754 표준에 따른 단정밀도와 배정밀도 각 부분의 비트 수를 보여준다.

1. 32비트 부동소수점 수: 부호 1비트, 지수 8비트, 가수 24비트
2. 64비트 부동소수점 수: 부호 1비트, 지수 11비트, 가수 53비트

지수를 표기할 때는 편향값을 사용한 2진 표기법(이런 표기법은 초과되는 값에 따라 N-초과(excess-N) 코드라고도 부른다)을 사용한다. 편향 값은 Float에서는 127이고, Double에서는 1023이다. 예를 들어 127초과 코드인 Float의 경우 지수 부분의 모든 비트가 0(0x00)이면 -127, 모든 비트가 1(0xFF)이면 128이 돼야 한다. 한편 이 지수는 10의 거듭제곱을 표현하지 못하고 2의 거듭제곱을 표현한다는 점에 유의해야 한다. 따라서 부동소수점 수가 표현할 수 있는 10진 지수 범위는 이보다 훨씬 더 작아진다. 한편 실제로는 -127이 아니라 -126(즉, 초과 코드로 표현할 수 있는 값보다 1 큰 값), +128이 아니라 +127까지만 지수를 지정할 수 있는데, 이는 정규화와 0 그리고 몇 가지 특수한 값을 표현하는 방법과 관련이 있다.

가수는 2진 소수로 표기하는데, 지수를 조정하면 가수를 1.xxxx 형태의 2진수(x는 모두 1 아니면 0임)로 표현할 수 있다. 이로써 정수 부분의 1을 저장하지 않고 소수점 이하의 비트 패턴만 기록하면 되므로 1비트를 더 사용할 수 있다(예를 들어 0.00101110이라는 2진 소수는 1.0111e-3이라는 2진 소수로 표현할 수 있다. 지수에는 편의상 10진수를 썼다는 점에 유의하라). 이렇게 1.xxxxE 지

---

2 이를 허용하지 않는 이유는 코틀린에서는 모든 값이 객체로 취급되기 때문이다. 1도 객체 역할을 하기 때문에 1.이 코드에 있을 경우 1 다음에 toDouble() 같은 메서드 호출을 덧붙이기 위해 .을 넣은 것인지, 실수 리터럴에서 소수까지만 적고 소수 아래 부분을 생략한 것인지 판단하기가 어렵다.

수 형태로 값을 변경해 기록하는 방식을 정규화(normalization)라고 한다. 이런 식으로 표현할 경우, 정규화된 값은 절대로 0이 될 수 없고(1.xxxx에 어떤 지수를 곱하든 0이 될 수는 없다), 정규화된 값 중에 절댓값이 가장 작은 값은 0과 약간 다른 어떤 값이 된다(Float의 경우 가수 24비트가 모두 0이면 1.00…0(0이 24개)이고 지수는 -126이 최소이므로, 표현 가능한 가장 작은 정규화된 값은 1e-126이다). 그리고 IEEE 754 표준은 부호를 반전시키면 절댓값이 같고 부호가 반대인 값이 나오므로, 음수 중에서 0에 가장 가까운 Float 값은 -1e-126이 된다.

하지만 0을 표현할 수 없으면 안 되므로, 정규화해 표현할 수 없는 0을 표현하기 위해 지수와 가수의 비트 패턴이 모두 0인 특별한 경우를 0으로 정의한다. 또한 지수의 모든 비트 패턴이 0인 경우(즉, 초과 코드로 표현할 때 지수의 값이 가장 작은 경우), 절댓값이 좀 더 작은 값을 다루기 위해 정규화를 적용하지 않고 가수 자체를 그대로 인정한다. 이런 식으로 정의되는 비트 패턴에 따른 부동소수점 수를 준정규(subnormal) 수라고 한다. 예를 들어 Float에서는 가수가 0.000…0001(맨 끝의 1 앞에 0이 23개)이고 지수가 0x00(127초과 코드이므로 10진수로는 -127임)인 경우, 이 값은 정규화한 Float가 표현할 수 있는 가장 절댓값이 작은 수인 1e-126보다 훨씬 절댓값이 작은 값인 1e-151이 된다.

지수 부분 비트가 모두 0이면 준정규 수로 처리하는 것과 비슷하게, 지수 부분 비트가 모두 1인 경우도 특별한 값을 표현하기 위해 예약돼 있다. 양의 무한대(+∞)와 음의 무한대(-∞), NaN(Not a Number)이 이런 비트 패턴을 사용한다. 예를 들어 NaN은 Float에서 s1111111 1xxxxxxx xxxxxxxx xxxxxxxx로 표현할 수 있고, 무한대는 s1111111 10000000 00000000 00000000으로 표현할 수 있다. 여기서 s는 부호 비트, x는 0 또는 1인 비트다. 따라서 NaN을 표현하는 패턴이 유일하지 않다는 사실을 알 수 있다.

모든 실수 연산이 다른 실수를 만들어내지는 못한다. IEEE 754에서는 다음과 같은 세 가지 값으로 이런 경우를 표현한다.

1. **양의 무한대**(+∞): 실수 계산 결과가 Double이나 Float 타입으로 표현할 수 없는 큰 양수가 된 경우(예: 양수/0). Double.POSITIVE_INFINITY나 Float.POSITIVE_INFINITY로 이런 값을 표현한다.

2. **음의 무한대**(-∞): 실수 계산 결과가 Double이나 Float 타입으로 표현할 수 없는 큰 음수가 된 경우(예: 음수/0). Double.NEGATIVE_INFINITY나 Float.NEGATIVE_INFINITY로 이런 값을 표현한다.

3. NaN: 결과를 정의할 수 없는 경우(0/0, 음수의 제곱근 등). Double.NaN이나 Float.NaN으로 이런 값을 표현한다.

한편 정수 타입들과 마찬가지로 실수 타입에서도 타입.MAX_VALUE, 타입.MIN_VALUE를 사용해 각 수 타입의 최댓값과 최솟값을 알아낼 수 있다. 하지만 실수 타입에서는 음수와 양수의 값 범위가 완전히 대칭적이므로, 정수의 경우와 달리 이 두 값은 해당 타입이 나타낼 수 있는 값들의 최대 절댓값과 최소 절댓값을 알려준다. 예를 들어 Double.MAX_VALUE는 1.7976931348623157E308이며, Double.MIN_VALUE는 4.9E-324이다.

주의: 두 실수를 ==로 비교하지 말라

0.57*100.0을 코틀린으로 계산해보면 57이 아니라 56.999999999999999가 나온다. 원인은 두 가지다. 한 가지 이유는 32비트나 64비트로 실수를 표기하려고 하면 정확히 계산할 수 있는 유효 숫자의 범위가 제한될 수밖에 없다는 점이고, 또 다른 이유는 모든 10진 소수를 유한한 2진 소수로 표현할 수는 없다는 점이다(2진 소수는 분모가 2의 거듭제곱으로 나타내질 수 있는 유리수들만 유한 소수로 표현할 수 있는데, 10진 소수의 분모에는 5의 거듭제곱이 있으므로 2의 거듭제곱이 분모인 2진 소수로 유한하게 표현할 수 없는 경우가 생긴다. 이는 1/7을 유한한 10진 소수로 표현할 수 없는 상황과 같은 이유다).

이런 문제로 인해 두 실수 식의 값을 ==로 비교하면 문제가 생길 수 있다. 정확한 소수 계산이 필요한 재무, 회계 계산 같은 경우에는 BigDecimal을 사용하거나 수의 범위에 따라 소수점 자리를 임의로 이동시켜 Long 타입으로 표현하기도 하고, 과학 기술 계산 같은 경우에는 오차 한계를 설정해 두 값의 차가 그 오차 한계 안에 있으면 같다고 판정하는 방식을 쓰기도 한다.

익힘문제

다음 중 Double형 리터럴이 아닌 것을 골라라.

1. 1
2. 1.23
3. 6.02e23
4. 0x34.434
5. 1e0

```
   6.  -1e-43
   7.  1.
   8.  23f
   9.  .0
  10.  .0e-9
  11.  ._0e+10
```

10.1.3 Boolean 타입

참을 표현하는 값인 true와 거짓을 표현하는 값인 false만 존재하는 타입은 이 두 값을
활용하는 대수를 창안해낸 수학자인 조지 부울^{George Boole}의 이름을 따서 Boolean 타입이
라 한다(우리말로는 '불린 타입'이라고 표기한다). 코틀린에서는 비교 연산의 결괏값이 Boolean
타입이고, if 조건 식의 조건에 들어갈 수 있는 값은 항상 Boolean 타입이어야 한다.

10.1.4 Char 타입

Char 타입은 유니코드^{Unicode} 문자를 표현하는 타입이다. 메모리에 저장될 때는 역사적인
이유로 인해 UTF-8을 사용하지만, 크기가 16비트로 제한돼 있으므로 실제로는 Char 타
입의 값으로 표현할 수 없는 유니코드 문자가 존재할 수 있다. 이런 문자를 표현하려면
두 문자를 연결해야 하므로(이런 방식을 유니코드 서로게이트^{surrogate}라고 한다) 어쩔 수 없이
String을 써야 한다.

　Char 타입의 리터럴은 세 가지 방식으로 정의할 수 있다. 우선 'a', '가', '韓'처럼 문자
를 작은따옴표(')로 감싸서 표현한 리터럴이 있다. 일상적으로 사용하는 대부분의 유니코
드 문자는 이런 방식으로 리터럴로 표현할 수 있다.

　두 번째로 유니코드 코드 포인트 값을 16진수로 넣는 방법이 있다. 이런 방법을 유니
코드 이스케이프 시퀀스^{unicode escape sequence}라 한다. \u 뒤에 네 자리 16진수를 추가하고
'로 감싸서 이런 문자를 표현한다. \u03a1은 그리스 문자 α, \u0030은 숫자 0, \u0041은 영

어 알파벳 A, \u0061은 영어 알파벳 a다.[3] 여기서 유니코드 이스케이프 시퀀스가 마치 여섯 글자인 것처럼 보여도 실제로는 한 글자라는 점에 유의하라.

한편 몇몇 자주 쓰이는 제어 문자[4], 작은따옴표 기호와 큰따옴표 기호, \를 문자나 문자열에서 좀 더 쉽게 표현하도록 해주는 이스케이프 시퀀스도 있다. 예를 들어 '\''는 작은따옴표를 표현한다.

표 10.3 제어 문자 이스케이프 시퀀스

이스케이프	이름	유니코드 이스케이프
\b	백스페이스(backspace)	\u0008
\t	탭(tab)	\u0009
\n	줄 바꿈(linefeed)	\u000a
\r	캐리지 리턴(carriage return)	\u000d
\"	큰따옴표(double quote)	\u0022
\'	작은따옴표(single quote)	\u0027
\\	역슬래시(backslash)	\u005c

코틀린과 유니코드

코틀린의 문자나 문자열 그리고 컴퓨터의 코드 처리를 이해하려면 유니코드와 유니코드 인코딩을 알고 있어야 한다.[5]

컴퓨터에서 글자를 표현하려면 각 글자를 어떤 비트 패턴(즉, 정수 값)으로 인코딩 encoding(부호화)해야 한다. 그리고 비트로 저장된 문자 데이터를 읽을 때는 인코딩 과정을 역으로 수행하는 디코딩decoding(역부호화)을 통해 글자를 알아내야 한다. 초기에는 영어와 약간의 서유럽 언어 정도를 지원하는 수준에서 인코딩이 시작됐지만, 컴퓨터 사용이 늘

---

3   \u0041은 영어 알파벳 A, \u0061은 영어 알파벳 a라는 사실로부터 알파벳의 코드 포인트에 0x20(10진수 32)을 더하거나 빼면 대소문자를 변환할 수 있다는 것도 알 수 있다.

4   통신 환경에서 눈에 보이지는 않지만 특별한 용도로 할당된 문자를 제어 문자라고 부른다. 예를 들어 유니코드 0 맨 앞의 32(0x00 이상 0x1F 미만)가지 글자는 이런 제어 문자에 속한다.

5   『학교에서 알려주지 않는 17가지 실무 개발 기술』(한빛미디어, 2020)에서 인코딩과 유니코드에 대해 잘 설명해주고 있다.

어나면서 나라별로 자국 문자를 표현하기 위해 다양한 인코딩을 사용하게 됐다. 미국의 ASCII, 서유럽의 ISO 8859-1, 한국의 KSC-5601 등이 이런 국가별 문자 인코딩 표준이었다. 언어에 따라 1바이트로 충분히 인코딩할 수 있는 언어는 8비트를 인코딩에 사용했지만, 중국, 한국, 일본 등 1바이트만으로 자국 문자를 표현하지 못하는 국가는 2바이트 이상을 사용했다. 이런 차이는 디지털 정보 교환을 어렵게 하는 장벽으로 작용하기 때문에 이를 해소하고자 전 세계의 인코딩 방식을 하나로 통일하려는 움직임이 생겼고, 그 결과 1991년 유니코드 1.0이 발표됐다. 이때 지구상의 주요 문자들은 2바이트(최대 65,536) 안에 대부분 들어갈 수 있으리라 예상했고, 이때쯤 설계된 자바와 JVM에서도 2바이트 문자(UCS-2) 인코딩을 채택했다. 코틀린도 초반에는 JVM을 대상으로 만들어졌기 때문에 Char가 16비트가 됐다.

그 후 더 많은 문자가 추가되고 유니코드 2.0에서는 한글 사용자들의 요구로 한글 관련 유니코드 영역이 대폭 변경됐다. 유니코드 2.0에서 유니코드에 포함되는 코드 포인트code point(각 문자에 대응하는 정수를 말하며, U+FF00처럼 U+에 4~6자리 16진수를 붙여 표현한다)는 코드 포인트를 65,536개씩 구분해 0부터 16까지 17개의 평면plain으로 나눈다. 그 평면 중 첫 번째 평면(U+0000부터 U+FFFF)을 기본 다국어 평면BMP, Basic Multilingual Plane이라고 부르며, 서부 유럽의 주요 알파벳, 키릴 문자, 그리스 문자, 힌두 문자, 아랍 문자, 한글(U+AC00부터 U+D7A3까지 11,172개 음절), 일본 가나, 한자 등 주요 문자와 폰트에 따라 모양을 원하는 대로 정의해 쓸 수 있는 사용자 정의 영역(U+E000부터 U+0F8FF)이 할당돼 있다. 나머지 16개 평면은 U+10000부터 U+10FFFF까지 코드 포인트가 할당돼 있으며, 여러 보조 문자를 제공한다.

이렇게 평면이 확장되면서 더 이상 코드 포인트를 2바이트만으로는 표현할 수 없기 때문에 UCS-2를 확장한 UTF-16에서는 BMP에 속하는 코드 포인트는 그대로 2바이트를 사용하되, BMP를 벗어나는 코드 포인트는 서로게이트라는 방식을 사용해 20비트 유니코드 코드 포인트(1번 평면부터 17번 평면까지 표현하려면 4비트가 필요하다)를 표현한다. 하지만 이렇게 서로게이트를 사용하는 경우 2개의 2바이트 문자가 필요하므로 코틀린의 Char 타입은 이런 값을 담을 수 없다. 반면 문자열에서는 이런 문자를 얼마든지 넣을 수 있다.

```
println("🐘")  // 문제없음
println('🐘')  // error: too many characters in a character literal ''🐘''
```

어떤 2바이트 코드가 서로게이트 범위에 들어 있는 코드인지 알려면 isSurrogate() 메서드를 사용하면 된다.

```
'\ud83d'.isSurrogate()  // true
'한'.isSurrogate()       // false
```

따라서 유니코드 문자를 다룰 경우 Char 타입을 사용하기보다는 문자열(String) 타입을 사용하는 편이 훨씬 더 낫다.

익힘문제

1. '🐘'이 정상적인 코틀린 문자가 아닌 이유를 설명하라.

2. 다음 이스케이프 시퀀스의 의미를 적어라.

   a. \t

   b. \n

   c. \r

   d. \b

   e. \\

   f. \"

   g. \'

10.2 변수 이름

2장에서 이미 val과 var 변수 정의를 살펴봤다. 이번 절에서는 변수의 이름을 어떻게 붙여야 하는지 더 자세히 살펴보고, 코틀린이 제공하는 다른 변수 이름 정의 방법도 살펴본다.

10.2.1 이름 규칙과 이름 충돌

변수 이름은 반드시 글자나 _로 시작해야 하며 그 뒤에 글자, 숫자, _가 0번 이상 반복될 수 있다. 여기서 글자는 영어 알파벳뿐만 아니라 유니코드에서 글자라는 구분에 들어가는 모든 문자를 뜻하고, 숫자도 모든 유니코드 숫자를 뜻한다.[6] 이런 식으로 지은 이름을 **식별자**[identifier]라고 한다.

코틀린 키워드는 식별자로 사용할 수 없고, _로만 이뤄진 이름(_, __ 등)도 변수나 함수 이름에 쓸 수 없다.

코틀린 키워드 목록

코틀린 키워드에는 **하드**(hard), **소프트**(soft), **변경자**(modifier)라는 세 가지 종류가 있다.

하드 키워드는 다음과 같고, 코틀린 안에서 특별한 의미로만 쓰이며 식별자에 사용할 수 없다.

```
as, break, class, continue, do, else, false, for, fun, if, in, interface,
is, null, object, package, return, super, this, throw, true, try,
typealias, typeof, val, var, when, while
```

소프트 키워드는 다음과 같고, 코틀린 내 특정 위치에서는 특별한 의미로 쓰이지만 그렇지 않은 곳에서는 자유롭게 식별자로 쓰일 수 있다.

```
by, catch, constructor, delegate, dynamic, field, file, finally, get,
import, init, param, property, receiver, set, setparam, value, where
```

변경자 키워드는 다음과 같으며, 코틀린 선언 앞에 붙으면 선언에 특별한 의미를 추가해준다. 다른 위치에서는 자유롭게 식별자로 쓰일 수 있다.

```
abstract, actual, annotation, companion, const, crossinline, data, enum,
expect, external, final, infix, inline, inner, internal, lateinit,
noinline, open, operator, out, override, private, protected, public,
reified, sealed, suspend, tailrec, vararg
```

한편 백틱[backtick](역작은따옴표)을 사용하면 원하는 대로 식별자를 붙일 수 있다.

---

6   유니코드 글자는 유니코드 문자 카테고리에서 Lu, Ll, Lt, Lm, Lo 카테고리에 속하는 문자들이며, 유니코드 숫자는 Nd 카테고리에 속하는 문자들이다.

백틱을 사용한 식별자 선언

코틀린은 다중 플랫폼 언어이므로 타 플랫폼의 함수나 메서드를 호출해야 할 때 코틀린 키워드와 충돌이 일어날 수 있다. 예를 들어 자바에서는 is나 object, in이라는 이름의 식별자를 사용해도 문제가 되지 않지만, 이 세 단어는 모두 코틀린 키워드이므로 이런 이름의 함수나 변수가 선언된 자바 코드를 연동해 사용하는 코틀린 프로그램에서는 해당 이름을 직접 사용할 수 없다. 이런 경우를 대비해 코틀린에서는 백틱(`)을 사용해 식별자를 선언할 수 있게 지원한다.

```
val `is` = 20.3
```

백틱을 사용해 식별자를 정의할 때는 백틱 자신과 새줄 문자(\n), 캐리지 리턴 문자(\r)를 제외한 모든 유니코드 문자를 사용할 수 있다. 그래서 테스트 코드를 작성할 때 테스트 함수의 이름을 길게 붙이고 싶으면 백틱으로 함수 이름을 지정할 수 있다.

```
fun `1+2가 진짜 3이 되는지 테스트` {
    val actual = 1 + 2
    val expected = 3
    assert(actual == expected){"1+2가 3이 아닙니다!"}
}
```

선언된 변수를 같은 영역 안에서 또 선언할 수는 없다. 이런 경우 이름 충돌이 일어난다. 다만 'redefinition error'처럼 변수를 재정의한다는 의미의 오류가 발생하지 않고, 'conflicting declarations'라는 오류가 발생한다.

```
val again = 1 // error: conflicting declarations: public val again: Int...
val again = 1 // error: conflicting declarations: public val again: Int...
```

반면 함수는 이름이 같아도 파라미터 목록의 파라미터 개수와 각각의 타입이 서로 구분되면 서로 다른 함수로 인식될 수 있다. 이를 **오버로드**overload나 **오버로딩**overloading이라 한다. 오버로드가 일어난 경우 컴파일러는 함수를 호출하는 쪽에서 전달되는 인자 목록에 가장 잘 들어맞는 함수를 찾아내 호출하는 바이트코드를 생성해야 하는데, 이때 **오버로드**

해소 규칙^{overload resolution rule}을 사용해 가장 적합한 함수를 찾는다. 이에 대해서는 12.3절에서 자세히 설명한다.

> **익힘문제**
>
> 다음 중 변수 이름으로 사용할 수 없는 것은?
>
> 1. 🐘
> 2. name
> 3. package
> 4. ``
> 5. _
> 6. 가나다
> 7. `테스트 함수 1`
> 8. 1abc
> 9. abc1

10.2.2 const val

val 변수 중 다음과 같은 특성을 갖는 변수에는 const를 붙일 수 있다.

1. 기본 타입 또는 String 타입이다.
2. 초기화 식이 리터럴이거나 컴파일러가 컴파일 시점에 값을 확정할 수 있는 식이어야 한다. 이 말은 어떤 연산으로 값을 계산해야 하는 경우 무조건 다른 const val이나 리터럴을 피연산자로 사용하는 연산만으로 식을 구성해야 한다는 뜻이다.
3. 최상위 변수이거나 object 내부에서만 사용할 수 있다.

익힘문제

다음 중 틀린 문장을 골라라.

1. 컴파일 시점에 값을 확장할 수 있는 var 변수 앞에 const를 붙일 수 있다.
2. 기본 타입이나 String 타입의 변수 앞에는 const를 붙일 수 없다.
3. 멤버 함수 등의 지역 영역에서 const 변수를 사용할 수 있다.

10.3 연산자와 연산자 우선순위

이번 절에서는 코틀린이 제공하는 연산자를 살펴보고 연산자 우선순위에 대해 정리해보자.

10.3.1 산술 연산자

코틀린은 수 타입 사이에 일반적인 사칙 연산(+, -, *, /)과 나머지 연산(%)을 제공한다.

정수를 0으로 나누면 예외가 발생('ArithmeticException: / by zero')하지만, 실수를 0으로 나누면 NaN이 생긴다. 코틀린에서 Double이나 Float 타입의 결과를 내놓는 연산은 플랫폼에 따라 약간씩 다른 결과를 내놓을 수 있다.[7]

---

7 최종 결과는 64비트나 32비트 IEEE 754 값이 나오지만, 플랫폼에 따라 계산 도중에는 더 정밀도가 높은 내부 표현을 사용할 수도 있기 때문이다. JVM 플랫폼에서는 이런 차이를 방지하기 위해 strictfp라는 실수 계산 모드를 제공한다. 타깃이 JVM인 코틀린 프로그램이 엄격한 계산 모드를 활성화하려면 함수를 정의할 때 함수 앞에 @Strictfp라는 애너테이션을 붙여야 한다. 이때 해당 함수 안에서만 엄격한 계산 모드가 활성화된다는 점에 유의하라.

10.3.2 수 타입 간의 타입 변환

리터럴의 경우 수의 범위에 따라 적절히 타입을 변환해주는 경우가 있지만, 변수에 저장한 값이나 식이 계산해낸 결과는 타입을 엄격히 지켜야 한다. 따라서 어떤 수 타입을 다른 수 타입으로 바꿔줄 수 있는 연산이 필요하다. 이런 타입 변환 연산은 모두 to타입() 같은 이름이 붙어 있다.

```
val b: Byte = 1
val s: Short = b.toShort()
val i: Int = s.toInt()
val l: Long = i.toLong()
```

조금 전에 본 것처럼 더 큰 타입으로 변환할 때는 정보 손실이 없지만, 더 작은 타입으로 변환할 때는 정보 손실이 일어난다. 정수 타입의 변환은 단순히 더 큰 값의 비트 패턴 중 하위 비트들을 남기는 연산으로 일어난다.

```
val l: Long = Long.MAX_VALUE    // 0x7FFF_FFFF_FFFF_FFFF
val i: Int = l.toInt()          // -1 = 0xFFFF_FFFF
val s: Short = i.toShort()      // -1 = 0xFFFF
val b: Byte = s.toByte()        // -1 = 0xFF
```

정수 타입을 실수 타입으로 변환하는 경우 일부 유효 자리가 사라질 수 있다.

```
println(Long.MAX_VALUE.toDouble()) // 9.223372036854776E18 (유효 자리 개수 줄어듦)
println(Int.MAX_VALUE.toDouble())  // 2.147483647E9 (유효 자리 개수 그대로임)
println(Int.MAX_VALUE.toFloat())   // 2.14748365E9 (유효 자리 개수 줄어듦)
```

코틀린은 to타입이름()을 통한 명시적 타입 변환만 지원하며, 수 타입 사이에는 서로 상속 관계가 없으므로 2L as Int와 같은 타입 변환은 ClassCastException을 발생시킨다. 코틀린은 자바나 C, C++ 등과 달리 (Double)231.0f 같은 형태의 타입 변환도 지원하지 않는다.

10.3.3 복합 대입 연산

변수에 대해 어떤 연산을 수행한 결과를 변수 자신에게 대입해야 하는 경우가 자주 있다.

```
var x = 1   // x = 1
x = x + 1   // x = 2
x = x * 2   // x = 4
```

이런 경우 = 뒤에 적용할 연산을 넣은 연산자 대입operator assignment을 써서 대입문을 더 줄여 쓸 수 있다. 연산자 대입은 복합 대입augmented assignment이라고도 한다.

```
var x = 1   // x = 1
x += 1      // x = 2
x *= 2      // x = 4
```

연산자 대입에는 +=, -=, *=, /=, %=가 있으며 다음과 같이 해석된다.

1. x += e : x = x + e
2. x -= e : x = x - e
3. x *= e : x = x * e
4. x /= e : x = x / e
5. x %= e : x = x % e

10.3.4 증가/감소 연산

변수 값을 1 증가시키거나 감소시키면서 변화된 값이나 변화되기 전의 값을 써야 하는 경우도 자주 있다. 이런 경우 간편하게 사용할 수 있는 증가/감소 연산자가 있다. ++는 증가 연산자, --는 감소 연산자이며 두 연산자 모두 피연산자가 하나뿐인 단항 연산자 unary operator다.

증가/감소 연산자가 변수 이름 앞에 붙어 있으면 먼저 변수의 값을 증가시키거나 감소시킨 다음에 그 결과를 돌려준다.

```
var x = 1
println(++x)  // 2가 출력되고 x는 2가 됨
println(--x)  // 1이 출력되고 x는 1이 됨
```

증가/감소 연산자가 변수 이름 뒤에 붙어 있으면, 변수의 현재값을 어딘가에 기억해 두고 변수 값을 증가시키거나 감소시킨 다음, 증가/감소시키기 이전에 변수에 들어 있던 값을 돌려준다.

```
var x = 1
println(x++)  // 1이 출력되고 x는 2가 됨
println(x--)  // 2가 출력되고 x는 1이 됨
```

결과가 없는 문statement으로 취급되는 대입문이나 연산자 대입문과 달리, 증가 감소 연산은 식으로 취급되기 때문에 다른 식의 일부분이 될 수 있다.

```
var x = 1
var y = 2
println(x++ * --y)  // 1이 출력되고, x는 2, y는 1이 됨
println(y++ - --x)  // 0이 출력되고, x는 1, y는 2가 됨
```

하지만 식 안에서 증가/감소 연산을 사용하면 식의 결과를 알아보기 힘들 수 있으므로 이런 코딩 스타일을 권장하지는 않는다.

10.3.5 비교 연산과 불린 연산

두 값이 같은지 비교할 때는 ==를 쓰고, 두 값이 다른지 비교할 때는 !=를 쓴다. ==는 **동등성 비교**equality comparison operator라고 부른다. 앞에서도 설명했지만 실수 계산은 정밀도와 계산 순서 등에 따라 결과가 약간씩 달라질 수도 있으므로, ==나 !=를 사용한 직접 비교를 피하는 편이 낫다.

동등성 비교 연산의 결과는 true나 false 중 하나다. 예를 들어 3 == 3은 true, 4 != 4는 false가 된다.

한편 두 수가 있을 경우 두 수의 크기를 비교할 수도 있다. 이런 크기 비교 연산에는 <, >, <=, >= 연산이 있다.

1. a < b는 a가 b보다 작은지 비교한다.
2. a > b는 a가 b보다 큰지 비교한다.
3. a <= b는 a가 b보다 작거나 같은지 비교한다.
4. a >= b는 a가 b보다 크거나 같은지 비교한다.

<=와 >= 연산에서 등호가 부등호보다 오른쪽에 있다는 점에 유의하라.

불린 값 사이에는 **논리 연산자**logical operator를 적용할 수 있다. 논리 연산자에는 이항 연산인 논리합(and, &&), 논리곱(or, ||)과 단항 연산인 논리 부정(not, !)이 있다.

1. e1 and e2는 e1과 e2의 값을 계산해 두 값이 모두 true이면 true를 반환하고, 그렇지 않으면 false를 반환한다. e1.and(e2)라고 적을 수도 있다.
2. e1 or e2는 e1과 e2의 값을 계산해 두 값 중 true인 값이 하나라도 있으면 true를 반환하고, 두 값이 모두 false이면 false를 반환한다. e1.or(e2)라고 적을 수도 있다.
3. e1.not()은 e1을 계산해 그 값이 true이면 false를 반환하고, false이면 true를 반환한다.
4. !e1은 e1.not()과 같다.

and와 or은 참/거짓 여부와 관계없이 양변의 식을 모두 계산한다. 하지만 and의 경우 왼쪽 피연산자가 false이면 굳이 오른쪽 피연산자를 계산하지 않아도 전체가 무조건 false이고, or의 경우 왼쪽 피연산자가 true이면 굳이 오른쪽 피연산자를 계산하지 않아도 전체가 무조건 true이다. 이런 성질을 활용하면 왼쪽 피연산자만으로 충분한 경우 오른쪽 피연산자를 계산하지 않고 빠르게 결과를 낼 수 있는데, 이런 방식의 연산을 쇼트서킷short circuit 연산이라 한다. &&와 ||는 쇼트서킷 연산자다.

1. e1 && e2는 e1을 계산해 그 값이 false이면 false를 반환하고, 그 값이 true이면 e2를 계산한 결과(불린 타입이어야 함)를 반환한다.

2. e1 || e2는 e1을 계산해 그 값이 true이면 true를 반환하고, 그 값이 false이면 e2를 계산한 결과(불린 타입이어야 함)를 반환한다.

10.3.6 비트 연산과 시프트 연산

코틀린은 부호 없는 정수 타입들과 Int, Long에 대한 비트 연산과 시프트 연산도 지원한다. 이항 비트 연산으로는 and, or, xor이 있고, 단항 연산으로는 inv가 있다.

이항 비트 연산 e1 연산자 e2는 e1과 e2를 계산해 얻은 길이가 같은 두 정수에서 같은 위치에 있는 비트를 다음 표에 따라 계산해 만든 새로운 값을 돌려준다.

표 10.4 비트 연산들

e1	e2	and	or	xor
0	0	0	0	0
0	1	0	1	1
1	0	0	1	1
1	1	1	1	0

```
val x: Int = 0b11110000
val y: Int = 0b11001100

println((x and y).toString(2))   // 11000000
println((x or y).toString(2))    // 11111100
println((x xor y).toString(2))   // 111100   (00111100과 같은 결과임)
```

비트 마스크

비트 연산을 사용해 비트에서 원하는 부분만 조작하는 과정을 비트 마스크bit mask라 한다.

1. 원하는 비트의 값만 1로 설정하고, 나머지 비트를 그대로 두고 싶을 때(마스크 온 ^{mask on})는 or의 성질을 이용한다. 1로 설정하려는 비트만 1로 두고 나머지는 0으로 만든 비트 패턴을 or하면, 1에 해당하는 부분의 비트만 1로 바뀐다.

2. 원하는 비트의 값만 0으로 설정하고, 나머지 비트를 그대로 두고 싶을 때(마스크 오 프^{mask off})는 and의 성질을 이용한다. 0으로 설정하려는 비트만 0으로 두고 나머지는 1로 만든 비트 패턴을 and하면, 0에 해당하는 부분의 비트만 0으로 바뀐다.

3. 원하는 비트의 값만 뒤집고 싶을 때는 xor의 성질을 이용한다. 반전시키려는 위치에 있는 비트만 1로 하고 나머지는 0으로 만든 비트 패턴을 xor하면, 1에 해당하는 부분의 비트만 반전된다.

4. 어떤 비트의 값이 0인지 아닌지 알아보려면, 우선 알아보려는 비트만 1로 설정한 비트 패턴을 and한다. 이때 패턴에서 1인 부분의 위치에 해당하는 비트가 1이면 0, 0이면 1로 바뀌고, 나머지 부분은 모두 0이 된다.

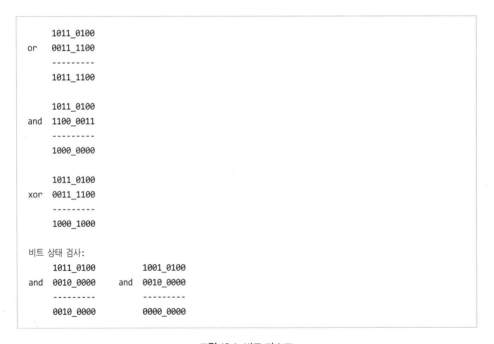

```
      1011_0100
 or   0011_1100
      ---------
      1011_1100

      1011_0100
 and  1100_0011
      ---------
      1000_0000

      1011_0100
 xor  0011_1100
      ---------
      1000_1000

비트 상태 검사:
      1011_0100          1001_0100
 and  0010_0000     and  0010_0000
      ---------          ---------
      0010_0000          0000_0000
```

그림 10.1 비트 마스크

inv는 1인 비트는 0으로, 0인 비트는 1로 만든 새 정수를 돌려준다. inv를 하면 2진수 표현에 있는 부호 비트도 반전되므로 부호가 바뀐다는 점에 유의하라.

```
println(0.inv())    // -1 (2의 보수로는 모든 비트가 1)
println((-1).inv()) // 0  (2의 보수로는 모든 비트가 0)
println(Int.MAX_VALUE.inv()) // -2147483648 (2의 보수로는 1000_0000_0000_0000_0
000_0000_0000_0000)
println(Int.MIN_VALUE.inv()) // 2147483647 (2의 보수로는 0111_1111_1111_1111_11
11_1111_1111_1111)
```

시프트 연산에는 오른쪽 시프트(shr)와 부호를 0으로 설정하는 왼쪽 시프트(ushr), 부호를 유지하는 왼쪽 시프트(shr)가 있다.

e1 shl e2는 e1 값에 해당하는 비트들(2의 보수 표현)을 왼쪽으로 e2 값만큼 옮기고, 맨 오른쪽 비트들을 0으로 채워 넣어준다.

```
Int.MAX_VALUE                :  |0111_1111_1111_1111_1111_1111_1111_1111|  2147483647
왼쪽으로 두 자리 이동          :  01|1111_1111_1111_1111_1111_1111_1111_11  |
벗어난 부분 버리고, 오른쪽 0 채우기 :  |1111_1111_1111_1111_1111_1111_1111_1100|  -4
```

그림 10.2 Int.MAX_VALUE shl 2

e1 ushr e2는 e1 값에 해당하는 비트들(2의 보수 표현)을 오른쪽으로 e2 값만큼 옮기고, 맨 오른쪽 비트들을 0으로 채워 넣어준다.

```
Int.MIN_VALUE                :  |1000_0000_0000_0000_0000_0000_0000_0000|  -2147483648
오른쪽으로 두 자리 이동        :  |  10_0000_0000_0000_0000_0000_0000_0000|00
벗어난 부분 버리고, 왼쪽 0 채우기 :  |0010_0000_0000_0000_0000_0000_0000_0000|  536870912
```

그림 10.3 Int.MIN_VALUE ushr 2

e1 shr e2는 e1 값에 해당하는 비트들(2의 보수 표현)을 오른쪽으로 e2 값만큼 옮기고,

맨 오른쪽 비트들을 원래의 맨 오른쪽 비트의 값으로 채워 넣어준다. 즉, 음수일 때는 1이 채워지고 양수일 때는 0이 채워진다.

```
Int.MIN_VALUE             :    |1000_0000_0000_0000_0000_0000_0000_0000|    -2147483648
오른쪽으로 두 자리 이동     :    |  10_0000_0000_0000_0000_0000_0000_0000|00
벗어난 부분 버리고, 왼쪽 1 채우기 :    |1110_0000_0000_0000_0000_0000_0000_0000|    -536870912
```

그림 10.4 Int.MIN_VALUE shr 2

한편 시프트 연산의 경우 왼쪽 피연산자의 타입에 따라 의미가 있는 오른쪽 피연산자의 크기가 32나 64로 한정되므로, 연산할 때 오른쪽 피연산자의 값을 각각 32(오른쪽 피연산자가 Int 타입인 경우), 64(Long 타입인 경우)로 나눈 나머지 값이 쓰인다는 사실을 기억하라.

시프트 연산과 곱셈/나눗셈

2진수에서 한 자리가 이동할 때마다 2의 거듭제곱만큼 크기가 달라지므로, 오른쪽으로 n비트 시프트하는 연산은 2^n으로 나누는 연산, 왼쪽으로 n비트 시프트하는 연산은 2^n으로 곱하는 연산이 된다. 왼쪽 시프트의 경우 시프트에 의해 부호 비트가 바뀌지 않는 경우에만 이 관계가 성립하며, 오른쪽 시프트 연산의 경우 shr로 부호를 제대로 처리해주는 경우에만 이 관계가 성립한다.

toString(2)나 toString(16)과 음의 정수

양의 정수에 대해 toString(2)나 toString(16)을 해서 얻은 2진 표현과 16진 표현은 부호+절 댓값 표현이라는 점에 유의하라. 예를 들어 -536870912를 32비트 2의 보수로 표현하면 1110_0000_0000_0000_0000_0000_0000_0000이지만, (-536870912).toString(2)의 결과는 -0010_0000_0000_0000_0000_0000_0000_0000이다.

0010_0000_0000_0000_0000_0000_0000_0000의 각 비트를 뒤집으면 1101_1111_1111_111 1_1111_1111_1111_1111이고, 이 값에 1을 더하면 1110_0000_0000_0000_0000_0000_0000_0 000이 되므로 -536870912의 2의 보수 표현이 1110_0000_0000_0000_0000_0000_0000_0000 임을 쉽게 검증할 수 있다.

모든 이항 비트 연산과 시프트 연산은 중위 연산자로 쓸 수도 있지만(예: 2 shl 4), 메서 드 호출 형태로 쓸 수도 있다(예: 2.shl(4)).

10.3.7 비트 연산과 부호 없는 타입

부호 없는 정수의 경우 부호 비트가 없기 때문에 ushr()과 shr() 연산의 구분이 없다. 따 라서 부호 없는 정수에서는 ushr()을 쓸 수 없다.

```
val x: UInt = 0xFFFF_FFFFU
println(x.shl(8).toString(2))   // 1111 1111 1111 1111 1111 1111 0000 0000
println(x.shr(1).toString(2))   //  111 1111 1111 1111 1111 1111 1111 1111
println(x.shr(16).toString(2))  //                     1111 1111 1111 1111
println(x.ushr(16).toString(2)) // error: unresolved reference: ushr
```

익힘문제

1. 부호 있는 정수 타입의 ushr()과 shr()의 차이를 설명하라.
2. 부호 없는 정수에서 ushr()을 지원하지 않는 이유는?
3. 2진수 x가 있을 때 x.shl(n)과 x * 2 * 2 ... 2의 값(2가 n번 곱해짐)을 비교하고 그 이유를 설 명하라.
4. 2진수 x가 있을 때 x.shr(n)과 x / 2 / ... / 2의 값(2를 n번 나눔)을 비교하고 그 이유를 설명 하라.
5. (-1).shr(2)와 -1.shr(2)가 어떤 값이 될지 (코틀린 컴파일러 등과 같은) 컴퓨터의 도움 없이 생각 해보고, 그 이유를 설명하라.

10.3.8 수학 연산

과학 기술 관련 계산을 할 때는 산술 연산만으로 충분하지 않다. 따라서 코틀린은 수학 확장 프로퍼티나 상수, 함수를 제공한다. 이들을 사용하려면 import kotlin.math.*를 파일 앞부분에 추가해야 한다.

다음은 수학 프로퍼티들이다.

1. **absoluteValue**: Double, Float, Int, Long 타입의 값에 대해 사용할 수 있는 확장 프로퍼티로, 해당 값의 절댓값을 돌려준다.
2. **E**: 자연대수의 밑('가우스 수'라고도 함)을 표현하는 Double 타입 const val이다.
3. **PI**: 원주율을 표현하는 Double 타입 const val이다.
4. **sign**: Double, Float, Int, Long 타입의 값에 대해 사용할 수 있는 확장 프로퍼티로, 해당 값의 부호를 0(0인 경우), 1(양수인 경우), −1(음수인 경우)로 돌려준다.
5. **ulp**: Double, Float 타입의 값에 대해 사용할 수 있는 확장 프로퍼티로, 해당 값을 표현한 부동소수점 수에 가장 가까운 다음 수 사이의 거리를 돌려준다. 이 말은 ulp가 어떤 실수를 표현한 IEEE 754 부동소수점 수 표현 가수 부분의 마지막 비트 1이 얼마나 큰 값인지를 나타낸다는 뜻이다. 아래 박스 설명을 참조하라.

ULP와 IEEE 754 부동소수점 수 구조 사이의 관계

ulp는 unit in the last place를 줄인 말로, 보통은 부동소수점 수에서 지수 부분을 유지했을 때 가수의 마지막 비트의 크기가 된다. 예를 들어 다음과 같은 32비트 Float 값이 있다면,

```
01000000110110011001100110011010
// 부호: 0   지수: 10000001   가수: 10110011001100110011010
```

Float.fromBits(0b01000000110110011001100110011010)을 하면 이 값이 6.8f라는 사실을 알 수 있고 6.8f.ulp는 4.7683716E-7을 돌려준다.

가수를 1 증가시키거나 1 감소시켰을 때 정규화가 깨진다면 결과가 달라질 수 있겠지만, 이 경우에는 1을 증가시키거나 감소시켜도 정규화가 깨지지 않기 때문에 지수를 그대로 유지하고 가수를 1 증가시키거나 감소시키는 방식으로 ulp를 계산할 수도 있다. 앞의 비트 패턴에서 가수 부분의 마지막 비트를 1로 만든 패턴을 Float로 바꾼 값에서 6.8f를 뺀 값은 6.8f.ulp와 같다.

```
Float.fromBits(0b0__1000_0001__10110011001100110011011) - 6.8f
// 4.7683716E-7
```

마찬가지로 6.8f의 가수 비트에서 1을 뺀 10110011001100110011001을 가수로 채택한 비트 패턴을 6.8f에서 뺀 값도 6.8f.ulp와 같다.

```
6.8f - Float.fromBits(0b0__1000_0001__10110011001100110011001)
// 4.7683716E-7
```

코틀린은 추가로 다양한 수학 함수를 제공한다. 자세한 내용은 다음과 같다. 별다른 언급이 없으면 '함수이름(식)'처럼 호출해야 하는 일반 함수고, 확장 함수라는 표시가 있으면 확장 함수이므로 '식.함수이름(식)'으로 호출할 수 있다는 점을 기억하라.

거듭제곱, 제곱근, 로그 관련 함수

1. **exp**: e의 x 제곱을 계산한다.

2. **expm1**: exp(x) - 1을 계산한다.

3. **hypot(x, y)**: 두 변이 x, y인 직각삼각형의 빗변hypotenuse 길이, 즉 sqrt(x*x + y*y)를 계산한다. 다른 말로는 피타고라스 합Pythagorean addition이라 한다.

4. **ln**: 밑이 e인 자연대수(자연로그)를 계산한다.

5. **ln1p**: 인자에서 1을 뺀 값의 자연로그를 계산한다.

6. **log(x, base)**: 밑이 base인 x의 로그를 계산한다. 예를 들어 log(2.0, math.E)는 ln(2.0)과 같다.

7. **log10**: 밑이 10인 상용대수(상용로그)를 계산한다.

8. **log2**: 밑이 2인 대수(전산학에서 자주 사용)를 계산한다.

9. (확장 함수) **pow**: 어떤 값의 거듭제곱을 계산한다. 어떤 수의 n 제곱근n-th root은 그 수의 1/n 제곱근으로 계산할 수 있다. 예를 들어 2.0.pow(1.0/2.0)은 sqrt(2.0)과 같다.

10. **sqrt**: 어떤 값의 양의 제곱근을 계산한다.

삼각함수

각도를 인자로 받거나 결괏값을 돌려주는 경우, 각도의 단위는 라디안^{radian}이라는 점에
유의하라(PI 라디안이 180도).

1. **acos**: 아크 코사인^{arc cosine}을 계산한다.
2. **acosh**: 하이퍼볼릭^{hyperbolic} 아크 코사인을 계산한다.
3. **asin**: 아크 사인^{arc sin}을 계산한다.
4. **asinh**: 하이퍼볼릭 아크 사인을 계산한다.
5. **atan**: 아크 탄젠트^{arc tangent}를 계산한다.
6. **atan2(x, y)**: 직교좌표상의 (x, y)에 있는 점이 원점과 이루는 각도를 돌려준다.
   atan(y/x)에 해당한다.
7. **atanh**: 하이퍼볼릭 아크 탄젠트를 계산한다.
8. **cos**: 코사인을 계산한다.
9. **cosh**: 하이퍼볼릭 코사인을 계산한다.
10. **sin**: 사인을 계산한다.
11. **sinh**: 하이퍼볼릭 사인을 계산한다.
12. **tan**: 탄젠트를 계산한다.
13. **tanh**: 하이퍼볼릭 탄젠트를 계산한다.

기타

1. **max(a, b)**: 두 수 중 큰 수를 돌려준다.
2. **min(a, b)**: 두 수 중 작은 수를 돌려준다.
3. (확장 함수) **nextDown**: x.nextDown()은 어떤 실수 x에 대해 음의 무한대 방향으로 가
   장 가까운 다른 실수를 돌려준다.
4. (확장 함수) **nextTowards**: x.nextTowards(y)는 어떤 실수 x에 대해 y 방향으로 가장
   가까운 다른 실수를 돌려준다.

5. (확장 함수) **nextUp**: x.nextUp()은 어떤 실수 x에 대해 양의 무한대 방향으로 가장 가까운 다른 실수를 돌려준다.

6. **round**: 어떤 실숫값과 가장 가까운 정수에 해당하는 실수를 돌려준다. 정확히 중간(예: 0.5)인 경우에는 가장 가까운 두 정수 중 짝수인 쪽을 돌려준다. 예를 들어 round(1.5)는 2.0, round(2.5)도 2.0이다.

7. (확장 함수) **roundToInt**: 어떤 실숫값과 가장 가까운 정숫값을 돌려준다. 정확히 중간(예: 0.5)인 경우에는 양의 무한대 쪽에 가까운 수를 돌려준다. 예를 들어 2.5.roundToInt()는 3이고, (-1.5).roundToInt()는 -1이다.

8. **sign**: 어떤 값의 부호를 0, 1, −1 중 하나로 돌려준다.

9. **truncate**: 어떤 실숫값의 소수 부분을 제거한 수를 돌려준다. 즉, 0 방향으로 내림한다.

10. (확장 함수) **withSign**: x.withSign(y)는 x의 부호 비트만 y의 부호 비트로 바꾼 값을 돌려준다.

10.3.9 연산자 우선순위

코틀린 식에서 여러 연산자를 섞어 사용하면 어떤 순서로 연산을 수행해야 할지 모호할 때가 생긴다. 이럴 때 괄호를 사용하면 식의 의미를 분명히 정할 수 있다.

```
val x1 = 3 * 4 + 2 / 3 % 2
val x2 = 3 * (4 + 2) / (3 % 2)
```

x1에서처럼 괄호를 사용하지 않은 경우 계산 순서를 어떻게 정할 수 있을까? 이를 위해 코틀린 연산자마다 우선순위precedence와 결합 방향associativity이 정해져 있다. 식에 있는 연산은 자신의 우선순위에 따라 계산 순서가 정해지며, 우선순위가 같은 연산자 사이에서는 결합 방향에 따라 순서가 정해진다. 표 10.5는 코틀린 연산자들의 우선순위를 보여준다(아직 다루지 않은 연산자도 표에 있으며, 해당 연산자는 나중에 적절한 곳에서 설명한다).

일반적으로 수학에서 사용하는 산술 연산자의 우선순위(곱셈/나눗셈이 덧셈/뺄셈보다 우선순위가 높음)가 적용되고, 비교 연산자는 산술 연산보다 우선순위가 낮아서 비교 연산과 산술 연산이 섞여 있으면 산술 연산을 먼저 하고 그 결과를 비교하도록 처리된다.

```
2 * 3 - 2 > 17 * 3  // ((2*3)-2) > (17*3)
```

논리 연산자는 비교 연산자보다 우선순위가 낮기 때문에 비교 연산의 결과를 논리 연산과 섞어 쓰면 비교 연산이 먼저 수행된다.

```
2 * 3 - 2 > 17 * 3  or 2 != 3 and 2 == 2    // (((2*3)-2) > (17*3)) or ((2!=3)
and (2==2))
```

객체 메서드 호출이 다른 연산보다 더 우선적으로 처리되므로 후위 연산자와 전위 연산자를 섞어 쓸 수 있는 경우에는 조심해야 한다(아래 박스 설명 참조).

단항 부호 반전 연산자를 사용할 때 주의할 점

코틀린에서는 단항 부호 반전 연산의 우선순위가 .이나 ?.처럼 앞에 -를 붙인 식으로 처리된다고 설명했다. 이로 인해 -1.5.roundToInt()처럼 음수 리터럴 뒤에 .확장함수나_메서드_이름()을 사용할 때는 (-1.5).roundToInt()처럼 반드시 리터럴을 괄호로 감싸야 원하는 결과를 얻을 수 있다. 만약 괄호로 감싸지 않으면 -(1.5.roundToInt())처럼 처리돼서 의도와 다른 값이 나올 수 있는데, 이런 종류의 버그는 상당히 찾기 어려우므로 조심해야 한다.

이와 비슷하게 -와 변수를 앞에 붙이고 그 뒤에 메서드 호출을 덧붙이는 경우에도 괄호를 써서 호출 의도를 명확히 해야 한다.

```
val x = -2
x.compareTo(3)      // 1
-x.compareTo(3)     // -1
(-x).compareTo(3)   // -1
```

표 10.5 코틀린 연산자의 우선순위

우선순위	종류	기호
높음	후위 연산자(postfix)	++, --, ., ?., ?
	전위 연산자(prefix)	-, +, ++, --, !, label
	타입이 우항에 있는 연산자(Type RHS)	:, as, as?
	곱셈 연산자(multiplicative)	*, /, %
	덧셈 연산자(additive)	+, -
	범위 연산자(range)	..
	중위 함수 연산자(infix function)	간단한 식별자
	엘비스 연산자(elvis)	?:
	멤버십과 타입 검사	in, !in, is, !is
	비교 연산자(comparison)	<, >, <=, >=
	동등성 비교 연산자(equality)	==, !=, ===, !==
	논리곱(conjunction)	&&
	논리합(disjunction)	||
	스프레드 연산자(spread)	*
낮음	대입 연산자(assignment)	=, +=, -=, *=, /=, %=

한편 코틀린 연산자 대부분은 왼쪽에서 오른쪽으로 결합법칙이 성립한다. 예를 들어 1 - 2 - 3은 -의 결합법칙에 의해 (1 - 2) - 3으로 해석된다.

대입 연산은 식으로 취급되지 않음

자바 등의 언어에서는 a = b = c처럼 대입하면 a = (b = c)로 해석되고, a += b += c 식이 a += (b += c)로 해석된다. 하지만 코틀린에서는 대입 연산자의 결과를 식에 사용하지 못한다.

코틀린에서 오른쪽에서 왼쪽으로 결합되는 연산자는 오로지 !뿐이다. !!a는 !(!a)로 해석된다.

다음 연산자들을 우선순위가 높은 것부터 낮은 것 순서로 나열하라.

+, -, *, %, shr, ==, /=, ..(범위 연산), !, -(단항 부호), ++, &&, and, .?(안전한 호출)

10.4 (JVM) 문자열

코틀린 문자열은 기본적으로 2바이트 Char의 시퀀스처럼 취급된다. 이로 인해 기본 다국
어 평면에 들어 있지 않은 코드 포인트들은 서로게이트 쌍으로 처리되면서 길이가 1이
아니라 2로 계산된다.

```
val str = "고양이🐈cute"
val len = str.length  // 9(고양이 이모지의 길이가 2로 취급됨)
```

그래서 특정 위치의 문자를 얻는 방법은 두 가지다. 우선, 인덱스(0이 첫 번째 글자임) 연
산을 사용하면 Char 타입의 값을 얻을 수 있다.

```
val cat1 = str[3] // '\uD83D'
val go = str[0]   // '고'
```

또는 어떤 위치의 코드 포인트를 얻을 수도 있다. 32비트 정수로 코드 포인트 값을 돌
려준다.

```
str.codePointAt(0) // str[0]과 같은 값
str.codePointAt(3) // 128008 (U+1F408의 1F408)
```

코드 포인트 개수를 세려면 codePointCount()를 써야 한다. 이때 시작 인덱스와 끝 인
덱스를 지정하면 그 두 인덱스 사이에 있는 코드 포인트 개수를 세준다. 완전한 서로게
이트 쌍이 들어가 있으면 1로 카운드되고, 완전하지 못한 서로게이트 문자도 1로 카운트
된다.

```
"1".codePointCount(0, 1)                  // 1
"고양이🐱cute".codePointCount(0, 4)       // 4
"고양이🐱cute".codePointCount(0, 5)       // 4
"고양이🐱cute".codePointCount(0, 6)       // 5
"\uD83D고\uDC08".codePointCount(0, 3) // 3 (\uD83D와 \uDC08은 서로게이트 문자)
```

원하면 codePoints()를 통해 코드 포인트의 스트림을 얻을 수 있다.

```
val points = "고양이🐱cute"
println(points.codePoints().count()) // 8
```

익힘문제

'(JVM 환경에서) 문자열 x가 있을 때 x.length()와 x.codePoints().count() 값이 서로 다를 수 있다.'라는 명제가 참/거짓 중 어느 쪽인지 말하고, 거짓이라면 왜 거짓인지 이유나 반례를 들어보자.

10.4.1 로우 문자열

코틀린은 **로우 문자열**^{raw string}을 지원했다. 로우 문자열 안에서는 모든 텍스트가 그 자체로 취급된다. 따라서 HTML이나 정규식 등을 표현할 때 편리하다.

```
val html = """
<html>
  <head><title>웹페이지 제목</title>
  </head>
  <body>
  <h1>안녕하세요?</h1>
  </body>
</html>
"""

val regex1 = """[a-zA-Z0-9\/]""".toRegex() // 문자열의 toRegex() 사용
val regex2 = Regex("""\w+""")               // Regex 생성자 사용
```

HTML 예제에서 새줄 문자(줄 바꿈)도 문자열에 들어간다는 점과 정규식 예제에서 \를

표현하기 위해 \\처럼 이스케이프를 하지 않아도 된다는 점에 유의하라.

여러 줄 문자열을 처리할 때 줄 맞추기가 번거로울 수 있다. 이를 해결할 때 도움이 되도록 String 클래스는 trimMargin()과 trimIndent() 메서드를 추가로 제공한다.

```
val text = """
    |세로막대를 기준으로 줄 바꿈 이후, 세로막대까지의 값은 무시되고
    |줄이 정렬됩니다.
    """.trimMargin()   // "세로막대를 기준으로 줄 바꿈 이후, 세로막대까지의 값은 무시되고\n줄
이 정렬됩니다."                 // 여기서 \n은 줄바꿈이라는 점에 유의
```

trimMargin()은 기본적으로 | 문자를 기준으로 각 줄의 위치를 정렬한다. 다른 문자를 기준으로 정렬하려면 trimMargin("#|#")처럼 한 글자 이상의 문자열을 인자로 넘기면 된다. trimIndent()는 각 줄의 들여쓰기를 모두 검토해 가장 최소의 들여쓰기를 기준으로 각 줄의 위치를 정렬한다. 최소의 들여쓰기를 정할 때 공백만으로 이뤄진 줄은 검토 대상에 포함시키지 않으며 탭과 공백 문자를 모두 같은 크기의 공백처럼 취급한다. 두 함수 모두 첫 줄과 마지막 줄이 모두 공백으로만 이뤄졌거나 빈 줄인 경우에는 해당 줄을 제거한 문자열을 만든다.

```
val text2 = """
        공통 들여쓰기를 기준으로
    줄이 정렬됩니다.
    """.trimIndent()
println(text2)
/*
   공통 들여쓰기를 기준으로
줄이 정렬됩니다
*/
```

로우 문자열 안에 원하는 내용을 넣을 수 없다면 상당히 불편할 것이다(물론 로우 문자열 안에 형식 문자열을 사용하고, String의 format() 메서드를 사용할 수는 있다). 다행히 코틀린에서는 문자열 안에 임의의 식을 넣을 수 있게 허용하고, 그 식이 만들어낸 결괏값의 문자열 표현을 문자열에 넣어준다. 이런 표현을 **문자열 템플릿**string template이라 한다.

1. 다음 코드의 실행 결과를 (실제로 코드를 실행하지 말고) 적어보라.

```kotlin
fun main() {

val text2 = """
        공통 들여쓰기를 기준으로
    줄이 정렬됩니다.
        다음 줄입니다.
    그다음 줄입니다.
    """.trimIndent()
println(text2)
}
```

2. 다음 코드처럼 trimMargin()의 기준 문자열에 해당하는 문자열이 각 줄 맨 앞에 없거나 공백을 기준 문자열로 지정하면 어떤 일이 벌어질까? 여러분의 생각과 실제 동작을 비교해보라.

```kotlin
fun main() {
  val s = """
  첫 번째 줄
      두 번째 줄
"""
    println(s.trimMargin())
    println(s.trimMargin(" "))
}
```

10.4.2 문자열 템플릿

2장에서도 간략히 다뤘지만 문자열 템플릿은 두 가지 유형이 있다.

- 변수의 값을 문자열에 넣고 싶으면, $ 다음에 변수 이름을 추가해 문자열 안에 넣는다.
- 임의의 식을 문자열 안에 넣고 싶으면, ${식}처럼 중괄호 안에 식을 넣고 문자열 안에 넣는다.

```
var pi = 3.14
val s = "파이의 값은 $pi"
println("반지름이 10인 원의 넓이는 ${pi*10.0*10.0}")
println("반지름이 ${"10인 원의 둘레는 ${2.0*pi*10.0}"}")
```

예제에서 보는 것처럼, 심지어 문자열 템플릿의 식 안에 문자열을 넣으면서 그 안에서
문자열 템플릿을 써도 정상적으로 작동한다. 또한 일반적인 산술식이 아니라 if/else, 함
수 호출 등과 같은 코틀린 식을 넣어도 정상적으로 작동한다.

문자열 템플릿을 쓸 때 주의할 점(한글과 $ 표시)

변수 이름 바로 뒤에 한글을 붙이면(한자를 비롯한 다른 나라의 문자도 마찬가지임) 변수 이름에 한
글 부분이 포함된 것으로 취급한다는 점과 로우 문자열에서 $를 쓸 수 없으므로 ${'$'}처럼 문자나
문자열로 $를 한 번 감싸서 표시해야 한다는 점에 유의하라.

```
val x = 4
println("x의 값은 $x입니다.")  // error: unresolved reference: x입니다
println("햄버거가 ${'$'}$x!")
```

10.4.3 문자열 조작

코틀린 문자열은 불변 객체immutable object다. 따라서 문자열에 저장된 문자를 임의로 변경
할 수는 없다. 하지만 문자열의 일부분을 다른 문자로 대치한 새 문자열을 얻거나 부분
문자열을 얻는 등의 연산이 가능하다.

문자열 비교

다른 값을 서로 비교할 때 ==를 썼던 것처럼, 문자열을 비교할 때도 ==를 쓸 수 있다. ==
는 두 문자열을 맨 앞에서부터 차례로 비교하면서 서로 같지 않은 문자가 나오거나 두 문
자의 길이가 다르면 false를 돌려주고, 두 문자열에 들어 있는 모든 문자가 같으면 true

를 돌려준다. 문자열을 비교하되 대소문자를 구분하지 않고 비교하려면 equals(비교대상 문자열, true)를 사용한다. equals(비교대상문자열)이나 equals(비교대상문자열, false)는 ==와 같다.

```
"abc"=="ABC" // false
"abc"=="abc" // true
"abc".equals("ABC") // false
"abc".equals("ABC", false) // false
"abc".equals("ABC", true)  // true
"abc".equals("Abc", true)  // true
```

문자열 간의 대소 비교는 **사전식 순서**lexicographic order를 따르며, 모든 비교 연산자(<, <=, >, >=)를 쓸 수 있다. 다음 비교는 모두 true이다.

```
"0" < "9"
"9" < "A"
"A" < "a"
"AA" < "Aa"
"A1" < "a1"
"AAA" < "AAAA"
"filename0" < "filename1"
"filename1" < "filename12"
"filename12" < "filename9"
```

문자열 대소 비교를 하고 싶은데 대소문자를 구분하지 않고 비교하려면 compareTo(비교대상문자열, true)를 사용한다. 대소문자를 구분하면서 비교하고 싶을 때는 compareTo(비교대상문자열)이나 compareTo(비교대상문자열, false)를 비교 연산자 대신 사용할 수도 있다. s1.compareTo(s2)는 s1이 s2보다 작으면 음수, s1이 s2와 같으면 0, s1이 s2보다 크면 양수를 돌려준다.

```
"0".compareTo("9")  // -9
"9".compareTo("0")  // +9
"AA".compareTo("Aa")        // -32
"AA".compareTo("Aa", false) // -32
"AA".compareTo("Aa", true)  // 0
```

유니코드 문자열을 비교할 때는 정규화를 고려해야 한다(아래 박스 설명 참조).

유니코드 정규화

유니코드 문자열의 경우 **정규형식**(normalization Form)이라는 개념이 있다. 예를 들어 유니코드로 한글을 적을 때는 보통 일종의 한글 소리마디(Hangul Syllables) 영역[8]에 있는 코드 포인트들을 사용하지만, 원하면 첫가끝 형식(한글 자모(Hangul Jamo)와 한글 자모 확장(Hangul Jamo Extended))에 있는 자모를 조합해 정의할 수도 있다. 이렇게 조합한 글자는 고대 한글과 현대 한글이 표현할 수 있는 모든 글자(음절)를 다 표현할 수 있다는 장점이 있다. 문제는 이 두 가지 방식으로 작성한 글자가 실제로는 같은 글자를 가리킬 수 있다는 점이다. 예를 들어 '한'(U+D55C)을 첫가끝으로 표현하면 U+1112 U+1161 U+11AB라는 세 글자로 바뀌는데, 문자열 안에 이 두 가지 패턴이 쓰인 경우 실제로는 같은 글자를 표현하지만 2진 표현이 달라서 서로 다른 문자열로 판정될 수 있다.

```
val denormal = "\u1112\u1161\u11AB"
val normal = "\uD55C"
println(denormal+normal)  // 한한
println(denormal==normal) // false
```

이렇게 다른 방식으로 표현한 같은 글자를 문자에 따라 정해진 표준 방식으로 표현하는 과정이 정규화다. 앞의 예제에서 denormal을 정규화하면 normal과 같은 코드 포인트가 나와야 한다. 이를 통해 두 글자가 같은 글자라는 사실을 알 수 있으며, 문자열을 제대로 비교하려면 정규화까지 고려돼야 한다.

코틀린은 JVM에서는 자바가 제공하는 java.text.Normalizer를 활용할 수 있다. 한글 처리의 경우 Normalizer.Form.NFD는 첫가끝 코드 쪽을 정규화된 것으로 생각하자는 플래그라 할 수 있고, Normalizer.Form.NFC는 한글 소리마디 쪽을 정규화된 것으로 생각하자는 플래그라 할 수 있다.

```
println(java.text.Normalizer.isNormalized(normal, java.text.Normalizer.
Form.NFC))  // true
println(java.text.Normalizer.isNormalized(denormal, java.text.Normalizer.
Form.NFC))  // false
println(java.text.Normalizer.isNormalized(normal, java.text.Normalizer.
Form.NFD))  // false
println(java.text.Normalizer.isNormalized(denormal, java.text.Normalizer.
Form.NFD))  // true
```

---

8   한글 소리마디 영역은 현대 한글에서 표현할 수 있는 11,172자(음절)를 모두 포함하며, 초성/중성/종성을 비트 연산을 통해 분리할 수 있도록 고안돼 있다.

둘 중 어느 한 플래그를 지정하면 다음과 같이 해당 모드 안에서 코드를 정규화할 수 있다. 정규화를 하고 나면 두 문자열이 같아진다. 여러 다른 플랫폼에서 가져온 문자를 비교할 때는 정규화도 고려해야 한다.

```
java.text.Normalizer.normalize(normal, java.text.Normalizer.Form.NFD) ==
denormal   // true
java.text.Normalizer.normalize(denormal, java.text.Normalizer.Form.NFC)
== normal   // true
```

한글 코드와 리눅스 정규화는 https://d2.naver.com/helloworld/76650을 참조하라.

부분 문자열

부분 문자열을 얻고 싶으면 문자열 뒤에 .substring() 메서드를 사용하면 된다. 이때 첫 번째 인자는 부분 문자열을 시작할 위치, 두 번째 인자는 부분 문자열이 끝나는 위치(이 위치에 있는 문자는 결과로 돌려주는 문자열에 포함되지 않는다는 점에 유의하라)다. 따라서 substring(n, m)을 호출하면 m-n개의 문자가 들어간 문자열이 생긴다. 따라서 끝 인덱스와 시작 인덱스가 같으면 빈 문자열이 생긴다.

```
"01234567890".substring(0, 1)   // "0"
"01234567890".substring(1, 6)   // "12345"
"01234567890".substring(10, 10) // ""
```

서로게이트 쌍의 경우 두 글자로 취급되므로 부분 문자열이 서로게이트 쌍 중 한쪽만 가져올 수도 있다.

```
"고양이🐱cute".substring(3, 4) // "\uD83D"
```

시작 인덱스나 끝 인덱스가 범위를 벗어나거나 끝 인덱스가 시작 인덱스보다 작으면 예외가 발생한다.

```
"고양이🐱cute".substring(0, 40)  // StringIndexOutOfBoundsException
"고양이🐱cute".substring(5, 1)   // StringIndexOutOfBoundsException
```

문자열 연결

두 문자(문자열)를 연결하고 싶으면 + 연산을 사용한다.

```
val name = "오현석"
val greeting = "안녕하세요, "
println(greeting + name) // 안녕하세요, 오현석
```

문자열뿐 아니라 모든 코틀린 값을 + 연산으로 문자열 뒤에 붙일 수 있다. 어떤 값을 문자열 뒤에 연결하면 값.toString()을 한 결과를 문자열 뒤에 덧붙인다.

```
println(name + 1)     // 오현석1
println(name + false) // 오현석false
```

반대로 임의의 값에 대해 +로 문자열을 연결할 수는 없다는 점에 유의하라.

```
1.0 + " is a number" // error: none of the following functions can be called
with the arguments supplied
```

문자/문자열 치환

치환 메서드 replace()는 문자열 안의 문자를 다른 문자로 변경한 새로운 문자열을 반환한다. 원본 문자열은 그대로 남는다는 점에 유의하라.

특정 문자를 변경하고 싶을 때는 replace(기존문자, 새문자)를 호출한다.

```
"name means nothing.".replace('n', 'N')  // Name meaNs NothiNg.
```

부분 문자열을 한꺼번에 바꾸고 싶을 때는 replace(기존문자열, 새문자열)을 호출한다. 새 문자열과 기존 문자열의 길이는 달라도 된다.

```
"name means nothing.".replace("no", "some")  // name means something
```

특별한 경우로, replace()의 첫 번째 인자로 ""를 넣으면 원본 문자열에서 글자와 글자 사이에 원하는 문자열을 넣을 수 있다. 반대로 두 번째 인자로 ""를 넣으면 원하는 부분 문자열을 모두 없앨 수 있다.

```
"example".replace("", "|")           // |e|x|a|m|p|l|e|
"|e|x|a|m|p|l|e|".replace("|", "")  // example
```

두 함수 모두 대소문자를 무시하고 싶은 경우 세 번째 인자로 true를 넣어주면 된다.

```
"name meaNs nothing.".replace("n", "N!", true)  // N!ame meaN!s N!othiN!g.
"name meaNs nothing.".replace('n', 'X', true)   // Xame meaXs XothiXg.
```

정규식regular expression을 사용할 수도 있다. 정규식을 사용하면 효율적으로 강력한 패턴 매칭을 수행할 수 있어 원하는 치환을 더 빠르게 할 수 있지만, 정규식은 별도의 책이 필 요할 만큼 다뤄야 할 내용이 많다.

```
"example".replace("^|$".toRegex(), "|")              // |example|
"example".replace("(?<!^).{0}(?!$)".toRegex(), "|")  // e|x|a|m|p|l|e
```

코틀린 문자열은 CharSequence 인터페이스를 구현하며, 이 인터페이스는 코틀린 컬렉 션 라이브러리에서 제공하는 다양한 연산을 제공하므로 컬렉션을 잘 알면 다양한 컬렉션 연산을 문자열에도 적용할 수 있다.

문자열 형식화

문자열 템플릿을 사용하면 문자열을 원하는 형태로 만들어낼 수 있다. 하지만 경우에 따라 텍스트로 출력하는 데이터의 길이를 제한하거나 표시 형식을 변환해야 하는 경우가 있다. 다음 코드를 보자.

```
println(10.0/3.0)  // 3.3333333333333335
```

이 값을 소수점 이하 네 자리까지만 표시하고 앞에 원화 기호 ₩를 붙이고 싶다면 어떻게 해야 할까? 이런 식으로 문자열을 다듬는 것을 형식화formatting라 한다. 형식화가 필요한 일이 자주 있으므로 코틀린도 형식화 메서드를 제공한다. 실수를 소수점 이하 네 자리로 표시하고 앞에 원화 기호를 붙이는 형식화를 통해 앞의 문제를 해결하면 다음과 같다.

```
println("₩ %.4f".format(10.0/3.0))  // ₩ 3.3333
```

이때 앞의 문자열 "₩ %.4f"는 format() 메서드의 인자로 전달된 값을 어떻게 출력할지 지정하는 **형식 문자열**format string이다. 형식 문자열 안에는 일반 문자와 **형식 지정자**format specifier가 함께 들어갈 수 있다. 앞의 예에서 ₩나 공백은 일반 문자고, %.4f는 형식 지정자다.

형식 지정자는 다음과 같은 문법을 따라 구성된다.

```
%[인자인덱스$][플래그][너비][.정밀도]변환유형
```

가장 간단한 형식 지정자는 % 바로 뒤에 데이터를 어떤 형태로 표시할지를 결정하는 **변환 유형 문자**conversion type character가 들어간 지정자다. 이때 format() 메서드에 넘겨진 인자의 타입이 % 뒤에 지정한 변환 유형과 일치하지 않으면 오류가 발생한다.

```
println("%f".format(10.0/3.0))  // ₩ 3.3333
println("%d".format(10.0/3.0))  // java.util.IllegalFormatConversionExceptio
n: d != java.lang.Double
```

표 10.6 format()의 형식화 문자열 변환 유형 문자

변환 유형 문자	설명	예제
d	정수(10진)	23423
x, X	정수(16진)	1f347
o	정수(8진)	12017
f	실수(10진 소수)	123.4
e, E	실수(지수 표현)	1.234e2
g, G	실수(10진 소수와 지수 표현 중 정밀도를 유지하면서 표시하기 유리한 쪽)	0.142857 또는 1.42857e+21
a, A	실수(2진 지수 표현)	0x1.1642c8590b217p2
s, S	문자열	문자열str123
c, C	문자	a
b, b	불린 값(인자가 null, false인 경우 false, 그 외에 true가 됨)	false
h, H	해시 코드(16진)	1a8424
%	% 자체를 표시	'%'
n	시스템에 따른 줄 바꿈 문자	\u00a0 (리눅스의 경우)

표에서 대문자로 돼 있는 변환 유형 문자는 소문자와 같은 역할을 하지만, 변환한 문자열에 영어 알파벳 소문자가 들어가는 경우 해당 문자를 대문자로 표현한다(예: "%x".format(11)은 "b"를 반환하고, "%X".format(11)은 "B"를 반환한다).

너비와 정밀도는 있어도 되고 없어도 된다. 너비는 항상 양의 정수여야 하고, 정밀도도 0 또는 양의 정수여야 한다. 이 두 필드의 값에 따라 결과가 어떻게 달라질지는 변환 문자에 달려 있다.

일반적으로는 너비 부분이 데이터를 표시할 전체 너비를 지정한다. e/E, f/F에서는 정밀도가 소수점 다음에 올 수 있는 숫자의 개수를 표시한다(데이터가 그보다 긴 경우 정밀도에 맞춰 반올림해 표시한다). g/G에서는 정밀도가 지수 부분 이전에 표시될 전체 숫자 수(소수점 제외)를 결정한다.

```
// 빈 칸을 볼 수 있게 |로 각 문자를 구분했다
"%.5f".format(1.23456e-10)    // "|0|.|0|0|0|0|0|"
"%.5f".format(1.23456e2)      // "|1|2|3|.|4|5|6|0|0|"
"%5.5f".format(1.23456e2)     // "|1|2|3|.|4|5|6|0|0|"
"%10.5f".format(1.23456e2)    // "| |1|2|3|.|4|5|6|0|0|"
"%.5g".format(1.23456e2)      // "|1|2|3|.|4|6|"
"%5.5g".format(1.23456e2)     // "|1|2|3|.|4|6|"
"%10.5g".format(1.23456e2)    // "| | | | |1|2|3|.|4|6|"
"%.5g".format(1.23456e-10)    // "|1|.|2|3|4|6|e|-|1|0|"
"%5.5g".format(1.23456e-10)   // "|1|.|2|3|4|6|e|-|1|0|"
"%15.5g".format(1.23456e-10)  // "| | | | | |1|.|2|3|4|6|e|-|1|0|"
```

너비 앞에 플래그를 붙일 수 있다. 자주 쓰는 플래그는 다음과 같다.

1. -: 결과를 왼쪽 정렬한다. ("%-15.5g".format(1.23456e-10)의 결과는 "|1|.|2|3|4|6|e|-|1|0| | | | | |")

2. +: 결과에 부호를 항상 포함시킨다. ("%+15.5g".format(1.23456e-10)의 결과는 "| | | | | +|1|.|2|3|4|6|e|-|1|0|")

3. 0: 결과 앞에 0을 채워 넣는다. ("%015.5g".format(1.23456e-10)의 결과는 "|0|0|0|0|0|1|.|2|3|4|6|e|-|1|0|")

4. ,: 결과에 로케일에 따른 자릿수 구분 문자(, 등)를 넣는다. ("%,15.10g".format(1234567890.0)의 결과는 "| | |1|,|2|3|4|,|5|6|7|,|8|9|0|")

몇 가지 플래그를 조합해 사용할 수도 있다. 예를 들어 실수를 변환하는 경우 -와 ,를 플래그에 함께 쓸 수 있고, +와 ,와 0을 함께 쓸 수 있다.

```
"%-,15.10g".format(1234567890.0).replace("", "|")    // "|1|,|2|3|4|,|5|6|7|,
|8|9|0| | |"
"%0,15.10g".format(1234567890.0).replace("", "|")    // "|0|0|1|,|2|3|4|,|5|6
|7|,|8|9|0|"
"%0+15.10g".format(1234567890.0).replace("", "|")    // "|+|0|0|0|0|1|2|3|4|5
|6|7|8|9|0|"
"%0+,15.10g".format(1234567890.0).replace("", "|")   // "|+|0|1|,|2|3|4|,|5|6
|7|,|8|9|0|"
"%+,15.10g".format(1234567890.0).replace("", "|")    // "| |+|1|,|2|3|4|,|5|6|
7|,|8|9|0|"
```

보통은 format()에 전달된 인자의 순서대로 % 형식 지정자가 지정되지만, 순서를 다르게 표시하고 싶거나 같은 인자를 여러 번 반복 표시하고 싶다면 인자의 순서(첫 번째 인자가 1이라는 점에 유의하라)를 적고 그 뒤에 $를 추가[9]하면 된다.

```
"%1$-,15.10g %1$10.5g".format(1234567890.0)    // " |1|,|2|3|4|,|5|6|7|,|8|9|0
| | | |1|.|2|3|4|6|e|+|0|9|"
"%5\$c%4\$C%3\$c%2\$C%1\$c".format('a', 'b', 'c', 'd', 'e', 'f')    // |e|D|
c|B|a|
```

format()에 사용하는 형식 지정을 더 자세히 알고 싶다면 관련 사이트(https://docs.oracle.com/en/java/javase/17/docs/api/java.base/java/util/Formatter.html#detail)를 살펴보라.

익힘문제

이번 익힘문제는 모두 형식 지정 문자에 대한 문제들이다.

1. 다음 변환 유형 문자를 설명하라.
   a. d
   b. x
   c. e
   d. G

---

9   코틀린에서는 1$c처럼 인자 인덱스 뒤에 플래그와 너비 없이 바로 변환 유형 문자가 들어갈 경우 $c로 인식돼 문자열 템플릿으로 처리된다는 점에 유의하라. 이런 경우 \$로 이스케이프해야 한다.

    e. s

    f. h

2. 다음 식의 결과를 적어라.

    a. "%d".format(10)

    b. "%3d".format(10)

    c. "%+3d".format(10)

    d. "%-3d".format(10)

    e. "%,-10d".format(12345)

    f. "%,+10d".format(12345)

    g. "%,10d".format(12345)

    h. "%s".format("sTrInG")

    i. "%S".format("sTrInG")

    j. "%+10S".format("sTrInG")

    k. "%-10S".format("sTrInG")

    l. "%10S".format("sTrInG")

10.5 연습문제

1. 코틀린 정수형 타입을 모두 나열하고 각각의 크기(단위: 바이트), 최댓값/최솟값을 설명하라.

2. 코틀린 실수형 타입을 모두 나열하고 각각의 크기(단위: 바이트), 표현 가능한 지수 및 가수 비트 수를 설명하라.

3. 두 실수를 비교할 때 ==를 쓰지 말아야 하는 이유를 설명하라.

4. 다음 이스케이프 시퀀스를 설명하라.

    a. \b

    b. \t

    c. \n

d. \r

e. \"

f. \'

g. \uXXXX

5. Char가 모든 유니코드 문자를 표현할 수 있는가? 그렇지 않다면 그 이유는 무엇인가?

6. 다음 중 코틀린 하드 키워드가 아닌 단어는?

```
as, break, by, catch, class, constructor, continue, delegate, do,
dynamic, field, file, finally, get, import, init, package, param,
return, super, this, throw, true
```

7. 백틱을 사용한 식별자를 설명하라.

8. const를 설명하라.

9. 다음 연산자들을 우선순위가 높은 연산자부터 순서대로 나열하라.

```
++ -- as .. ?: > && = /=
```

10. 다음과 같은 변수가 있을 때 문제에서 요구하는 결과를 얻을 수 있도록 비트 마스킹 연산을 정의하라.

```
val a: UInt = 0xABCD_EF12
```

a. a에 담긴 32비트 값 중 마지막 비트(lsb)만 그대로 남기고 나머지를 모두 0으로 지운다.

b. a에 담긴 32비트 값 중 첫 번째 비트(lsb)만 그대로 남기고 나머지를 모두 1로 설정한다.

c. a의 모든 비트를 반전(0은 1로, 1은 0으로)시킨다.

d. a에서 세 번째 바이트에 속하는 비트들(EF 부분)만 0으로 설정하고 나머지 비트는 그대로 남긴다.

11. 문자열 멤버 함수 중 `trimMargin()`과 `trimIndent()`를 설명하라.

12. 문자열 템플릿이란 무엇인가?

13. "abcdefg"라는 문자열이 있을 때, `substring()`을 사용해 다음과 같은 문자열을 얻는 코드를 작성하라.

    a. "a"

    b. "cde"

    c. "abcdefg"

    d. ""

    e. "defg"

14. 문자열 형식화를 설명하라.

15. 형식 문자열의 형식 지정자를 이루는 여러 가지 부분 중에서 변환 유형 문자를 설명하라.

16. `"%5\$c%4\$C%3\$c%2\$C%1\$c".format('가', '나', '다', '라', '마', '바')` 코드가 만들어내는 문자열이 무엇인지 적고, 왜 그런 문자열이 나오는지 설명하라.

11

제어 구조
자세히 살펴보기

2장에서 코틀린 제어 구조를 간략히 다뤘다. 이번 장에서는 2장에서 다루지 않은 기술적인 세부 사항을 살펴본다.

전통적인 명령형 프로그래밍에서는 var 변수를 정의하고 그 값을 여러 가지 제어 구조를 통해 변경시켜가면서 원하는 결과를 얻어낸다. 클래스를 정의하고 서로 협력하는 객체를 만들어 문제를 해결하는 객체지향 프로그래밍 방법도 객체 안에 상태를 가두고, 객체 외부에서는 멤버 함수 호출을 통해 원하는 작업을 객체에 요청한다. 하지만 객체는 멤버 함수 내부에서 자신의 상태를 변화시키기 위해 제어 구조를 활용한다. 따라서 제어 구조를 잘 배워두는 게 중요하다.

명령형 프로그래밍

명령형 프로그래밍은 원하는 목표를 달성하기 위해 메모리에 저장된 값으로 표현되는 상태와 이 상태를 변경해나가는 명령의 관점에서 프로그램을 진행하는 프로그래밍 패러다임이다.

인간은 어려서부터 상태 변화에 민감하다. 부모의 기분이 나의 행동에 따라 변화한다는 사실을 누구나 경험적으로 알게 되고, 어린 시절 레고 조립법, 운동 규칙 등을 통해 자연스럽게 명령형 패러다임과 유사한 사고방식을 현실 세계에서 배우므로 사실 명령형 프로그래밍은 평범한 인간이 직관적으로 가장 쉽게 배울 수 있는 프로그래밍 방식 중 하나라고 생각한다. 다만 프로그램이 더 복잡해지면 서로 얽힌 상태 처리를 격리하고 외부로부터 보호하기 어려워지며, 상태를 다루는 과정에서 실수를 저지를 가능성도 높아지고 상태에 따른 분기가 다양해지면 이른바 '스파게티 코드'가 생겨나는 등 여러 가지 문제가 생기기 쉽다. 따라서 구조적 프로그래밍(structural programming)이나 객체지향 프로그래밍(object oriented programming) 등으로 (여전히 명령형 프로그래밍이지만) 좀 더 조직적으로 상태를 관리하고 격리시키는 구조를 사용하려는 경향이 나타났다.

한편 명령형 프로그래밍 언어는 프로그래밍 언어가 실행되는 컴퓨터의 구조를 반영하기도 한다. 대부분의 컴퓨터는 메모리 내용을 변화시키는 명령어를 실행함으로써 원하는 결과를 계산해내는 방식으로 동작한다. 명령형 프로그래밍 언어는 기본적으로 변수와 변수를 변화시키는 연산으로 구성되지만, 여러 연산을 쉽게 엮어서 반복 수행할 수 있는 루프, 여러 연산을 정해진 순서대로 수행하는 프로시저(procedure), 조건에 따른 분기 등을 제공함으로써 좀 더 편리하게 프로그래밍할 수 있도록 해준다.

11.1 for 루프와 이터레이터의 관계: 관습에 기반한 언어 기능 제공

9.2.1절에서 for(변수 in 이터레이터를_제공하는_객체)처럼 for 문을 쓸 수 있다고 설명했다.

이터레이터를 제공하는 객체라는 말이 마치 for에 쓰이려면 Iterable이나 Iterator 인터페이스를 정의하도록 요구하고 있는 것처럼 보이지만, 실제로는 그렇지 않다. 코틀린에서는 구체적인 인터페이스에 의존하기보다 operator가 붙은 미리 정해진 이름의 함수에 의존해 언어의 다양한 기능을 처리하는 경향이 있는데, for 루프가 한 가지 예다.

왜 언어 기능을 처리할 때 인터페이스 등의 타입에 의존하지 않고 operator 함수를 사용하는 관습에 의존할까?

미리 약속한 타입에 의존하면 타입을 통해 명확히 용도를 알 수 있다는 장점이 있는데, 왜 코틀린은 타입에 의존하지 않고 관습(convention)에 의존할까?

타입을 지정하고 연산을 오버라이드하는 과정이 귀찮기도 하고, 무엇보다 클래스 설계가 끝나고 나면 소스 코드를 변경하지 않고는 타입을 변경할 방법이 없으므로 확장성이 떨어진다는 단점이 있기 때문이다.

타입에 의존하면 남이 작성한 클래스에 새로운 연산을 추가하는 것 등이 불가능하다. 누군가 자신만의 리스트 클래스로 OtherList를 만들었는데, 아주 유용해서 이 클래스를 가져와 쓰고 싶다고 하자. 만약 Iterator 인터페이스를 확장해야만 for 루프에 객체를 쓸 수 있다면, 처음부터 OtherList가 Iterator를 확장하지 않은 경우 이 클래스의 객체를 for에 쓸 방법이 없다. 하지만 정해진 이름의 operator 함수를 쓰기로 약속이 돼 있고 언어가 기존 클래스에 새로운 함수를 추가로 선언할 방법을 지원해준다면, 기존 OtherList 클래스 소스 코드를 변경하지 않아도 새 operator 함수를 추가해서 기능을 쉽게 쉽게 덧붙일 수 있다.

코틀린 설계자들은 이런 상황을 고려해 **확장 함수와 프로퍼티**(extension function, extension property)라는 언어 기능을 추가해뒀다. 확장 함수나 프로퍼티를 사용하면 기존 클래스의 소스 코드를 변경하지 않고도 원하는 멤버 함수나 프로퍼티를 추가할 수 있다. 확장은 12.2절에서 다룬다.

코틀린 언어 명세에 따라, for 루프에 객체를 쓸 수 있으려면 operator fun iterator() 라는 특별한 멤버 함수를 제공해야 한다. 이때 객체의 타입(클래스)이 특정 인터페이스를 구현할 필요는 없다. 멤버 함수 중에 operator가 붙은 연산자 멤버 함수 fun iterator()가 있고, 이 이터레이터가 반환하는 객체가 또 다른 특별한 관습에 따라 연산자 멤버 함수들을 제공하기만 하면 된다.

operator fun iterator()가 반환하는 객체는 어떤 관습을 따라야 할까? 이 객체는 다음 두 연산자 멤버 함수를 지원해야 한다.

1. 다음 원소가 있는지 여부를 알려주는 operator fun hasNext():Boolean
2. 다음 원소를 돌려주는 operator fun next():T (여기서 T는 for 루프에서 이터레이션할 때 얻게 될 원소의 타입이다.)

코틀린을 잘 아는 사람도 흔히 for에 사용하는 객체가 interface Iterable을 구현해야 한다고 생각하는 경우가 많고, 그에 따라 operator fun iterator()의 반환 타입이 항상 Iterator<T> 타입의 인터페이스를 구현해야 한다고 생각하고는 한다. 하지만 실제로는 전혀 그렇지 않다. 코틀린 컴파일러는 객체의 타입을 검사하지 않고 객체가 제공하는 iterator() 연산자 멤버 함수가 있는지와 iterator() 연산자 멤버 함수가 hasNext()와 next()를 지원하는지만 검사한다.

다만 Iterable을 구현하면 Iterator를 돌려주는 operator fun iterator()를 오버라이드해야 하고 Iterator를 구현하면 operator fun hasNext():Boolean과 operator fun next():T를 모두 오버라이드해야만 하므로, 이렇게 작성한 클래스는 당연히 for 루프에 사용할 수 있는 클래스가 된다. 따라서 어떤 함수를 제공해야 하는지 외우기 귀찮거나 하면 그냥 클래스를 정의하면서 Iterable을 구현하라.

익힘문제

무한히 많은 정수를 1부터 순서대로 제공하면서 for 루프에서 사용할 수 있는 InfInt라는 무한 정수 시퀀스를 제공하는 클래스를 만들어보자. 편의상 InfInt가 이터러블과 이터레이터의 역할을 함께 담당하게 하자.

1. 이 클래스에는 operatror fun iterator()가 있어야 한다. 다음 코드에서 iterator()가 InfInt 객체를 하나 만들어 반환하게 해보자.

```
class InfInt {
    operator fun iterator() = ...
}
```

2. 이렇게 반환한 InfInt 객체는 operator fun hasNext():Boolean과 operator fun next():Int를 제공해야 한다. 무한 시퀀스이므로 hasNext()는 항상 참을 반환해야 하며, next()는 내부에 저장된 어떤 정숫값을 읽어 돌려주고 그 값을 1 증가시켜서 다음에 반환할 값을 기억해둬야 한다. 이때 next()에서 사용할 정수 값은 InfInt 클래스의 프로퍼티가 돼야 하며, InfInt가 초기화될 때 1로 초기화돼야 한다(그래야 next()가 맨 처음 호출될 때 1을 반환한다). 이 두 함수를 구현하라.

```
class InfInt {
    operator fun iterator() ...
    operator fun hasNext():Boolean ...
    operator fun next():Int ...
}
```

3. 다음과 같은 main() 루프를 통해 여러분이 정의한 코드가 제대로 작동하는지 살펴보자.

```
fun main() {
  val infInt = InfInt()
  var sum: Int = 0
  for(x in infInt) {
    if(x>1000) break
    sum += x
  }
  println(sum)    // 1부터 1000까지 정수의 합이므로 500500이 출력됨

  // infInt를 갖고 한 번 더 이터레이션
  sum = 0
  for(x in infInt) {
    if(x>1000) break
    sum += x
  }
  println(sum)    // 1부터 1000까지 정수의 합이므로 500500이 출력돼야 함?
}
```

4. 1번에서 새 객체를 만들어 반환하면 두 번 다 5005000이 출력되지만, this를 반환하게 한다면 어떤 일이 벌어질까? 새 객체를 만드는 설계와 this를 반환하는 설계 중 어떤 설계가 올바른 설계일까?

11.2 범위와 순열

2장에서 배운 범위와 순열을 여기서 좀 더 자세히 살펴보자. 범위와 순열 관련 정의는 kotlin.ranges 패키지에 들어 있다.

11.2.1 범위

범위를 만들 때 .. 연산자를 사용한다는 사실은 이미 알고 있을 것이다. 사실 .. 연산자는 다음과 같은 연산자 함수를 호출하는 코드일 뿐이다.

```
operator fun <T : Comparable<T>> T.rangeTo( that: T ): ClosedRange<T>
```

Byte, Short, Int, Long, Char 타입은 자신과 같은 타입을 파라미터로 받는 rangeTo() 멤버 함수를 제공한다. 이때 각각의 타입에 정의된 rangeTo()는 일반적인 ClosedRange<> 타입이 아니라 ByteRange, ShortRange, IntRange, LongRange, CharRange처럼 구체적인 타입의 범위 클래스가 별도로 존재한다.

다만, 다양한 타입을 사용해 범위를 만들 수 있도록 다른 정수 타입 값을 파라미터로 받는 오버로드 rangeTo()가 정의돼 있다. 예를 들어, Int 클래스 안에는 final operator fun rangeTo(other: Int): kotlin.ranges.IntRange 정의 외에도 다음과 같은 rangeTo() 연산자들이 정의돼 있다.

1. final operator fun rangeTo(other: Byte): kotlin.ranges.IntRange
2. final operator fun rangeTo(other: Long): kotlin.ranges.LongRange
3. final operator fun rangeTo(other: Short): kotlin.ranges.IntRange

한편 Float와 Double에 대해서는 ClosedFloatingPointRange<Float>와 ClosedFloating PointRange<Double>을 돌려주는 downTo() 연산자 함수가 확장 함수로 정의돼 있다.

```
1.0.rangeTo(10.0)  // ClosedFloatingPointRange<Double> 타입의 범위
```

또한 범위 안에 어떤 원소가 속하는지 검사할 때 사용하는 in이나 !in 연산자도 contains()라는 연산자 멤버 함수를 호출하는 것에 지나지 않는다.

```
operator fun contains(value: T): Boolean
```

값이 범위 안에 속하는지 여부를 판단하려면 대소를 비교할 수 있어야 하므로 T 타입

이 Comparable을 상속해야 한다는 점에 유의하라. 만들어지는 ClosedRange<>는 다음과 같은 인터페이스로 돼 있다. IntRange 등의 구체적인 범위 타입도 구조는 비슷하다.

```
public interface ClosedRange<T: Comparable<T>> {
    // 닫힌 범위의 양 끝 점
    public val start: T          // 범위의 시작 값(최솟값)
    public val endInclusive: T  // 범위의 끝 값(최댓값)

    public operator fun contains(value: T): Boolean = value >= start && value
<= endInclusive
    public fun isEmpty(): Boolean = start > endInclusive
}
```

범위는 항상 최솟값과 최댓값으로 정해진다. rangeTo() 연산의 왼쪽 값이 오른쪽 값보다 크면 아무 값도 들어 있지 않은 빈 범위와 마찬가지로 취급된다.

```
1 in 5..1  // false
5 in 5..1  // false
3 in 5..1  // false
1.0 in 5.0..1.0  // false
5.0 in 5.0..1.0  // false
3.0 in 5.0..1.0  // false
```

한편 정수 타입과 Char 타입에 대해 until() 함수를 호출하면 until()의 인자로 지정한 값보다 1 작은 값을 최댓값으로 하는 범위를 만들 수 있다. 이런 until()은 중위 확장 함수로 정의돼 있다. 확장 함수와 중위 함수는 12장에서 살펴본다.

```
1  in 1 until 10   // true
10 in 1 until 10   // false
9  in 1 until 10   // true
2  in 1 until 10   // true
'a' in 'a' until 'z' // true
'b' in 'a' until 'z' // true
'z' in 'a' until 'z' // false
'y' in 'a' until 'z' // true
```

실수의 경우 이런 식으로 마지막 값보다 작은 어떤 기준 수를 정할 수 없기 때문에

until() 함수를 제공하지 않는다.[1]

역순의 범위를 표현하거나 간격이 1이 아닌 경우를 표현할 방법은 없을까? 이런 경우 순열을 사용한다.

11.2.2 순열

순열progression은 내부적으로 시작, 끝, 증분값step으로 이뤄진 객체다. 다만, 실수 순열은 없으며 IntProgression, LongProgression, CharProgression만 존재한다. 정수 타입 범위 는 증분값이 1인 특별한 순열이라 할 수 있다. 실제 IntProgression 클래스 정의의 시작 부분을 보면 이 사실을 명확히 알 수 있다.

```
public class IntRange(start: Int, endInclusive: Int) : IntProgression(start,
endInclusive, 1), ClosedRange<Int> {
    ...
}
```

최댓값부터 최솟값까지 증가값이 −1(즉, 1씩 감소)인 순열을 만들고 싶으면 downTo()를 사용한다. downTo()는 정수 타입에 대한 중위 확장 함수로 정의돼 있다. downTo() 멤버 함 수는 Byte나 Short, Int에 대해 IntProgression을 돌려주며, Long에 대해 LongProgression 을 돌려준다.

```
val ten2one = (10.toByte()) downTo (1.toByte())   // IntProgression 타입
10 in ten2one  // true
 5 in ten2one  // true
 1 in ten2one  // true
```

다른 방법으로, 순열에 대해 reversed()를 호출하면 범위는 같지만 순서가 반대인 순 열을 얻을 수 있다. 정수형 범위도 순열이라는 점에 유의하라.

---

1   그 대신에 코틀린 1.7.2부터 실험적으로 ..<라는 연산자를 사용하면 최댓값을 포함하지 않는 열린 범위를 얻을 수 있다. 열 린 범위는 OpenEndRange<> 제네릭 인테페이스를 상속한 타입이다. 또한 ..<에 대응하는 연산자 함수로 operator fun rangeUntil()이라는 함수가 추가됐다.

```
(10 downTo 1).joinToString()             // 10, 9, 8, 7, 6, 5, 4, 3, 2, 1
(10 downTo 1).reversed().joinToString()  // 1, 2, 3, 4, 5, 6, 7, 8, 9, 10
(1..10).reversed().joinToString()        // 10, 9, 8, 7, 6, 5, 4, 3, 2, 1
(1 until 10).reversed().joinToString()   // 9, 8, 7, 6, 5, 4, 3, 2, 1
```

한편 순열에 대해 step() 멤버 함수를 호출하면 범위(최댓값과 최솟값)는 같고 증가값만 다른 새 순열을 얻을 수 있다. 이때 step()에 음수를 지정할 수는 없다. 따라서 정방향 순열을 역방향으로 바꾸려면 reversed()를 한 다음에 step()을 호출해 증가값을 조정해야 한다.

```
('a'..'z').step(2).joinToString()  // a, c, e, g, i, k, m, o, q, s, u, w, y
('a'..'z').step(-2).joinToString() // IllegalArgumentException: Step must be
positive, was: -2.
('a'..'z').step(2).reversed().step(1).joinToString()  // a, c, e, g, i, k, m,
o, q, s, u, w, y
```

주의: ..을 사용해 만든 순열에 step()을 사용하면 순열 최댓값이 바뀐다

증가값이 1인 순열의 경우 reverse()는 원래 순열의 첫 값과 끝 값을 유지한다.

```
(1..10).reversed().joinToString() // 10, 9, 8, 7, 6, 5, 4, 3, 2, 1
```

하지만 증가값이 2 이상일 때 최초 지정한 최댓값보다 더 작은 값이 순열의 마지막 값이 될 수 있다.

```
(1..10).step(5).joinToString() // 1, 6
(1..9).step(5).joinToString()  // 1, 6
```

조금 전에 본 두 순열의 경우 순열 내부에 저장된 최솟값과 최댓값은 1, 10과 1, 9가 아니라 1, 6이 된다. 이 시점에 이미 처음에 10과 9를 최댓값으로 지정했다는 정보는 사라진다.

이렇게 되는 이유는 순열을 만드는 방법과 관계없이 원소와 순서가 동일한 순열이 모두 같은 순열이 될 수 있게 끝값을 마지막 원소 값으로 변경하기 때문이다. 그래서 step()으로 만들어지는 두 순열의 끝 값도 같아져버린다. 두 순열이 같다면 이 둘을 뒤집은 순열도 같아야 하므로 이 둘을 뒤집은 역순 순열을 얻는 경우, 최초 .. 연산자에 지정했던 10과 9라는 최댓값은 사라지고 중간 단계 순열의 마지막 값인 6이 역순 순열의 시작 값이 돼야 한다.

```
(1..10).step(5) == (1..9).step(5)  // true
(1..10).step(5).reversed().joinToString() // 6, 1
(1..9).step(5).reversed().joinToString()  // 6, 1
(1..10).step(5).reversed() == (1..9).step(5).reversed() // true
```

지금까지 살펴본 예제에서는 joinToString()을 별다른 설명 없이 썼는데, 순열은 이터러블을 상속하기 때문에 9장에서 배웠던 여러 가지 컬렉션 함수를 순열에 적용할 수 있다. 정수 타입의 범위도 순열에 속하므로 마찬가지다.

```
(1..10).joinToString() // 1, 2, 3, 4, 5, 6, 7, 8, 9, 10
ten2one.joinToString() // 10, 9, 8, 7, 6, 5, 4, 3, 2, 1
ten2one.sum()          // 55
ten2one.filter{it%2==0}.joinToString() // 10, 8, 6, 4, 2
ten2one.step(2).reduce{acc, y->acc*y}  // 10*8*6*4*2 = 3840
ten2one.step(3).fold(mutableListOf<Int>()){acc, y->acc.add(y);acc}.
joinToString()  // 10, 7, 4, 1
```

익힘문제

다음 순열의 원소를 나열하라.

1. 1..10
2. (1..10).step(3)
3. (1..10).step(5)
4. (1..10).step(5).step(1)
5. (1..10).reversed().step(5).step(1)
6. (1..10).step(5).step(1).reversed().step(5).step(1)
7. 10 downTo 2
8. (10 downTo 2).step(5)
9. (10 downTo 2).step(5).reversed().step(5).step(1)

364

11.3 break, continue와 레이블

2장에서 break와 continue를 배웠다. 두 명령은 제어를 자신을 둘러싸고 있는 가장 안쪽 루프에서 벗어나게 하거나, 가장 안쪽 루프의 시작점으로 강제로 이동시킨다.

여러 루프를 내포시켜 사용하는 경우 가장 안쪽이 아니라 그 밖의 루프를 break하거나 continue하고 싶을 수도 있다. 이런 경우 break나 continue 명령에서 흐름을 제어할 대상 루프를 지정할 수 있어야 한다.

코틀린에서는 **레이블**label을 루프 시작 부분에 붙이고 break와 continue 뒤에 레이블을 덧붙임으로써 흐름 대상을 지정할 수 있다.

```kotlin
fun main() {
    outer@ for (i in 2..9) {
        inner@ for (j in 2..9) {
            if (i * j > 60) {
                println("i=$i, j=$j, i*j=${i * j}")
                break@outer
            }
        }
    }
}
/*
// 출력:
i=7, j=9, i*j=63
*/
```

이 예제에서는 바깥 루프 앞에 outer@을 덧붙여 outer라는 레이블을 지정하고, 안쪽 루프에는 inner라는 이름을 붙였다. 그리고 break@outer를 통해 바깥쪽 루프로부터 빠져 나갔다. 이로 인해 구구단에서 60보다 큰 첫 번째 항목인 7 * 9에서 화면에 값을 찍고 바깥쪽 루프를 종료한다.

만약 이 코드의 break@outer를 break로 바꾸거나 break@inner로 바꾸면 결과가 다음과 같이 바뀐다.

```
i=7, j=9, i*j=63
i=8, j=8, i*j=64
i=9, j=7, i*j=63
```

익힘문제

예제 코드에서 break@inner와 break@outer가 이런 차이를 나타내는 이유를 설명하라.

---

continue에서도 마찬가지로 레이블을 지정해 흐름을 제어할 수 있다. 예제 코드를 보고 연습문제를 풀면서 레이블 사용을 이해하라.

```
fun() {
    outer@ for (i in 2..9) {
        println("start outer loop $i")
        if (i % 2 == 0) continue
        inner@ for (j in 2..9) {
            println("start inner loop $j")
            if (j % 2 == 0) continue@outer
        }
    }
}
```

익힘문제

위 코드를 실행하면 어떤 출력이 나올지 적어보라. 실제로 코드를 실행한 결과와 여러분이 적은 내용을 비교해보라.

11.4 연습문제

1. for 루프에서 in 다음에 쓰일 수 있는 객체가 갖춰야 할 조건을 설명하라.

2. 범위와 순열을 설명하라.

3. 범위를 만들 때 쓰는 ..과 until() 멤버 함수를 설명하라. ..은 어떤 멤버 함수로 컴파일되는가?

4. 이미 존재하는 step()이 더 큰 순열에 대해 reversed()를 호출할 때 주의해야 할 점은 무엇인가?

5. 다음 코드의 결과를 적어라.

   a. (7 downTo 1).joinToString()

   b. (7 downTo 1).reversed().joinToString()

   c. (10 until 13).reversed().joinToString()

   d. ('1'..'10').step(4).joinToString()

   e. ('1'..'10').step(4).reversed().joinToString()

6. break와 continue에서 레이블이 어떤 경우에 필요한지를 예제 코드와 함께 설명하라.

12

함수 자세히 살펴보기

3장에서 기본적인 함수 사용법을 살펴봤다. 이번 장에서는 기술적인 내용을 좀 더 자세히 살펴본다.

12.1 operator 키워드와 연산자 오버로드

11.1절에서 for에 사용할 수 있는 컬렉션을 표현하고자 operator fun iterator()를 정의하는 관습을 사용한다는 사실을 살펴봤다. 그리고 operator fun iterator()만 들어 있으면 어떤 타입이든 for에 쓰일 수 있다는 점도 설명했다.

이와 비슷하게 클래스에 따라 + 등의 연산자가 적절한 용도로 쓰일 수 있게 하면 코드를 더 간결하고 이해하기 쉽도록 만들 수 있다. + 연산은 수 타입의 경우 덧셈 연산이지만, 문자열에 대해서는 연결 연산으로 사용될 수 있고 집합의 경우 합집합 연산이나 원소추가 연산이 될 수 있을 것이다. 실제 코틀린은 다양한 타입에 대해 + 연산을 지원한다. 이처럼 다양한 타입에 대해 같은 연산자를 적용할 수 있게 해주는 기능을 **연산자 오버로드** operator overloading라 한다.

```
setOf(1, 2)+10          // [1, 2, 10]
setOf(1, 2)+setOf(1, 3) // [1, 2, 3]
"abc" + "def"           // "abcdef"
'a'+"test"              // "atest"
"test"+'a'              // "testa"
listOf(1, 2, 3, 4) + 5  // [1, 2, 3, 4, 5]
```

어떻게 이런 연산자 지원이 가능할까? for와 마찬가지로 코틀린에서는 어떤 타입에 대해 operator fun plus(other:타입) 함수를 정의해서 연산자를 정의할 수 있다.

예를 들어 유리수(분수)를 표현하는 Rational이라는 타입을 만든다고 가정하자. 편의상기약분수 꼴로 정규화하는 부분이나 분모가 0인 경우는 고려하지 말자.

```
class Rational(val numerator: Int, val denominator: Int) {
    override fun toString(): String = "${numerator}/${denominator}"
}
```

이 클래스 본문에 다음과 같이 유리수 덧셈을 정의할 수 있다.

```
class Rational(val numerator: Int, val denominator: Int) {
    ...
```

```
    operator fun plus(other: Rational): Rational =
        Rational(this.numerator*other.denominator+this.denominator*other.
numerator, this.denominator*other.denominator)
}
```

이제 다음과 같이 + 연산을 사용해 Rational 사이의 연산이 가능해진다.

```
val x = Rational(1, 2)
val y = Rational(1, 2)
x+y  // 4/4
```

Rational과 다른 타입 사이의 연산도 Rational 클래스 안에 정의하면 된다.

```
class Rational(val numerator: Int, val denominator: Int) {
    ...
    operator fun plus(other: Int): Rational = Rational(this.numerator*other,
this.denominator)
}

val sum = Rational(1, 2) + 3  // 7/2
```

하지만 다른 타입과 Rational 사이의 연산은 이런 식으로 소스 코드를 변경해 정의할 수는 없다. 따라서 operator fun을 사용한 연산자 정의 관습을 제대로 사용하려면 이미 선언된 타입에 대해 새로운 함수를 추가할 수 있는 기능이 필수적이다. 코틀린은 12.2절에서 배울 확장 함수를 통해 기존 타입에 새로운 멤버 함수를 추가할 수 있다.

+를 operator fun plus()로 정의할 수 있다는 사실을 살펴봤다. 코틀린은 + 외에도 다양한 연산자를 operator fun으로 직접 구현할 수 있게 해준다. 연산자의 종류별로 어떤 연산을 어떤 함수로 구현할 수 있는지 자세히 살펴보자.

연산자 형태를 컴파일할 때는 다음 절차를 거친다.

1. 연산자와 관련 있는 모든 피연산자의 타입을 결정한다.
2. 단항 연산자의 경우 유일한 피연산자, 이항 연산자의 경우 왼쪽 피연산자(다만 in은 오른쪽 피연산자)의 타입에 대해 연산자에 해당하는 operator 멤버 함수 정의나

확장 함수 정의가 있는지 검사한다.

3. 이렇게 찾은 함수의 파라미터가 다른 피연산자의 타입과 호환되는지 검사한다.

4. 1~3에서 문제가 있으면 컴파일 오류, 그렇지 않으면 찾아낸 operator 함수 호출로 코드를 변환한다.

예를 들어 Rational(1, 2) + 3에서 + 연산자는 다음과 같이 컴파일된다.

1. Rational(1, 2)는 Rational 타입, 3은 정수 타입임을 추론한다.

2. 이항 연산자 +의 왼쪽에 있는 Rational 타입의 내부에 operator fun plus()가 두 가지 있다.

3. 2에서 찾은 두 멤버 함수 중에 한 함수가 Int를 파라미터로 받는다.

4. 따라서 Rational(1, 2) + 3이라는 식을 Rational(1, 2).plus(3)을 호출하는 코드로 컴파일한다.

12.1.1 단항 연산자 오버로드

단항 연산자는 다음 세 가지다. 각각이 어떤 연산자 함수로 바뀌는지 살펴보자.

연산자 이름	연산자 형태	연산자 함수 형태
전위 부호 연산자	+a	a.unaryPlus()
전위 부호 연산자	-a	a.unaryMinus()
전위 반전 연산자	!a	a.not()

> **익힘문제**
>
> 전위 연산자 +, -, !는 어떤 연산자 함수로 컴파일되는가?

12.1.2 단항 증가/감소 연산자 오버로드

증가 연산자와 감소 연산자는 단항 연산자이며 전위와 후위 연산자로 쓰일 수 있다. 두 경우 모두 a.inc()나 a.dec()는 a 식의 타입 또는 그 하위 타입을 돌려줘야 한다. 증가/감소 연산자를 계산한 결과는 원래 식의 타입과 같은 타입으로 취급될 수 있는 값이어야 하기 때문이다.

연산자 이름	연산자 형태	연산자 함수 형태
증가 연산자	++a	a.inc()
감소 연산자	--a	a.dec()

후위 연산자 형태로 쓰일 경우, 계산 결과를 돌려주고 증가/감소는 나중에 일어나야 하므로 다음과 같이 코드가 만들어진다. 여기서 $tmp는 코틀린 컴파일러가 만들어내는 임시 변수를 뜻한다.

```
when(val $tmp = a) { else -> a = $tmp.inc또는dec(); $tmp }
```

전위 연산자로 쓰일 경우에는 증가/감소가 먼저 일어나고 결과를 돌려줘야 하며, 다음과 같이 코드가 만들어진다.

```
when(val $tmp = a.inc또는dec()) { else -> a = $tmp; $tmp }
```

여기서 a는 대입이 가능한 식이어야 한다. 대입이 가능한 식이란 가변 프로퍼티이거나 대입이 가능한 인덱스 연산이거나 ., ?., ::처럼 객체 그래프나 타입 계층을 오가면서 적절한 대입 가능한 식을 찾아낼 수 있는 경우를 뜻한다.

익힘문제

전위/후위 증가/감소 연산자 ++, --가 어떤 코드로 컴파일되는지 설명하라.

---

inc()와 dec()는 객체 상태를 변경하지 않아야 한다

++의 대상은 항상 대입이 가능한 식이므로 inc()나 dec() 연산이 가변 객체를 변이시키기보다는 불변 객체에 대해 증가/감소라는 의미에 적합한 새로운 객체를 돌려주도록 구현하는 쪽이 더 이해하기 쉽고 문제도 적다.

가변 객체에서 자체 상태를 변경하면서 this를 반환하게 증가 연산자를 구현하면 어떤 문제가 생길 수 있을지 살펴보자.

```
class MutableBox(var v: Int) {
    operator fun inc(): MutableBox {
        v++
        return this
    }
}

fun main() {
    var one = MutableBox(1)
    val two = one++
    println("${one.v} ${two.v}")  // 2 2
    one.v = 100
    println("${one.v} ${two.v}")  // 100 100
}
```

one과 two는 같은 객체를 가리키게 된다. 이로 인해 어느 한쪽을 변경한 결과가 반대쪽에도 영향을 미친다. 하지만 Int에 대해 ++나 --를 적용한 경우와 이 예제를 비교해보면 값을 다루는 방식에 차이가 있음을 알 수 있다.

```
fun main() {
    var one = 1
    var two = one++
    println("${one} ${two}")  // 2 2
    one = 1
    println("${one} ${two}")  // 1 2
}
```

문제는 우리가 a++라고 쓸 때는 a = a + 1이라는 상황을 염두에 두고 있다는 점이다. 이 경우에도 + 연산이 가변 객체의 멤버 프로퍼티를 변경하는 방식으로 구현될 수 있겠지만, 일반적으로는 a가 가리키는 값이 a + 1에 의해 계산된 새로운 값이 될 것이라 생각하게 되며, 여기서 새롭다는 말은 객체의 정체성과 무관하게 멤버 프로퍼티 값이 같은지로 결정되는 값 의미론(value semantics)을 따르는 게 더 자연스럽다. 그런데 값 의미론을 따르는 클래스를 정의할 때는 가변 멤버 프로퍼티를

사용하기보다는 불변 프로퍼티를 사용하고 매번 새로운 정체성의 객체를 내놓는 형태로 구현하는
게 더 자연스럽고 안전하다.

그래서 inc()와 dec()를 구현하는 클래스는 가능한 한 값 의미론을 따르는 객체가 돼야 하며, 이 말
은 객체가 inc()나 dec()를 할 때 자신의 상태를 변경하지 않고 새로운 객체를 내놓아야 한다는 뜻
이다.

12.1.3 이항 산술 연산자 오버로드

사칙 연산 등 다양한 이항 산술 연산자도 오버로드할 수 있다.

연산자 이름	연산자 형태	연산자 함수 형태
덧셈 연산자	a + b	a.plus(b)
뺄셈 연산자	a - b	a.minus(b)
곱셈 연산자	a * b	a.times(b)
나눗셈 연산자	a / b	a.div(b)
나머지 연산자	a % b	a.rem(b)
범위 연산자	a .. b	a.rangeTo(b)

예를 들어 코틀린은 리스트 등의 컬렉션에 대해 operator fun plus()라는 확장 함수를
제공한다.

```
val list1 = listOf(1, 2, 3)          // [1, 2, 3]
val list2 = list1 + 3                // [1, 2, 3, 3]

val map1 = mapOf(1 to "a", 2 to "b") // {1=a, 2=b}
val map2 = map1 + (3 to "c")         // {1=a, 2=b, 3=c}
```

익힘문제

이항 연산자 +, -, *, /, %, ..이 어떤 연산자 함수로 컴파일되는지 설명하라.

12.1.4 이항 멤버십 연산자 오버로드

멤버십 연산자는 주어진 값이 컬렉션에 속하는지 여부를 검사할 때 사용하는 연산이다. in과 !in이 있다.[1]

연산자 이름	연산자 형태	연산자 함수 형태
포함 연산자	a in b	b.contains(a)
미포함 연산자	a !in b	!b.contains(a)

a in b, a !in b에서 특이한 점은 연산자 멤버 함수의 수신 객체가 오른쪽 피연산자(b)라는 점이다. in 뒤쪽이 컬렉션이므로 컬렉션 쪽에서 멤버십 연산을 제공하는 게 좀 더 자연스럽다.

> **익힘문제**
>
> 이항 연산자 in, !in이 어떤 코드로 컴파일되는지 설명하라. !in이라는 연산자가 따로 존재하는 이유는 무엇인가?

12.1.5 인덱스 연산자 오버로드

인덱스가 하나일 때 인덱스 연산자를 다음과 같이 오버로드할 수 있다.

연산자 이름	연산자 형태	연산자 함수 형태
인덱스로 읽기 연산	a[i]	a.get(i)
인덱스로 쓰기 연산	a[i] = b	a.set(i, b)

인덱스가 2개 이상 필요하다면? 예를 들어 2차원 배열에 a[1, 2]와 같이 접근하고 싶다면? get()과 set() 함수에 원하는 인덱스의 개수만큼 Int 타입의 파라미터를 추가하면

---

1 !in은 중위 연산자 in을 반전한 연산이므로 반전 연산자 !와 in으로 표현할 수 있을 것이라 생각하는 독자도 있겠지만, 중위 연산자 바로 앞에 !를 붙일 수는 없어서 a in b를 반전 연산자로 반전시킬 때는 !(a in b)라고 써야 한다. 그래서 코틀린은 별도로 !in이라는 세 글자짜리 연산자를 제공한다. 이 말은 !in을 ! in이라고 띄어 쓸 수는 없다는 뜻이기도 하다.

된다.

연산자 이름	연산자 형태	연산자 함수 형태
2개의 인덱스로 읽기 연산	a[i, j]	a.get(i, j)
2개의 인덱스로 쓰기 연산	a[i, j] = b	a.set(i, j, b)
n개의 인덱스로 읽기 연산	a[i_1, …, i_n]	a.get(i_1, i_2, …, i_n)
n개의 인덱스로 쓰기 연산	a[i_1, …, i_n] = b	a.set(i_1, i_2, …, i_n, b)

예제: 2차원 행렬 클래스

2차원 배열을 사용해 할 수 있는 행렬 계산은 과학 기술 계산이나 그래픽스 처리에 필수적이다. 코틀린에서는 어떻게 다차원 배열을 표현할 수 있을까?

한 가지 방법은 배열의 배열을 사용하는 것이다.

```kotlin
import java.lang.IllegalArgumentException

class SquareMatrix(val size: Int) {
    val array: Array<DoubleArray> = Array(size) { DoubleArray(size) }

    operator fun get(i: Int, j: Int): Double = array[i][j]
    operator fun set(i: Int, j: Int, v: Double) { array[i][j] = v }

    override fun toString() = array.joinToString(separator = "\n"){it.
joinToString(separator = " | ", prefix = "|", postfix = "|")}

    operator fun plus(other: SquareMatrix): SquareMatrix {
        if(this.size != other.size) throw IllegalArgumentException("크기가 다른
두 행렬을 더할 수 없습니다.")

        val r = SquareMatrix(size)
        for( i in 0 until size) {
            for( j in 0 until size) {
                r[i, j] = this[i, j] + other[i, j]
            }
        }
        return r
```

```kotlin
    }

    operator fun times(other: SquareMatrix): SquareMatrix {
        if(this.size != other.size) throw IllegalArgumentException("크기가 다
른 두 행렬을 더할 수 없습니다.")

        val r = SquareMatrix(size)

        // 무식한 행렬 곱셈 알고리듬
        for( i in 0 until size) {
            for( j in 0 until size) {
                var sum = 0.0
                for( k in 0 until size) {
                    sum += this[i, k] * other[k, j]
                }
                r[i, j] = sum
            }
        }
        return r
    }
}

fun diagonalMatrix(size: Int, initial: Double): SquareMatrix {
    val r = SquareMatrix(size)
    for(i in 0 until size)
        r[i, i] = initial
    return r
}

fun main() {
    val I = diagonalMatrix(3, 1.0)
    val three = diagonalMatrix(3, 3.0)

    println(three + I)
    println()
    println(three * I)
    println()
    println(I * three)
}
/*
// 출력 결과:
|4.0 | 0.0 | 0.0|
```

```
|0.0 | 4.0 | 0.0|
|0.0 | 0.0 | 4.0|

|3.0 | 0.0 | 0.0|
|0.0 | 3.0 | 0.0|
|0.0 | 0.0 | 3.0|

|3.0 | 0.0 | 0.0|
|0.0 | 3.0 | 0.0|
|0.0 | 0.0 | 3.0|
*/
```

두 번째 방법은 필요한 전체 원소 개수(2차원 정방 행렬의 경우 size * size)만큼 Double 배열을 정의하고 2차원 인덱스에 따라 적절한 위치로 매핑하는 방법이다. 이렇게 매핑하는 이유는 모든 원소가 연속적인 메모리상에 존재하도록 하기 위해서다. 이때 인덱스와 연속적인 메모리상의 위치를 매핑하는 방법에는 **열 우선**^{column major} 방식과 **행 우선**^{row major} 방식이 있다.

1. **열 우선 방식**: 같은 열에 속하는 원소들이 서로 인접해 배치되는 방식이다.
2. **행 우선 방식**: 같은 행에 속하는 원소들이 서로 인접해 배치되는 방식이다.

3×2 배열의 경우 프로그래머가 볼 때는 다음과 같은 형태로 배열이 구성된다(열 우선과 행 우선에서 각 차원의 크기를 더 명확히 보여주고자 일부러 정사각 배열이 아닌 배열을 택했다).

	0열	1열
0행	0, 0	0, 1
1행	1, 0	1, 1
2행	2, 0	2, 1

열 우선 방식의 경우 다음과 같이 배치된다.

$$0, 0 \mid 1, 0 \mid 2, 0 \mid 0, 1 \mid 1, 1 \mid 2, 1 \mid$$

반면 행 우선 방식의 경우 다음과 같이 배치된다.

$$0, 0 \mid 0, 1 \mid 1, 0 \mid 1, 1 \mid 2, 0 \mid 2, 1 \mid$$

n차원 배열의 경우 열 우선 방식은 뒷쪽 인덱스를 고정하고 앞쪽 인덱스를 더 먼저 변화시키면서 원소를 배치하며, 행 우선 방식은 앞쪽 인덱스를 고정하고 뒤쪽 인덱스를 더 먼저 변화시키면서 원소를 배치한다. 따라서 열 우선 방식에서는 첫 번째 차원이 연속으로 배치되며, 행 우선 방식은 마지막 차원이 연속으로 배치된다.

3×2 배열을 열 우선 방식으로 인덱싱하는 경우, (i_1, i_2)라는 인덱스에 해당하는 원소의 주소를 계산하는 방법은 다음과 같다.

```
i₁ + 3 * i₂
```

3×2 배열을 행 우선 방식으로 인덱싱하는 경우, (i_1, i_2)라는 인덱스에 해당하는 원소의 주소를 계산하는 방법은 다음과 같다.

```
i₂ + 2 * i₁
```

더 일반적으로, 각 차원의 크기가 $s_1, s_2, ..., s_n$인 다차원 배열에서 $(i_1, i_2, \cdots, i_n)$이라는 인덱스에 해당하는 원소 주소를 열 우선 방식으로 계산하는 방법은 다음과 같다.

```
i₁ + s₁ * (i₂ + s₂ * (...+ sₙ₋₁ * (iₙ₋₁ + sₙ₋₁ * iₙ))) )
```

행 우선 방식으로 계산하는 방법은 다음과 같다.

```
iₙ + sₙ * ( iₙ₋₁ + sₙ₋₁ * (... + s₃ * (i₂ + s₂ * n₁) )
```

행 우선 방식으로 저장하는 클래스를 정의하면 다음과 같다.

```kotlin
class SquareMatrix2(val size: Int) {
    val array: DoubleArray = DoubleArray(size * size)

    private fun rowMajorIndex(i:Int, j:Int) = j + i * 3

    operator fun get(i: Int, j: Int): Double = array[rowMajorIndex(i, j)]
    operator fun set(i: Int, j: Int, v: Double) { array[rowMajorIndex(i, j)]
```

```
= v }

    // windowed()는 나중에 다룸
    override fun toString():String = array.toList().windowed(3, 3).
joinToString(separator = "\n"){ it.joinToString(separator = " | ", prefix =
"|", postfix = "|")}

    operator fun plus(other: SquareMatrix2): SquareMatrix2 {
        // 구현은 SquareMatrix의 plus와 같음(중간에 반환할 행렬을 만들 때 SquareMatrix2
를 사용해야 함)
    }

    operator fun times(other: SquareMatrix2): SquareMatrix2 {
        // 구현은 SquareMatrix의 plus와 같음(중간에 반환할 행렬을 만들 때 SquareMatrix2
를 사용해야 함)
    }
}

fun diagonalMatrix2(size: Int, initial: Double): SquareMatrix2 {
    // 구현은 SquareMatrix의 plus와 같음(중간에 반환할 행렬을 만들 때 SquareMatrix2를 사용
해야 함)
}

fun main() {
    val I = diagonalMatrix2(3, 1.0)
    val three = diagonalMatrix2(3, 3.0)

    println(three + I)
    println()
    println(three * I)
    println()
    println(I * three)
}
```

실행 결과는 SquareMatrix의 경우와 같다.

익힘문제

인덱스 연산자 []로 특정 인덱스에 해당하는 값을 읽는 연산은 어떤 함수로 컴파일되는가? 인덱스 연산자 []를 사용해 특정 인덱스에 해당하는 값을 쓰는 연산은 어떤 함수로 컴파일되는가?

12.1.6 동등성 연산자 오버로드

동등 비교 연산자로는 ==와 !=가 있다. 둘은 다음과 같이 변환된다.

연산자 이름	연산자 형태	연산자 함수 형태
동등성 연산자	a == b	a?.equals(b) ?: (b === null)
반동등성 연산자	a != b	!(a?.equals(b) ?: (b === null))

==로 널이나 널이 아닌 값 사이의 비교가 자유롭게 이뤄질 수도 있어야 하므로 이렇게 복잡한 변환이 필요하다. 또한 마찬가지 이유로 equals()의 시그니처는 equals(other: Any?): Boolean으로 고정된다. 그리고 equals()는 모든 클래스의 상위 클래스인 Any 타입에 정의된 open operator 함수이므로, 이 규칙에 따르면 a가 널이면 b가 널이어야만 둘을 같다고 판정하고, a가 널이 아니면 a.equals(b)를 호출한다. 그렇기 때문에 equals()를 구현할 때는 다음 절에서 설명하는 규칙을 잘 따라야 한다.

equals()와 hashCode() 구현

==로 동등성 비교를 할 때 널이 아닌 값에 대해서는 equals()를 호출한다. 그런데 ==에 의한 동등성 비교는 수학적으로 동치관계equivalence relation를 만족해야 하므로 반드시 다음을 만족해야 한다.

1. **반사성**reflexivity: a == b이면 b == a
2. **대칭성**symmetry: a == b이면 b == a
3. **추이성**transitivity: a == b이고 b == c이면 a == c

null이 관련돼 있다면 앞에서 이야기한 연산자 함수 형태 변환 규칙에 따라 null == null이고, null != null아닌값임이 우선적으로 보장된다.

따라서 a == b에서 a가 널이 아닌 경우를 담당하는 a.equals(b)는 다음을 만족해야 한다.

1. b가 null이면 반드시 false를 반환해야 한다. 그래서 null아닌값 != null이 항상 성립하게 된다.

2. b의 타입이 a와 다르면 비교해볼 필요도 없이 false를 반환해야 한다. 일반적으로 다른 타입 안에 정의된 equals()가 우리가 정의 중인 타입의 값을 고려해 구현돼 있을 가능성은 거의 없으므로 타입이 아예 다른 두 객체는 서로 다른 값이라고 판정하는 쪽이 더 안전하다.

3. b가 가리키는 대상이 a 자신이면 true를 반환해야 한다. 즉, b가 this와 같은 객체를 가리킨다면 true를 반환해야 한다. 객체 참조 비교는 ===를 사용하면 된다(4.1.2절 참조). 이 부분은 비교 효율을 더 높이기 위한 것이다.

4. b와 a에서 동등성 판단에 중요한 멤버 프로퍼티들이 모두 같으면 true를 반환하고, 하나라도 다르면 false를 반환한다. 이때 동등성 판단에도 ==를 써야 한다.

추가로 (어찌 보면 당연하지만) equals()는 일관성이 있어야 한다. 널이 아닌 두 값에 대해 a.equals(b)는 매번 같은 결과를 내놔야 한다.

한편 equals()를 오버라이드할 때는 equals()에 맞춰 hashCode()도 오버라이드해야 한다. 이 둘은 맵이나 집합 등에서 사용하는 해시 테이블 데이터 구조에서 함께 사용되기 때문이다. hashCode()는 다음을 만족해야 한다.

1. 같은 객체(모든 프로퍼티가 같거나 최소한 equals()를 구현할 때 비교 대상으로 삼았던 프로퍼티들은 다 동일한 경우)에 대해 hashCode()를 호출한 결과는 항상 같은 정숫값이어야 한다.

2. equals()로 같다고 판정되는 두 객체가 반환하는 hashCode()는 모두 같은 정숫값이어야 한다.

equals()와 hashCode()를 잘못 설계하는 경우 생길 수 있는 문제는 『이펙티브 코틀린』 (인사이트, 2022)의 아이템 40, 41을 참조하라.

12.1.7 비교 연산자 오버로드

두 값의 대소를 비교하는 연산자인 >, <, <=, >=는 다음과 같은 연산자 함수로 구현된다.

연산자 형태	연산자 함수 형태
a > b	a.compareTo(b) > 0
a < b	a.compareTo(b) < 0
a >= b	a.compareTo(b) >= 0
a <= b	a.compareTo(b) <= 0

a.compareTo(b)는 Int 타입의 값을 반환해야 하며 다음을 만족해야 한다.

1. a > b이면 양수를 반환한다.
2. a < b이면 음수를 반환한다.
3. a == b이면 0을 반환한다.

그리고 어떤 타입에 대해 대소 비교가 쓸모 있으려면 수학적으로는 최소한 부분적인 순서partial order라도 성립돼야 한다. 부분적인 순서가 성립하는 집합이나 이들의 곱집합에서는 위상 정렬topological sort이나 사전식lexicographic 정렬을 할 수 있기 때문이다. 부분적인 순서라는 말은 다음을 만족시켜야 한다는 뜻이다.

1. **반사성**: 항상 a >= a가 성립
2. **추이성**: a >= b이고 b >= c이면 a >= c
3. **비대칭성**: a >= b이고 a <= c이면 a == c

만약 퀵 정렬 등 임의의 원소 간 비교가 필요한 정렬을 사용하고 싶을 때는 전 순서total

order가 성립해야 한다. 부분적인 순서가 정의된 집합에서 임의의 두 원소 a, b에 대해 a >= b나 b <= a 중 하나가 반드시 성립한다면 이를 전 순서라고 부른다.

하지만 객체를 정렬할 때는 이미 순서가 잘 정해진 타입(수 타입이나 문자열 타입)의 멤버 프로퍼티들을 조합해 대소를 비교할 수 있으므로 직접 operator fun compareTo()를 정의할 필요성은 그리 크지 않다. compareTo()를 정의할 때 지켜야 하는 규칙과 정의하는 방법 등은 『이펙티브 코틀린』(인사이트, 2022)의 아이템 42를 참조하라.

익힘문제

<, >, >=, <=는 어떤 코드로 컴파일되는가?

12.1.8 복합 연산자 오버로드

복합 연산자augmented operator란 대입과 사칙 연산을 조합한 +=, -=, *=, /=, %=를 말한다. 복합 연산자는 이항 연산자로, 첫 번째 글자에 해당하는 연산을 오른쪽 피연산자와 왼쪽 피연산자에 대해 적용한 결과를 오른쪽 피연산자에 대입한다. 이때 각 연산자에 대응하는 연산자 함수 형태는 다음과 같다.

연산자 형태	연산자 함수 형태
a += b	a.plusAssign(b)
a -= b	a.minusAssign(b)
a *= b	a.timesAssign(b)
a /= b	a.divAssign(b)
a %= b	a.remAssign(b)

여기서 복합 연산자를 사용한 문장은 대입이므로 식의 일부가 될 수 없고, 그에 따라 각 연산자 함수의 반환 타입은 Unit이어야 한다. 만약 다른 타입을 반환 타입으로 지정하면 오류가 발생한다.

```
class Foo(var x:Int) {
    operator fun plusAssign(y: Int): Foo { // error: 'operator' modifier is
inapplicable on this function: must return Unit
        x += y
        return this
    }
}
```

한편, 컴파일러 입장에서 볼 때 plusAssign() 등의 연산자 함수가 정의돼 있지 않더라도 a += b를 a = a + b로 해석할 수만 있다면 굳이 컴파일 오류를 낼 이유는 없다. 따라서 += 연산자의 왼쪽 피연산자가 대입 가능한 값(변수, 정수 인덱스로 참조한 컬렉션 원소 등)이고 그 값이 속한 타입이 plusAssign()을 제공하지는 않지만 plus()를 제공하며 plus()의 결과 타입이 대입 가능한 타입(a와 같거나 a의 하위 타입)이면, 컴파일러가 a += b를 a = a.plus(b)로 컴파일할 수 있다.

```
class PlusOnlyBox(val x:Int) {
    operator fun plus(y: Int) = PlusOnlyBox(x + y)
    override fun toString() = "PlusOnlyBox($x):${super.toString()}"
}

fun main() {
    var x = PlusOnlyBox(10)
    println(x)              // PlusOnlyBox(10):PlusOnlyBox@4e96cb04

    x += 10
    println(x)              // PlusOnlyBox(20):PlusOnlyBox@5d404a3c
}
```

PlusOnlyBox 클래스에는 plus()만 있지만 x += 10이 제대로 컴파일된다. 한편 출력을 보면 x 변수가 가리키는 객체의 주소가 달라졌음을 알 수 있다. 이렇게 plus()만으로 대입 가능 식에 대한 +=를 제공해주는 컴파일 규칙은 편리하며 +=의 일관성을 유지할 수 있지만, 이로 인해 혼동이 발생할 수도 있다. 이에 대해 좀 더 자세히 살펴보자.

복합 연산자 함수와 사칙 연산 연산자 함수 정의 여부에 따라 달라지는 복합 연산자 적용 가능성

앞에서 본 것처럼 사칙 연산 연산자 함수만 정의된 경우, var 등의 대입 가능한 값에 대한 복합 연산 적용은 가능하고 당연히 사칙 연산 연산자를 사용할 수도 있다(여기서는 +).

```
fun main() {
    val x = PlusOnlyBox(10)
    println(x + 100)         // PlusOnlyBox(110):PlusOnlyBox@351c6341
}
```

반면 val 값에 대한 복합 연산은 컴파일 오류를 발생시킨다.

```
fun main() {
    val x = PlusOnlyBox(10)
    x += 100         // val cannot be reassigned
}
```

복합 연산자만 오버로드한 객체가 있으면 그 객체를 가리키는 변수가 val이든 var이든 관계없이 복합 연산자를 쓸 수 있다.

```
class MutableBox(var x:Int) {
    operator fun plusAssign(y: Int) {
        x += y
    }
    override fun toString(): String = "MutableBox($x)"
}

fun main() {
    val x = MutableBox(10)
    x += 1
    println(x)  // MutableBox(11)

    var y = MutableBox(0)
    y += 100
    println(y)  // MutableBox(100)
}
```

하지만 물론 + 연산을 쓸 수는 없다.

```kotlin
fun main() {
    val x = MutableBox(10)
    println(x + 10)            // error: unresolved reference.(이하 생략)
}
```

어떤 복합 연산자에 대해 연산자 함수와 대응하는 이항 연산 함수(예를 들어 +=에 대해서는 +가 대응하는 plus() 함수가 대응하는 이항 연산 함수다)가 함께 정의될 경우 혼란이 발생할 수 있다. 다음과 같이 plus()와 plusAssign()이 정의된 클래스가 있다고 하자.

```kotlin
class MutableBox2(var x:Int) {
    operator fun plus(y: Int) = MutableBox2(x+y)
    operator fun plusAssign(y: Int) {
        println("plusAssign called")
        x += y
    }
    override fun toString(): String = "MutableBox2($x)"
}
```

다음 코드는 어떻게 해석될까?

```kotlin
fun main() {
    val x = MutableBox2(10)
    x += 1       // plusAssign called
    println(x)   // MutableBox2(11)
}
```

x가 불변이므로 x = x + 1로 해석할 여지가 없다. 따라서 컴파일러는 plusAssign()을 찾아 호출해준다. 하지만 x를 var로 선언하면 어떨까?

```kotlin
fun main() {
    var x = MutableBox2(10)
    x += 1       // error: assignment operators ambiguity: (이하 생략)
    println(x)
}
```

이 경우 x += 1을 plusAssign()을 호출하는 식으로 해석할 수도 있고, plus()를 호출한 결과를 x에 재대입하는 식으로 해석할 수도 있다. 어느 쪽을 택해야 할지 모호하므로 결국 컴파일러는 오류를 발생시킨다.

plus()와 plusAssign()이 있다고 무조건 += 호출이 모호해지는 것은 아니다. plus()의 반환 타입이 클래스 자신과 호환되지 않는 타입이면 아무 문제도 없다.

```kotlin
class MutableBox3(var x:Int) {
    operator fun plus(y: Int): Int = x+y
    operator fun plusAssign(y: Int) {
        println("plusAssign called")
        x += y
    }
    override fun toString(): String = "MutableBox3($x)"
}

fun main() {
    var x = MutableBox3(10)
    x += 1        // plusAssign called
    println(x)    // MutableBox3(11)
    println(x + 20)  // 31
}
```

익힘문제

+=, -=, *=, /=, %= 복합 대입 연산자는 어떤 코드로 컴파일되는가?

12.1.9 호출 연산자 오버로드

마치 함수처럼 괄호를 써서 호출할 수 있는 객체를 만들 수도 있다. 이렇게 정의된 값은 뒤에 (), (인자), (인자1, ..., 인자n) 등 괄호로 둘러싼 인자 목록을 덧붙여서 호출할 수 있다.

연산자 이름	연산자 형태	연산자 함수 형태
호출 연산자(인자 없음)	a()	a.invoke()
호출 연산자(인자 n개)	a(b1, ..., bn)	a.invoke(b1, ..., bn)
호출 연산자(가변 인자)	a(b1, ..., bn) 또는 a()	가변 인자를 사용하는 invoke() 함수

이때 operator fun invoke()의 파라미터 타입은 b1, ⋯, bn 인자의 타입과 일치해야
한다.

예를 들어 주어진 정수들을 모두 더한 값(합계)을 구하는 함수와 비슷한 역할을 하는 객
체를 만들고 싶다고 하자. 정수 범위를 벗어날 수도 있으므로 합계로는 Long을 돌려주고
싶다. 여기서는 전통적인 명령형 방식으로 루프를 돌면서 합계를 계산해 돌려주자.

```kotlin
class Adder {
    operator fun invoke(vararg v: Int): Long {
        var sum = 0L
        for(i in v) {
            sum += i
        }
        return sum
    }
}

fun main() {
    val adder = Adder()
    println(adder())                         // 0
    println(adder(1))                        // 1
    println(adder(Int.MAX_VALUE, Int.MAX_VALUE)) // 4294967294
}
```

invoke()를 사용하면 함수형 프로그래밍과 객체지향 프로그래밍의 경계가 모호해진
다. 람다 정의로 만들어지는 클로저가 상태를 가둔 함수를 만들어냈던 것처럼, invoke()
함수가 정의돼 있는 클래스의 인스턴스도 상태를 가둔 호출 가능한 객체를 만들어내므로
클로저처럼 쓰일 수 있다. 사실 코틀린 람다는 컴파일러가 작성한 invoke()가 있는 특별
한 객체라고 할 수 있다.

이 책에서는 객체지향 프로그래밍에서 접근 제어(13.8절 참조)를 통해 생성자를 비공개로 만들고 동반 객체(13.2.4절 참조) 내에 invoke()를 정의함으로써 코틀린 생성자의 제약을 해결하는 방법두 살펴볼 것이다.

> **익힘문제**
>
> f(a, b, c, d, e)라는 호출은 어떤 연산자 함수 호출 코드로 컴파일되는가?

12.1.10 멤버 함수를 중위 형식으로 쓸 수 있는 경우

언어에 따라서는 사용자가 원하는 연산자를 정의할 수 있게 해주는 경우도 있다. 하스켈Haskell이나 스칼라에서는 사용자가 원하는 기호로 다양한 연산자를 정의해 사용할 수 있고, 이로 인해 간결한 표현이 가능하다. 하지만 기호 형태의 연산자는 그 기호의 의미를 아는 사람에게는 간결해 보이지만, 의미를 모르는 사람은 아예 짐작하기도 어려울 만큼 암호처럼 보인다는 문제가 있다. 그래서 코틀린 언어 설계자들은 기호로 돼 있는 연산자를 오버로드하는 기능을 여기서 설명했던 연산들로 제한했다.

대신 코틀린은 멤버 함수의 인자가 1개뿐인 경우에는 객체.함수(인자) 형태 대신 객체 함수 인자 형태로 호출할 수 있는 기능을 제공해 이항 중위 연산자를 확장할 가능성을 열어준다. 중위 연산자처럼 쓸 수 있는 함수를 만들고 싶으면 함수를 정의할 때 fun 앞에 infix 변경자를 추가해야 한다.

특히 중위 표기법 멤버 함수를 잘 활용하면 영어 문장처럼 읽히는 코드를 제공할 수 있으므로 영역 특화 언어DSL, Domain Specific Language를 정의할 때 도움이 될 수 있다.

재고 관리를 위한 Inventory 클래스를 정의한다고 하자. 예제를 단순화하기 위해 문자열만 갖고 재고를 표현하자. 문자열은 재고 상품의 이름을 뜻한다.

```
class Inventory {
    val stock = mutableListOf<String>()

    operator fun plusAssign(s: String) {
```

```
            stock.add(s)
    }
    operator fun minusAssign(s: String) {
        stock.minusAssign(s)
    }
    infix operator fun contains(s: String) = stock.contains(s)
}

fun main() {
    val inventory = Inventory()
    inventory += "딸기 요거트"
    inventory += "바나나 우유"
    println(inventory contains "딸기 요거트")    // true
    inventory -= "딸기 요거트"
    println(inventory contains "딸기 요거트")    // false
    println(inventory.contains("바나나 우유"))   // true
}
```

contains() 함수에는 infix 변경자가 붙어 있어 inventory contains "딸기 요거트"처럼 중위 연산자 표기법을 사용해 contains()를 호출할 수 있다. 마지막 문장에서 볼 수 있는 것처럼 일반적인 멤버 함수 호출 방식으로 중위 연산자 함수를 호출할 수도 있다.

반면 infix가 붙어 있지 않은 함수를 중위 연산자 형식으로 호출하면 error: 'infix' modifier is required ...라는 오류가 발생한다. 위 예제 코드에서 contains() 함수에 붙어 있는 infix를 제거하고 컴파일을 시도하면 이를 확인할 수 있다.

익힘문제

다음 코드에 있는 Foo 클래스의 두 객체를 plus()로 더할 때 틀린 문법은?

```
class Foo(val v:Int) {
    infix operator fun plus(other:Foo) = this.v + other.v
}
```

1. Foo(1) plus Foo(2)
2. Foo(1).plus(Foo(2))
3. Foo(1) + Foo(2)
4. Foo(1).+(Foo(2))

12.1.11 구조 분해와 componentN() 연산자 함수

코틀린에서는 여러 컴포넌트로 이뤄진 객체의 각 컴포넌트를 한꺼번에 대입할 수 있다. 예를 들어 Pair<Int, String> 타입의 썽(또는 튜플) 값의 두 컴포넌트를 각각 i, s라는 변수에 담고 싶은 경우, 구조 분해를 사용하지 않으면 다음과 같이 해야 한다.

```
val pair = 10 to "Apple"
val i = pair.first
val s = pair.second
```

하지만 구조 분해를 사용하면 튜플 값의 각 컴포넌트를 한 문장을 사용해 대입할 수 있다. 이때 변수 이름들을 ,로 분리하고 전체를 괄호로 감싸야 한다. 컴포넌트가 더 많은 데이터 구조의 경우 더 많은 변수를 동시에 대입할 수도 있다.

```
fun main() {
    val (i, s) = 10 to "Apple"
    println("i=$i, s=$s")  // i=10, s=Apple

    val (a, b, c) = Triple(1, 2, 3)
    println("a=$a, b=$b, c=$c")
}
```

컴포넌트 중 일부를 대입하고 싶지 않을 경우 _를 넣으면 된다. 또한 나열한 변수(_ 포함) 개수는 객체가 제공하는 컴포넌트 개수와 같거나 더 적을 수는 있지만, 더 많을 수는 없다. 객체가 속한 타입에서 제공하는 컴포넌트 함수 개수보다 더 많은 컴포넌트를 요구하면 컴파일 오류가 발생한다.

```
fun main() {
    val (i1,_) = 10 to "Apple"      // i1=10
    val (i2) = 10 to "Apple"        // i2=10
    val (i3, j, k) = 10 to "Apple" // Destructuring declaration initializer
of type Pair<Int, String> must have a 'component3()' function
}
```

for에서 구조 분해를 사용할 수도 있다.

```
fun main() {
    val map = mapOf(1 to 'a', 2 to 'b', 3 to 'c')

    for((k, v) in map) {
        println("key=$k, value=$v")
    }
}
/*
key=1, value=a
key=2, value=b
key=3, value=c
*/
```

람다 파라미터 부분에서 구조 분해를 사용할 수도 있다. 이때 구조 분해를 사용한 경우와 파라미터가 여럿인 경우를 잘 구분하라(람다 파라미터 주변의 괄호를 보라).

```
fun main() {
    val add: (Int, Int) -> Int = { x, y -> x + y }
    val addPair: (Pair<Int, Int>) -> Int = { (x, y) -> x + y }

    add(10, 20)
    addPair(10 to 20)
}
```

람다의 경우 각각의 파라미터를 구조 분해로 분해할 수도 있다.

```
fun main() {
    val foo: (Pair<Int, Char>, Pair<String, String>, String)->Unit = { (x, y),
(s1, s2), z ->
        println("x=$x y=$y z=$z")
        println("s1=$s1 s2=$s2")
    }
    foo(1 to 'a', "ss" to "sss", "Hello")
}
/*
x=1 y=a z=Hello
s1=ss s2=sss
*/
```

하지만 람다에서도 구조 분해를 두 단계 이상 내포시킬 수는 없다.

```
fun callLambda(v: Pair<Pair<Int, Int>, Pair<Int, Int>>, f: (Pair<Pair<Int,
Int>, Pair<Int, Int>>)->Int) = f(v)

callLambda((1 to 2) to (3 to 4)) { (a, b) -> a.first + a.second + b.first +
b.second }
callLambda((1 to 2) to (3 to 4)) { ((a, b), (c, d)) -> a + b + c + d }
// 컴파일 오류
```

어떻게 이런 기능을 제공할 수 있을까? 비밀은 componentN() 연산자 함수에 있다. 여기서 N은 정의하고 싶은 컴포넌트 번호다. 첫 번째 컴포넌트가 operator fun component1() 함수에 의해 정의된다(component0이 아님)는 점에 유의하라.

코틀린 표준 라이브러리에는 최대 컴포넌트 개수를 알려주는 kotlin.KotlinVersion. MAX_COMPONENT_VALUE가 정의돼 있다. 코틀린 1.8에서 이 값은 255이다. 12.2절에서 배운 확장 함수나 멤버 함수로 componentN() 연산자 함수를 정의하면 해당 위치의 컴포넌트를 사용할 수 있다. 컴포넌트 함수를 빈틈없이 다 선언하지 않아도 컴파일 오류가 발생하지는 않지만, 구조 분해를 할 때 빠진 함수 부분에서 컴파일 오류가 발생한다. 심지어 _로 해당 부분을 생략해도 컴파일 오류가 발생한다.

```
class Dummy {
  operator fun component1():String = "Hello,"
}
operator fun Dummy.component2():String = "World!"
operator fun Dummy.component4():String = "Oh"


fun main() {
  val dummy = Dummy()
  val (hello, world, _, lastname) = dummy    // error: destructuring
declaration initializer of type Dummy must have a 'component3()' function

  println("$hello $world $lastname")
}
```

코틀린의 operator fun componentN()을 설명하라. 여기서 N은 1 이상의 정수다.

12.2 확장 함수와 확장 프로퍼티

다음과 같이 다양한 타입의 값이 있다고 하자.

```
val b: Byte = 1
val s: Short = 1
val i: Int = 1
val l: Long = 1L
```

서로 다른 타입들이지만 자연스럽게 각각을 연산에 활용할 수 있었다. 그런데 이제 새로운 클래스를 정의하면서 기존 타입과 사칙 연산을 부드럽게 통합하고 싶다. 예를 들어 다음 Rational 클래스의 경우 자신과 다른 Rational 객체 사이의 덧셈이나 자신과 다른 Int 값 사이의 덧셈에 대해 +를 사용할 수 있다.

```
class Rational(val numerator: Int, val denominator: Int) {
    override fun toString(): String = "${numerator}/${denominator}"

    operator fun plus(other: Rational): Rational =
        Rational(this.numerator*other.denominator+this.denominator*other.
numerator, this.denominator*other.denominator)

    operator fun plus(other: Int): Rational = Rational(this.numerator*other,
this.denominator)
}

fun main() {
    val x = Rational(1, 2)
    val y = Rational(3, 4)
    println(x + y)  // 10/8
    println(x + 10) // 10/2
}
```

그러나 Int 타입의 값에 Rational 객체를 더할 수는 없다. Int 안에는 Rational과 더할 수 있는 plus() 함수 정의가 들어 있지 않기 때문이다. 새로운 타입을 정의하면서 기존 타입과 통합하는 과정에서는 기존 타입에 새 타입을 고려한 연산을 추가해야 하는 경우가 자주 생긴다. 이럴 때 코틀린이 제공하는 확장 함수가 도움이 된다. 확장 함수는 소스 코드를 변경할 수 없는(또는 변경할 수는 있지만 변경하고 싶지는 않은) 기존 클래스에 새로운 함수를 추가할 수 있게 해주는 기능이다.

확장 함수를 정의할 때는 일반적인 함수 정의와 마찬가지로 함수를 정의하되, 함수 이름 앞에 확장하고 싶은 타입의 이름을 적어주면 된다. Int 타입에 대해 Rational과 더할 수 있는 덧셈 연산자 함수를 정의할 때도 마찬가지다. operator fun plus(other: Rational): Rational이 Rational을 더하는 연산자 함수의 시그니처이므로 Int와 Rational을 더하는 덧셈 함수는 다음과 같이 정의할 수 있다.

```
operator fun Int.plus(other: Rational): Rational = other + this

fun main() {
    val x = Rational(1, 2)
    val y = Rational(3, 4)
    println(x + y)  // 10/8
    println(x + 10) // 10/2
    println(10 + x) // 10/2
}
```

확장 함수 안에서 this는 확장 대상 타입의 객체를 가리킨다. Int.plus() 안에서 this는 확장 대상인 Int 타입의 값을 뜻한다. 따라서 other + this를 하면, other가 가리키는 Rational 값에 this가 가리키는 정수 값을 더하는 연산이 일어난다.

다만, 이 경우 확장 함수는 기존 타입의 밖에 존재하는 코드이므로 기존 타입이 공개해 둔 public 속성의 멤버 함수나 멤버 프로퍼티만 사용해야 한다는 한계가 있다. public은 13.8절에서 가시성 변경자를 다룰 때 다시 설명한다.

한편 확장 함수 정의는 Int 클래스 안에 있을 필요가 없다. Int의 소스 코드를 변경할 필요가 없다는 뜻이다. 따라서 이미 존재하는 클래스를 변경할 수 없거나, 변경하고 싶지는 않지만 새로운 기능을 추가하고 싶을 때는 확장 함수가 유용하다.

JVM에서 실행되는 코틀린은 자바에 정의돼 있는 기존 클래스에 여러 가지 확장 함수를 추가해 코틀린다운 기능을 제공한다. 예를 들어 문자열 맨 앞에서 n개의 글자를 제외한 새로운 문자열을 반환하는 drop() 함수는 다음과 같이 정의돼 있다.

```
fun String.drop(n: Int): String {
    require(n >= 0) { "Requested character count $n is less than zero." }
    return substring(n.coerceAtMost(length))
}
```

여기서 n.coerceAtMost(length)는 정수 n이 length보다 크거나 같으면 length를 돌려주고 length보다 작으면 n을 돌려준다. 심지어 이 함수도 Int에 대해 정의된 확장 함수다.

```
fun Int.coerceAtMost(maximumValue: Int): Int {
    return if (this > maximumValue) maximumValue else this
}
```

이렇듯 코틀린 확장 함수는 기존 타입을 확장한 편리한 API를 제공할 때 핵심적인 역할을 한다.

12.2.1 확장 함수는 정적으로 디스패치됨

일반적으로 코틀린 클래스에서 open으로 정의된 멤버 함수는 실제 실행 시점에 사용 중인 객체의 구체적인 타입에 따라 동적으로 디스패치된다.

```
abstract class Animal {
    abstract fun vocalize(): String
}

class Dog: Animal() {
    override fun vocalize() = "멍멍"
}

open class Cat: Animal() {
```

```
    override fun vocalize() = "야옹"
}

class Tiger: Cat() {
    override fun vocalize() = "어흥"
}

fun main() {
    val pets = listOf(Dog(), Cat(), Tiger())

    println(pets.map{it.vocalize()})    // [멍멍, 야옹, 어흥]
}
```

이제 고양이과 동물들에게는 포효하는 소리를 표현하는 roar() 함수를 추가하자. 이때 각 클래스의 소스 코드를 변경할 수는 없으므로 확장 함수를 사용하기로 결정한다. ??? 부분에서 어떤 결과가 표시될까?

```
package ch12.extensionstaticdispatch

// Animal, Dog, Cat, Tiger 구현은 그대로

fun Cat.roar() = "캬악~"
fun Tiger.roar() = "으르렁~"

fun main() {
    val pets = listOf(Dog(), Cat(), Tiger())

    println(pets.map{it.vocalize()})                         // [멍멍, 야옹, 어흥]
    println(pets.filterIsInstance<Cat>().map{it.roar()}) // ???
}
```

pets 안에 있는 Cat 타입 객체에 대해 roar()를 실행하면 고양이냐 호랑이냐에 따라 적합한 포효가 선택돼 [캬악~, 으르렁~]이 출력될 것 같지만, 실제 실행해보면 [캬악~, 캬악~]이 출력된다. 타입.함수이름(파라미터)라는 확장 함수는 실제로는 함수이름(타입, 파라미터)처럼 첫 번째 파라미터로 수신 객체를 받는 함수로 컴파일되는 일반적인 함수에 불과하다. 다만 컴파일러가 확장 함수 본문에 쓰인 this나 프로퍼티, 함수 이름 등을 검색할 때 확장 대상

타입을 고려하기 때문에 마치 기존 클래스 내부에 멤버 함수를 정의할 때처럼 편리하게 수신 객체를 지정하지 않고 쓸 수 있도록 해줄 뿐이다. 그래서 컴파일러는 컴파일 시점에 확장 함수가 확장 중인 함수의 정적 타입을 보고 적절한 확장 함수를 찾아 코드를 생성해준다. 예제 코드에서 map()에 전달된 람다의 파라미터 타입은 filterIsInstance() 제네릭 함수의 타입 파라미터인 Cat 타입으로 컴파일 시점에 정해지기 때문에 컴파일러는 it.roar()를 Cat.roar()로 대신해준다. 그래서 filterIsInstance()가 돌려주는 리스트 안에 들어 있는 객체의 구체적인 타입은 Cat과 Tiger로 서로 다르지만, 호출되는 함수는 확장 함수 Cat.roar()로 고정되기 때문에 출력이 [캬악~, 캬악~]이 된다.

왜 확장 함수를 정적으로 디스패치할 수밖에 없을까?

동적 디스패치가 가능하려면 각 객체는 자신이 속한 클래스에 정의된 멤버 함수를 가리키는 참조를 런타임에 유지하고 있어야 한다. 컴파일러는 하위 클래스를 컴파일하면서 상위 클래스에 정의된 멤버 함수를 가리키는 참조를 설정해주되, 하위 클래스에서 오버라이드한 멤버 함수가 있으면 그 멤버 함수를 참조하고 하위 클래스가 오버라이드하지 않은 상위 클래스의 멤버 함수가 있으면 상위 클래스의 멤버 함수를 호출하도록 참조를 적절히 설정해준다. 이때 이런 멤버 함수를 관리하는 데이터 구조(가상 함수 테이블)는 컴파일러가 클래스의 바이트코드를 만들어낼 때 정해진다. 따라서 클래스 정의를 변경할 수 없는 외부에서 이런 오버라이드 관련 데이터 구조를 변경할 수는 없다.

코틀린 확장 함수와 확장 프로퍼티는 객체를 첫 번째 인자로 받는 함수나 게터/세터 함수를 좀 더 편하게 사용할 수 있도록 제공하는 문법 설탕(syntatic sugar)이다.

익힘문제

확장 함수가 정적으로 디스패치되는 이유를 설명하라.

12.2.2 널이 될 수 있는 타입에 대한 확장 함수

널이 될 수 있는 타입에 대해 확장 함수를 선언할 수도 있다. 널이 될 수 없는 타입의 확장 함수를 정의하는 방법과 똑같이 하되, 타입 이름 뒤에 ?를 붙이면 널이 될 수 있는 타입의 확장 함수가 된다. 이때 함수 본문에서 this가 널이 될 수 있는 타입이 된다는 점에 유의하라. 다음은 표준 라이브러리에 정의된 Any? 타입에 대한 toString()이다.

```
fun Any?.toString() = this?.toString() ?: "null"
```

널이 될 수 없는 타입에는 Any에 정의된 toString()이 있으므로 toString()을 호출해도 안전하지만, 임의의 널이 될 수 없는 타입의 값에 대해 toString()을 호출해도 아무 문제가 없는 이유는 표준 라이브러리에서 이렇게 Any?에 대해 toString()을 정의해뒀기 때문이다. 모든 널이 될 수 있는 타입은 Any?의 하위 타입이므로 별도로 타입?.toString()을 정의하지 않아도 Any?.toString()이 호출될 수 있고, 이로 인해 널이 될 수 있는 타입의 참조가 실제로 널인 경우에도 toString()을 호출할 때 NullPointerException이 발생하지 않는다.

다른 예제로, 널이 될 수 있는 String? 타입의 값에 대해 널일 때도 + 연산자를 쓸 수 있게 해주는 String?.plus() 확장 함수를 들 수 있다.

```
operator fun String?.plus(other: Any?): String =
    (this?.toString() ?: "null").plus(other?.toString() ?: "null")
```

하지만 널이 될 수 있는 타입에 대한 확장을 사용할 때는 조심해야 한다. 널이 될 수 있는 타입을 반환하는 멤버 함수나 널이 될 수 있는 타입의 프로퍼티가 들어 있는 클래스를 활용해 코드를 작성할 때 안전한 호출(.?)을 자주 사용하므로, 보통 .을 사용해 멤버를 호출하는 코드를 보면 바로 앞에 있는 식의 타입이 널이 될 수 없는 타입이라고 가정하기 쉽기 때문이다.

조금 전에 보여줬던 Any?.toString()으로 인해 널이 될 수 있는 타입 값에 toString()을 적용한 결과가 널이 아니라 "null"이라는 문자열이 될 수 있다는 사실을 잊어버리면 가끔 버그가 생길 때가 있다.

```
val s1: String? = nullableFunction()?.toString()
val s2: String? = nullableFunction().toString()
```

코드에서 s1과 s2를 모두 널이 될 수 있는 타입으로 지정했지만 실제로 s2는 절대로 널이 될 수 없고, nullableFunction()이 null을 반환하면 "null"이라는 문자열이 생긴다. 이때 Any?의 toString()이 호출된다.

12.2.3 확장 프로퍼티

코틀린 프로퍼티는 게터와 세터로 이뤄지는데, 게터와 세터도 일종의 함수이므로 확장 함수의 개념을 자연스럽게 확장 프로퍼티로 넓힐 수 있다. 당연히 var는 게터와 세터를 모두 정의해야 하고, val은 게터만 정의하면 된다.

```
var <T> MutableList<T>.first: T
    get() = this[0]
    set(v: T) { this[0] = v }

val <T> List<T>.lastIndex: Int?
    get() = if(this.isEmpty()) null else this.size - 1

fun main() {
    val x = mutableListOf(1, 2, 3)
    println(x.first)        // 1
    x.first = 10
    println(x.first)        // 10
    println(x.lastIndex)    // 2
    println(listOf<Int>().lastIndex) // null
}
```

확장의 경우 실제 클래스 내부에 새로운 뒷받침하는 필드를 추가할 수 없으므로 확장 프로퍼티 값을 직접 초기화할 수는 없다.

```
var <T> MutableList<T>.sidePocket: Int = 10  // error: extension property
cannot be initialized because it has no backing field
```

12.2.4 클래스 멤버로 확장 정의

지금까지는 최상위에 확장을 정의한 예제만 살펴봤다. 하지만 클래스 내부에 확장을 정의할 수도 있다. 어떤 클래스 A의 내부에서 다른 클래스 B의 확장을 정의하면 그 확장은 A의 멤버인 동시에 B의 멤버가 된다.

```kotlin
class AClass {
    fun foo() { println("foo()") }
}

class OtherClass {
  fun bar() { println("bar()") }
  fun AClass.baz() {
    foo()
    bar()
  }
  fun aBaz(a: AClass) { a.baz() }
}

fun main() {
  val x = AClass()
  val y = OtherClass()
  y.aBaz(x)
}
/*
foo()
bar()
*/
```

이 코드에서 OtherClass 안에 정의된 AClass.baz() 확장 함수는 OtherClass의 멤버 함수이므로 OtherClass 내부를(나중에 배울 비공개 멤버까지도 포함!) 볼 수 있다. 한편 AClass.Baz() 확장 함수는 AClass의 확장이므로 AClass의 공개된 멤버에도 접근할 수 있다.

코틀린에서는 확장 함수로 인해 추가된 this를 명시적 수신 객체^{explicit receiver} this라 하고, 클래스 내부에 정의된 멤버에서 암시적으로 제공되는 this를 암시적 수신 객체^{implicit receiver} this라 한다. 위 예제의 경우 AClass.baz() 확장 함수 내부에서 AClass는 명시적 수신 객체고, OtherClass는 암시적 수신 객체다.

그런데 확장 함수와 멤버 함수의 이름이 똑같으면 어떤 일이 생길까?

```
class CallableResolutionSet {
    fun foo() { println("member foo()") }
}

fun CallableResolutionSet.foo() { println("CallabelResolution extension
foo()") }

fun main() {
    val x = CallableResolutionSet()
    x.foo()          // member foo()
}
```

확장이 정의돼 있어도 멤버가 우선 호출된다. 마찬가지로 확장이 포함돼 있는 클래스와 확장의 대상인 클래스에 똑같은 이름의 멤버가 들어 있는 경우에도 확장 대상 클래스의 멤버가 더 우선적으로 선택된다.

```
class AClass {
  fun foo() {
    println("AClass::foo()")
  }
}

class OtherClass {
  fun foo() {
    println("OtherClass::foo()")
  }
  private fun bar() {
    println("OtherClass::bar()")
  }
  fun AClass.baz() {
    foo()              // AClass의 foo()
    bar()
  }
  fun aBaz(a: AClass) {
    a.baz()
  }
}
```

```
fun main() {
  val x = AClass()
  val y = OtherClass()
  y.aBaz(x)
}
/*
AClass::foo()
OtherClass::bar()
*/
```

이 예제에서 AClass.baz() 함수 본문의 foo() 호출은 OtherClass 쪽이 아니라 AClass 쪽의 foo()를 호출한다.

정확히 어떤 클래스의 멤버를 가리키는지 표현하고 싶다면 this@타입이름.을 멤버 이름 앞에 덧붙여야 한다.

```
class AClass {
  fun foo() {
    println("AClass::foo()")
  }
}

class OtherClass {
  fun foo() {
    println("OtherClass::foo()")
  }
  private fun bar() {
    println("OtherClass::bar()")
  }
  fun AClass.baz() {
    foo()
    this@OtherClass.foo()
    bar()
  }
  fun aBaz(a: AClass) {
    a.baz()
  }
}

fun main() {
```

```
  val x = AClass()
  val y = OtherClass()
  y.aBaz(x)
}
/*
AClass::foo()
OtherClass::foo()
OtherClass::bar()
*/
```

왜 확장 대상 클래스에 정의된 멤버를 더 우선적으로 채택할까?

클래스 자체에 정의된 멤버보다 확장으로 정의된 함수나 프로퍼티를 더 우선시하면, 클래스를 사용하는 쪽에서 기존 클래스에 정의돼 있는 함수와 같은 이름의 확장을 정의하는 방법으로 클래스가 제공하는 멤버 구현을 대체하게 된다. 이런 경우 클래스를 사용하는 위치에 따라 같은 클래스에 속한 멤버 함수나 프로퍼티가 전혀 다른 동작을 할 수 있다. 이를 방지하고자 코틀린에서는 확장 대상 클래스 내부에 정의된 멤버를 더 우선시한다.

컴파일러는 이런 경우 'warning: extension is shadowed by a member'라는 경고와 함께 어떤 확장 함수가 멤버 함수에 의해 가려졌는지를 보여준다.

멤버 확장 함수는 함수 본문 안에서 확장 대상 클래스와 자신이 속한 클래스라는 두 가지 맥락을 동시에 활용할 수 있다. 따라서 멤버 확장 함수를 사용하면 현재 클래스의 문맥 안에 확장 대상 클래스의 문맥을 혼합할 수 있다. 이 점은 DSL(영역 특화 언어)을 정의할 때 유용하게 쓰일 수 있다.

12.2.5 함수와 프로퍼티에 대한 참조

고차 함수에 객체의 멤버 함수나 멤버 프로퍼티의 게터 또는 세터를 넘기고 싶거나, 이미 정의된 다른 함수를 넘기고 싶을 때가 있다. 물론 람다를 사용하면 쉽게 원하는 일을 할 수 있다.

```
package referencetofunction

class Person(val name:String, val age: Int) {
    fun hashCode() = (name.hashCode() * 31 + age) * 31
    fun greeting(s:String): String = "$s $name"
}

fun reverseName(p:Person) = p.name.reversed()

fun main() {
    val personList = listOf(Person("Injoo Oh", 31), Person("Inkyeong Oh",
29), Person("Inhye Oh", 17))

    val sortedByAge = personList.sortedBy{it.name}
    val sortedByHashCode = personList.sortedBy{it.hashCode()}
    val sortedByGreeting = personList.sortedBy{it.greeting("Hello")}
    val sortedByReverseName = personList.sortedBy{reverseName(it)}
}
```

하지만 이미 name 게터와 hashCode() 메서드, reverseName()이라는 함수가 있는데 {it.name}과 {it.hashCode}, {reverseName(it)}이라는 람다를 만드는 일은 약간 번거롭기도 하고 람다에 대응하는 객체를 만들어야 하므로 부가 비용도 든다. 이럴 때 함수에 대한 참조를 사용하면 편리하다.

함수의 종류에 따라 몇 가지 방식의 함수 참조가 존재한다. 가장 단순한 함수 참조는 최상위에 정의된 함수에 대한 참조다. 최상위 함수를 호출할 때는 수신 객체나 클래스 타입 등과 같은 부가 정보가 필요하지 않고 함수 이름만 있으면 된다. 단, 함수 참조를 나타내기 위해 :: 뒤에 함수 이름을 붙여야 한다. 함수 참조를 쓰면 앞의 코드에 있는 sortedByReverseName을 초기화하는 코드를 다음과 같이 고쳐 쓸 수 있다. 이때 함수 인자로 람다를 넘기는 게 아니므로 중괄호를 괄호로 바꿔야 한다는 점에 유의하라.

```
fun main() {
    ...
    val sortedByReverseName = personList.sortedBy(::reverseName)
}
```

클래스 멤버 함수에 대한 참조는 어떨까? ::함수이름 앞에 클래스 이름을 붙이면 될 것처럼 보인다. 한 가지 문제는 sortedBy()가 요청하는 람다의 타입과 클래스 내에 정의된 함수의 타입을 어떻게 연관시킬 수 있느냐다. personList.sortedBy()는 (Person)->결과타입 형태의 람다를 인자로 받을 수 있다. Person에 있는 어떤 함수도(게터 포함) 이 타입을 만족하지 않는 것처럼 보인다. hashCode()의 타입은 ()->Int이고 greeting()의 타입은 (String)->String인 것처럼 보인다. 정말 그럴까? 시험 삼아 클래스 안에 그 클래스 자체를 유일한 인자로 받는 멤버 함수를 하나 정의해보자.

```
package classmemberfunctiontypetest

class Box(val value: String) {
    override fun hashCode(): Int = value.hashCode()
    fun hashOther(other: Box) = other.hashCode()
}

fun main() {
    val list = listOf(Box("문자열1"), Box("문자열2"))

    list.map(Box::hashOther)
    list.map(Box::hashCode)
}
```

이 예제에서 hashOther() 멤버 함수의 타입은 (Box)->Int인 것처럼 보이므로, list.map()에 이 함수를 넘기면 리스트의 모든 원소의 해시 코드를 구할 수 있을 것 같다. 하지만 컴파일해보면 다음과 같은 오류가 발생한다.

```
error: type mismatch: inferred type is KFunction2<Box, Box, Int> but
(TypeVariable(T)) -> TypeVariable(R) was expected
```

컴파일러가 원하는 타입은 (TypeVariable(T)) -> TypeVariable(R)인데, 여기서 TypeVariable은 제네릭스의 타입 변수를 뜻한다. 따라서 이 타입은 (T)->R 타입의 람다를 받아 결과를 내놓는 함수 타입을 뜻한다. map() 함수는 원소를 받아서 반환값을 내놓는 람다를 받아야 하므로 이 타입은 map()의 파라미터 타입을 표현한 것이다.

반면 Box::hasOther에 대해 추론된 타입은 KFunction2<Box, Box, Int>이다. KFunction2
는 파라미터가 2개인 코틀린 함수라는 뜻이다. 따라서 KFunction2<Box, Box, Int>는 (Box,
Box)->Int에 대응하는 타입이다. hashOther()에는 파라미터가 1개뿐인데, 어디서 Box
가 튀어나왔을까? 그렇다. 클래스의 멤버 함수들은 모두 암시적인 첫 번째 인자로 클래
스 인스턴스를 전달받는다. 이런 클래스 인스턴스는 바로 우리가 수신 객체라 불러왔고
this로 표현했던 것이다. 그래서 Box::hashOther라는 참조의 타입은 KFunction2<Box, Box,
Int>이고, Box::hashCode의 타입은 KFunction1<Box, Int>이다. 따라서 map(Box::hashOther)
는 타입 오류를 내면서 실패하고, map(Box::hashCode)는 정상적으로 컴파일된다. 한편 클
래스::프로퍼티이름이라는 방식으로 작성한 프로퍼티 참조는 마치 클래스 인스턴스를 파라미
터로 받아서 프로퍼티 값을 돌려주는 함수처럼 쓰일 수 있다.

따라서 12.2.5절의 맨 앞에서 작성했던 main() 함수를 다음과 같이 함수 참조를 사용
해 다시 표현할 수 있다.

```kotlin
fun main() {
    val personList = listOf(Person("Injoo Oh", 31), Person("Inkyeong Oh",
29), Person("Inhye Oh", 17))

    val sortedByAge = personList.sortedBy(Person::name)
    val sortedByHashCode = personList.sortedBy(Person::hashCode)
    val sortedByReverseName = personList.sortedBy(::reverseName)
}
```

아쉽게도 세터는 이런 방식으로 가리킬 수 없다. 클래스::프로퍼티라는 형식의 참조는 기
본적으로 프로퍼티 게터를 참조하기 때문이다. 세터를 참조하고 싶으면 클래스::프로퍼
티.setter를 사용하라. 단, 이 경우 세터 함수는 클래스 인스턴스를 첫 번째 파라미터로
받고 세터의 파라미터를 두 번째 파라미터로 받는다는 점에 유의하라.

```kotlin
package propertyreferencesetter

class X(var value: Int) {
    override fun toString() = "X($value)"
}
```

```
fun <T> List<T>.forEachIndexed2(f: (T, Int)->Unit) = this.forEachIndexed{
index, element ->
    f(element, index)
}

fun main() {
    val list = listOf(X(0), X(0), X(0))

    println(list.map(X::value))              // [0, 0, 0]
    println(list.map(X::value.getter))       // [0, 0, 0]
    list.forEachIndexed2(X::value.setter)
    println(list)                            // [X(0), X(1), X(2)]
}
```

위 예제에서 X::value와 X::value.getter는 같은 역할을 하고 X 타입의 값을 받는 함수 역할을 할 수 있다는 점을 알 수 있다. 또한 X::value.setter는 X 타입의 객체와 Int(이 타입은 X.value의 타입과 같다)를 파라미터로 받는 함수 역할을 할 수 있다는 사실도 확인할 수 있다.

한편 경우에 따라서는 수신 객체를 고정시키고 멤버 함수나 프로퍼티를 사용하고 싶을 때도 있다. 물론 람다로 원하는 객체를 포함하고 있는 클로저를 만들면 쉽게 이런 목적을 달성할 수 있다. 예를 들어 코틀린에서는 문자열에 대해 toRegex()를 호출하면 정규식 객체를 만들 수 있고, 이 객체의 matches() 함수는 파라미터로 받은 문자열과 정규식이 일치하는지를 검사해서 일치할 경우 true를 돌려준다. 리스트에 있는 각 문자열이 올바른 전자우편 주소인지 검사하고 싶다면, 다음과 같이 정규식을 작성하고 리스트의 map()을 사용함으로써 올바른 전자우편 주소인지를 알 수 있다.

```
fun main() {
    val emailRegex = "^[A-Za-z](.*)([@]{1})(.{1,})(\\.)(.{1,})".toRegex()
    val emails = listOf("someone@kmail.com", "123wrong@com", "_underbar@
underbar.com")

    println(emails.map{emailRegex.matches(it)})
}
```

이 경우 emailRegex라는 수신 객체가 고정되므로 어떻게든 함수 참조를 만들 수 있을 것 같다. 이럴 때 코틀린에서는 인스턴스::멤버이름 형태를 사용해 수신 객체가 고정된 멤버 함수나 수신 객체가 고정된 멤버 프로퍼티에 대한 참조를 만들 수 있게 해준다.

```kotlin
fun main() {
    val emailRegex = "^[A-Za-z](.*)([@]{1})(.{1,})(\\.)(.{1,})".toRegex()
    val emails = listOf("someone@kmail.com", "123wrong@com", "_underbar@
underbar.com")

    println(emails.map(emailRegex::matches))
}
```

확장 함수의 경우는 어떨까? 확장 함수나 프로퍼티도 일반 멤버 함수나 프로퍼티와 마찬가지로 수신 객체를 :: 앞에 붙인 함수 참조를 사용할 수 있다.

```kotlin
package referencetoextension

val String.size:Int
    get() = this.length

fun main() {
    val emailRegex = "^[A-Za-z](.*)([@]{1})(.{1,})(\\.)(.{1,})".toRegex()
    fun Regex.matches2(s:String) = this.matches(s)
    // 다음 줄 맨 앞의 //를 제거하면 Local extension properties are not allowed라는
오류를 볼 수 있다
    //val String.size2 get() this.length

    val emails = listOf("someone@kmail.com", "123wrong@com", "_underbar@
underbar.com")

    println(emails.map(emailRegex::matches))
    println(emails.map(emailRegex::matches2))
    println(emails.map{(Regex::matches2)(emailRegex, it)})
}
```

아래와 같이 Foo라는 클래스와 이 클래스의 인스턴스인 foo가 있을 때, ⑴에서 Foo::bar와 foo::bar
라는 두 참조가 서로 어떻게 다른지 설명하라.

```
class Foo {
  fun bar(): String = "Hello"
}

fun main() {
  val foo = Foo()
  // (1)
}
```

12.2.6 함수 참조의 타입

12.2.5절의 예제들을 살펴보면서, 고차 함수가 파라미터로 받는 람다의 첫 번째 파라미
터가 특정 클래스의 인스턴스일 때 람다 대신 해당 클래스의 멤버 함수나 프로퍼티 참조
를 전달할 수 있음을 확인했다. 따라서 어떤 클래스의 멤버를 가리키는 참조의 타입은 첫
번째 파라미터가 그 클래스 인스턴스인 함수가 된다는 사실을 알 수 있다.

```
val emailRegex = "^[A-Za-z](.*)([@]{1})(.{1,})(\\.)(.{1,})".toRegex()
val regexMatch: (Regex, String) -> Boolean = Regex::matches
val isEmail: (String) -> Boolean = emailRegex::matches
```

하지만 (Regex, String) -> Boolean은 Regex의 멤버라는 느낌이 적다. 그런데 코틀린
에서는 확장 함수를 표현하기 위해 Regex.(String) -> Boolean처럼 확장할클래스.(파라미터타
입들)->결과타입이라는 타입을 쓸 수 있다. 그리고 확장대상클래스.(파라미터타입들)->결과타입이라는
타입을 (확장대상클래스, 파라미터타입들)->결과타입으로 바꿔 써도 참조를 대입하는 데는 문제가
없다. 예를 들면, Regex.(String) -> Boolean 타입 변수에 (Regex, String) -> Boolean 타
입의 참조를 대입해도 전혀 문제없다.

```
val emailRegex = "^[A-Za-z](.*)([@]{1})(.{1,})(\\.)(.{1,})".toRegex()
val regexMatch: (Regex, String) -> Boolean = Regex::matches
val isEmail: (String) -> Boolean = emailRegex::matches
val regexMatchExt: Regex.(String) -> Boolean = Regex::matches
val isEmailExt: String.() -> Boolean = emailRegex::matches
```

거꾸로 임의의 함수를 확장 함수 타입의 값에 대입할 수도 있다. 예를 들어 (Int, Int)->String이라는 타입의 함수를 Int.(Int)->String이라는 확장 함수 타입 변수에 저장할 수 있다.

```
package normalfuntoextfun

fun addAndToString(x:Int, y:Int) = (x+y).toString()
val addAndToStringExt: Int.(Int)->String = ::addAndToString

fun main() {
    println(10.addAndToStringExt(20))  // 30
}
```

> **익힘문제**
>
> 다음 코드에서 bar에 foo 참조를 대입할 수 있는 이유를 설명하라.
>
> ```
> fun foo(x:Int, y:Int) = (x+y).toString()
> val bar: Int.(Int)->String = ::foo
> ```

12.2.7 수신 객체 지정 람다와 수신 객체 지정 익명 함수

기술적으로 확장 함수는 첫 번째 파라미터가 수신 객체인 일반 함수에 불과하고 코틀린 컴파일러가 확장 함수의 내부에서 this 컨텍스트를 수신 객체로 치환해준다는 점이 다를 뿐이라는 사실을 안다면, 이 개념을 람다에 적용할 수도 있다는 점을 쉽게 예상할 수 있다. 고차 함수에서 타입이 확장할클래스.(파라미터타입들)->결과타입으로 지정된 람다를 **수신 객체 지정 람다**lambda with receiver라 한다. 수신 객체 지정 람다를 사용하는 간단한 예를 보자.

```
fun <T, R> runUnitFunction(value:T, op: T.()->R) = value.op()
val tenPlusTen = runUnitFunction(10){this+10}             // 20
val stringSplit = runUnitFunction("String"){this.split("t")} // [S, ring]
```

이 함수는 확장 함수면서 수신 객체 지정 람다를 인자로 받는다. tenPlusTen과 stringSplit을 초기화할 때 전달하는 수신 객체 지정 람다 안에서 this가 쓰였다는 점에 유의하라. 수신 객체 지정 람다 안에서는 암시적 파라미터인 it을 쓸 수 없다.

```
val stringSplit = runUnitFunction("String"){it}  // error: unresolved
reference: it
```

고차 함수 입장에서 보면 수신 객체 지정 람다인 파라미터는 확장 함수에 대한 참조와 마찬가지이므로, 이를 일반 호출처럼 써도 되고 확장 함수처럼 써도 된다. 앞에서 본 runUnitFunction() 본문에서는 확장 함수 형태로 수신 객체 지정 람다를 호출했지만, 다음과 같이 일반 함수 형태로 호출해도 된다.

```
fun <T, R> runUnitFunction2(value:T, op: T.()->R) = op(value)  // value.op()
도 가능함
val tenPlusTen2 = runUnitFunction2(10){this+10}           // 20
val stringSplit2 = runUnitFunction2("String"){this.split("t")} // [S, ring]
```

람다와 마찬가지로 익명 함수도 수신 객체를 지정해 선언할 수 있다. 다음은 조금 전에 본 람다를 익명 함수로 대신한 코드를 보여준다.

```
val tenPlusTen2_1 = runUnitFunction2(10, fun Int.() = this+10)
val stringSplit2_1 = runUnitFunction2("String", fun String.()= this.
split("t"))
```

익힘문제

다음과 같은 고차 함수의 파라미터로 전달될 수 있는 값을 모두 고르라.

```
  fun <T, R> runUnitFunction2(value:T, op: T.()->R) = op(value)
```

```
1. fun Int.() = "Test"
2. { "Test" }
3. { it }
4. { this }
```

12.2.8 이름은 같고 파라미터만 다른 확장

이름은 같지만 파라미터 타입만 다른 확장을 정의할 수도 있다. 이런 경우 어떤 확장을 호출할지는 확장 대상 타입, 파라미터 타입 등에 따라 정해진다.

```
package ch12.extensionresolution

fun String.foo() = "$this:foo()"
fun String.foo(x: Int) = "$this:foo($x:Int)"
fun String.foo(x: Double) = "foo($this:$x:Double)"
fun String.foo(x: Number) = "foo($this:$x:Number)"
fun String.foo(x: Any) = "foo($this:$x:Any)"
@JvmName("fooAnyNullable")
fun String.foo(x: Any?) = "foo($this:$x:Any?)"

fun main() {
    println("".foo())          // :foo()
    println("".foo(1))         // :foo(1:Int)
    println("".foo(3.14))      // foo(:3.14:Double)
    println("".foo(3.14f))     // foo(:3.14:Number)
    println("".foo(listOf(1))) // foo(:[1]:Any)
    println("".foo(listOf(1).getOrNull(0))) // foo(:1:Any?)
}
```

코틀린은 가장 적합한 확장 함수를 알아서 찾아주는 것 같아 보인다. 어떻게 이렇게 할 수 있을까? 이름이 같은데 파라미터 타입만 차이 나는 경우 함수들이 '오버로드됐다 overloaded'고 말한다. 12.1절에서 살펴본 연산자 오버로드도 함수 오버로드의 일종이라 할 수 있고, 확장 함수도 일반 함수처럼 생각할 수 있으므로 역시 함수 오버로드와 비슷한 규칙을 적용해준다. 다음 절에서는 함수 오버로드를 어떻게 해소하는지 자세히 살펴본다.

12.3 함수 오버로드 해소

이름은 같지만 파라미터 타입이 다른 여러 함수를 정의해도 코틀린 컴파일러는 가장 적합한 함수를 알아서 찾아 호출해준다. 이런 기능을 함수 **오버로드**overload라 한다. 함수 오버로드 기능이 없으면 다양한 타입에 대해 작용하는 동일한 개념의 연산을 모두 다른 이름으로 불러야 하므로 코드 작성이 불편해지는 반면, 오버로드 기능이 있으면 같은 연산을 다양한 타입에 적용할 수 있다. 오버라이드override와 오버로드는 같은 이름의 함수를 다양한 타입에 적용할 수 있다는 점에서 자칫 혼동하기 쉬운 개념이다. 오버라이드는 클래스 계층 구조의 상하위 타입에서 이름이 동일하고 파라미터의 개수와 타입이 같은 함수 사이에 적용되며, 실행 시점에 수신 객체의 실제 타입에 의해 어떤 함수가 호출될지 결정된다. 이와 달리 오버로드는 함수를 호출하는 코드의 위치에서 구문적 영역 규칙을 사용해 찾을 수 있는, 이름은 같지만 파라미터들의 타입은 다른 여러 함수 중에서 함수 호출 지점의 인자 타입과 함수 시그니처의 파라미터 타입을 비교해 가장 적합한 타입의 함수를 컴파일러가 선택해주기 때문에 정적으로 함수가 결정되며 실행 시점에 함수가 달라지지 않는다.

한 영역 안에서 이름과 모든 파라미터의 타입과 순서가 같은 함수를 둘 이상 선언할 수 없다. 하지만 영역이 다르면 이름과 파라미터가 같은 함수를 정의해도 아무 문제가 없다. 이런 경우, 정적 영역 규칙에 의해 가장 안쪽 영역에 정의된 함수가 우선 선택된다.

```kotlin
fun foo(x:Int) = "$x"
val s = "foo(10) result ${foo(10)}"              // (1)

class FunctionOverloading {
    fun foo(x:Int):Double = x.toDouble() + 3.14

    val k = foo(10)                              // (2)

    fun bar(x:Int) {
        fun foo(x:Int): Boolean = x == 10
        println("x==10 result ${foo(x)}")        // (3)
    }
}
```

이 예제에서는 최상위, 클래스 멤버, bar() 함수의 지역 함수로 foo(x:Int) 함수가 정의
돼 있다. (1)에서 foo() 함수 호출은 영역 규칙에 의해 최상위에 정의된 foo()만 보이므로
최상위 foo()를 호출하고, foo(10) 호출 결과는 "10"이라는 문자열이 된다. 반면에 (2)의
foo 호출 위치에서는 최상위 foo()와 FunctionOverloading의 멤버인 foo()가 보이고, 그
중에서는 현재 영역인 FunctionOverloading 본문에 정의된 foo() 함수가 더 가깝게 있으
므로 foo(10)의 결과는 13.14가 된다. (3)에서는 세 가지 foo()가 모두 보이지만 bar() 함수
의 본문에 정의된 지역 함수인 foo()가 호출되므로 결과가 true가 된다. 이때 세 함수의
파라미터 타입이 모두 같고(Int) 호출 지점의 인자 타입(Int)과 파라미터의 타입이 모두 동
일했기 때문에 가장 안쪽의 함수가 호출될 함수로 결정된다.

하지만 같은 이름의 함수가 여럿 존재하고 파라미터 개수와 타입이 서로 다른 경우에
는 어떤 함수를 호출해야 할지 결정해야 한다. 특히 이름은 같지만 파라미터 개수가 서
로 다르다면 인자 개수를 보고 쉽게 호출할 함수를 정할 수 있겠지만, 파라미터 개수가
같은데 타입만 다른 경우라면 어떤 함수가 가장 적합한 함수인지를 결정해야 한다. 이렇
게 이름이 같은 호출 가능한 대상(보통은 함수가 이런 대상이지만, 코틀린에서는 꼭 함수만 호출
할 수 있는 게 아니라는 점에 유의하라)이 여러 가지 있는 경우를 오버로드됐다고 말하고, 오버
로드가 일어난 경우 호출 가능한 대상 중에 가장 적합한 대상을 결정하는 절차를 함수 오
버로드 해소^{overload resolution}라 한다. 함수 오버로드를 해소하는 절차는 코틀린 명세(https://
kotlinlang.org/spec/overload-resolution.html)에 정의돼 있으며, 이번 절에서는 그 내용을 간
추려 소개한다.

몇 가지 규칙에서는 앞으로 배울 내용을 미리 이야기한다. 따라서 혹시 코드나 설명을
충분히 이해하지 못하더라도 일단 읽고 넘어간 후, 나중에 해당 부분을 공부한 다음 돌아
와서 다시 살펴보길 바란다.

12.3.1 어떤 요소를 호출할 수 있을까?

코틀린에서 X(...)라는 호출이 있을 때, X라는 이름으로 호출될 수 있는 대상을 몇 가지 유
형으로 나눌 수 있다.

1. 함수와 비슷한 호출 가능 요소

   a. X라는 이름으로 선언된 함수

   b. X라는 타입에 선언된 생성자

   c. X가 아닌 다른 이름으로 선언된 함수나 생성자를 임포트하면서 X라는 별명을 붙인 경우

2. 다음에 속하는 프로퍼티가 operator fun invoke()를 제공하는 경우, X(a0, ..., an)을 X.invoke(a0, ..., an)으로 해석해 호출한다.

   a. X라는 이름으로 선언한 프로퍼티(최상위, 클래스의 멤버, 지역 프로퍼티 모두 포함)

   b. X라는 이름으로 선언한 클래스 내부에 선언한 동반 객체companion object(13장에서 다룸)

   c. X라는 이름의 이넘 항목enum entry(13장에서 다룸)

   d. X가 아닌 다른 이름으로 선언된 프로퍼티, 클래스 동반 객체, 이넘 항목을 임포트하면서 X라는 별명을 붙인 경우

12.3.2 오버로드 후보 집합

X(a1, ..., an) 호출을 보면, 컴파일러는 X라는 호출 가능 요소를 모아서 오버로드 후보 집합을 만든다. 오버로드 후보 집합은 수신 객체 타입과 이름, 인자 개수만을 따져 현재 지점에서 사용할 가능성이 있는 호출 가능 요소들을 모은 집합이다.

예를 들어, 다음 코드를 보자. X 클래스에 대한 plus() 연산자 함수를 정의하지 않았으므로 오류가 발생하리라 예상할 수 있다. 어떤 오류가 발생할까?

```
// 파일이름: OverloadCandidateSet.kt
class X {}
val y = 1 + X
val z = X + y
```

이 코드를 컴파일하면 컴파일러는 다음과 같은 오류를 토해낸다.

```
OverloadCandidateSet.kt:5:11: error: none of the following functions can be
called with the arguments supplied:
public final operator fun plus(other: Byte): Int defined in kotlin.Int
public final operator fun plus(other: Double): Double defined in kotlin.Int
public final operator fun plus(other: Float): Float defined in kotlin.Int
public final operator fun plus(other: Int): Int defined in kotlin.Int
public final operator fun plus(other: Long): Long defined in kotlin.Int
public final operator fun plus(other: Short): Int defined in kotlin.Int
val y = 1 + x
          ^

OverloadCandidateSet.kt:6:11: error: unresolved reference. None of the
following candidates is applicable because of receiver type mismatch:
public inline operator fun BigDecimal.plus(other: BigDecimal): BigDecimal
defined in kotlin
public inline operator fun BigInteger.plus(other: BigInteger): BigInteger
defined in kotlin
    ... 60줄 생략
public operator fun <T> Sequence<TypeVariable(T)>.plus(elements: Iterable
<TypeVariable(T)>): Sequence<TypeVariable(T)> defined in kotlin.sequences
public operator fun <T> Sequence<TypeVariable(T)>.plus(elements: Sequence
<TypeVariable(T)>): Sequence<TypeVariable(T)> defined in kotlin.sequences
val z = x + y
          ^
```

별것 아닌 오류에 상당히 긴 오류 메시지가 표시된다. 특히 두 번째 오류 메시지를 보면 none of the following candidates can be called with the arguments supplied('다음 후보 중 주어진 인자를 사용해 호출할 수 있는 대상이 없음'이라는 의미다)라는 메시지가 표시되면서, 인자가 하나뿐인 plus가 모두 표시된다. 여기서 표시된 plus 함수들이 바로 val z = x + y에 있는 + 연산자 위치에서 호출될 수 있는 오버로드 후보 집합이다. 표시된 후보들을 보면 후보 집합이 이름과 인자 개수가 같은 함수들로 이뤄져 있다는 사실을 알 수 있다.

오버로드 후보 집합을 구할 때는 다음을 고려한다.

패키지 경로가 완전히 지정된 경우(a.b.c.X(...)), 컴파일러는 a.b.c 패키지 안에 정의된 X들을 후보로 선택하며, 다른 곳에 정의된 X는 제외된다.

```
package com.enshahar

fun foo() ...              // (1)
fun foo(a: Int) ...        // (2)
fun foo(a: String) ...     // (3)
val foo = ...              // (4)

.... 같은 파일이나 다른 파일
...
com.enshahar.foo(...)  // (5)
...
```

(5)에서 foo(...)로 호출할 수 있는 대상은 (1), (2), (3) 같은 함수와 (4) 같은 프로퍼티뿐이
다. 단 (4)가 호출 가능하려면 foo가 가리키는 값이 operator fun invoke(...)를 제공해야
한다.

a.X(...)처럼 앞에 수신 객체가 지정된 경우, 컴파일러는 a의 타입을 고려해 사용 가능
한 멤버와 확장을 찾는다. 이때 멤버가 있으면 멤버를 우선적으로 고려한다. 한편 확장
함수가 멤버가 될 수도 있으므로 가끔 복잡한 상황이 생긴다. 다음 예제를 보자.

```
open class Y {
}

class X : Y() {
    fun Y.foo() { println("foo!") }               // (1)
    fun bar() {
        foo()                                     // (2)
    }
}

fun main() {
    val x: X = X()
    val y: Y = Y()

    //x.foo()  // error: unresolved reference: foo   // (3)
    //y.foo()  // error: unresolved reference: foo   // (4)
}
```

(1) Y.foo()에서 명시적 수신 객체는 Y 타입이고 암시적 수신 객체는 X 타입이다. 이 foo()가 호출되려면 이 두 가지 수신 객체가 모두 필요하다는 점에 유의하라.

(2) foo()는 this.foo()로 암시적 this를 붙여서 해석한다. 이 시점에서 this는 Y 타입이기도 하므로 this는 foo()의 명시적 수신 객체와 암시적 수신 객체 역할을 동시에 할 수 있어서 foo() 호출이 제대로 컴파일될 수 있다.

(3) x는 X 타입이면서 Y 타입이기도 하지만, 현재 위치에서는 Y의 멤버나 Y에 대해 정의된 foo라는 이름의 확장이 없으므로, unresolved reference: foo라는 컴파일 오류가 발생한다.

(4) X 안에 정의된 멤버 중에 foo()가 없고, 현재 위치에서는 Y의 멤버나 Y에 대해 정의된 foo라는 이름의 확장이 없으므로 unresolved reference: foo라는 컴파일 오류가 발생한다.

T 타입 내부에 선언된 멤버와 T 타입에 대해 선언된 확장 멤버로 파라미터 타입이 호환되는 함수들이 존재할 경우, 직접 멤버 쪽의 후보가 더 우선권을 가진다는 점에 유의하라. 어떤 클래스의 소스 코드를 수정할 권한이 있는 사람은 클래스 본문에 함수를 정의함으로써 다른 외부 확장을 모두 무효화할 수 있다. 하위 클래스가 상위 클래스의 가정을 깸으로써 발생하는 깨지기 쉬운 상위 클래스 현상과 달리, 이 경우에는 관련 하위 클래스가 상위 클래스의 의도를 살펴보고 적절히 대응해야만 하므로 이런 동작이 바람직하다.

T.f()처럼 타입 이름을 사용해 함수를 호출하면 T 타입 클래스에 정의된 동반 객체에 있는 f가 후보 집합에 들어간다. 다음 코드를 보라(13.2.4절에서 동반 객체를 배운 후 자세히 코드를 살펴봐도 좋다).

```
open class Foo() {
    fun foo() { println("Foo::foo()")}
}

fun CompanionCallableResolution.Companion.baz() {
    println("CompanionCallableResolution.Companion.baz()")
}
```

```
fun CompanionCallableResolution.Companion.foo() {
    println("CompanionCallableResolution.Companion.foo()")
}

class CompanionCallableResolution {
    companion object: Foo() {
        fun bar() { println("CompanionCallableResolution::bar()") }
    }
}

fun main() {
    CompanionCallableResolution.foo()  // (1)
    CompanionCallableResolution.bar()  // (2)
    CompanionCallableResolution.baz()  // (3)
```

(1) foo()는 CompanionCallableResolution의 상위 클래스에 정의돼 있어서 오버로드 후보 집합에 포함된다. CompanionCallableResolution.Companion.foo() 확장도 정의돼 있으므로 이 확장 함수도 역시 오버로드 후보 집합에 포함된다.

(2) CompanionCallableResolution 안에 직접 정의된 bar()뿐이므로 이 함수가 오버로드 후보 집합에 포함된다.

(3) CompanionCallableResolution이나 그 상위 타입에 아무 baz()가 없으므로, CompanionCallableResolution.baz() 확장 함수만 오버로드 후보 집합에 포함된다.

```
open class Root() {
  open fun abstract() { println("Parent3::abstract")}
  open fun dup() { println("Parent2::dup()")}
}

open class Parent1(): Root() {
  fun foo() { println("Parent1::foo()")}
}

interface Parent2 {
  fun abstract()
  fun onlyOne() { println("Parent2::onlyOne()") }
```

```
  fun dup() { println("Parent2::dup()")}
}

interface Parent3 {
  fun dup() { println("Parent3::dup()")}
}

fun Parent2.extOnlyOne() {
  println("Parent2.extOnlyOne()")
}

class Child(): Parent1(), Parent2, Parent3 {
  override fun dup() { super<Parent2>.dup() }      // (1)
  fun callAbstract():Unit = super.abstract()       // (2)
  fun callOnlyOne():Unit = super.onlyOne()         // (3)
  fun callDup():Unit = super.dup()                 // (4)
  fun callOnlyOne2():Unit = super<Parent2>.dup()   // (5)
  fun callNone():Unit = super<Parent2>.none()      // (6)
  fun callExtOnlyOne():Unit = this.extOnlyOne()    // (7)
  fun callExtOnlyOne2():Unit = super.extOnlyOne()  // (8)
  fun callExtOnlyOne3():Unit = super<Parent2>.extOnlyOne() // (9)
  override fun abstract() { super.abstract() }     // (10)
}
```

(1) dup()가 둘 이상의 부모 인터페이스에 정의돼 있으므로, 반드시 이를 오버라이드 해서 런타임에 사용할 구체적 구현을 제공해야 한다(4.4.2절 참조).

(2) 상위 타입 중에 abstract라는 이름의 함수가 정의된 곳이 두 군데지만, Parent2에 정의된 함수는 추상 함수이므로 오버로드 후보에서 제외되고, Root 클래스에 정의 된 abstract() 함수만 오버로드 후보에 포함된다.

(3) 여러 상위 타입 중 단 하나의 상위 타입(Parent2)에만 onlyOne()이 정의돼 있으므로 이 함수가 오버로드 후보가 된다.

(4) 이 부분에서는 dup()가 두 가지 상위 타입에 정의돼 있어서 error: many supertypes available, please specify the one you mean in angle brackets, e.g. 'super<Foo>'라는 컴파일 오류가 발생한다.

(5) (4)와 달리 Parent2를 구체적으로 지정했기 때문에 dup()가 Parent2에 정의된 dup()로 결정된다.

(6) Parent2에는 none()에 해당하는 이름이 없어서 error: unresolved reference 컴파일 오류가 발생한다.

(7) super와 달리 this는 식에 쓰일 수 있어서 확장 함수 처리가 정상적으로 이뤄진다.

(8) Child의 super 역할을 할 수 있는 타입이 세 가지 있으므로 확장 함수를 찾을 수 없다. 이때 error: unresolved reference. None of the following candidates is applicable because of receiver type mismatch라는 컴파일 오류가 발생한다. 만약 Child의 부모 타입이 하나뿐이고 확장 함수가 정의돼 있다면 (9)의 경우와 비슷한 메시지의 컴파일 오류가 발생한다.

(9) super나 super<타입>이 식이 아니므로 확장의 수신 객체 역할을 할 수 없다. 그래서 error: 'super<Parent2>' is not an expression, it can not be used as a receiver for extension functions라는 컴파일 오류가 발생한다.

(10) Root와 Parent2에 abstract()가 정의돼 있어서 (1)의 경우와 마찬가지로 반드시 abstract() 함수를 오버라이드한 구현을 제공해야 한다.

a op b 같은 중위 호출의 경우 a.op(b) 호출로 생각해 연산자 선택을 진행한다. 다만, 이때 op에 쓰일 수 있는 함수나 프로퍼티는 infix 변경자가 붙은 멤버 함수나 infix operator fun invoke(...)가 정의된 객체만으로 한정된다. a + b와 같이 미리 정의된 연산자들의 경우 각 연산자에 해당하는 연산자 함수를 고려 대상으로 하되, 명시적 수신 객체가 지정된 경우의 오버로드 해소 방식을 따른다. 예를 들어 a + b는 a.plus(b)라는 함수 호출로 변환한 다음에 오버로드 해소 규칙을 적용한다. 이때 operator가 붙어 있는 plus라는 이름의 함수나 프로퍼티만 오버로드 후보 집합에 들어간다.

f(...) 형태처럼 명시적 수신 객체가 없이 단순식별자(인자목록) 형태의 호출은 아래와 같은 사항을 고려한다. 더 앞에 있는 후보군이 정해지면 뒤쪽 후보군은 사용하지 않는다.

1. 현재 영역에서 f라는 이름의 호출 가능 요소(확장 함수는 제외)를 우선 고려한다. 이

때 패키지 영역에 선언된 이름은 후보에서 제외된다.

2. 암시적 수신 객체 d가 있다면 f(...) 호출을 d.f(...)로 취급해서 찾아낸 후보가 오버로드 후보 집합이 된다.

3. f라는 이름의 최상위 비확장 함수를 찾는다. 이때 다음 우선순위에 따라 찾는다.

   a. 현재 파일에 명시적으로 임포트한 호출 가능 요소

   b. 현재 파일이 속한 패키지와 같은 패키지에 선언된 호출 가능 요소

   c. 현재 파일에 *를 써서 임포트한 호출 가능 요소

   d. 암시적으로 임포트한 호출 가능 요소(코틀린 표준 라이브러리나 플랫폼에 따라 제공되는 표준 기능들)

이름 붙인 인자를 사용하는 f(...) 호출은 현재 영역에서 볼 수 있는 f 중에 호출 지점에서 사용한 이름 붙인 인자에 해당하는 파라미터가 선언된 호출 가능한 요소를 먼저 찾아내고, 그 후 호출 지점을 일반 함수처럼(모든 이름 붙인 인자를 일반 인자로 치환) 취급해 오버로드를 해소한다.

타입 파라미터가 있는 호출은 타입 파라미터의 개수와 제약 사항이 일치하는 제네릭 함수들을 먼저 걸러내고, 그 후 일반 함수처럼 취급해 오버로드를 해소한다.

이름 붙인 인자 부분만 살펴보면 다음과 같다.

```
fun foo(x:Int, y:Double, z:Any) = "I, D, S: $x, $y, $z"     // (a)
fun foo(x:Int, y:Int, z:Any) = "I, I, S: $x, $y, $z"        // (b)
fun foo(x:Int, y:Double) = "I, D: $x, $y"                   // (c)
fun foo(x:Int, y:Number, z:Number) = "I, B, S: $x, $y, $z"  // (d)

fun main() {
    println(foo(10, y=10.0, "10"))   // (1)
    println(foo(10, y=10.0, 10.0))   // (2)
    println(foo(10, y=10, 10.0))     // (3)
}
```

(1), (2)의 경우 두 번째 인자 y=10.0으로 인해 y가 정수 타입으로 선언된 (b) 함수가 우선 제외되고, 나머지 세 함수를 고려해야 한다. (c)는 인자 개수가 달라서 제외되고 (b), (d)

가 후보 집합에 들어간다. ⑶의 경우 두 번째 인자 y=10으로 인해 y가 실수 타입으로 선언된 (a), (c) 함수가 우선 제외되고, 나머지 두 함수를 고려해야 한다. (b)와 (d) 모두 타입 개수가 같고, 함수 호출 지점에 제공한 인자들의 타입과 함수 선언 지점의 파라미터 타입이 서로 호환되므로 (b), (d)가 후보 집합에 들어간다.

지금까지 설명한 우선순위를 통해 선정된 후보들은 이름과 파라미터 개수가 일치하는 함수들이다. 그 후, 각 함수의 인자 타입을 체크해 호출이 가능한지 따져본다. 호출이 가능한 함수들이 추려지고 나면, 가장 적합한 함수를 찾아야 한다.

익힘문제

다음 중 코틀린에서 호출 가능한 대상이 아닌 것은?

1. X라는 이름으로 선언된 함수
2. X라는 타입(클래스)에 선언된 생성자
3. invoke() 연산자 함수가 정의된 타입의 객체인, X라는 이름으로 선언한 프로퍼티
4. X가 아닌 다른 이름으로 선언된 함수나 생성자를 임포트하면서 X라는 별명을 붙임
5. X라는 클래스의 동반 객체 안에 invoke() 연산자 함수가 정의된 경우
6. X라는 이름의 이넘 항목에 invoke() 연산자 함수가 정의된 경우

익힘문제

다음은 코틀린에서 오버로드 후보 집합을 결정하는 방식을 설명하는 문장이다. 각각의 참/거짓을 표시하라.

1. a.b.c.foo()처럼 패키지 경로를 완전히 지정한 경우, a.b.c 패키지 내부에 정의된 foo라는 이름의 호출 가능 객체만 오버로드 후보 집합에 들어간다.
2. Foo 타입의 인스턴스인 foo 객체가 있을 때, foo.X() 호출은 Foo 안에 선언된 X라는 이름의 멤버나 현재 영역에서 보이는 Foo에 대해 정의된 X라는 이름의 확장이 오버로드 후보 집합에 들어간다.
3. Foo 타입의 인스턴스인 foo 객체가 있고 foo.X() 호출이 있다. Foo가 Bar를 상속한다면, Foo 안에 정의되거나 Foo의 확장인 호출 가능한 X뿐 아니라 Bar 안에 정의된 호출 가능 X나 Bar의 확장인 호출 가능 X도 오버로드 후보 집합에 들어간다.

12.3.3 가장 구체적인 함수를 정하기

다음 예제를 보자. 어떤 함수가 호출되는 게 가장 적합할까?

```
fun foo(v1: Int, v2: CharSequence) { println("I-CS") }
fun foo(v1: Int, v2: String) { println("I-S") }
fun foo(v1: Number, v2: String) { println("N-S") }
fun foo(v1: Number, v2: CharSequence) { println("N-CS") }
fun foo(v1: Any, v2: CharSequence) { println("A-CS") }

fun main() {
  foo(1, "String")                         // I-S    (1)
  foo(1, StringBuilder("StringBuilder"))   // I-CS   (2)
  foo(3.12, "String")                      // N-S    (3)
  foo(3.12, StringBuilder("String"))       // A-CS   (4)
  foo(Any(), "String")                     // A-CS   (5)
  foo(Any(), StringBuilder("StringBuilder")) // A-CS (6)
}
```

어떤 타입의 인자들이 주어졌을 때 정확히 일치하는 타입이 있다면 그 타입의 함수를 호출하면 되겠지만(위 예제의 (1), (2), (3)), 그렇지 않을 때는 가장 적합한 타입을 찾아야 한다(위 예제의 (4), (5), (6)). 가장 적합한 함수는 인자들의 타입과 호환되는 타입의 함수 중 가장 구체적인 함수를 선택하면 된다. 왜 그럴까? 위 코드의 (4)를 예로 살펴보자. (4)에서 foo()의 인자 타입은 Double과 String이다. 하지만 foo(Double, String)이라는 시그니처의 함수는 없으므로, 호환되는 함수를 찾아야 한다. Double은 Number의 하위 타입이면서 Any의 하위 타입이며, String은 CharSequence의 하위 타입이면서 Any의 하위 타입이기도 하다. 이 시점에서 호출 가능한 함수는 다음 두 가지가 있다. 설명을 위해 각각을 foo1, foo2라고 하자.

1. `fun foo1(v1: Number, v2: CharSequence)`

2. `fun foo2(v1: Any, v2: CharSequence)`

이때 둘 중 어느 쪽이 더 구체적인 타입의 함수일까? 아래와 같이 **1**의 함수는 자신의 모든 인자를 **2**의 함수에 전달할 수 있다.

```
fun foo1(v1: Number, v2: CharSequence) = foo2(v1, v2)
```

하지만 역방향으로 인자를 전달하는 것은 불가능하다.

```
fun foo2(v1: Any, v2: CharSequence) = foo1(v1, v2)
```

따라서 이런 경우 foo1이 foo2보다 더 구체적인 함수다. 어떤 함수 f1의 호출을 다른 함수 f2로 전달할 수 있으면 f1이 f2보다 덜 구체적인 함수다. 이를 판단하는 방법은 다음과 같다.

1. 두 가지 오버로드 함수가 있고(오버로드 함수이므로 이름은 같고 파라미터 타입이 다를 테지만 구별을 위해 f1, f2라고 부르자) 함수 호출 식 f(A1, …, An)이 있다면 A1, …, An에 해당하는 f1 선언의 파라미터 타입 X1, …, Xn과 f2 선언의 파라미터 타입 Y1, …, Yn에 대해 Xk가 Yk와 호환되는지 검사한다(즉, Xk 타입의 값을 Yk 위치에 넣어도 문제가 없는지 검사함). 단, 이때 Xk, Yk가 모두 내장 정수 타입인 경우에는 Xk와 Yk 타입이 표현할 수 있는 범위를 감안해 호환성을 검사한다.

2. f1과 f2가 확장 함수인 경우에는 두 함수의 확장 수신 객체도 함수를 호출할 때 지정된 인자로 간주하고 1의 과정을 진행한다.

이 관계를 통해 f1이 f2보다 더 구체적인지(즉, f1 호출을 f2로 전달할 수 있는지) 검사할 수 있다. f1과 f2를 바꾸면 f2가 f1보다 더 구체적인지도 검사할 수 있다. 그 결과는 다음 세 가지 중 한 가지다.

1. f1과 f2 중 어느 한쪽이 다른 한쪽보다 더 구체적인 함수다. 이런 경우 가장 구체적인 함수가 정해지므로 그 함수만 오버로드 후보 함수 집합에 남기면 된다.

2. f1과 f2 사이에는 구체적인 함수 관계가 성립하지 않는다. 이 경우 어느 한쪽이 파라미터화한 타입(제네릭 함수)이고 다른 쪽은 단순한 함수라면, 단순한 함수 쪽을 남긴다.

3. f1이 f2보다 더 구체적인 함수면서 f2도 f1보다 더 구체적인 함수다. 즉, 두 함수

는 호출을 서로에게 전달할 수 있다. 이런 경우 2와 마찬가지로 파라미터화되지 않은 함수에 우선권을 주고, 두 함수 중에 디폴트 파라미터로 지정된 파라미터가 적은 쪽이 더 우선순위를 가진다. 또한 가변 길이 인자 함수로 정의된 함수 쪽보다는 파라미터 이름과 타입을 하나하나 나열해 선언된 함수 쪽에 더 우선권을 준다.

예를 들어 다음과 같이 네 가지 함수가 오버로드돼 있다고 가정하자.

```
fun f() {}                        // (1)
fun f(i:Int=10) {}                // (2)
fun f(i:Int=10, j:Int=20)  {}     // (3)
fun f(i:Int, vararg js:Int) {}    // (4)
```

f()라는 호출이 있다면 네 함수 중 어느 쪽이 가장 구체적인 함수일까? 디폴트 인자를 감안하면 (1), (2), (3) 모두 f() 형태로 호출될 수 있으므로 (1), (2), (3) 모두 오버로드 해소 후보 집합에 들어간다. 이 함수 호출은 인자가 아예 없으므로 (1), (2), (3) 모두 서로의 호출을 다른 쪽으로 전달할 수 있다(디폴트 인자로 지정된 값은 고려 대상이 아니라는 점에 유의하라). 하지만 (2), (3)은 디폴트 파라미터로 지정된 파라미터가 각각 1개(i=10), 2개(i=10, j=20) 있으므로 디폴트 파라미터로 지정된 이런 경우에는 파라미터가 전혀 없는 (1) 함수가 최종 선택된다.

f(1)이라는 호출이 있다면 어떨까? 이제는 (2), (3), (4)가 오버로드 해소 후보 집합에 들어가고, 세 함수 모두 서로 호출을 전달할 수 있다. 이때 (3), (4)는 디폴트 인자로 지정된 파라미터가 있지만 (1)은 디폴트 인자로 지정된 파라미터가 없으므로(i에는 f(1)에 지정한 구체적인 인자가 지정됨) (1)이 선택된다.

f(1, 2)의 경우 (3)과 (4)가 오버로드 해소 후보 집합에 속하고, 두 함수는 서로에게 호출을 전달할 수 있다. 하지만 (4) 함수는 가변 길이 인자를 쓰기 때문에 (3) 함수가 더 우선적으로 선택된다.

이렇게 해서 가장 구체적인 함수를 찾아내고 나면, 다음과 같은 우선순위를 적용해 최종적으로 호출할 함수를 선택한다.

1. 멤버 함수

2. 멤버 프로퍼티

3. 확장 함수

4. 멤버 프로퍼티가 invoke() 연산자 함수를 제공하는 경우

5. 확장 프로퍼티의 타입이 invoke() 연산자 함수를 제공하는 타입인 경우

6. 확장 프로퍼티의 타입에 대한 확장으로 invoke() 연산자 함수가 정의된 경우

이런 모든 상황을 고려했는데도 똑같은 우선순위의 함수가 2개 이상 남으면 컴파일 오류가 발생한다.

어떤 선언이 그 영역 안에 이미 존재하는 다른 선언과 시그니처가 같아서 오버로드 해소가 불가능하면 'Conflicting overloads'라는 컴파일 오류가 발생한다. 이런 경우 다른 언어에서는 보통 '이름 already defined' 등의 오류가 발생한다.

```
fun f(x:Int) = Unit  // Conflicting overloads: public fun f(x: Int): Unit
defined ...
fun f(y:Int) = Unit  // Conflicting overloads: public fun f(x: Int): Unit
defined ...
```

반면 파라미터 개수와 타입 등이 달라서 선언은 문제없이 컴파일됐지만, 호출하는 지점에서 오버로드 해소가 불가능한 경우에는 'overload resolution ambiguity' 오류가 발생한다.

```
package ch12.overloadresolutionambiguity

@JvmName("testStringNullable")
fun test(a: String, b:String?="Hello"):Unit = TODO()
fun test(a: String, b: String = "Hello"):Unit = TODO()
fun test(a: String, vararg b: String):Unit = TODO()

fun main() {
    test("Hello")  //  error: overload resolution ambiguity
}
```

참고로 JVM 환경에서는 이 코드의 첫 두 test 메서드를 컴파일한 함수의 시그니처가 동일해져버리기 때문에 컴파일러가 정상적으로 바이트코드를 만들어줄 수 없고, 그로 인해 컴파일 시점에 'Platform declaration clash: The following declarations have the same JVM signature' 오류가 발생한다. 이를 방지하기 위해 JVM에서는 문제가 되는 두 함수 중 어느 한쪽(또는 양쪽 모두)에 @JvmName 애너테이션을 붙이고 test가 아닌 다른 이름을 붙여줘야 한다.

익힘문제

다음과 같은 함수 정의가 있다고 하자.

```
fun foo(v1: Int, v2: CharSequence) { println("I-CS") }
fun foo(v1: Int, v2: String) { println("I-S") }
fun foo(v1: Number, v2: String) { println("N-S") }
fun foo(v1: Number, v2: CharSequence) { println("N-CS") }
fun foo(v1: Any, v2: CharSequence) { println("A-CS") }
```

다음과 같은 함수 호출이 있을 때 각각 어떤 함수가 호출될지 적어라.

1. foo(1, "String")
2. foo(1, StringBuilder("StringBuilder"))
3. foo(3.12, "String")
4. foo(3.12, StringBuilder("String"))
5. foo(Any(), "String")
6. foo(Any(), StringBuilder("StringBuilder"))

12.4 영역 규칙 다시 보기: 디폴트 파라미터, 재귀

3.2.1절에서 코틀린 함수 정의는 정적 영역, 즉 구문적 영역 규칙을 따른다는 사실을 살펴봤다. 여기서는 함수 선언 부분에서 선언한 이름들이 어떤 식으로 영역에 소개되는지 살펴본다.

12.4.1 디폴트 파라미터에서 다른 파라미터 이름 사용하기

코틀린은 디폴트 파라미터의 초기화 값으로 식을 지정할 수 있는데, 이 초기화 식에서는 현재 선언 중인 함수의 파라미터나 함수 자체의 이름을 볼 수 있다. 파라미터 초기화 식을 계산할 때 사용할 현재 환경에 함수 이름과 모든 파라미터의 이름을 컴파일러가 등록해주기 때문이다.

```
fun foo(x:Int, y:Int=x+1, z:Int=if(x<=0) 0 else foo(x-1)) = x+y+z
println(foo(0))       // 1  (1)
println(foo(1, 2))    // 4  (2)
println(foo(1, 2, 3)) // 6  (3)
```

⑴ x는 0, y는 x+1이므로 1, z는 x가 0이므로 0이 돼서 1을 반환한다.

⑵ x는 1, y는 2가 되고, z는 x가 1이므로 foo(0)이 되며, 전체 합계는 1+2+foo(0)이다. 그런데 f(0)의 경우 x는 0, y는 1, z는 0이므로, f(0)의 결과는 1이고 f(1, 2)의 결과는 4이다.

⑶ 세 가지 인자를 지정했으므로 x, y, z를 합쳐서 6을 반환한다.

이런 식의 함수를 작성할 때 한 가지 주의할 점이 있다. 비록 함수 파라미터 초기화 식에서 같은 함수의 파라미터 이름들과 함수 이름을 사용할 수는 있지만, 코틀린 컴파일러는 초기화하지 않은 값을 사용하지 못하게 막는다. 그래서 다음과 같은 코드는 'error: parameter 'x' is uninitialized here' 오류가 발생하면서 컴파일에 실패한다.

```
fun foo(x:Int=y+1, y:Int)
```

만약 x를 초기화하는 코드에서 y가 아예 현재 영역에 존재하지 않는 이름이라면 'error: unresolved reference'라는 오류가 발생했어야 한다. 예를 들어 아래 코드의 경우 undefined라는 이름을 찾을 수 없으므로 unresolved reference 오류가 발생한다.

```
fun foo(x:String=undefined) = x // error: unresolved reference: undefined
```

다만, 이처럼 이전 파라미터의 값에 의존하는 복잡한 초기화 코드를 사용하면 함수 흐름을 이해하기 어렵다. 당장 이번 절의 앞부분에서 본 foo() 함수의 흐름을 한눈에 명확히 파악하기는 어려우므로, 이런 방식보다는 다른 방식으로 코드를 작성하는 편이 더 낫다. 예를 들어 위 함수는 파라미터 개수에 따라 다음과 같이 세 가지 다른 버전의 함수를 정의하는 편이 혼란이 더 적다.

```
fun foo(x:Int): Int = foo(x, x+1)
fun foo(x:Int, y:Int): Int =  x + y + if(x<=0) 0 else foo(x-1, x)  // (1)
fun foo(x:Int, y:Int, z:Int): Int = x + y + z
```

　　(1) 여기서는 z에 대한 디폴트 인자 식을 함수 본문에 인라이닝inlining해서 x + y + if (x<=0) 0 else foo(x-1)이라고 변환하는 것이 가장 손쉽게 떠오르는 개선 방안이겠지만, foo(x-1)을 한 번 더 인라이닝하면 foo(x) 정의를 다시 살펴보지 않아도 된다는 장점이 있으므로 이런 형태로 정리했다.

이렇게 정리한 (1) 함수 호출은 **재귀적**recursive 호출이 된다.

익힘문제

다음과 같이 자신보다 앞에 있는 파라미터의 값을 초기화에 사용하는 디폴트 파라미터를 쓴 함수 정의가 있다. 이를 오버로드한 함수로 변경하라.

```
fun bar(x:Int, y:Int=if(x<=0) 0 else x+1, z:Int=y*y) = x * y * z
```

12.4.2 재귀 호출과 꼬리 재귀

재귀 호출은 함수가 자기 자신을 호출하는 경우를 말한다. 재귀 호출의 경우 함수의 반환 타입을 추론할 수 없으므로 반드시 함수 파라미터 목록 다음에 함수 반환 타입을 명시해야 한다.

```
fun foo(x:Int) = if(x==0) 1 else foo(x-1)+x    // error: type checking has run
into a recursive problem.
fun foo2(x:Int): Int = if(x==0) 1 else foo(x-1)+x
```

수학이나 컴퓨터 과학에서는 재귀를 사용하면 더 쉽게 표현되는 문제가 아주 많다. 전체를 둘 이상의 더 작은 패턴으로 나눠서 해결한 후 결과를 손쉽게 합칠 수 있거나(분할 정복), 전체 문제 중 일정 부분을 쉽게 해결하고 나머지를 똑같은 해법을 적용할 수 있는 더작은 문제로 변환할 수 있으면 재귀적 함수를 사용해 쉽게 기술할 수 있다.

예를 들어 어떤 부호 없는 64비트 정수 ULong 타입 값을 2진수로 표현할 때 1인 비트가 몇 개 들어 있는지 세는 countOneBits() 함수를 다음과 같이 정의할 수 있다.

```
fun countOneBits(number:ULong):ULong {
    fun higherBits(number:ULong, nBits:Int) = number shr (nBits/2)
    fun lowerBits(number:ULong, nBits:Int) = number
    fun countOneBits(number:ULong, nBits:Int): ULong =
        if (nBits == 1) {
            number and 1UL
        } else {
            countOneBits(higherBits(number, nBits), nBits / 2) + countOneBits
(lowerBits(number, nBits), nBits / 2)
        }
    return countOneBits(number, 64)
}

fun main() {
    println(countOneBits(0xFFFFUL)) // 16
    println(countOneBits(0b01011011UL)) // 5
}
```

실제 재귀는 내부의 countOneBits(number, nBits) 함수에서 발생한다. 이 함수는 ULong에서 하위 nBits가 유효한 비트일 때, 그중 비트가 1인 개수를 센다. 세는 방법은 상위 nBits/2 비트와 하위 nBits/2 비트에 들어 있는 1인 비트의 수를 세서 합하는 것이다. 이 과정을 유효한 비트 수를 절반씩 줄여가면서 하다 보면 유효한 비트가 1비트인 경우가 생기는데, 이때는 number and 1UL을 통해 가장 오른쪽 비트[lsb, least significant bit]가 1이면 1을,

아니면 0을 반환한다.

다른 방식으로 풀 수도 있다. 64비트 수가 있을 때 그 수를 오른쪽으로 1비트 시프트해서 1인 비트의 개수를 세고, 원래 수의 맨 오른쪽 비트가 1이면 1을 더하는 방법을 반복함으로써 1인 비트의 개수를 셀 수 있다.

```
fun countOneBits2(number:ULong):ULong =
    if(number==0UL)
        0UL
    else
        countOneBits2(number shr 1) + (number and 1UL)
```

재귀적인 호출을 사용해 함수를 정의할 때는 무한 재귀에 빠지지 않도록 재귀에서 탈출할 수 있는 조건을 반드시 명시해야 한다. 조금 전에 본 countOneBits() 내부의 countOnBits(ULong, Int) 지역 함수는 nBits가 1일 때 재귀 호출이 끝나고, countOneBits2()에서는 number가 0일 때 재귀 호출이 끝난다.

처음부터 문제 자체가 재귀적으로 정의되는 경우도 있다. 예를 들어 재귀적인 데이터 구조(트리, 리스트, 프로그램 코드를 표현한 구문 분석 트리)를 처리하는 알고리듬이나 수열 처리 등은 정의 자체가 재귀적으로 돼 있는 경우도 있으며, 각종 정렬 알고리듬, 이산 푸리에 변환, 중간값 찾기 등과 같은 다양한 알고리듬이 재귀로 정의되거나 구현될 수 있다.

재귀 알고리듬은 루프를 사용하는 알고리듬보다 간결한 경우가 많고 재귀 함수로 표현하기도 쉽지만 한 가지 단점이 있다. 재귀 호출 과정에서 매번 스택에 함수의 활성 레코드가 쌓이므로 **스택 오버플로**stack overflow가 발생하기 쉽다.

스택 오버플로와 꼬리 재귀

재귀적으로 1부터 숫자를 세는 함수를 정의해보자. 이 함수는 화면에 1부터 n까지의 숫자를 한 줄에 하나씩 출력한다.

```
fun count(n:Int):Unit {
    /*tailrec*/ fun countInner(i:Int) {
```

```
        if(i<=n) {
            println(i)
            countInner(i+1)
        }
    }
    countInner(1)
}

fun main() {
    count(82500)
}
```

이 함수는 스택에 현재의 n과 반환할 주소가 포함된 활성 레코드를 계속 쌓게 된다. 내가 사용하는 맥미니에서는 대략 34000 부근에서 스택 오버플로가 나타났다. 물론 함수 인자 개수나 JVM 환경에 따라 이 숫자는 달라질 수 있다.

```
Exception in thread "main" java.lang.StackOverflowError
    at ch12.count.CountKt.count(Count.kt:5)
    at ch12.count.CountKt.count(Count.kt:5)
    at ch12.count.CountKt.count(Count.kt:5)
    ...
```

하지만 조금 전에 보여준 counterInner 함수 같은 경우, countInner를 재귀적으로 호출한 다음에 이 함수가 하는 일이 아무것도 없다. 즉, counterInner(n)은 countInner(n-1)이 반환되면 아무 일도 하지 않고 그 즉시 함수를 반환한다. 이런 식으로 재귀 함수 내부의 재귀 호출에서 반환된 결괏값을 갖고 어떤 추가 연산도 수행하지 않으며 즉시 반환하는 식으로 작성된 재귀 함수를 **꼬리 재귀**tail recursion 함수라 한다.

꼬리 재귀 함수의 경우, 재귀 함수 호출에 사용한 변수를 var로 정의하고 재귀 함수 호출을 goto로 바꾸면 재귀 호출을 일반 루프로 바꿀 수 있다. 이때 재귀 함수에 전달하는 인자들은 var로 정의한 변수에 새로운 값을 재대입하는 코드로 바꾸면 된다. 코틀린은 goto를 지원하지 않지만, 지원한다고 가정한 후 앞에서 본 함수를 다시 작성하면 다음과 같이 코드를 바꿀 수 있다.

```
// 코틀린 코드가 아님! 단지 재귀 함수를 레이블과 goto를 써서 반복문으로 바꿀 수 있다는 사실을 보여줌
fun count(n:Int):Unit {
    fun countInner(i: Int) {
        var i = i              // (1)
    start:
        if(i<=n) {
            println(i)
            i++
            goto start
        }
    }
    countInner(1)
}
```

이 코드는 스택을 사용하지 않고 프로그램을 실행한다. 컴파일러는 코드를 분석해 재귀 함수가 재귀 호출이 반환된 이후에 추가로 수행하는 연산이 있는지를 쉽게 파악할 수 있으므로, 꼬리 재귀인 함수를 쉽게 조금 전에 보여준 방식의 반복문 코드로 변경할 수 있다. 이런 식으로 꼬리 재귀를 루프로 바꿔주는 최적화를 **꼬리 재귀 최적화**라 한다.

코틀린은 일반 재귀 함수에 대해 자동으로 이런 꼬리 재귀 최적화를 진행하지는 않는다. 하지만 프로그래머가 함수 앞에 tailrec을 붙이면 해당 함수가 꼬리 재귀인지 검사해서 꼬리 재귀면 꼬리 재귀 최적화를 수행하고, 꼬리 재귀가 아니면 경고를 표시한다.

예를 들어, 다음과 같이 재귀가 아닌 바깥쪽 count() 함수 앞에 tailrec을 붙이면 warning: a function is marked as tail-recursive but no tail calls are found라는 경고 메시지가 나타난다.

```
tailrec fun count(n:Int):Unit {
    ...
}
```

반면에 안쪽의 countInner() 앞에 tailrec을 붙이고 컴파일한 후 실행해보면 82500까지 숫자가 출력되는 모습을 볼 수 있다. 꼬리 재귀로 인해 재귀 호출에 따른 스택 사용이 사라졌으므로 스택 오버플로가 발생하지 않는다.

한편 재귀 함수를 꼬리 재귀로 변경하는 과정은 다양한 연습이 필요하다. 그중 몇 가지 경우를 정리해보자.

계산 값을 전달하는 파라미터를 추가하고 재귀의 방향을 적절히 택해 꼬리 재귀화하기

재귀 함수 중 가장 단순한 형태는 n에 대한 해답을 얻기 위해 n-1에 해당하는 해답의 결과에 추가적인 계산을 수행하기만 하는 경우를 들 수 있다. 예를 들어 1부터 n까지 모든 수를 더한 값을 구하는 sum()이나 1부터 n까지 모든 수를 곱한 값을 구하는 factorial() 함수가 이런 경우에 해당한다.

```
fun sum(n:Int):Int = if(n<=1) 1 else n + sum(n-1)
fun factorial(n:Int):Int = if(n<=1) 1 else n * factorial(n-1)
```

예를 들어 sum(3)을 호출한 경우, 다음과 같이 호출과 계산이 진행되는 셈이다.

```
sum(3)
3 + sum(2)
3 + (2 + sum(1))
3 + (2 + 1)
3 + 3
6
```

여기서 재귀가 n=1일 때 끝난다는 사실을 알고 있으므로, 재귀 방향을 1부터 점차 n이 커지는 방향으로 변경할 수 있다. 다만, 꼬리 재귀가 되면 재귀 호출의 결과에 다른 연산을 추가로 수행할 수 없으므로 재귀 호출을 할 때 지금까지 계산한 값을 전달해야만 한다. 따라서 현재 어느 단계까지 값을 계산했는지 표시하는 파라미터 i와 지금까지 계산한 결과를 담아서 전달할 파라미터 acc를 추가해야만 한다. 그리고 i와 n의 관계에 따라 다음과 같이 조치할 수 있다.

1. i가 n과 같으면 acc 값을 반환한다.
2. i가 n보다 크면 잘못된 인지다.

3. i가 n보다 작으면 재귀 호출을 하되 재귀 호출 시 i 인자에는 현재 i 값에 1을 더한 값을, acc 인자에는 acc에 i에 해당하는 연산을 가한 결과를 전달한다. 예를 들어 factorial()의 경우 acc와 i를 곱하고, sum()의 경우 acc와 i를 더한다.

```kotlin
tailrec fun sum(n:Int, i:Int, acc:Int):Int =
  if(i>n) throw IllegalArgumentException()
  else if(i==n) i+acc else sum(n, i+1, i+acc)

tailrec fun factorial(n:Int, i:Int, acc:Int):Int =
  if(i>n) throw IllegalArgumentException()
  else if(i==n) i*acc else factorial(n, i+1, i*acc)
```

이 함수가 제대로 작동하려면 i에 1을 전달하고, acc에는 우리가 계산할 수열에 따라 적절한 값을 전달해야 한다. sum()의 경우 0을, factorial()의 경우 1을 전달한다.

```kotlin
println("sum of 1 to 8 = ${sum(8, 1, 0)}")  // 45360
println("8! = ${factorial(8, 1, 1)}")        // 40320
```

하지만 acc에 어떤 값을 전달하고 i에 어떤 값을 전달할지 기억하기는 어렵다. 따라서 이 두 꼬리 재귀 함수를 원래 함수의 지역 함수로 만들고, i와 acc에 대한 제대로 된 초깃값을 제공하는 코드가 더 좋은 코드다. 이름이 혼동되므로 지역 함수에 적당한 다른 이름을 붙이자.

```kotlin
fun sum(n:Int):Int {
  tailrec fun sumInner(n: Int, i: Int, acc: Int): Int =
    if (i > n) throw IllegalArgumentException()
    else if (i == n) i + acc else sumInner(n, i + 1, i + acc)
  return sum(n, 1, 0)
}

fun factorial(n:Int):Int {
  tailrec fun factorialInner(n: Int, i: Int, acc: Int): Int =
    if (i > n) throw IllegalArgumentException()
    else if (i == n) i * acc else factorialInner(n, i + 1, i * acc)
  return factorial(n, 1, 1)
}
```

한편 지역 함수는 자신을 둘러싼 함수의 환경에 정의된 변수를 볼 수 있으므로, sumInner 나 factorialInner는 자신을 둘러싼 sum이나 factorial의 파라미터인 n을 볼 수 있다. 따라서 굳이 다시 n을 인자로 넘길 필요가 없으므로 다음과 같이 i와 acc만 전달해도 된다.

```
fun sum(n:Int):Int {
  tailrec fun sumInner(i: Int, acc: Int): Int =
    if (i > n) throw IllegalArgumentException()
    else if (i == n) i + acc else sumInner(i + 1, i + acc)
  return sum(n, 1, 0)
}

fun factorial(n:Int):Int {
  tailrec fun factorialInner(i: Int, acc: Int): Int =
    if (i > n) throw IllegalArgumentException()
    else if (i == n) i * acc else factorialInner(i + 1, i * acc)
  return factorial(n, 1, 1)
}
```

> **익힘문제**
>
> 다음 코드를 꼬리 재귀로 바꿔라.
>
> ```
> // 어떤 수 a와 양의 정수 n이 주어지면 a의 n제곱을 계산한다
> fun exp(a:Int, n:Int):Int =
>   if(n<0) throw IllegalArgumentException()
>   else if(n==0) 1 else a * exp(a, n-1)
> ```

람다와 리스트를 사용해 꼬리 재귀화하기

처음부터 countInner()처럼 꼬리 재귀로 작성된 재귀 함수도 있지만 그렇지 않은 함수도 있는데, 이럴 경우 tailrec을 붙여 꼬리 재귀 최적화의 이점을 누리고 싶다면 어떻게 해야 할까? 예를 들어 다음과 같은 함수가 있다고 하자. 이 함수를 어떻게 꼬리 재귀로 바꿀 수 있을까?

```
fun count(n:Int):Unit {
    if(n>0) {
        count(n-1)
        println(n)
    }
}
```

이 경우 함수 본문의 맨 앞에 재귀 호출이 있으므로, 처음에는 n이 0이 될 때까지 재귀적으로 n을 감소시키는 함수 호출이 일어나게 된다. 그 후 0이 되면 더 이상 재귀 호출이 진행되지 않고, 그 이후에는 스택을 거꾸로 거슬러 올라가면서 스택에 저장된 숫자들을 화면에 출력한다.

일반적으로 재귀 호출을 한 다음에 어떤 일을 하는 코드가 있다면, 재귀에 전달되는 변수가 변화되는 방향을 역방향으로 바꾸면서 먼저 어떤 일을 하고 재귀 호출을 하도록 만들면 된다. 위 count 함수의 경우 다음과 같이 분석할 수 있다.

1. **재귀 변화 방향**: n부터 1씩 감소하면서 1까지(맨 마지막에 1로 끝남) 변화함
2. **재귀 호출 이후 일어나는 처리**: 현재 재귀 변수 n을 화면에 출력

따라서 이를 다음과 같이 뒤집어야 한다.

1. **재귀 변화 방향**: 1부터 1씩 증가하면서 n까지(맨 마지막에 n으로 끝남) 변화함
2. **재귀 호출 이전에 수행해야 하는 처리**: 현재 재귀 변수 n을 화면에 출력

이런 변화를 반영하면 앞에서 본 countInner()와 비슷한 코드가 생긴다.

한편 람다를 쓰면 기계적인 변환이 가능하다. count()가 함수에서 반환되기 직전에 해야 할 일을 표현하는 todo라는 람다를 파라미터로 추가하자. 이때 n>0이 거짓일 때도 함수에서 반환되기 직전에 해야 할 일을 해야 하므로, todo()를 if의 양 가지에서 호출해줘야 한다. 여기서 설명하는 방식을 사용해 변환한 최종 함수가 일관성 있게 작동하려면, 함수에서 반환되는 모든 지점에서 반환 직전에 todo()를 호출해줘야 한다.

```
fun count(n:Int, todo:()->Unit):Unit {
    if(n>0) {
        count(n-1, {})    // (1) 타입을 맞추기 위해 {}를 일단 추가
        println(n)
        todo()
    } else {
        todo()
    }
}
```

이제 타입과 todo()를 호출할 부분은 정리가 됐다. 이제 재귀 호출에서 전달할 람다에 어떤 내용이 들어가야 할지만 정리하면 된다. todo()에는 원래의 count() 함수 안에서는 재귀적인 count() 호출에서 반환된 후 처리해야 하는 일이 들어가야 한다. 그런데 위 코드를 보면, count(n-1) 호출이 끝나고 할 일은 다음과 같다는 사실을 알 수 있다.

- println(n)을 수행한다.
- todo로 전달받은 람다를 실행한다.

이제 (1)에 임시로 넣었던 빈 람다 대신 조금 전에 정리한 동작을 람다로 만들어 넣으면 다음과 같이 코드가 달라진다. 만약 여기서 todo() 호출을 남겨두면 재귀 호출 이후에 todo()를 호출해야 해서 꼬리 재귀 함수가 아닌 함수가 돼버린다는 점에 유의하라. 이제 꼬리 재귀가 됐으므로 tailrec을 앞에 붙여준다.

```
tailrec fun count(n:Int, todo:()->Unit):Unit {
    if(n>0) {
        count(n-1) {
            println(n)
            todo()
        }
    } else {
        todo()
    }
}
```

아직 한 가지 문제가 더 있다. todo() 안에서는 전달받은 다른 todo()를 호출하고, 그

안에서는 다시 또 다른 todo()를 호출한다. 따라서 count() 자체는 꼬리 재귀로 최적화되면서 루프로 바뀌지만, todo() 호출은 다시 연쇄적인 함수 호출이 돼 스택 오버플로가 발생하게 된다. 이 문제는 count에 람다를 전달하는 대신 람다의 리스트를 전달하는 꼬리 재귀로 바꾸면서 전달할 람다 리스트 맨 뒤에 현재의 n을 출력하는 람다를 덧붙여 전달하고, 맨 마지막의 todo() 부분을 리스트를 순서대로 방문하면서 원소로 들어 있는 람다들을 호출하는 코드로 변경하면 된다.

```
import java.util.LinkedList
tailrec fun count(n:Int, todoList:LinkedList<()->Unit> = LinkedList()):Unit {
    if(n>0) {
        todoList.push({println(n)})
        count(n-1, todoList)
    } else {
        todoList.forEach{it()}
    }
}
```

재귀 결과를 인자로 받는다고 가정하고 코드를 작성하기

또 다른 방법으로, 재귀 함수 호출 결과를 다른 데서 인자로 받는다고 가정하고 그에 따라 코드를 재작성하는 방식이 있다. 앞에서 본 sum()은 다음과 같은 식이라 할 수 있다.

```
sum(n) = 1 + sum(n-1)
```

여기서 sum(n-1)이 인자로 전달된다고 가정하고 다음과 같이 코드를 작성할 수 있다.

```
fun sum_(n:Int, sum1:Int):Int = ...
```

이제 n에 대해 결과를 전파시켜보자. n이 1이라면 sum_(n+1, 1)을 전달해야 한다. 또한 지금까지의 합계를 구했다면, n+1을 재귀 호출할 때 보내야 하는 합계는 n에 현재까지 구한 합계를 더한 값이다.

```
tailrec fun sum_(n:Int, sum1:Int):Int =
  if(n==1)
    sum_(n+1, 1)
  else
    sum_(n+1, sum1+n)
```

이제 재귀가 끝나는 지점을 알아야 한다. 혼동을 줄이기 위해 n을 i로 바꾸고, 바깥에 sum(n:Int):Int 함수를 정의하면서 i와 n이 같은 경우 i + sum1을 반환하게 하면 된다.

```
fun sum(n:Int):Int {
  tailrec fun sum_(i: Int, sum1: Int): Int =
    if (i == 1)
      sum_(i + 1, 1)
    else if (i == n)
      i + sum1
    else
      sum_(i + 1, sum1 + i)

  return if(n==1) 1 else sum_(1, 0)
}
```

재귀가 두 단계 이상일 때도 가능할까? 예를 들어 피보나치 수열을 생각해보자.

```
fibo(n) = fibo(n) + fibo(n-1)
```

재귀가 두 군데에서 일어나기 때문에 두 가지 재귀 호출 결과를 전달받아야 한다. fibo1은 fibo(n-1), fibo2는 fibo(n-2)의 결과가 전달돼 돌아와야 하는 파라미터다. 값이 금방 아주 커지기 때문에 BigInteger를 쓰자(JVM에서만 BigInteger를 쓸 수 있다는 점에 유의하라).

```
import java.math.BigInteger
fun fibo_(n:Int, fibo1:Int, fibo2: Int): BigInteger = ...
```

이제 결과를 명확히 아는 시점인 n이 0과 1일 때부터 결과를 전파시켜나가자. 아직 언제 재귀를 끝낼지 모르지만, 계산 결과가 파라미터를 통해 전파되는 과정을 여기서 볼 수 있다.

```
import java.math.BigInteger

tailrec fun fibo_(n: Int, fibo1: BigInteger, fibo2: BigInteger): Int =
    if (n == 0)
        fibo_(1, 1.toBigInteger(), 0.toBigInteger())
    else if (n == 1)
        fibo_(2, 1.toBigInteger(), 1.toBigInteger())
    else
        fibo_(n + 1, fibo1 + fibo2, fibo1)
```

n이 0, 1일 때가 출발점이고, 끝나는 시점은 여기서 아직 정해지지 않았다. fibo_() 함수에 전달된 n이 fibo()에 전달된 n과 같을 때 fibo1+fibo2가 결괏값이 되면서 함수가 중단된다. 두 함수의 파라미터 이름이 같으면 혼란스러우므로 fibo_() 함수의 n을 i로 바꾸고, fibo_()는 fibo()가 피보나치 수를 계산할 때만 필요하므로 fibo()의 지역 함수로 만들자.

한편 여기서 fibo_()는 n이 0, 1일 때 정상 작동하지 않으므로 이 두 가지 경우를 바깥쪽 함수에서 특별히 처리해준다.

```
fun fibo(n: Int): BigInteger {
    tailrec fun fibo_(i: Int, fibo1: BigInteger, fibo2: BigInteger):
BigInteger =
        if (i == 0)
            fibo_(1, 1.toBigInteger(), 0.toBigInteger())
        else if (i == 1)
            fibo_(2, 1.toBigInteger(), 1.toBigInteger())
        else if (i == n)
            fibo1 + fibo2
        else
            fibo_(i + 1, fibo1 + fibo2, fibo1)
    return if (n == 0)
        1.toBigInteger()
    else if (n == 1)
        1.toBigInteger()
    else
        fibo_(0, 0.toBigInteger(), 0.toBigInteger())
}
```

```
fun main() {
    println(fibo(10))   // 89
    println(fibo(100))  // 573147844013817084101
}
```

본문에서 설명한 방식을 사용해 다음과 같이 계산할 수 있는 수열을 꼬리 재귀 함수로 선언하라.

1. 1부터 n까지의 합계: sum(n) = n + sum(n-1)

2. 1부터 n까지의 곱: factorial(n) = n * factorial(n-1)

3. 매년 r배씩(r은 1.0보다 큰 실수) 증가하며 최초 인구가 A인 도시의 n년 후 인구: city(n, r, A) = r * city(n-1, r, A)

12.5 인라인 함수

함수 인라이닝function inlining은 함수를 호출한 부분에 함수 호출 코드 대신 함수 본문을 직접 넣어주는 최적화 기법이다.

코틀린에서는 함수를 정의할 때 앞에 inline 변경자를 붙여서 함수를 인라이닝하게 지정할 수 있다. 예를 들어 다음과 같이 add()를 인라이닝하면 어떻게 될까?

```
inline fun add(x:Int, y:Int) = x + y

fun main() {
    val k1 = add(10, 20)
    val k2 = add(20, 30)
    println("${add(k1, k2)}")
}
```

main() 안에는 add()가 세 번 나온다. 각 호출을 add()의 본문으로 치환하면(물론 이때 파라미터도 적절히 치환해야 한다) 아래와 같은 코드가 생긴다. 보통 소스 코드 수준에서 인라이닝을 하지는 않고 목적 코드(JVM의 경우 바이트코드) 수준에서 인라이닝이 이뤄지는데,

여기서는 편의상 바이트코드를 보여주는 대신 바이트코드를 다시 코틀린으로 표현한 코드를 보여준다.

```kotlin
fun add(x:Int, y:Int) = x + y          // (1)

fun main() {
  val k1 = 10 + 20                      // (2)
  val k2 = 20 + 30                      // (2)
  println("${k1 + k2}")                 // (2)
}
```

(1) 인라이닝을 했어도 바이트코드에 add() 함수 정의와 컴파일한 바이트코드는 남아 있어야 한다. 특히 add()가 public이면 현재 모듈 밖에서 언제든 add()를 호출할 수 있는데, add()의 시그니처와 본문 코드를 남겨두지 않으면 다른 모듈에서 add()를 호출할 때 처리할 방법이 없다.

(2) 만들어지는 목적 코드 안에서는 add()가 호출됐다는 사실을 전혀 알 수 없다는 점에 유의하라.

인라이닝이 되면 함수 호출 비용이 사라지고 함수 파라미터에 인자를 복사하는 비용도 없어지므로 프로그램이 빨라질 수 있다. 하지만 복잡한 함수의 경우 함수를 실행하는 데 드는 전체 시간에 비해 함수 호출과 반환에 필요한 시간은 그리 크지 않을 수 있어서 인라이닝이 그다지 효과적이지 않다. 이로 인해 프로세서가 느리던 과거와 달리 요즘은 인라이닝으로 얻을 수 있는 이득이 그리 크지 않다. 물론 자주 호출되는 함수의 경우 그래도 인라이닝이 도움이 되므로, 코틀린은 라이브러리 함수 중 상당 부분에 inline을 붙여 불필요한 호출 비용을 줄이고 있다. 특히 플랫폼에 따라 달라지는 플랫폼 라이브러리를 감싼 래퍼 함수의 경우, inline을 붙이면 래퍼 함수 비용을 아예 없앨 수 있어 아주 유용하다. 예를 들어 JVM에서 코틀린 println()은 자바 표준 라이브러리의 System.out.println()을 호출하는 래퍼 함수인데, 다음과 같이 정의돼 있다.

```
inline fun println(message: Any?) {
    System.out.println(message)
}
```

코틀린 println()이 인라인되지 않는다면 println()을 호출할 때마다 불필요한 부가 비용이 발생한다. 이 부가 비용은 사실 System.out.println()을 직접 호출하면 전혀 발생하지 않았을 비용인데, inline fun println()을 정의함으로써 코틀린은 효율성을 높이고 코틀린 타입 시스템의 널 가능성 검사도 제공해줄 수 있게 된다.

12.5.1 고차 함수 파라미터로 전달된 람다의 인라이닝

코틀린에서는 함수를 파라미터로 받는 고차 함수를 inline한 경우 해당 함수뿐 아니라 전달받은 람다의 본문까지 인라이닝해준다. 예를 들어 살펴보자. 다음과 같이 inline이 붙은 함수가 있다고 하자.

```
package ch12.inlineperformance

inline fun loopInline(n: Int, f: (Int)->Unit) {
    for(i in 1 .. n)
        f(i)
}

fun main() {
    for(i in 1..N) {
        loopInline(200_000_000){ println(it) }
    }
}
```

이 경우 loopInline()을 인라이닝하기 때문에 main() 함수는 다음과 같은 의미의 코드로 번역된다.

```
fun main() {
  for(i in 1..N) {
    for(i in 1 .. 200_000_000) {
```

```
        println(i)
    }
  }
}
```

이렇게 고차 함수의 람다 파라미터를 인라이닝하면 불필요한 호출 가능 객체 생성을 줄여서 성능 향상을 가져올 수도 있다. 즉, 람다에 해당하는 호출 가능 객체 생성도 줄어들고 함수 호출도 줄어들기 때문에 성능이 약간 향상된다.[2]

12.5.2 지역 return과 비지역 return

원래 코틀린에서는 람다 안에 아무 레이블 없이 return을 쓴 코드를 허용하지 않는다. 다만 람다 안에서 레이블을 붙인 return을 허용하는데, 이 경우 람다 본문 바로 앞에 붙은 레이블이나 람다를 파라미터로 받는 고차 함수 이름만 레이블로 쓸 수 있다.

```
package ch12.lambdareturn

fun foo(block:(Int)->Unit) {
  for(i in 1..3)
    block(i)
}

val lamdba:(Int)->Unit = lambda@{
  println("Ola! $it")
  if(it==1) return@lambda                   // (1)
  println("Ola Again! $it")
}


val lamdbaWithReturn:(Int)->Unit = {
  println("Hello! $it")
```

---

2   하지만 JIT이 함께 사용되기 때문에 여러 번 호출되는 함수의 경우 인라이닝을 한 경우와 그렇지 않은 경우의 실행 시간이 거의 비슷해지는 경향이 있다. 경우에 따라서는 람다 본문이 JIT되지 못해서 인라이닝한 쪽의 성능이 떨어지는 경우도 있다. 성능 개선이 필요하다면 항상 프로파일링이나 마이크로벤치마킹을 통해 얻은 정확한 데이터를 바탕으로 프로그램 구조를 결정해야 한다.

```kotlin
    return                          // (2)  // error: 'return' is not
allowed here
}

fun main() {
  foo {
    println("Hello! $it")
    if(it==2) return@foo            // (3)
    println("Hello Again! $it")
  }

  foo(lamdba)
}
/*
Hello! 1
Hello Again! 1
Hello! 2                    <------------  (3)
Hello! 3
Hello Again! 3
Ola! 1                      <------------  (1)
Ola! 2
Ola Again! 2
Ola! 3
Ola Again! 3
*/
```

⑴, ⑶ 이 두 람다는 람다 분문에서 벗어나게는 해주지만 람다를 인자로 받아 호출해 주는 foo 함수에서 반환되게는 못한다. 따라서 이 return은 마치 continue 같은 역할을 한다.

⑵ 코틀린은 람다 안에서 레이블이 붙지 않은 전역 return을 금지한다. 하지만 foo에 inline이 붙으면 return을 사용할 수 있다. 단, 별도로 정의된 람다에서는 여전히 return 이 금지되고, 인라이닝되는 foo에 바로 전달되는 람다 안에서만 return을 쓸 수 있다.

```kotlin
package ch12.lambdanonlocalreturn

inline fun foo(block:(Int)->Unit) {
    for(i in 1..3)
        block(i)
```

```
}

fun main() {
    foo {
        println("Hello! $it")
        if(it==2) return                    // (1)
        println("Hello Again! $it")
    }
}
/*
Hello! 1
Hello Again! 1
Hello! 2
*/
```

(1) 이 return은 foo나 람다가 아니라 main()으로부터 제어 흐름을 반환시킨다. 이 코드를 인라이닝할 경우 다음과 같이 바뀐다는 사실을 알면 이 성질을 쉽게 이해할 수 있다.

```
fun main() {
    for(i in 1..3) {
        println("Hello! $i")
        if(i==2) return
        println("Hello Again! $i")
    }
}
```

> **익힘문제**
>
> 다음 코드에서 main() 함수 안에 쓰인 람다의 return@foo가 continue 같은 역할을 하는 이유를 설명하라. 그리고 fun foo를 inline fun foo로 바꾸면 return@foo 대신 return을 쓸 수 있는데 왜 그런지 설명하고, 그 경우 레이블이 없는 return이 어떤 역할을 하는지 설명하라.
>
> ```
> fun foo(block:(Int)->Unit) {
>   for(i in 1..3)
>     block(i)
> }
> ```

```
fun main() {
    foo {
        println("Hello! $it")
        if(it==2) return@foo
        println("Hello Again! $it")
    }
}
```

12.5.3 inline에서 인라인된 람다의 전달

람다를 받는 인라인 함수 twoTimes()가 있다고 하자. 그리고 인라인되지 않으면서 twoTimes()와 똑같은 일을 하는 함수 twoTimesNoInline()도 생각해볼 수 있다.

```
inline fun twoTimes(i: Int, block:(Int)->Unit) {
  block(i)
  block(i)
}

fun twoTimesNoInline(i: Int, block:(Int)->Unit) {
  block(i)
}
```

이제 foo()라는 고차 인라인 함수를 만들고 그 안에서 twoTimes()나 twoTimesNoInline()을 호출하려 한다. 이때 foo가 전달받은 람다를 twoTimes나 twoTimesNoInline에 전달할 수 있을까?

```
inline fun foo(block:(Int)->Unit) {
    for(i in 1..3) {
        twoTimes(i, block)
        twoTimesNoInline(i, block)
    }
}
/*
컴파일러 오류:
error: illegal usage of inline-parameter 'block' in 'public inline fun foo
(block: (Int) -> Unit): Unit defined in ch12.inlinecallnoinline in file
```

```
InlineCallNoInline.kt'. Add 'noinline' modifier to the parameter declaration
        twoTimesNoInline(i, block)
                              ^
*/
```

반대로 foo 앞의 inline을 없애면 twoTimes(i, block) 호출이 foo 안에 인라이닝되므로
아무 문제가 없다. 물론 이때 인라인되는 twoTimes() 본문에서는 foo에 전달된 람다가 인
라인되지 않고 그냥 일반 람다인 것처럼 호출된다. twoTimes() 함수처럼 람다가 인라인될
수 있는 고차 함수의 람다 파라미터를 통해 전달된 경우 이 람다는 고차 함수가 인라인되
는 위치에 함께 인라인되며, 이런 함수를 **인라인 가능**inlinable하다고 말한다. 인라인 가능한
람다를 인라인되는 고차 함수의 인라인 가능 람다로 전달하는 것은 가능하지만, 인라인
가능한 람다를 인라인되지 않는 함수(즉, fun 앞에 inline이 없는 함수)의 람다로 전달하거나
인라인되는 함수의 인라인 가능하지 않은 파라미터(12.5.3절에서 배울 noinline)로 전달하는
것은 불가능하다. 반면에 인라인 불가능한 람다는 인라인되는 함수나 인라인되지 않는
함수 모두에 전달할 수 있으며, 이 경우 인라인 불가능한 람다의 본문은 인라인되지 않고
람다를 가리키는 참조만 함수에 전달돼 호출된다.

또한 인라인 가능한 람다를 변수에 저장하거나 반환할 수도 없다.

```
inline fun foo(block:()->Unit): ()->Unit {
    return block
}
/*
컴파일러 오류:
Illegal usage of inline-parameter 'block' in 'public inline fun foo(block: ()
-> Unit): () -> Unit defined in ....
*/
```

익힘문제

고차 함수에 전달된 람다 안에서 레이블이 붙어 있지 않은 비지역 return을 쓰지 못하게 하는 이유는
무엇인가? 인라인 고차 함수에 전달되는 람다 안에서 비지역 return을 허용하는 이유는 무엇인가?

12.5.4 noline과 crossinline

경우에 따라 함수는 인라인하되 함수가 전달받은 람다는 인라인하고 싶지 않을 때도 있다. 인라인 함수 안에서 람다를 저장하거나 반환할 필요가 있는 경우 특히 이런 기능이 유용할 수 있다.

인라인되는 함수에 전달되는 람다 파라미터를 인라이닝하고 싶지 않으면 파라미터 선언 앞에 noinline을 붙이면 된다.

```
inline fun foo(noinline block:()->Unit): ()->Unit {
    return block
}
```

12.5.2절 마지막에 정의한 foo()의 경우 block이 인라인 가능한 블록이라서 block을 반환할 수 없었지만, 이렇게 noline을 붙이면 블록을 반환할 수 있고 변수나 프로퍼티에 저장할 수도 있다. 물론 다른 함수에 파라미터로 전달하는 것도 가능하다.

인라인되는 함수에서 전달받은 람다를 인라이닝하고는 싶지만 그 안에서 비지역 return을 쓸 수 없게 막고 싶을 때는 noinline 대신 crossinline을 붙인다. noinline은 아예 람다의 인라이닝을 막고 일반적인 호출 가능 객체를 생성해 전달하지만, crossinline은 람다를 인라이닝하되 비지역 return을 금지한다는 점에서 역할이 다르다.

crossinline은 두 가지 경우에 쓰인다. 첫 번째는 비지역 return이 쓰일 수 있는 람다지만 비지역 return을 막고 싶은 경우다.

```
inline fun crossinline(crossinline f: ()->Unit) {
    f()
    f()
}

fun main() {
  for(i in 1..2) {
    crossinline {
      println("1")
      //return              // (1)
      println("2")
```

```
      }
    }
  }
}
```

(1) crossinline() 함수의 f 파라미터 앞에 crossinline이 들어 있으므로 이 부분에서
    return을 쓸 수 없다.

예제에서처럼 인라인 고차 함수에 전달되는 람다에 의해 고차 함수를 호출하는 함수
(예제에서는 main())가 중간에 반환되는 경우를 막고 싶을 때 이런 코드가 유용하다. 실질적
으로 일부러 비지역 return을 막아야 하는 경우는 거의 없다. 대부분 crossinline을 쓰는
것은 다음에 설명하는 이유 때문이다.

두 번째는 인라인 함수에 전달되는 람다를 사용할 때 어쩔 수 없이 비지역 return을
쓸 수 없는 경우다. 인라인 함수가 전달받은 람다를 인라인 함수가 아닌 다른 고차 함
수에 전달하거나 프로퍼티 등에 저장해야 하는 경우 이런 일이 발생한다. 다음 예제의
mkRunnable은 익명 Runnable 객체(객체에 대해서는 13.2절 참조)를 만들어내므로 람다 안에
비지역 return이 있으면 코드를 읽는 독자가 return의 의미를 혼동할 수 있다.

```
package ch12.crossinline

inline fun mkRunnable(crossinline body: () -> Unit): Runnable {
  return object: Runnable {
    override fun run() = body()
  }
}

fun main() {
  val thread = Thread(mkRunnable{
    try {
      println("Sleep for 3 seconds")
      Thread.sleep(3000)
      // return                        // 'return' is not allowed here    // (1)
    } catch(e: InterruptedException) {
    }
    println("Runnable end.")
```

```
    })

    thread.start()
    println("Main thread end.")
}
/*
Sleep for 3 seconds
Runnable end.                    <--------- (2)
Main thread end.
*/
```

(1) 이 주석을 해제해서 return을 넣으면 컴파일 오류가 발생한다.

(2) Sleep for 3 seconds가 나오고 3초 후 Runnable end.이 출력된다.

또한 inline 함수 안에서 다른 inline 함수를 호출하는데 그 안의 람다가 noinline으로 선언된 경우도 생각해볼 수 있다.

익힘문제

코틀린 inline, noinline, crossinline 키워드를 설명하라.

12.5.5 인라인 프로퍼티와 인라인 확장

일반 함수뿐 아니라 프로퍼티나 확장도 인라이닝 가능하다.

```
package ch12.inlinepropandextension

import java.lang.IllegalStateException
import java.math.BigInteger

var intProp = 0

inline var inlineProp:Int
    get(): Int = intProp
    set(v) {
```

```
    println("set prop: ${v}")
    intProp = v
  }

inline fun List<Int>.bigIntSum(): BigInteger =
  this.fold(BigInteger.ZERO){ acc, i -> acc+i.toBigInteger() }

inline val List<Int>.median: Int
  get() =
    if(this.isEmpty())
      throw IllegalStateException("median is not defined for list of zero
length")
    else
      this.sorted().let {
        if(this.size % 2 == 0)
          (it[(this.size-1)/2] + it[(this.size-1)/2])/2
        else
          it[(this.size-1)/2]
      }


fun main() {
  val list = listOf(1, Int.MIN_VALUE, 3, 4, 4, Int.MAX_VALUE)

  intProp = 100
  println("intProp=${intProp}")

  println("median of [${list.joinToString()}] = ${list.median}")
}
```

인라인 프로퍼티나 확장의 파라미터에서도 crossinline이나 noinline을 쓸 수 있다.

```
import java.math.BigInteger

inline fun List<Int>.bigIntSum1(f:(Int)->BigInteger): BigInteger =
        this.fold(BigInteger.ZERO){ acc, i -> acc+f(i) }
fun foo1() = (1..100).toList().bigIntSum1{return it.toBigInteger()}

inline fun List<Int>.bigIntSum2(noinline f:(Int)->BigInteger): BigInteger =
        this.fold(BigInteger.ZERO){ acc, i -> acc+f(i) }
fun foo2() = (1..100).toList().bigIntSum2{it.toBigInteger()}
```

```
inline fun List<Int>.bigIntSum3(crossinline f:(Int)->BigInteger): BigInteger
=
        this.fold(BigInteger.ZERO){ acc, i -> acc+f(i) }
fun foo3() = (1..100).toList().bigIntSum3{it.toBigInteger()}

fun main() {
  println(foo1())
  println(foo2())
  println(foo3())
}
/*
1
5050
5050
*/
```

익힘문제

다음 코드의 문제점을 설명하고 코드를 개선하라.

```
inline fun List<Int>.bigIntSum1(f:(Int)->BigInteger): BigInteger =
        this.fold(BigInteger.ZERO){ acc, i -> acc+f(i) }
fun foo1() = (1..100).toList().bigIntSum1{return it.toBigInteger()}
```

12.5.6 reified

제네릭 함수나 프로퍼티를 정의할 때 JVM에서는 타입 소거 때문에 타입 파라미터 정보
가 사라진다. 하지만 inline을 사용하면 람다가 인라인되므로 인라인 함수에 전달된 인
라인 가능한 람다 내부에서는 타입을 알 수 있다. 이를 활용하면 타입 파라미터를 활용한
코드를 작성할 수 있는데, 이때 제네릭 함수/프로퍼티의 타입 파라미터 앞에 reified를
붙인다. 이에 대해서는 14.2절에서 자세히 다룬다.

12.5.7 공개된 인라인 함수의 제약 사항

인라인 함수는 호출 지점에 코드로 삽입되므로 인라인 함수를 호출하는 지점에서 볼 수 있는 이름만 인라인 함수 안에 사용할 수 있다. 따라서 인라인 함수의 가시성(13.8절에서 설명한다) 이상으로 열려 있는 멤버만 인라인 함수 안에서 호출할 수 있다.

```
package ch12.inlinevisiblity

class X {
    public fun publicFun() {}
    protected fun protectedFun() {}
    private fun privateFun() {}

    private inline fun privateInline() {
        publicFun()
        protectedFun()
        privateFun()
    }
    protected inline fun protectedInline() {
        publicFun()
        protectedFun()
        privateFun()                            // (1) // error: public-API
inline function cannot access non-public-API ...
    }
    public inline fun publicInline() {
        publicFun()
        protectedFun()                          // (2) // error: protected
function call from public-API inline function is prohibited
        privateFun()                            // (3) // error: public-API
inline function cannot access non-public-API ...
    }
}
/*
(1) InlineVisibility.kt:16:9: error: public-API inline function cannot
access non-public-API 'private final fun privateFun(): Unit defined in ch12.
inlinevisiblity.X'
(2) InlineVisibility.kt:20:9: error: protected function call from public-API
inline function is prohibited
(3) InlineVisibility.kt:21:9: error: public-API inline function cannot
access non-public-API 'private final fun privateFun(): Unit defined in ch12.
```

```
inlinevisiblity.X'
*/
```

성능을 위해 공개된 클래스나 객체 멤버에 대해 인라이닝을 사용하는 경우, 이런 이유로 클래스 내부의 캡슐화를 어쩔 수 없이 깨야 하는 경우가 생긴다.

12.6 연습문제

1. 다음 연산자를 코틀린 컴파일러가 어떤 코드로 컴파일하는지 설명하라.

   a. +(단항 부호 연산자)

   b. -(단항 부호 연산자)

   c. ++(전위 증가 연산자)

   d. ++(후위 증가 연산자)

   e. ++(전위 감소 연산자)

   f. ++(후위 감소 연산자)

   g. in

   h. !in

   i. +, -, *, /, %(이항 사칙 연산)

   j. +=, -=, *=, /=, %=(복합 대입 연산)

   k. ==

   l. >, <, >=, <=

   m. [](인덱스 연산)를 사용한 값 읽기와 값 쓰기

   n. ..

2. 앞에 infix가 붙은 함수와 붙지 않은 함수의 차이를 설명하라.

3. componentN() 연산자 함수를 설명하라.

4. `operator fun plus()` 연산을 확장 함수로 정의할 때와 클래스 멤버로 정의할 때 어떤 차이가 있는지 설명하라.

5. 리스트를 뒤집어 돌려주는 `reversed2()` 연산을 List<Int>에 대한 확장 함수로 정의하라.

```
// (...)에 적당한 코드를 넣고 확장 함수 본문을 정의할 것
fun (...).reversed2():List<Int> {
  ...
}

// 다음 코드가 정상적으로 실행되고 화면 출력도 주석에 있는 출력과 같아야 한다
fun main() {
  val empty = listOf<Int>()
  val s1 = listOf(1, 2, 3, 4, 5)
  val s2 = listOf(5, 4, 3, 2, 1)
  val s3 = listOf(3)

  println(empty==empty.reversed2()) // true
  println(s1==s2.reversed2())       // true
  println(s3.reversed2()==s3)       // true
}
```

6. 다음과 같은 inline 함수가 있고 이 함수를 호출하는 foo() 함수가 있을 때, 컴파일러가 foo() 함수를 컴파일한 코드가 어떤 코틀린 코드와 동일할지 알 수 있도록 해당 코드를 적고 이유를 설명하라.

```
inline fun twice(f:()->Unit) {
  println("First call -----------")
  f()
  println("Second call -----------")
  f()
}

fun foo() {
  var no = 0
  twice {
    println("Hello, ${no++}")
```

```
    }
}
```

7. noinline, crossinline 키워드를 설명하라.

13

객체지향 자세히 살펴보기

4장에서 코틀린 객체지향의 근간을 이루는 개념인 클래스와 인터페이스를 살펴봤다. 이번 장에서는 싱글턴 객체를 만들 때 사용하는 object와 동반 객체, 데이터 클래스, 이넘 클래스, 값 클래스, 봉인된 클래스^{sealed class}를 살펴보고 여러 가지 함수 생성자를 선언하는 방법과 함수 생성자 선언 시 지켜야 할 규칙을 살펴본 후 가시성 지정자를 알아본다.

13.1 내포 클래스와 내부 클래스

클래스 내부 코드를 작성하다 보면 클래스 안에서만 필요한 데이터 구조나 타입이 필요한 경우가 있다. 또는 클래스가 넓은 개념을 표현하고 그 개념 안에 내포된(그러나 is-a 관계는 성립하지 않는) 여러 개념을 표현하길 원할 때가 있다. 이럴 때 클래스 안에서 클래스를 정의하면 편리할 수 있다.

코틀린은 최상위에서 클래스나 인터페이스를 정의하도록 허용하는 것처럼, 클래스 내부에서 클래스를 정의하도록 허용한다. 편의상 이런 식으로 다른 클래스 안에 정의된 클래스를 바깥쪽 클래스의 **멤버 클래스**^{member class}라고도 한다.

다음과 같은 멤버 클래스가 있다고 가정하자. 아래 코드의 (1)에서 X의 멤버 중 어떤 멤버에 접근할 수 있을까? 프로퍼티 p와 함수 y()에 모두 접근할 수 있는 게 바람직하다.

```
class X(val p: Int) {
  fun y() = 10

  class Y {
    // 1
  }
}
```

하지만 한 가지 문제가 있다. X 인스턴스가 있어야만 p나 y()를 제대로 사용할 수 있다. 언제나 p나 y()를 제대로 사용하도록 보장하려면 항상 X 인스턴스가 존재하는 상황에서 Y 인스턴스를 생성하도록 강제해야 한다. 이렇게 하면 (1)에서 두 가지 this(한 가지는 X 인스턴스, 다른 한 가지는 Y 인스턴스)가 항상 존재하게 되고, 그에 따라 적절히 인스턴스의 멤버 프로퍼티나 멤버 함수를 사용할 수 있다.

하지만 매번 이런 제약을 두는 건 불편하다. 이런 제약은 멤버 클래스의 인스턴스가 무조건 바깥쪽 클래스의 인스턴스의 생명 주기보다 더 짧게 유지(바깥쪽 클래스의 인스턴스가 생성된 이후에만 멤버 클래스를 생성 가능하며, 바깥쪽 클래스의 인스턴스가 제거될 때는 안쪽 클래스의 인스턴스도 함께 제거돼야만 한다)돼야만 하므로, 단순히 논리적으로 바깥쪽 클래스 안에 멤버 클래스를 가둬두기만 하고 싶은 경우에는 오히려 방해가 된다. 게다가 바깥쪽 클래스의 멤버에 접근하게 허용하되 Y가 바깥쪽 클래스 멤버를 생성자를 통해 명시적으로 전달받게 하면 되므로, 언어 입장에서 보면 이런 제약은 오히려 언어의 가능성을 더 줄여버리는 불필요한 제약이라 할 수 있다.

```kotlin
class X(val p: Int) {
    fun y() = 10

    class Y(val outer: X) {
        // (1)
    }
}
```

그래서 코틀린은 멤버 클래스 앞에 아무것도 붙이지 않은 경우 바깥쪽 클래스의 인스턴스와 무관하게 멤버 클래스 인스턴스를 생성하고 활용할 수 있게 해준다. 이런 경우 멤버 클래스를 정의할 때 class 앞에 아무것도 붙이지 않아도 되며, 이를 **내포 클래스**nested class라고 부른다.

하지만 바깥쪽 클래스의 인스턴스가 존재할 때만 멤버 클래스 인스턴스가 존재하게 제약을 걸면, 멤버 클래스 내부에서 자유롭게 바깥쪽 클래스 인스턴스의 멤버에 접근할 수 있다. 이런 제약이 필요한 경우 코틀린에서는 멤버 클래스를 정의하면서 class 앞에 inner를 붙이면 된다. 이렇게 바깥쪽 클래스의 인스턴스와 무조건 엮여서 인스턴스가 존재해야만 하는 멤버 클래스를 일컬어 **내부 클래스**inner class라 한다.

13.1.1 내포 클래스

내포 클래스는 바깥쪽 클래스 이름 공간(이름이 겹치는 것을 방지하기 위해 각 이름을 서로 다른 경로 아래에 담아두는데, 이를 이름 공간namespace이라 한다. 코틀린 패키지는 이름 공간을 관리하는 가장 기본적인 방식이며, 같은 패키지 안에 있더라도 클래스/인터페이스 이름은 해당 패키지 안에 포함된 별도의 이름 공간을 만들어낸다. 그래서 한 패키지 안에 정의된 여러 클래스나 인터페이스에 같은 이름의 멤버가 들어가 있어도 아무 문제가 없다) 안에 정의된 클래스에 지나지 않는다. 따라서 바깥쪽 클래스 이름을 지정하지 않고 내포 클래스에 직접 접근할 수는 없다.

```
package ch13.outer

import ch13.outer.Outer.Nested          // (1)

class Outer(private val hidden: String) {
    class Nested {
        fun reveal(o:Outer) = o.hidden  // (2)
    }
}

fun main() {
    val y = Outer.Nested()               // (3)
    val z = Nested()
    val x = Outer("감춰진비밀")

    println(z.reveal(x))  // 감춰진비밀
}
```

(1) Outer.Nested라고 바깥쪽 클래스의 이름을 명시해야만 내포 클래스를 찾을 수 있었다. 다만, import를 통해 Outer.Nested를 임포트하면 내포 클래스 이름을 Nested 라고 줄여서 사용할 수 있다.

(2) 외부 클래스에서 private으로 선언한 멤버 프로퍼티까지 내포 클래스 안에서 아무 문제 없이 볼 수 있다. private 가시성 지정자는 13.8절에서 다룬다.

(3) 내포 클래스를 생성할 때는 외부 클래스 인스턴스가 필요하지 않다.

내포는 여러 수준으로 할 수도 있고, 클래스 안에 인터페이스를 내포하거나 인터페이스 안에 클래스 또는 인터페이스를 내포할 수도 있다.

```
class Car {
  class Body {
    class Chair
    class Audio
    class Radio
  }
  class Chassis: Drivable {
    class Engine
    class Transmission
    class Brake
    fun accelerate(v: Double):Double = TODO
    fun brake(): Double = TODO
    fun turn(degree: Double): Double = TODO
  }
  interface Drivable {
    fun accelerate(v: Double):Double
    fun brake(): Double
    fun turn(degree: Double): Double
  }
}
```

바깥쪽 클래스에서 안쪽 클래스의 private/protected 멤버에 접근할 수는 없다.

```
class Outer2 {
  class Nested2 {
    private fun hiddenFunction() { println("hiddenFunction") }
  }
  fun foo(n: Nested2) {
    n.hiddenFunction()   // error: cannot access 'hiddenFunction': it is
private in 'Nested2'
  }
}
```

13.1.2 내부 클래스

내부 클래스는 내포 클래스와 비슷하지만, 내부 클래스 인스턴스는 바깥쪽 클래스의 인
스턴스에 대한 참조를 this로 유지한다. 내포 클래스와 마찬가지로 바깥쪽 클래스의 본

문에 내부 클래스를 선언하되, class 앞에 inner라는 키워드를 붙여서 해당 클래스가 내부 클래스라는 사실을 명시해야만 한다.

```
class Outer3(private val hidden: String) {
  inner class Inner(private val hiddenInner: String) { // (1)
    fun reveal() {
      println("${hidden}/${hiddenInner}")              // (2)
    }
  }
}
```

(1) 이 앞에 있는 inner를 제거하면 (2)에서 error: unresolved reference: hidden이라는 컴파일 오류가 발생한다.

(2) 바깥쪽 클래스 인스턴스의 private 프로퍼티를 자유롭게 접근할 수 있고, 암시적수신 객체 this를 통해 바깥쪽 클래스 인스턴스의 멤버에 접근할 수 있다.

이렇게 바깥쪽 클래스 인스턴스에 대한 this 참조를 유지하기 위해 내부 클래스 인스턴스를 생성할 때는 반드시 바깥쪽 클래스 인스턴스를 지정해 생성해야 한다.

```
fun main() {
  val inner1 = Outer3("바깥쪽객체(생성자연쇄호출)").Inner("내부객체(생성자연쇄호출)")
// (1)
  val outer = Outer3("바깥쪽객체")
  val inner2 = outer.Inner("내부객체")  // (2)

  inner1.reveal() // 바깥쪽객체(생성자연쇄호출)/내부객체(생성자연쇄호출)
  inner2.reveal() // 바깥쪽객체/내부객체
}
```

(1) 연쇄적으로 생성자를 호출하면 Outer 객체를 생성한 후 그 객체를 참조하는 Inner 객체를 생성할 수 있다.

(2) Outer 객체가 이미 존재하는 경우 그 객체에 대한 참조 다음에 .과 내부 클래스 생성자를 사용해 내부 클래스 인스턴스를 만들 수 있다.

이 예제는 바깥쪽 객체의 private 인스턴스를 내부 객체에서 참조할 수 있다는 점을 알
수 있다.

레이블 붙은 this

바깥쪽 객체와 내부 객체의 멤버 이름이 겹치면 this@클래스이름이라는 레이블 붙은 this를
사용해 원하는 인스턴스를 참조할 수 있다.

```
class Outer4(private val hidden: String) {
  inner class Inner(private val hidden: String) {
    fun reveal() {
      println("${this@Outer4.hidden}/${this@Inner.hidden}")
    }
  }
}

fun main() {
    val inner1 = Outer4("바깥쪽객체(생성자연쇄호출)").Inner("내부객체(생성자연쇄호출)")
// (1)
    val outer = Outer4("바깥쪽객체")
    val inner2 = outer.Inner("내부객체")

    inner1.reveal() // 바깥쪽객체(생성자연쇄호출)/내부객체(생성자연쇄호출)
    inner2.reveal() // 바깥쪽객체/내부객체
}
```

한편 인터페이스 안에는 상태가 존재할 수 없으므로 내부 인터페이스는 존재하지 않
는다.

```
class Foo {
  inner interface Bar  // error: modifier 'inner' is not applicable to
'interface'
}
```

13.1.3 클래스 안에 내포시킬 수 있는 대상

클래스 안에는 다음과 같은 요소를 내포시킬 수 있다. 싱글턴 객체, 인터페이스, 데이터 클래스, 값 클래스는 내부 클래스가 될 수 없다는 점에 유의하라. 또한 봉인된 클래스 계층을 구현할 때 내부 클래스나 내포 클래스를 모두 활용할 수 있다는 점도 기억하라.

```
class Foo {
  inner class A
  class B
  interface C
  data class D(val v:String)
  enum class E { E1 }
  // JVM에서는 @JvmInline이 필수임
  @JvmInline value class F(val v:Double)
  sealed interface G
  inner class H: G
  class I: G
  object J: G
}
```

13.1.4 인터페이스 안에 내포시킬 수 있는 대상

인터페이스 안에는 다음과 같은 요소를 내포시킬 수 있다. 인터페이스 안에서 inner를 붙인 클래스를 허용하지 않는다는 점을 제외하면 내포된 인터페이스나 클래스를 자유롭게 정의할 수 있다.

```
interface Foo {
  class B
  interface C
  data class D(val v:String)
  enum class E { E1 }
  // JVM에서는 @JvmInline이 필수임
  @JvmInline value class F(val v:Double)
  sealed interface G
  class I: G
  object J: G
}
```

13.2 object로 싱글턴 객체 선언하기

프로그래밍을 하다 보면 객체가 단 하나만 필요한 경우가 있다. 이런 객체를 **싱글턴**singleton이라 하는데, 일부 코틀린 문서에서는 **독립 객체**standalone object라고도 부른다.

싱글턴이 필요한 경우, 일반적인 클래스를 사용해 객체를 정의하고 인스턴스를 생성할 수도 있다. 하지만 프로그램 전체에서 객체가 유일하게 존재하도록 하려면 클래스를 함부로 생성하지 못하게 하고, 전역 함수나 프로퍼티를 통해 공개된 접근 방법을 제공해야 하며, 여러 스레드가 동시에 클래스를 생성하는 일이 없도록 동기화에도 신경 써야 한다.

코틀린에서는 object 선언을 통해 쉽게 싱글턴을 선언할 수 있도록 해준다. 코틀린 싱글턴은 클래스 정의와 거의 비슷하지만, 생성자가 없기 때문에 객체 이름 뒤에 괄호가 들어가지 않는다는 차이가 있다. 또한 싱글턴이므로 객체에 타입 파라미터를 선언할 수는 없다. 타입을 고정하지 않으면 싱글턴 객체 인스턴스를 만들 수 없기 때문이다.

```
object Foo() // error: constructors are not allowed for objects
```

이제부터는 혼동이 야기되는 특별한 경우가 아니라면, 싱글턴 객체 대신 객체라는 용어를 사용한다. 객체 내부에는 프로퍼티와 함수, 다른 객체나 다른 클래스 정의 등이 들어갈 수 있다. 다만 객체 안에 내부 클래스를 정의할 수 없고, 동반 객체(13.2.4절 참조)도 정의할 수 없다. 어차피 싱글턴 객체는 인스턴스가 단 하나뿐이므로 내부 클래스 대신 내포된 클래스나 객체를 써도 실질적으로 차이가 없기 때문이다.

```
object Foo {
  val BAR = 10
  fun foo() = "foo"

  class Nested(var v:String)
  object Bar
  inner class Inner(var i:Int)  // error: modifier 'inner' is not applicable
inside 'standalone object'
  companion object {            // error: modifier 'companion' is not
applicable inside 'standalone object'
  }
}
```

지역 객체를 선언하거나 익명 객체(13.2.1절 참조) 안에 객체를 선언할 수도 없다. 생명 주기가 짧은 이런 객체를 굳이 싱글턴으로 만들 이유가 없기 때문이다. 짧은 시간 동안 사용할 객체가 필요하다면 익명 객체(13.2.1절 참조)로 선언하고 변수에 대입해 사용하면 된다.

```
fun bar() {
  object NotAllowed    // error: named object 'NotAllowed' is a singleton and
cannot be local. Try to use anonymous object instead
  val x = object {     // 익명 객체
  }
}
```

객체의 이름은 유일한 인스턴스를 가리키는 이름인 동시에 타입 이름이기도 하다. 따라서 객체 이름 뒤에 .을 써서 멤버 변수나 프로퍼티에 접근할 수 있고, 타입 이름이 필요한 위치에 객체의 이름을 쓸 수도 있다.

```
package ch13.objectastypeandinstance

object Foo

fun main() {
  val x: (Foo)->Unit = {}
  println(Foo::class.qualifiedName) // ch13.objectastypeandinstance.Foo
  println(Foo.toString()) // ch13.objectastypeandinstance.Foo@4ca8195f
}
```

객체 멤버 초기화나 영역 규칙은 클래스의 경우와 같다. 따라서 객체의 멤버를 초기화하는 코드를 멤버 선언 시 사용할 수 있고, 클래스 본문 안에서는 같은 클래스에 속한 모든 멤버에 접근할 수 있으며, 멤버 이름과 타입을 먼저 선언해두고 init{} 블록을 통해 초기화할 수도 있다. 멤버 초기화 코드와 init 블록의 실행은 앞에서부터 객체 본문에 나타난 순서대로 진행되고, 초기화되지 않은 멤버에 접근하면 컴파일 오류가 발생하며, 혼동을 막기 위해 변수 초기화를 변수 선언보다 앞에 위치시킬 수는 없다.

```
object MemberInitExample1 {
  val x = 10
  val y = x + 20
  val z: Int
  init {
    q = "hoho"                      // error: variable cannot be initialized
before declaration
    println("in init block ${q}") // 만약 앞 줄이 없다면 컴파일 시 error: variable
'q' must be initialized 오류가 발생함
    z = x + y
  }
  val q: String
}
```

1. 코틀린에서 싱글턴 객체를 선언할 때 사용하는 키워드는 무엇인가?
2. object 선언 안에서 inner class 선언을 사용할 수 없는 이유는 무엇인가?

13.2.1 익명 객체

경우에 따라서는 클래스나 싱글턴 객체를 선언해 참조하려고 수고를 들이는 대신에 객체가 필요한 위치에서 바로바로 객체를 선언해 사용하고 싶을 때가 있다. 예를 들어 지역 함수 내부에서만 사용할 객체를 만들어야 하거나, 함수에 전달하는 특정 인터페이스 타입의 값을 정의해야 하는데 굳이 클래스까지 정의하고 싶지는 않을 때 등을 들 수 있다. 이럴 때 **익명 객체**^{anonymous object}를 사용할 수 있다. 익명 객체는 **객체 리터럴**이라고도 한다.

싱글턴 객체 선언에서 객체 이름이 없으면 익명 객체를 표현하는 식이 된다. 싱글턴 객체 선언은 선언이므로 다른 식에 포함되거나 함수 인자로 전달하거나 함수가 반환하거나 할 수 없지만, 익명 객체는 식이므로 일반적인 값과 마찬가지로 식의 일부분이 되거나 함수 인자 또는 반환값이 될 수 있다.

```
package ch13.singletonvsanonymousobject

object Dummy {
  val x = object Singleton {    // error: an object expression cannot bind a
name
    fun foo() {
      println("Singleton.foo()")
    }
  }

  val y = object {
    fun foo() {
      println("Anonymous.foo()")
    }
  }
}
```

이 예제에서 싱글턴 객체 선언을 직접 x에 대입할 수는 없지만, 익명 객체 식을 y에 직접 대입하는 구문은 올바른 코틀린 문장이다.

익힘문제

다음 코드에서 잘못된 부분은?

```
val x = object Mine {
  val x = 10
  val y = "Hello World"
}
```

13.2.2 객체가 다른 클래스나 인터페이스 상속하기

싱글턴이나 익명 객체가 다른 클래스나 인터페이스를 상속할 수도 있다. 예를 들어 창이 하나밖에 없는 사용자 인터페이스를 사용하는 앱을 개발한다면, 윈도우 객체를 싱글턴으로 선언하면서 창 관련 이벤트를 받는 리스너[listener] 역할을 하도록 지정할 수도 있다.

```
import java.awt.event.WindowEvent
object OnlyWindow: java.awt.event.WindowListener {
  override fun windowActivated(e: WindowEvent?){...}
  ... Window를 처리하는 나머지 멤버 함수들 오버라이드하기
}
```

다양한 이벤트를 처리하는 리스너의 경우 특정 인터페이스를 구현한 클래스를 넘겨야 하는데, 이럴 때 원하는 인터페이스를 상속한 익명 객체를 활용할 수도 있다. 다음은 안드로이드 프로그램의 액티비티를 정의하는 과정에서 클릭 리스너를 익명 객체로 설정하는 상황을 보여준다.

```
class MainActivity {
  ...
  protected fun onCreate(savedValues: Bundle)
  {
    ...
    val button: Button = findViewById(R.id.corky)
    button.setOnClickListener(object: OnClickListener {
      override fun onClick(view: View) {
        // 클릭 핸들러 구현
      }
    })
  }
  ...
}
```

(자바 연동) SAM 인터페이스를 람다로 구현하기

조금 전에 본 리스너 예제의 경우 상위 인터페이스인 OnClickListener에는 fun onClick (v: View)라는 추상 함수만 정의돼 있다. 이런 식으로 추상 함수가 단 하나뿐인 인터페이스를 SAM^{Single Abstract Method} **인터페이스**라 하며, 자바 8에 람다가 도입되면서 SAM 인터페이스를 람다로 정의할 수 있게 됐다. 코틀린도 이에 맞춰 자바에서 SAM 인터페이스로 정의된 인터페이스를 코틀린 람다로 구현할 수 있게 허용한다.

앞에서 본 MainActivity 예제를 코틀린 람다를 사용해 구현하면 다음과 같다.

```kotlin
class MainActivity {
  ...
  protected fun onCreate(savedValues: Bundle)
  {
    ...
    val button: Button = findViewById(R.id.idname)
    button.setOnClickListener { view ->
        // 클릭 핸들러 구현
    }
  }
  ...
}
```

하지만 람다로 SAM 인터페이스를 구현하도록 허용하는 것은 자바에 정의된 SAM 인터페이스를 코틀린에서 사용할 때뿐이다.

13.2.3 fun interface 선언과 람다를 사용한 익명 객체 선언

JVM 플랫폼에서 자바에 정의된 SAM 인터페이스는 코틀린 람다로 구현할 수 있는 반면, 코틀린에서 정의된 SAM 인터페이스는 같은 방식으로 람다를 사용해 구현할 수 없어서 불편했다.

```kotlin
package ch13.nosam

interface FireListener {
  fun onFire(s: String)
}

class HiringManager {
  fun fire(name: String, listener: FireListener) {
    println("$name 해고!")
    listener.onFire(name)
  }
}
```

```
fun main() {
  val manager = HiringManager()
  manager.fire("변학도"){        // error: type mismatch: inferred type is () ->
String but FireListener was expected
    "$it 해고 통지 받음"
  }
}
```

이 문제를 해소하기 위해 코틀린 1.4부터는 함수형 인터페이스^{functional interface}가 도입됐다. 인터페이스를 선언할 때 앞에 fun을 붙이면 함수형 인터페이스가 되며, 람다를 써서 직접 함수형 인터페이스를 구현할 수 있다.

```
package ch13.nosam

fun interface FireListener {
  fun onFire(s: String)
}

class HiringManager {
  fun fire(name: String, listener: FireListener) {
    println("$name 해고!")
    listener.onFire(name)
  }
}

fun main() {
  val manager = HiringManager()
  manager.fire("변학도"){        // 정상
    "$it 해고 통지 받음"
  }
}
```

이 예제에서는 Manager의 fire() 멤버 함수가 FireListener를 파라미터로 받기 때문에 컴파일러가 람다의 타입을 FireListener로 추론할 수 있었다. 하지만 타입을 추론할 수 없는 경우에는 람다 앞에 구현할 함수형 인터페이스의 타입을 적어줘야만 한다. 이런 식으로 람다를 사용해 SAM을 구현하는 익명 객체를 선언하는 구문을 **SAM 변환**이라 한다.

```
package ch13.sam

fun interface FireListener {
  fun onFire(s: String)
}

fun main() {
  val fireListener1 = FireListener { println("$it 해고통지 받음") }
  val fireListener2: FireListener = { s:String -> println("$s 해고통지 받음") }
// error: type mismatch: inferred type is () -> String but FireListener was
expected
  fireListener1.onFire("김자점")
}
```

위 예에서 fireListener1은 제대로 FireListener 객체로 인식되는 반면, fireListener2
의 경우 변수 타입을 적어줬지만 람다의 타입이 (String)->Unit으로 추론되고 이 타입이
직접 FireListener 객체와 호환되지는 않으므로 컴파일 오류가 발생한다.

익힘문제

1. SAM 인터페이스란 무엇인가?
2. 코틀린의 함수형 인터페이스를 설명하라.
3. 코틀린에서 람다를 사용해 함수형 인터페이스를 구현하는 방법을 설명하라.

13.2.4 동반 객체

멤버 함수나 멤버 프로퍼티에서는 자신이 속한 클래스의 멤버에 자유롭게 접근할 수 있
지만 구체적인 클래스 인스턴스를 수신 객체로 지정해야만 접근할 수 있다. 반대로 클래
스 멤버가 아닌 함수(패키지 수준이나 최상위에 선언된 함수나 별도의 다른 싱글턴 객체에 선언된 함
수)는 수신 객체 없이 직접 호출할 수 있지만, 특정 클래스의 내부에 원하는 대로 접근할
수는 없다.

하지만 경우에 따라서는 멤버가 아닌 함수처럼 호출할 수 있으면서 클래스 내부에 자

유롭게 접근하면 편리할 때가 있다. 이럴 때 코틀린에서는 **동반 객체**^{companion object}를 사용한다.

동반 객체를 선언하려면 클래스 안에서 companion object를 사용해 객체를 선언해야 한다. 원하면 companion object 뒤에 객체 이름을 붙이고 다른 인터페이스나 클래스를 상속하게 할 수도 있다. 클래스 안에 최대 하나의 동반 객체만 허용된다.

```kotlin
class Foo {
  companion object {
    fun fooCompanionFun(o: Foo) {
      println("fooCompanionFun: o.fooVal=${o.fooVal} fooCompanionVar=
${fooCompanionVar}")
      o.fooFun()
    }
    var fooCompanionVar: Int = 100
  }
  fun fooFun() { println("fooFun()") }
  private val fooVal: Int = 10
}

class Bar {
  companion object BarBar {
    fun barCompanionFun(o: Bar) {
      println("barCompanionFun: o.barVal=${o.barVal} barCompanionVar=
${barCompanionVar}")
      o.barFun()
    }
    var barCompanionVar: Int = 0
  }
  fun barFun() { println("barFun()") }
  private val barVal: Int = 0
}

fun main() {
  val foo = Foo()
  val bar = Bar()
  Foo.fooCompanionFun(foo)
  Bar.barCompanionVar = 1000
  Bar.barCompanionFun(bar)
}
```

동반 객체는 객체의 멤버에 마음대로 접근할 수 있다. 이 예제 코드에서 Foo와 Bar에는 전용private으로 선언된 fooVal과 barVal이 있는데(가시성 지정자에 대한 자세한 내용은 13.8절, '가시성 지정자'에서 다룬다), 클래스의 동반 객체는 자신의 동반 클래스(동반 객체 선언이 포함된 클래스를 동반 객체의 동반 클래스라고 한다)에 속하는 모든 멤버(private 멤버도 포함)를 볼 수 있다.

예제를 보면 알 수 있듯이, 동반 객체의 이름을 지정했든 지정하지 않았든 클래스이름.동반 객체멤버이름으로 동반 객체의 멤버에 접근할 수 있다. 원한다면 클래스이름.동반객체이름.동반객체멤버이름으로 동반 객체에 접근할 수도 있다. 앞 예제의 main()을 다음과 같이 적을 수도 있다.

```
fun main() {
  val foo = Foo()
  val bar = Bar()
  Foo.Companion.fooCompanionFun(foo)
  Bar.BarBar.barCompanionVar = 1000
  Bar.BarBar.barCompanionFun(bar)
}
```

별도로 동반 객체 이름을 지정하지 않으면 Companion이라는 이름이 지정된다.

동반 객체를 활용한 팩토리 메서드 작성

동반 객체에 operator fun invoke()를 정의하면 클래스이름(인자...) 형태로 호출할 수 있고, 이 호출 구문은 클래스의 생성자 호출 구문과 전혀 구분되지 않는다.

```
class Sample(val i:Int, val s:String) {
  companion object {
    operator fun invoke(): Sample = Sample(-10, "object from companion")
  }
}

fun main() {
  val sample1 = Sample(10, "direct constructor call")
```

```
  val sample2 = Sample()
  println("sample1: ${sample1.i}/${sample1.s}")   // sample1: 10/direct
constructor call
  println("sample2: ${sample2.i}/${sample2.s}")   // sample2: -10/object from
companion
}
```

동반 객체의 invoke()와 동반 클래스 생성자 시그니처가 같은 경우

동반 객체에 정의한 invoke()와 동반 클래스 생성자의 시그니처가 같을 수도 있다. 이런 경우 12.3절에서 살펴본 오버로드 해소 규칙에 의해 클래스의 직접 멤버인 생성자 쪽이 더 우선순위를 가지므로 동반 객체 invoke()가 아닌 클래스 생성자가 선택된다.

```
class Sample(val i:Int, val s:String) {
  companion object {
    operator fun invoke(): Sample = Sample(-10, "object from companion")
  }
}

fun main() {
  val sample1 = Sample(10, "direct construct call")
  val sample2 = Sample()
  println("sample1: ${sample1.i}/${sample1.s}")   // sample1: 10/direct
construct call
  println("sample2: ${sample2.i}/${sample2.s}")   // sample2: 100/
}
```

이 구문을 활용하는 다른 방법으로, 생성자를 private으로 지정해 외부에서 클래스 객체를 생성하지 못하게 하고 동반 객체에서 operator fun invoke()를 통해 객체 생성을 지원하는 방식이 있다. private 가시성 변경자는 13.8절에서 설명한다.

```
class Sample2 private constructor() {
  companion object {
    operator fun invoke(): Sample2? { ... }
  }
}
```

객체 생성이 불가능한 경우 생성자에서는 예외를 던질 수밖에 없지만, 동반 객체 invoke()에서는 널을 반환하거나 다른 대체물을 반환하는 등의 다른 대응이 가능할 수 있다는 장점이 있다. 또한 객체 생성 비용이 비싸거나 하면, 객체 풀^{pool}을 만들어 객체 생성 시간을 줄이는 등의 추가 구현이 가능해지기도 한다.

익힘문제

동반 객체에 대한 설명 중 옳지 않은 것은?

1. 클래스 본문 안에 companion을 붙여서 선언한 객체가 동반 객체다.
2. 동반 객체에는 이름을 지정할 수 있다.
3. 한 클래스 안에 동반 객체가 2개 이상 존재할 수 있다.
4. 동반 객체는 자신이 정의된 클래스의 비공개 멤버에 접근할 수 있고, 클래스는 자신의 동반 객체 비공개 멤버에 접근할 수 있다.
5. 선언할 때 이름을 별도로 지정하지 않은 동반 객체의 이름은 companion으로 지정된다.
6. A라는 클래스의 동반 객체에 선언된 공개 프로퍼티 x에 접근하려면 A.x라는 이름을 사용해야 한다.

13.3 데이터 클래스

객체를 선언하다 보면 대부분의 생성자 인자를 그대로 var나 val 프로퍼티에 저장하는 경우를 자주 볼 수 있다. 특히 프로그램에서 데이터를 쉽게 다루기 위한 모델 데이터 구조를 만들 때 이런 경우가 자주 있다. 예를 들어 반 학생들의 국영수 성적을 저장하는 레코드를 표현하는 클래스를 정의한다고 하자. 학생의 이름과 성을 구분하기 위해 Name이라는 클래스도 따로 정의하자.

```
class Name(first: String, last: String) {
  val first = first
  val last = last
}

class Score(name: Name, kor: Int, eng: Int, math: Int) {
```

```
    val name = name
    val kor = kor
    val eng = eng
    val math = math
}
```

이런 경우 코틀린에서는 주생성자 파라미터 앞에 var나 val을 붙여서 프로퍼티 선언과 생성자 인자 선언을 한꺼번에 해결하도록 해준다.

```
class Name(val first: String, val last: String)
class Score(val name: Name, val kor: Int, val eng: Int, val math: Int)
```

학생 성적을 맵에 넣고 이름으로 찾는 경우를 생각해보자. 이름으로 학생 점수를 찾아서 평균을 화면에 출력하려고 한다.

```
fun main() {
  val map = mapOf(
    Name("현석", "오") to Score(Name("현석", "오"), 100, 100, 100),
    Name("수학", "왕") to Score(Name("수학", "왕"), 80, 80, 100),
    Name("십점", "오") to Score(Name("십점", "오"), 50, 50, 50))

  val name = Name("현석", "오")
  val score = map[name]
  if(score!=null) {
    val average = (score.kor + score.eng + score.math)/3
    println("${name}의 평균점수는 ${average}입니다.")
  } else {
    println("${name}을 찾을 수 없습니다.")
  }
}
```

별문제 없이 '오현석'을 찾아서 평균 점수 100점을 표시해줄 것 같다. 하지만 실제 실행해보면 'ch13.studentscore.Name@5cad8086을 찾을 수 없습니다.'라는 메시지가 표시된다(@ 뒤의 16진수는 매번 달라질 수 있다).

우선, 오류 메시지의 ch13.studentscore.Name@5cad8086으로부터 학생이 누군지를 알기는 어렵다. 이 문제를 해결하려면 어떻게 해야 할까?

그렇다. toString() 함수를 오버라이드하면서 원하는 프로퍼티 값을 문자열에 포함시켜줘야 한다. 하지만 프로퍼티 개수가 많아지면 코드를 작성하기도 귀찮고 새 프로퍼티를 추가하거나 삭제할 때마다 toString()도 고쳐야 하는데, 이를 잊고 미처 코드를 고치지 않거나 필드를 빼먹기 쉽다.

그나마 toString()이 마음에 들지 않는 것은 큰 문제는 아니라고 할 수도 있지만, 더 큰 문제가 있다. 분명 Name("현석", "오")를 키로 맵에 점수를 넣었는데 왜 이 값을 찾을 수 없다고 나왔을까?

이유는 ==와 hashCode() 때문이다. 코틀린에서는 ==를 사용해 두 값을 비교할 수 있고 (값 동등성^{value equality}), ===를 사용해 두 객체에 대한 참조 동등성^{reference equality}을 비교할 수 있다는 점을 4장에서 언급했다. 그리고 == 함수는 실제로는 operator fun equals()로 정의할 수 있다는 사실과 hashCode()와 equals()가 지켜야 하는 규칙도 12.1.6절에서 설명했다.

특히 이런 클래스를 맵 등의 데이터 구조에 넣거나 여러 가지 알고리듬으로 처리할 때 equals()나 hashCode()가 중요한 역할을 한다. 코틀린 기본 맵은 키의 해시 코드로 객체를 버킷에 할당하고, 같은 버킷 안에서는 ==를 사용해 키를 찾는다. 문제는 Name("현석", "오")는 그냥 "현석"과 "오"라는 두 문자열을 하나로 합쳐주는 역할을 하는 것처럼 보이지만, 실제로는 매번 새로운 객체가 생긴다는 데 있다.

코틀린 클래스가 equals()와 hashCode()를 별도로 오버라이드하지 않으면 코틀린이 Any에 대해 기본 제공하는 equals()와 hashCode()를 쓰게 되는데, 이 두 함수는 객체의 주소를 기반으로 동등성을 판단하고 해시 코드를 만들어내기 때문에 Name("현석", "오") 호출로 생기는 모든 객체가 서로 다른 객체로 인식되는 문제가 있다.

코틀린에서는 데이터 클래스를 사용해 이런 데이터 저장 목적의 클래스를 쉽게 정의할 수 있다. 클래스 선언 시 class 앞에 data를 붙이면 데이터 클래스를 선언할 수 있다. 앞의 코드에서 Name과 Score 클래스 정의를 다음과 같이 데이터 클래스를 사용하는 코드로 바꾼 후 컴파일하고 실행해보자.

```
data class Name(val first: String, val last: String)
data class Score(val name: Name, val kor: Int, val eng: Int, val math: Int)
```

정상적으로 점수 객체를 찾아내서 "Name(first=현석, last=오)의 평균점수는 100입니다."라는 메시지를 표시해주는 모습을 볼 수 있다.

어떻게 이런 일이 벌어진 것일까? 데이터 클래스를 정의하면 코틀린이 자동으로 다음 과 같은 함수를 생성해주기 때문이다.

1. "클래스이름(프로퍼티이름=값,....)" 형태로 내용을 표시해주는 toString() 함수
2. 주생성자에 들어 있는 프로퍼티들을 ==로 비교해 모든 필드가 같을 때 참을 돌려 주는 equals() 함수
3. 주생성자에 들어 있는 프로퍼티들의 해시 코드를 조합해 해시 코드를 만들어주는 hashCode() 함수
4. 주생성자에 들어 있는 프로퍼티 개수만큼에 해당하는 componentN() 함수
5. copy() 함수

데이터 클래스 선언의 본문에 이런 자동 생성 함수에 대한 구현이 존재하면, 컴파일 러가 각 함수를 자동으로 생성하는 대신 프로그래머가 선언한 함수를 사용한다. 데이터 클래스의 상위 타입에서 equals(), hashCode(), toString()에 속하는 함수를 정의하면서 final로 선언한 경우에도 컴파일러가 해당 함수를 자동으로 생성하지 않는다.

```
package ch13.dataclassfinalequal

open class Foo {
  final override fun equals(other: Any?): Boolean {
    println("Foo:equals: $this 항상 거짓 반환")
    return false
  }
  override fun toString() = "Foo.toString()"
}

data class Bar(val x:Int, val y:Int):Foo() {
```

```
  override fun toString() = "Bar.toString($x, $y)"
}

fun main() {
  val bar1 = Bar(10, 20)
  val bar2 = Bar(10, 20)
  println(bar1.toString())
  println(bar1==bar2)
}
/*
Bar.toString(10, 20)
Foo:equals: Bar.toString(10, 20) 항상 거짓 반환
false
*/
```

13.3.1 데이터 타입 정의 제약 사항

데이터 타입을 정의할 때는 몇 가지 제약이 있다.

　우선, 주생성자에 파라미터가 1개 이상 존재해야 한다.

```
data class Foo() // error: data class must have at least one primary
constructor parameter
```

　그리고 주생성자의 모든 파라미터 앞에는 무조건 var나 val이 붙어야 한다.

```
ata class Foo(val x:Int, y:String) // error: data class primary constructor
must only have property (val / var) parameters
```

　데이터 클래스를 추상 클래스나 열린 클래스, 봉인된 클래스(13.6절에서 다룸), 내부 클래스로 정의할 수 없다.

```
open data class Foo(val x:String)     // error: modifier 'open' is
incompatible with 'data'
sealed data class Foo(val x:String)   // error: modifier 'sealed' is
incompatible with 'data'
abstract data class Foo(val x:String) // error: modifier 'abstract' is
```

```
incompatible with 'data'
class X {
  inner data class Bar(val x:String)  // error: modifier 'inner' is
incompatible with 'data'
}
class Y {
  data class Bar(val x: String)        // 내포 클래스는 OK
}
```

데이터 클래스의 componentN()이나 copy() 함수를 프로그래머가 직접 정의하면 어떤
일이 벌어질까? 컴파일러가 생성한 함수와 우리가 정의한 함수의 타입이 서로 충돌하기
때문에 conflicting overloads 오류가 발생하면서 컴파일이 실패한다. 다만 컴파일러가
생성한 copy() 함수와 시그니처가 다른 copy()를 선언할 수는 있다.

```
data class Invalid(val x: Int, val y: String) {
  operator fun component1():String = 10     // error: conflicting overloads:
...
  fun copy(x:Int=this.x, y:String=this.y) = Invalid(x, y)  // error:
conflicting overloads: ...
  fun copy() = Invalid(0, "")                 // 오류 없음
}
```

상위 클래스에서 componentN()을 정의하고 그 타입이 데이터 클래스의 componentN()
과 호환될 경우 데이터 클래스에서 정의한 componentN()이 상위 클래스에 정의된
componentN()을 오버라이드한다. 만약 상위 클래스에서 componentN()을 final로 정의하
면 오류가 발생한다.

```
open class Foo() {
  operator fun component1():Int = -1
  operator fun component2():Int = -2
}

// error: function 'component1' generated for the data class conflicts with
member of supertype 'Foo'
// error: function 'component2' generated for the data class conflicts with
member of supertype 'Foo'
```

```
data class BarInvalid(val x:Int, val y:Int): Foo()

open class Foo2() {
  open operator fun component1():Int = -1
  open operator fun component2():Int = -2
}

data class BarValid(val x:Int, val y:Int): Foo2()

fun main() {
  val x = BarValid(10, 20)
  val (y, z) = x
  println("y=$y, z=$z")
}
```

프로그램을 실행하려면 data class BarInvalid 정의를 주석으로 가려야 한다. 실행해 보면, BarValid의 경우 component1()과 component2()가 오버라이드돼 제대로 10, 20이 출력됨을 알 수 있다.

익힘문제

다음 코드에서 잘못된 부분은?

```
data class Foo
```

13.3.2 copy()를 통한 객체 복사

컴파일러가 제공하는 copy() 메서드를 사용하면, 기존 객체를 바탕으로 프로퍼티 중 일부를 변경한 새 객체를 만들 수 있다.

```
data class Name(val first:String, val last:String)
data class Record(val name: Name, val addr: String)

val record1 = Record(Name("현석", "오"), "서울")
val record2 = record1.copy(addr="브리즈번")
```

```
fun main() {
  println(record1)
  println(record2)
}
/*
Record(name=Name(first=현석, last=오), addr=서울)
Record(name=Name(first=현석, last=오), addr=브리즈번)
*/
```

13.3.3 데이터 클래스 본문에 정의된 프로퍼티

데이터 클래스 본문에도 var나 val 프로퍼티를 정의할 수 있다. 하지만 이런 프로퍼티는
컴파일러가 생성해주는 함수의 고려 대상이 아니다. 컴파일러가 생성해주는 함수는 데이
터 클래스 주생성자에 선언된 프로퍼티만을 대상으로 정의된다.

```
data class PropExample(val x: Int) {
  var y: Int = 10
}

fun main() {
  val x = PropExample(10)
  val y = PropExample(10)

  println("x==y : ${x==y} x=$x y=$y")

  y.y = 1000
  println("x==y : ${x==y} x=$x y=$y")
}
/*
x==y : true x=PropExample(x=10) y=PropExample(x=10)
x==y : true x=PropExample(x=10) y=PropExample(x=10)
*/
```

다음 Foo1 클래스의 Foo2, Foo3 클래스는 (클래스 이름 외에) 서로 어떤 차이가 있는지 설명하라.

```
class Foo1(val bar:Int, var baz:String)
data class Foo2(val bar:Int, var baz:String)
data class Foo3(val bar:Int) {
    var baz:String = ""
}
```

13.3.4 데이터 클래스의 상속

데이터 클래스가 다른 클래스나 인터페이스를 상속할 수 있다.

```
abstract class Base {
    abstract val y: String
}

interface BaseInterface {
  val x: Int
}

data class Child1(override val y: String, override val x: Int): Base(),
BaseInterface
```

데이터 클래스를 open으로 선언할 수는 없다.

```
open data class Child2(val x: Int)  // error: Modifier 'open' is incompatible
with 'data'
```

데이터 클래스에 대해 코틀린 컴파일러가 생성해주는 여러 가지 함수는 확장을 고려해 만들어지지 않으므로 데이터 클래스를 확장하면 문제가 생길 수 있다. 따라서 코틀린은 다른 클래스가 상속할 수 없도록 데이터 클래스를 final로 만든다.

13.3.5 조언: 데이터 클래스는 불변 객체로만 사용하라

데이터 클래스는 데이터 클래스 인스턴스를 불변 클래스로 사용하는 상황에 맞춰 설계됐다. 예를 들어 데이터 클래스의 hashCode()는 생성자에 선언된 모든 프로퍼티를 감안해 정의되는데, 만약 프로퍼티 중에 가변 프로퍼티가 있다면 해시값이 바뀌므로 예상치 못한 결과를 얻을 수 있다.

```
data class Bad(var x:String)

fun main() {
  val x = Bad("hello")
  val set = setOf(x, Bad("world"))

  println(set.joinToString())
  println(x in set)

  x.x = "Hello"

  println(set.joinToString())
  println(x in set)
}
/*
Bad(x=hello), Bad(x=world)
true
Bad(x=Hello), Bad(x=world)
false
*/
```

또한 copy()는 원본 객체의 상태 중에서 생성자에 정의된 프로퍼티만 새 객체로 옮겨준다. 만약 데이터 클래스 본문에 정의된 다른 프로퍼티가 있다면 그 프로퍼티의 값은 복사되지 않는다.

```
data class CopyExample(val x:String) {
  var y: Int = 0
}

fun main() {
```

```
    val from = CopyExample("from")
    from.y = 100
    val to = from.copy()
    println("from.y: ${from.y} to.y: ${to.y} from==to: ${from==to}")
}
/*
from.y: 100 to.y: 0 from==to: true
*/
```

게다가 copy()는 프로퍼티를 대입으로 복사하는 **얕은 복사**^{shallow copy}로 이뤄지기 때문에 언박싱된 기본 타입 값은 복사되고 변경해도 문제가 없지만, 참조 타입의 값은 같은 객체를 가리키는 참조가 복사되므로 값을 변경하면 같은 참조를 갖고 있는 모든 객체에서 내용이 바뀐다. 따라서 내포된 가변 데이터 구조를 사용할 때는 copy()를 조심해서 사용해야 한다. 다만, 꼭 데이터 클래스에만 해당하는 문제는 아니므로 참조 타입의 프로퍼티를 사용하는 경우 항상 염두에 둬야 한다.

```
data class Var(var name: String)
data class Op(var op: String, var arg1: Var, var arg2: Var)

fun main() {
  val v1 = Var("x")
  val v2 = Var("y")
  val exp1 = Op("plus", v1, v2)
  val exp2 = exp1.copy(op="minus")

  println(exp1)
  println(exp2)

  v1.name = "hmm"
  println(exp1)
  println(exp2)
}
/*
Op(op=plus, arg1=Var(name=x), arg2=Var(name=y))
Op(op=minus, arg1=Var(name=x), arg2=Var(name=y))
Op(op=plus, arg1=Var(name=hmm), arg2=Var(name=y))
Op(op=minus, arg1=Var(name=hmm), arg2=Var(name=y))
*/
```

데이터 클래스의 모든 필드를 불변으로 선언하고, 데이터 클래스 본문에서는 뒷받침하는 필드를 사용하지 않고 게터만 사용해 프로퍼티를 정의하면 이런 문제가 사라진다. copy()가 수행하는 얕은 복사에 의한 데이터 공유는 내부 상태가 변화하지 않는 불변 데이터에서는 문제가 되지 않고 해시값도 바뀌지 않기 때문이다.

다만, 복잡한 계층적 데이터 구조의 중간에 있는 값을 변경하려면 코드가 조금 복잡해진다. 예를 들어 앞의 예제에서 exp1의 arg1을 hmm이라는 이름의 Var로 바꾸고 싶다면 다음과 같이 copy() 중간에 copy()를 쓰거나 기존 구조를 순회하면서 직접 객체를 복사해 생성해야 하는데, 데이터 구조가 조금만 깊어지면 어느 쪽 방식을 택하든 코드가 굉장히 지저분해진다.

```
val exp1_1 = Op("plus", Var("x"), Var("y"))
val exp1_2 = exp1_1.copy(arg1=exp1_1.arg1.copy(name="hmm"))
```

13.4 이넘 클래스로 여러 상수값 정의하기

프로그래밍을 하다 보면 오류 코드처럼 몇 가지 상수를 정해두고 그중 하나를 사용하고 싶을 때가 있다. 이럴 때 const val로 상수를 선언할 수도 있지만 단점이 있다. 우리가 정의하는 상수가 속한 타입에는 그 상수 외에도 다른 값이 얼마든지 더 있을 수 있으므로 문제가 생긴다.

```
class Car {
  companion object {
    const val START = 1          // (1)
    const val STOP = 2
    const val ACCEL = 3
    const val DECEL = 4
  }


  fun move(action: Int) = when(action) {
```

```
    START -> "Start Engine"
    STOP -> "Stop Engine"
    ACCEL -> "Accelerate"
    DECEL -> "Decelerate"
    else -> "Unknown!"          // (2)
  }
}

fun main2() {
  val FAKE_ACTION = 100000
  val myCar = Car()
  myCar.move(FAKE_ACTION)       // (3)
}
```

⑴ 최상위나 싱글턴 객체, 동반 객체에서만 val 앞에 const를 붙일 수 있다. 기본 타입이나 문자열 val에만 const를 붙일 수 있다는 점에도 유의하라.

⑵ 사용할 수 있는 상수는 4개뿐이지만, action이 Int 타입이므로 when 식이 모든 가능성을 체크할 수 없어 else가 필요하다.

⑶ 위에 정의한 상수가 아닌 엉뚱한 값을 넣어도 컴파일러가 경고해주지 않는다.

이런 경우 필요한 상수들을 같은 타입으로 묶을 수 있다면 타입 시스템이 엉뚱한 값을 사용하지 못하게 막아주므로 도움이 된다. 이런 타입을 **열거 타입**enumeration type이라 하고, 열거를 뜻하는 영단어를 짧게 줄여서 이넘enum이라 한다. 코틀린에서는 이넘 클래스를 사용해 열거 타입을 정의할 수 있다.

가장 단순한 이넘 클래스 정의는 단순히 상수 이름을 나열하는 형태로 이뤄진다. 앞의 Car 클래스를 살펴보면 시동 켜기, 가속, 감속, 시동 끄기 각 동작을 구분하는 것이 중요하지 각각에 대입된 숫자는 중요하지 않다. 이런 경우 상수 이름만 나열하면 컴파일러가 알아서 일련번호를 부여해준다.

```
class Car {
  enum class ActionType {
    START,
    STOP,
```

```
    ACCEL,
    DECEL
  }

  fun move(action: ActionType) = when(action) {  // (1)
    START -> "Start Engine"
    STOP -> "Stop Engine"
    ACCEL -> "Accelerate"
    DECEL -> "Decelerate"
  }
}

fun main() {
  val myCar = Car()
  myCar.move(Car.ActionType.START)          // (2)
}
```

(1) 컴파일러는 when이 이넘 클래스의 모든 상수를 처리하는지 검사해 빠진 부분이 있으면 'when' expression must be exhaustive…라는 오류를 표시해 모든 경우를 처리하거나 else를 붙이라고 이야기해준다.

(2) 이제 move()는 ActionType이 아닌 값을 받지 못한다.

코틀린 이넘 클래스는 kotlin.Enum<E>라는 클래스를 암시적으로 상속한다(E에는 선언 중인 이넘 클래스 이름이 들어간다). 그래서 이넘 클래스가 다른 클래스를 상속할 수는 없고, 추가로 코드에서 직접 kotlin.Enum<E>를 상속하게 선언할 수도 없다.

```
open class Foo
enum class ActionType1: Foo() {                        // error: Enum class cannot
inherit from classes
  START, STOP, ACCEL, DECEL
}
enum class ActionType2: Enum<ActionType2>() { // error: class Enum cannot be
extended directly
  START, STOP, ACCEL, DECEL
}
```

kotlin.Enum<E>는 다음과 같은 프로퍼티를 제공한다.

1. **val name: String**: 선언된 상수의 이름이다. 상수 이름에 해당하는 "START", "STOP" 등의 문자열을 돌려준다.

2. **val ordinal: Int**: 이넘 클래스에 선언된 상수의 순서다. 첫 번째 상수의 ordinal 이 0이다.

3. **fun compareTo(other: E): Int**: 두 이넘 상수가 같은지 비교한다.

추가로 컴파일러가 다음 두 가지 함수를 제공한다. 이 두 함수를 호출할 때는 이넘타입이름. 다음에 함수 이름을 붙여 호출할 수 있다.

1. **fun valueOf(value: String)**: E: 문자열을 인자로 받으면 그 문자열에 해당하는 이넘 상수를 돌려준다.

2. **fun values(): kotlin.Array<E>**: E 타입 이넘 클래스 안에 정의된 모든 이넘 상수를 배열에 담아 돌려준다. 호출될 때마다 새로운 배열을 돌려준다.

valueOf에 잘못된 이름을 넘기면 'No enum constant 타입이름.'이라는 메시지와 함께 IllegalArgumentException이 발생한다.

한편 코틀린 표준 라이브러리는 valueOf()와 values()에 대응하는 다음과 같은 제네릭 함수를 제공한다.

1. **fun <E:Enum<E>> enumValues<E>(): Array<E>**: E 타입 이넘 클래스에 정의된 모든 상수를 배열로 돌려준다.

2. **fun <E:Enum<E>> enumValueOf(name: String): T**: E 타입 이넘 클래스에서 name에 해당하는 상수를 돌려준다.

다음 예제를 보면 이들의 사용법을 알 수 있다.

```
enum class Direction {
  NORTH, EAST, SOUTH, WEST
```

```
}

fun main() {
  Direction.values().forEach {
    println("${it.name} - ${it.ordinal}")
  }
  enumValues<Direction>.forEach {
    println("${it.name} - ${it.ordinal}")
  }

  if(Direction.valueOf("NORTH").compareTo(Direction.NORTH) == 0) {
    println("Direction.valueOf(\"NORTH\").compareTo(Direction.NORTH) == 0")
  } else {
    println("Direction.valueOf(\"NORTH\").compareTo(Direction.NORTH) != 0 :
${Direction.valueOf("NORTH").compareTo(Direction.NORTH) }")
  }
}
/*
NORTH - 0
EAST - 1
SOUTH - 2
WEST - 3
NORTH - 0
EAST - 1
SOUTH - 2
WEST - 3
Direction.valueOf("NORTH").compareTo(Direction.NORTH) == 0
 */
```

이넘타입.valueOf()와 이넘타입.values()를 쓰면 되는데, 굳이 또 enumValues()와 enumValueOf()를 제공하는 이유는 무엇일까? 제네릭 함수나 클래스에서 E라는 이넘 타입을 제네릭 타입 파라미터로 받은 경우, E.valueOf()나 E.values()를 호출할 수 없기 때문이다.

```
enum class Direction {
  NORTH, EAST, SOUTH, WEST
}

inline fun <reified T:Enum<T>> printAllEnum1() {
```

```
  T.values().forEach {
    println(it.name)
  }
}
```

반면 제네릭 함수나 클래스에서 받은 이넘 타입 E에 대해 enumValues<E>()나 enumValueOf<E>()를 호출할 수는 있다. 단, 타입을 명확히 알려면 실체화한 타입을 사용해야 한다는 점에 유의하라(실체화한 타입은 14.2.2절에서 다룬다).

```
enum class Direction {
  NORTH, EAST, SOUTH, WEST
}

inline fun <reified T:Enum<T>> printAllEnum2() {
  enumValues<T>().forEach {
    println(it.name)
  }
}
```

익힘문제

다음과 같은 이넘 클래스가 있다. 이 클래스의 모든 이넘 상수 이름(North 등)을 출력하는 방법을 아는 대로 설명하라.

```
enum class Direction {
    North, East, South, West
}
```

이넘 클래스 선언은 실제로는 클래스 선언과 각 상수에 대입할 인스턴스 생성 정의를 합친 선언이다. 이넘 클래스 내부에 정의한 모든 상수는 그 이넘 클래스에 해당하는 싱글턴 객체를 정의하는 것과 같다. 말하자면, 위 Direction 선언은 마치 다음 선언과 비슷하다(실제 이런 식으로 컴파일되는 것은 아니며, 단지 이와 비슷하게 작동한다는 뜻이다).

```
import java.lang.IllegalArgumentException

class Direction private constructor(name: String, ordinal: Int): Enum
<Direction>(name, ordinal) {  // (1)
  companion object {
    object NORTH: Direction("NORTH", 0){}              // (2)
    object EAST: Direction("EAST", 1){}
    object SOUTH: Direction("SOUTH", 2){}
    object WEST: Direction("WEST", 3){}

    fun valueOf(s:String) = when(s) {
      "NORTH" -> NORTH
      "EAST" -> EAST
      "SOUTH" -> SOUTH
      "WEST" -> WEST
      else -> throw IllegalArgumentException("No enum constant Direction")
    }

    fun values(): Array<Direction> = arrayOf(NORTH, EAST, SOUTH, WEST)
  }
}
```

(1) Direction의 생성자를 private으로 정의해 외부에서 Direction 객체를 생성할 수
   없게 만든다(private은 13.8절에서 다룬다).

(2) 각 상수를 새로운 object로 선언한다.

name과 ordinal은 컴파일러가 자동으로 상위 클래스 Enum<E>에 넘겨주는 인잣값이므로
프로그래머가 직접 변경할 방법이 없다. 따라서 각 상수에 대응하는 숫자 값을 변경할 방
법도 없다. 만약 코틀린 이넘 클래스의 각 상수에 프로퍼티를 추가할 방법이 없다면 이넘
클래스는 거의 쓸모가 없을 것이다.

다행히 코틀린은 이넘 클래스에 생성자 인자를 추가하거나 클래스 본문에 멤버 함수
또는 프로퍼티를 추가하는 것을 허용한다. 이를 활용하면 각 이넘 상수마다 원하는 정보
를 연결해둘 수 있으므로 훨씬 더 유용해진다.

13.4.1 이넘 클래스에 정의된 멤버 함수나 프로퍼티

이넘 클래스를 선언할 때는 일반 클래스와 마찬가지로 멤버 함수, 프로퍼티를 추가할 수도 있고, 생성자(주생성자나 부생성자)를 추가할 수도 있다. 이때 생성자에 파라미터 목록을 추가할 수도 있으며, 주생성자 파라미터 앞에는 val이나 var를 붙여 프로퍼티로 사용할 수도 있다.

다만, 이넘 상수 정의 부분과 이넘 클래스 멤버 정의 부분을 구분하기 위해 이넘 상수 선언의 마지막 부분에 세미콜론(;)을 붙이고, 그 이후에 이넘 클래스의 멤버 함수나 멤버 프로퍼티를 정의해야 한다. 이 경우 세미콜론을 생략할 수는 없다.

```kotlin
enum class Animal(private val sound: String) {
  Dog("멍멍"),
  Cat("야옹"),
  Cow("음메");

  fun cry() {
    println("$name -> $sound")
  }
}

fun main() {
  enumValues<Animal>().forEach {
    it.cry()
  }
}
/*
Dog -> 멍멍
Cat -> 야옹
Cow -> 음메
*/
```

한편 이넘 상수 자체는 변경할 수 없는 상수지만, 이넘 상수가 가리키는 객체에 var로 선언한 프로퍼티가 있으면 그 프로퍼티 값을 변경할 수는 있다는 점에 유의하라. 예를 들어, 직교좌표를 사용하는 게임을 구현하면서 동서남북 방향의 이동을 정의한다면 x 좌표와 y 좌표로 이뤄진 정수 쌍을 각 방향에 연관된 필드로 정의할 수 있다. 이때 이넘 클래스의 멤버 프로퍼티를 var로 선언하면 저장된 값을 변경할 수 있다.

```
data class Vector(val x:Int, val y:Int)
enum class Direction(var vector:Vector) {
  NORTH(Vector(0, 1)), EAST(Vector(1, 0)), SOUTH(Vector(0, -1)), WEST(Vector
(-1, 0))
}

fun main() {
  enumValues<Direction>().forEach {
    println("${it.name}->${it.vector.x}, ${it.vector.y}")
  }

  // 북쪽 방향 이동만 10배속
  Direction.NORTH.vector = Vector(0, 10)

  enumValues<Direction>().forEach {
    println("${it.name}->${it.vector.x}, ${it.vector.y}")
  }
}
/*
NORTH->0, 1
EAST->1, 0
SOUTH->0, -1
WEST->-1, 0
NORTH->0, 10
EAST->1, 0
SOUTH->0, -1
WEST->-1, 0
*/
```

13.4.2 이넘 상수: 싱글턴 객체

이넘 클래스 E 안에 정의된 이넘 상수는 이넘 클래스 E의 인스턴스지만 이넘 클래스를 상속한 싱글턴 객체와 비슷하다. 이로 인해 단순히 E 타입의 인스턴스를 사용할 때보다 더 세밀한 멤버 함수 정의가 가능하다. 예를 들어, 이넘 클래스 안에 추상 멤버를 정의하고 각각의 이넘 상수에서 이 추상 멤버를 오버라이드할 수 있다.

```kotlin
enum class Animal2 {
  Dog {
    override fun cry() {
      println("개는 멍멍")
    }
  },
  Cat {
    override fun cry() {
      println("고양이는 야옹")
    }
  },
  Cow {
    override fun cry() {
      println("엄마소는 음메")
    }
  };

  abstract fun cry(): Unit
}

fun main() {
  enumValues<Animal2>().forEach {
    it.cry()
  }
}
/*
개는 멍멍
고양이는 야옹
엄마소는 음메
*/
```

이넘 클래스가 다른 클래스를 상속할 수는 없지만(앞에서 설명했지만 이넘 클래스 E는 Enum<E>를 암시적으로 상속한다), 인터페이스를 상속할 수는 있다. 이 경우 인터페이스에 정의된 추상 멤버를 이넘 클래스 본문에서 오버라이드해도 되고, 각 이넘 상수의 본문에서 오버라이드해도 된다.

```kotlin
fun interface MyFunction2<T1, T2, R> {
  operator fun invoke(v1: T1, v2: T2): R
```

```
}

enum class Op: MyFunction2<Int, Int, Int> {
  PLUS {
    override operator fun invoke(v1: Int, v2: Int): Int = v1 + v2
  },
  MINUS {
    override operator fun invoke(v1: Int, v2: Int): Int = v1 - v2
  },
  FIRST;

  override fun invoke(v1: Int, v2: Int): Int = v1
}

fun main() {
  val opList = enumValues<Op>()
  println(opList.map{"${it.name}(1, 2) = ${it(1, 2)}"}.joinToString())
}
/*
PLUS(1, 2) = 3, MINUS(1, 2) = -1, FIRST(1, 2) = 1
*/
```

익힘문제

다음 중 틀린 문장은?

1. 이넘 클래스에서 이넘 상수와 멤버를 구분하려면 이넘 상수들을 나열한 다음에 ;(세미콜론)을 넣어야 한다.

2. 이넘 상수들은 각각 싱글턴 객체라 할 수 있으므로, 내부에 서로 다른 멤버 함수나 프로퍼티를 별도로 정의해도 된다.

3. 클래스가 이넘 클래스를 상속할 수 있다.

4. 이넘 클래스가 다른 클래스를 상속할 수 있다.

5. 이넘 클래스가 다른 인터페이스를 상속할 수 있다.

6. 이넘 클래스는 Enum<T> 클래스를 암시적으로 상속하기 때문에 다른 클래스를 상속할 수는 없다.

7. 이넘 클래스가 상속한 인터페이스의 멤버를 이넘 상수에서 오버라이드할 수 있다.

8. 이넘 클래스가 상속한 인터페이스의 멤버를 이넘 클래스 본문의 멤버 부분(이넘 상수들을 선언한 다음에 오는 세미콜론 다음 부분)에서 오버라이드할 수 있다.

13.5 값 클래스를 통해 타입 안전성과 성능 동시에 얻기

1998년 12월 11일 발사된 화성 기후 궤도선^{Mars Climate Orbiter}은 1999년 9월 23일 화성에
도달해 화성 궤도를 돌면서 화성의 기후와 대기, 지표면을 관찰할 예정이었지만, 화성에
서 궤도를 변경하는 도중에 사라져버렸다. 조사위원회가 원인을 파악해본 결과, 파운드/
초로 운동량 변화를 계산한 값을 킬로그램/초 단위로 계산한 값으로 간주해 추력기 분사
시간을 계산했기 때문에 충분한 가속을 하지 못하면서 추락한 것이었다.

이 사례에서 보듯이 프로그램을 작성하면서 단위는 정상적인 작동을 위해 늘 염두에
둬야 하는 중요한 요소지만, 타입 시스템이 단위를 걸러줄 수 있으면 훨씬 더 도움이 된
다. 과학 시간에 배운 일곱 가지 SI 기본 단위(길이, 질량, 시간, 전류, 온도, 물질량, 광도)를 사
용해 기본적인 차원 분석^{dimensional analysis}까지 수행하는 본격적인 단위 타입 시스템을 만
드는 방법도 있겠지만, 더 단순한 방법으로는 각각의 단위를 표현하는 고유한 타입을 정
의하고 각 타입 간의 연산을 정의하는 방법이 있다. 이럴 때 val 프로퍼티가 하나만 정의
된 데이터 클래스를 사용하면 별도로 equals() 등을 정의하지 않아도 되므로 편리하다.
예를 들어, 다음과 같이 미터와 피트를 서로 다른 타입으로 정의하면 변환 함수를 통하지
않고서는 둘을 섞어 사용할 수 없다.

```
data class Meter(val v:Double)
data class Feet(val v:Double)

fun Meter.toFeet() = Feet(this.v * 3.28084)  // 1m = 3.28084 feet
fun Feet.toMeter() = Meter(this.v / 3.28084)
```

하지만 이런 경우 Meter와 Feet는 실제로는 Double 값을 감싸며 타입을 부여해서 서로
혼용하지 못하게 하는 목적으로 쓰일 뿐인데도 객체를 생성하고 유지하는 비용이 들어간
다. 하지만 컴파일러가 Meter나 Feet가 실제로는 내부에 있는 Double 값의 타입을 구분하
기 위한 일종의 꼬리표^{tag} 역할을 할 뿐이라는 사실을 알면, 이 객체의 v 필드를 사용하는
코드를 모두 직접 Double을 사용하는 코드로 바꿔줄 수 있다.

코틀린에서는 이럴 때 값 클래스를 사용한다. 값 클래스는 value class로 정의되는 클

래스며, 주생성자 안에 읽기 전용 프로퍼티를 하나만 포함해야 한다. 단, JVM 환경에서 실행하는 경우 value class 앞에 @JvmInline을 붙여야 한다.

코틀린 컴파일러는 값 클래스의 인스턴스를 생성하지 않고 인스턴스로부터 데이터를 읽는 부분이 나타날 때마다 프로퍼티를 인라이닝해준다. 예를 들어, 다음과 같은 코드를 JVM 백엔드를 위해 컴파일한 바이트코드와 @JvmInline 및 value를 제거한 일반 클래스를 사용한 코드를 JVM 백엔드를 위해 컴파일한 바이트코드를 비교해보자.

```kotlin
@JvmInline
value class Meter(val v:Double)

@JvmInline
value class Feet(val v:Double)

fun Meter.toFeet() = Feet(this.v * 3.28084)  // 1m = 3.28084 feet
fun Feet.toMeter() = Meter(this.v / 3.28084)

fun main() {
  val x: Meter = Meter(1.7)
  val y: Feet = x.toFeet()

  println("${x.v} meter = ${x.v} feet")
}
```

컴파일한 다음에 javap -v 클래스파일이름을 실행해 main()에서 값 클래스를 컴파일한 바이트코드를 역어셈블할 수 있다. main() 코드를 역어셈블한 부분 중에서 x, y 변수를 계산해 저장하는 앞부분만 살펴보면 다음과 같다.

```
    0: ldc2_w        #23 // double 1.7d를 스택에 넣는다
    3: invokestatic  #19 // Method ch13/valueclass/Meter."constructor-impl":
(D)D를 호출한다
    6: dstore_0          // 호출에서 돌려받은 결괏값을 0번 지역 변수에 넣는다
    7: dload_0           // 0번 지역 변수에 있는 데이터를 스택에 넣는다
    8: invokestatic  #26 // Method "toFeet-deZIm04":(D)D를 호출한다
   11: dstore_2          // 호출에서 돌려받은 결괏값을 2번 변수에 넣는다
```

여기서 지역 변수 표는 다음과 같다.

```
LocalVariableTable:
  Start  Length  Slot  Name  Signature
      7      41     0     x   D
     12      36     2     y   D
```

value class Meter의 생성자와 toFeet() 확장 함수가 모두 invokestatic을 사용하는데, 이는 두 함수가 동적으로 디스패치되는 멤버 함수가 아니라 정적으로 결정되는 함수라는 사실을 보여준다. "ch13/valueclass/Meter."constructor-impl":(D)D"에서 "(D)D"는 Double을 받아서 Double을 반환하는 함수를 뜻한다. 또한 지역 변수 표를 보면 x와 y 변수의 시그니처가 모두 Double을 뜻하는 D라는 사실도 알 수 있다.

반면 일반 클래스를 사용한 버전을 컴파일해 javap로 역어셈블하면 main() 함수 앞부분에서 다음과 같은 바이트코드를 볼 수 있다.

```
     0: new              #19        // class ch13/valueclass2/Meter를 생성. 생성된
객체에 대한 참조가 스택 맨 위에 올라온다
     3: dup                         // 스택 맨 위의 값을 복제한다
     4: ldc2_w           #40        // double 1.7d를 스택에 넣는다
     7: invokespecial #35           // Method ch13/valueclass2/Meter."<init>":
(D)V를 호출한다. Meter 클래스의 생성자를 호출한다
    10: astore_0                    // 스택의 맨 위(0에서 만든 객체를 가리키는 참조) 0번 변
수에 넣는다
    11: aload_0                     // 0번 지역 변수에 있는 값(객체 참조)을 스택에 넣는다
    12: invokestatic   #43          // Method toFeet:(Lch13/valueclass2/Meter;)
Lch13/valueclass2/Feet; 함수를 호출한다
    15: astore_1                    // 호출에서 돌려받은 결괏값을 1번 변수에 넣는다
```

이 경우 지역 변수 표는 다음과 같다.

```
LocalVariableTable:
  Start  Length  Slot  Name  Signature
     11      47     0     x   Lch13/valueclass2/Meter;
     16      42     1     y   Lch13/valueclass2/Feet;
```

메인 함수 맨 처음에 new로 새 객체를 힙에 할당하고, 해당 객체를 가리키는 포인터와 소수 1.7을 스택에 넣은 후 invokespecial로 생성자(초기화 블록 포함)를 호출한

다. 생성자가 반환되면 스택에 있던 인자(1.7)와 객체 참조(dup로 만듦)는 스택에서 팝[pop]되고, 0번 명령에서 만들었던 객체 참조가 스택 맨 위에 남는다. 그 상황에서 객체 참조를 0번 지역 변수에 저장하고, 다시 읽어 스택 맨 위에 넣고, invokestatic으로 확장 함수 "toFeet:(Lch13/valueclass2/Meter;)Lch13/valueclass2/Feet;"을 호출한다. "toFeet:(Lch13/valueclass2/Meter;)Lch13/valueclass2/Feet;"은 toFeet이라는 이름의 함수가 ch13/valueclass2/Meter 클래스를 파라미터로 받고 ch13/valueclass2/Feet 클래스 객체를 돌려준다는 사실을 보여주는 JVM상의 함수 시그니처 표기법이다.

지역 변수 표를 보면 x와 y 모두 객체 참조임을 알 수 있다.

따라서 값 클래스를 사용하면 클래스의 일반 멤버나 생성자들은 정적 함수가 되며, 클래스 자체가 힙에 할당되지 않고 클래스에 속한 유일한 프로퍼티의 타입에 해당하는 값을 스택이나 지역 변수에 할당해 사용하게 된다는 사실을 알 수 있다.

값 클래스에 프로퍼티를 정의할 수는 있지만, 이렇게 선언한 프로퍼티를 위해 뒷받침하는 필드가 존재할 수는 없다.

```
@JvmInline
value class Meter(val v:Double) {
  val y: String = "test"    // error: Value class cannot have properties with
backing field.
}
```

따라서 값 클래스 본문에 포함된 모든 프로퍼티는 합성 프로퍼티여야 한다. 그런데 값 클래스에는 상태가 저장되는 프로퍼티가 주생성자에 선언한 한 가지뿐이고 그 한 가지 프로퍼티도 val이어야 하므로, 합성 프로퍼티는 다른 합성 프로퍼티나 주생성자에 선언한 프로퍼티를 활용해야만 한다.

```
@JvmInline value class Meter(val v:Double) {
  val y: String get() = "Hello"
  var k: Int
    get() = v.toInt()
    set(vv) { println("set k ${vv}") }
}
```

값 클래스의 인스턴스는 실제로는 객체가 아니므로 ===를 활용한 참조 동등성 검사를 수행할 수 없다.

```
val x = Meter(1.0)
val y = Meter(1.0)
println(x==y)     // true
println(x===y)     // error: identity equality for arguments of types Meter
and Meter is forbidden
```

또, 값 클래스 본문의 합성 프로퍼티에 대한 세터를 정의할 수는 있지만 세터가 변경할 수 있는 다른 가변 프로퍼티가 존재하지 않으므로 할 수 있는 일이 거의 없다는 점에 유의하라.

그렇다면 값 객체의 유일한 필드에 값을 대입하고 싶을 때는 어떻게 해야 할까? 이럴 경우 필드 값을 변경할 수는 없고 새로운 값 객체를 반환해야 한다. 예를 들어 다음과 같이 쓰면 두 Meter를 더해 새로운 Meter 객체를 얻을 수 있다.

```
@JvmInline
value class Meter(val v:Double)

fun() {
  val x = Meter(10.0)
  val y = Meter(10.0)
  val z = Meter(x.v + y.v)
}
```

코틀린 컴파일러는 이 프로그램에 쓰인 모든 Meter를 인스턴스화하지 않고 v의 타입인 Double이라는 기본 타입 값으로 변환하며, Meter 생성자를 정적 함수로 만든다. 따라서 겉보기에는 객체를 생성해 사용하는 것 같은 이 코드가 실제로는 다음 코드와 거의 같은 역할을 한다.

```
object Meter {
  fun initMeter(v: Double) = v
}
```

```
fun() {
  val x = initMeter(10.0)
  val y = initMeter(10.0)
  val z = initMeter(x + y)
}
```

코틀린 값 클래스를 사용하면 기본 타입의 값을 용도에 따라 다른 타입으로 구분할 수 있다. 따라서 서로 호환되지 않는 값을 혼용하거나 단위 변환이 필요한 값을 변환하지 않고 섞어 쓰는 경우를 방지하면서도 객체 생성이나 필드 간접 참조에 따른 부가 비용이 거의 들지 않는다.

익힘문제

다음 코틀린 코드에서 잘못된 부분은(잘못된 부분이 여러 곳일 수도 있다)? 단, JVM 환경에서 사용할 값 클래스라는 점에 유의하라.

```
value class Meter(var v: Double, val description: String) {
  var foo: Int = 10
}
```

13.6 봉인된 클래스나 봉인된 인터페이스를 통해 클래스 계층 제한하기

프로그래밍에서 다루는 대상이 정해진 계층 구조에 속한 다양한 인스턴스인 경우가 자주 있다. 예를 들어 산술식은 단순한 값(실수), 변수(이름이 필요함), 다른 산술식을 괄호로 감싼 식, 이항 연산으로 표현할 수 있다. 이런 산술식을 계산하려면 변수 이름과 값을 연관시켜주는 데이터 구조가 필요한데, 이를 환경environment이라 한다. 산술식의 멤버로 값을 계산하는 eval() 함수를 정의할 경우 반드시 환경을 파라미터로 받아야 변수 값을 해석할 수 있다.

다음 코드는 데이터 클래스를 활용해 산술식을 표현한 코드다.

```kotlin
interface Expression {                          // (1)
  fun eval(env: Map<String, Double>): Double = when(this) {  // (2)
    is Variable -> env.getValue(this.name)
    is Number -> this.value
    is BinOpExpr ->  this.op(this.e1.eval(env), this.e2.eval(env))
    else -> throw IllegalStateException("Unknown type ${this::class.
qualifiedName}")
  }
}

enum class BinOp {
  PLUS{
    override operator fun invoke(v1: Double, v2: Double) = v1 + v2
  },
  MINUS{
    override operator fun invoke(v1: Double, v2: Double) = v1 - v2
  },
  TIMES{
    override operator fun invoke(v1: Double, v2: Double) = v1 * v2
  },
  DIVIDES{
    override operator fun invoke(v1: Double, v2: Double) = v1 / v2
  };
  abstract operator fun invoke(v1: Double, v2: Double): Double       // (3)
}

data class Variable(val name: String): Expression
data class Number(val value: Double): Expression
// data class Paren(val exp: Expression): Expression                 // (4)
data class BinOpExpr(val op: BinOp, val e1: Expression, val e2: Expression):
Expression  // (5)

fun main() {
  val twoTimesTwoPlusSix = BinOpExpr(BinOp.PLUS, BinOpExpr(BinOp.TIMES,
Number(2.0), Number(2.0)), Number(6.0))
  println("(2*2)+6 = ${twoTimesTwoPlusSix.eval(mapOf())}")

  val aSquared = BinOpExpr(BinOp.TIMES, Variable("a"), Variable("a"))
  println("a=3, a*a = ${aSquared.eval(mapOf("a" to 3.0))}")          // (6)
  println("a=11111, a*a = ${aSquared.eval(mapOf("a" to 11111.0))}")  // (7)
}
```

```
/*
(2*2)+6 = 10.0
a=3, a*a = 9.0
a=11111, a*a = 1.23454321E8
*/
```

⑴ 모든 식은 Expression을 상속한다. 식이 다른 식을 하위 식으로 가질 수 있으므로 전체를 아우르는 인터페이스나 추상 타입을 정의할 필요가 있다.

⑵ eval() 함수는 변수 이름과 값을 연관시켜주는 맵인 env를 받아서 현재 식을 계산 해준다. when으로 this가 어떤 타입이냐에 따라 적절한 계산을 수행한다.

⑶ 연산자를 이넘 상수로 표현하면 when 문에서 연산자 중 일부분을 처리하지 않는 경우를 컴파일러가 잡아낼 수 있다. 연산자에 따라 달라지는 계산을 ⑵에서 설명 한 eval() 함수에 when을 내포시켜 처리할 수도 있지만 그렇게 하는 경우 this가 BinOpExpr일 때 when을 내포시켜야 하는데, 코드가 조금 복잡해 보인다. 이럴 때 이넘에 추상 멤버를 선언하고 각 상수마다 자신이 수행해야 하는 연산을 구현하 면 when을 줄일 수 있다. 이 코드의 BinOp 예제는 멤버 함수의 동적 디스패치를 사 용해 조건 분기를 대신할 수 있음을 보여주는 전형적인 예다.

⑷ 괄호로 식을 둘러싼 경우를 Paren을 통해 별도로 표현할 수도 있다. 하지만 실제 로 Paren은 Expression을 감싸주는 역할밖에 하는 일이 없는데, BinOpExpr의 하위 식으로 식이 직접 들어갈 수 있으므로 굳이 이를 별도로 표현할 필요는 없다.

⑸ BinOpExpr은 이항 연산자와 두 피연산자 식으로 구성된다.

⑹ 환경에서 a가 3.0이면 a * a는 9.0으로 평가된다.

⑺ 환경에서 a가 11111.0이면 a * a는 123454321로 평가된다.

문제는 이 타입 계층을 사용하는 클라이언트에서 Expression을 확장할 수 있다는 점 이다. 그런데 when으로 Expression의 하위 타입 각각을 처리해주는 eval() 같은 코드에 서 문제가 생긴다. 컴파일러는 이 코드를 컴파일하는 시점에 컴파일 중인 파일과 같은 모 듈 안에서 Expression 타입의 모든 하위 타입을 알 수 있고 모듈 내부에서라면 when이 모든 경우를 처리해주는지 확인할 수 있다. 하지만 Expression 인터페이스를 누구나 확장할 수 있으므로 현재 모듈의 밖에서도 Expression을 확장할 수 있다고 가정해야 하며, 이로 인해 else 가지를 반드시 추가해야만 한다.

모듈 밖에서 Expression을 확장하는 경우 이 else 가지로 인해 새로 추가된 타입을 when이 처리하지 않는다는 사실을 눈치채지 못할 수도 있다. 여기서는 다행히 IllegalStateException을 발생시키므로 Expression을 확장한 프로그래머가 when의 존재를 눈치챌 수 있지만, else에서 디폴트 값을 반환하거나 아무 처리도 하지 않고 조용히 넘어가는 경우에는 아무 문제가 없는 것으로 생각하고 넘어갈 수 있다. 설령 이 소스 코드를 변경할 수 있는 권한이 있다고 해도, 외부 모듈에서 정의된 클래스를 여기서 임포트하고 eval()에서 활용하는 것은 바람직하지 않다.

이럴 경우 두 가지 선택이 가능하다. 한 가지는 확장을 고려해 eval()이 동적 디스패치를 활용해 하위 식을 계산하도록 변경하는 것이다. 누구나 자유롭게 Expression을 확장하는 것을 허용하려고 생각 중이라면, 현재처럼 eval() 안에서 when을 사용해 모든 경우를 처리하지 말고 하위 타입에 eval()을 위임해야 한다.

두 번째 방법은 확장을 금지하는 것이다. 우리가 정의한 Expression 계층 구조는 변수를 포함하는 이항 산술식을 계산한다는 목적에만 쓰일 것이고 현재 구현으로도 충분하다. 또한 혹시 고객의 요청에 의해 향후 계층 구조를 확장해야 한다고 해도 현재 파일(또는 모듈) 안에서만 Expression을 확장한 새로운 클래스를 정의하도록 강제하는 게 바람직할 것이다. 이런 경우 현재 모듈 밖에서 Expression으로 시작되는 클래스 계층 구조를 함부로 확장하는 것을 금지할 수 있다면 훨씬 더 안심할 수 있다. 코틀린에서는 sealed class나 sealed interface를 사용해 클래스 계층 구조 확장을 제한할 수 있다.

sealed class는 봉인된 클래스라 하고, sealed interface는 봉인된 인터페이스라 한다. sealed 키워드는 몇 가지 역할을 한다.

1. sealed가 붙은 클래스는 암시적으로 추상 클래스가 된다(abstract class로 선언한 것과 같은 효과). 따라서 sealed가 붙은 클래스의 인스턴스를 직접 생성할 수는 없다.

2. sealed가 붙은 클래스나 인터페이스는 그 클래스나 인터페이스가 선언된 패키지와 똑같은 패키지 내부에서만 상속이 가능하다. 또한 상속을 제한하기 위해 다른 모듈에 정의된 sealed 타입을 임포트해 상속할 수는 없다. 여기서 패키지 이름이 같아야 하므로, 패키지 경로가 없는 지역 클래스나 익명 타입(익명 클래스나 익명 인스턴스 등)은 sealed 타입을 상속할 수 없다.

3. when에서 sealed가 붙은 타입에 대한 타입 비교를 수행할 때는 컴파일러가 모든 경우를 다 처리하는지 체크해준다. 이때 '모든 경우'는 봉인된 타입을 직접 상속한 타입 중에 sealed가 붙지 않은 모든 타입을 포함하고, 봉인된 타입을 직접 상속한 봉인된 타입에 대해 다시 모든 경우를 체크하는지를 재귀적으로 체크한다.

첫 번째 경우를 위반하면 'Sealed types cannot be instantiated'라는 오류가 발생한다.

```
sealed class Y

fun bar(): Y = Y()  // Sealed types cannot be instantiated
```

두 번째 경우를 살펴보자. 봉인된 타입을 어떤 타입으로 상속할 수 있을까?

```
package ch13.varioussealedtypeinheritance
// filename: VariousSealedTypeInheritance.kt

sealed interface X {
    sealed class XN1: X
    object XN2: X
    class XN3: X
    enum class XN4: X {
        XN4_1,
        XN4_2
    }
    interface XN5: X
    sealed interface XN6: X
}

sealed class XX1: X
object XX2: X
```

```
class XX3: X
enum class XX4: X {
   XX4_1,
   XX4_2
}
interface XX5: X
sealed interface XX6: X
data class XX7(val x:Int): X

open class XXX1: XX1()
val x = object: XX1() {}   // (1)
val x2 = object: XXX1() {} // (2)

fun foo() {
   class Local: XX1()       // (3)
   class Local2: XXX1()     // (4)
}

sealed class XXY1: XX5
object XXY2: XX5
class XXY3: XX5
enum class XXY4: XX5 {
   XXY4_1,
   XXY4_2
}
interface XXY5: XX5
sealed interface XXY6: XX5
```

코드를 보면, 익명 객체((1))나 지역 클래스((3))에서 봉인된 타입을 상속할 수 없다는 사실을 알 수 있다. 두 경우 모두 컴파일러는 'error: this type is sealed, so it can be inherited by only its own nested classes or objects'라는 약간 이상한 오류를 내는데, 이 오류는 봉인된 클래스를 내포된 클래스나 객체로만 확장할 수 있었던 코틀린 초기 버전의 흔적이다.

하지만 봉인된 클래스를 한번 상속한 열린 클래스를 익명 객체나 지역 클래스에서 상속할 수는 있다((2), (4)).

그 외의 경우 상당히 자유롭게 봉인된 클래스를 상속할 수 있음을 알 수 있다. 내포된 타입들이 봉인된 타입을 상속할 수 있고 객체나 이넘 클래스, 데이터 클래스에서도 봉인된 타입을 상속할 수 있다. 또한 같은 패키지, 같은 모듈에 있는 다른 파일에서 봉인된 타입을 상속해도 된다.

```
package ch13.varioussealedtypeinheritance
// filename: VariousSealedTypeInheritance2.kt

sealed class OXX1: X                    // X는 VariousSealedTypeInheritance.kt에 정의된
봉인된 인터페이스
object OXX2: X
class OXX3: X
enum class OXX4: X {
  XX4_1,
  XX4_2
}
interface OXX5: X
sealed interface OXX6: X
data class OXX7(val x:Int): X

class OOXX2: XX1()
```

하지만 다른 패키지에서 봉인된 클래스를 상속하려고 시도하면 'error: Inheritor of sealed class or interface declared in package but it must be in package where base class is declared'라는 오류가 발생한다. 바로 앞 예제의 패키지 이름을 다른 이름으로 바꾸고 어떤 오류가 발생하는지 확인해보라.

when에서 봉인된 클래스의 하위 타입에 대해 타입 검사를 하면, 컴파일러가 모든 가능한 경우를 다 검사하는지 체크해서 추가해야 할 부분을 알려준다.

```
package ch13.sealedtypewhen

sealed interface X

class X1: X
class X2: X
sealed class X3: X
sealed interface X4: X
```

```
open class XX1: X4
class XX2: X4
sealed class XX3: X4

class XXX1: XX1()

class XXX2: XX3()
sealed class XXX3: XX3()

fun foo(x:X): String = when(x) { // error: 'when' expression must be
exhaustive, add necessary 'is XXX2' branch or 'else' branch instead
    is X1 -> "X1"
    is X2 -> "X1"
    is XX1 -> "XX1"
    is XX2 -> "XX2"
}

fun foo2(x:X): String = when(x) {
    is X1 -> "X1"
    is X2 -> "X1"
    is XX1 -> "XX1"
    is XX2 -> "XX2"
    is XXX2 -> "XXX2"
}
```

앞의 foo() 함수에 대해 컴파일러는 XXX2를 추가하라고 제안한다. when으로 봉인된 타입의 하위 타입을 체크하는 경우, 봉인된 타입이 아닌 타입만 컴파일러의 검증 대상이 된다. 즉, 봉인된 타입의 자손 타입 중에서 루트로부터 sealed가 붙지 않은 타입 중 최상위 봉인된 타입에 이르는 경로가 가장 짧은 타입만 when에서 검사하면 컴파일러가 오류를 내지 않는다.

이런 식으로 when 검사의 완결성을 체크하는 이유는 무엇일까? 위 예제에서 X3는 X를 직접 상속하고 어떠한 하위 클래스도 정의돼 있지 않다. 컴파일러는 컴파일 시점에 같은 모듈, 같은 패키지 안에 X3를 상속한 다른 클래스가 존재하지 않음을 알 수 있고, X3는 봉인된 클래스이므로 봉인된 클래스의 인스턴스를 직접 생성할 수 없다는 사실도 알고 있다. 따라서 실행 시점에 foo() 함수에 X 타입의 객체가 전달될 때 이 객체는 절대로 X3 타입이 될 수 없다. 그래서 when에서 이 타입을 군이 검사하지 않아도 주어진 X 타입의 객체를 처리하지 못하는 경우가 생기지 않음을 확신할 수 있다. 물론 X3 타입을 검사하는 절을 추가해도 문제가 생기지는 않는다. 다만, 이렇게 할 경우 X3의 하위 타입이 추가될 때 이를 컴파일러가 감지하지 못할 수 있다.

이런 논리를 최상위에 있는 봉인된 타입으로부터 생각해보면, 최상위 X의 자식 중에 봉인된 타입이 아닌 자식 타입(X1, X2)은 무조건 when의 타입 검사 조건 절에 들어가야만 when의 정상 작동을 보장할 수 있다. 하지만 X의 자식 중에 봉인된 타입이 있다면, 그 타입에 자식 타입이 있는 경우와 그렇지 않은 경우가 생긴다. 자식 타입이 없다면(예를 들어 앞의 코드에서 X3), 그 봉인된 타입을 군이 when의 타임 검사 절에 넣을 필요는 없다. 자식 타입이 있다면(예를 들어 앞의 코드에서 X4), 지금 적용 중인 논리를 재귀적으로 적용해 타입 검사 절의 완결성을 체크할 수 있다.

X4를 예로 들면, X4를 상속한 타입은 XX1, XX2, XX3이다. 그중 XX1과 XX2는 봉인되지 않은 타입이므로 when에서 반드시 해당 타입을 처리하는 절이 있어야만 한다. 또 XX3는 봉인된 타입이므로 이 XX3의 자식을 살펴봐야 하는데, XX3 타입에는 XXX2라는 봉인되지 않은 자식 타입이 있으므로 when 조건 절에 반드시 XXX2도 포함시켜야 한다. 반면 XX3의 자식인 XXX3는 봉인된 타입이므로 군이 when 조건에 이를 추가할 필요는 없다.

따라서 컴파일러는 최소한 X1, X2, XX1, XX2, XXX2에 대한 타입 비교가 X 타입을 검사하는 when 식에 들어 있어야만 이 when 문이 모든 경우를 완전히 처리한다고 판단할 수 있다. foo2() 함수에서 이를 확인할 수 있다.

봉인된 클래스는 상당히 이넘 클래스와 비슷해 보인다. 하지만 이넘 클래스는 어떤 타입에 속하는 하위 값(인스턴스)들을 미리 정해둔 몇 가지 객체로 제한하는 반면, 봉인된 클래스는 하위 타입을 제한하고 각 타입에 대한 객체 생성은 얼마든지 보장한다는 차이가 있다. 따라서 이넘 클래스는 타입은 같지만 세부적인 내용이 다른 몇 가지 **객체**를 컴파일 시점에 확정할 수 있을 때 활용할 수 있고, 봉인된 클래스는 같은 타입에 속한 객체들이 수행하는 역할을 몇 가지 **유형**(타입)으로 나눌 수 있지만 객체 자체는 실행 시점에 상황에 따라 다양하게 생성해야 하는 경우에 활용할 수 있다.

다만, 봉인된 타입을 이름이 붙은 객체(싱글턴)로 상속할 수 있으므로 어떤 봉인된 타입의 하위 타입이 전부 다 싱글턴이라면 이넘 클래스와 상당히 비슷한 역할을 할 수 있다.

```
package ch13.enumlikesealedclass

fun interface MyFunction2<T1, T2, R> {
  operator fun invoke(v1: T1, v2: T2): R
}

sealed class Op: MyFunction2<Int, Int, Int>

object PLUS: Op() {
    override operator fun invoke(v1: Int, v2: Int): Int = v1 + v2
}
object MINUS: Op() {
    override operator fun invoke(v1: Int, v2: Int): Int = v1 - v2
}
```

이 경우 한 가지 문제는 Op 클래스의 하위 클래스 목록을 얻을 수 없다는 점이다. 이넘 클래스의 경우 상수들의 목록을 타입.values() 멤버 함수나 enumValues<타입>()으로 얻을 수 있었지만, 봉인된 클래스의 하위 클래스 목록을 얻으려면 리플렉션reflection을 사용해야 한다.

```
fun main() {
    (Op::class.sealedSubclasses).forEach{ kClass ->
        println("${kClass.simpleName}(1, 2) = ${kClass.objectInstance?.invoke
(1, 2)}")
    }
}
/*
MINUS(1, 2) = -1
PLUS(1, 2) = 3
*/
```

봉인된 클래스의 하위 클래스에 속하는 객체들이 만들어내는 객체 그래프에서 봉인된 클래스를 상속한 싱글턴 객체는 인스턴스가 단 하나뿐이므로 메모리 낭비 없이 데이터가 없음을 표현하거나 특별한 상황을 나타내는 표지로 쓰일 수 있다. 대표적인 예로, 직접 단일 연결 리스트를 구현한 코드를 살펴보자. 여기서 Empty가 바로 빈 리스트를 표현하는 표지로 활용되는 싱글턴 객체다.

```kotlin
package ch13.singlelinklist

sealed interface LinkedList<out T> {                    // (1)
    val isEmpty: Boolean
    val head: T
    val tail: LinkedList<T>

    fun size(): Int

    class ListEmptyException: Throwable("빈 리스트입니다.")
}

tailrec fun <T> LinkedList<T>.forEach(block:(T)->Unit) {    // (2)
    if(!this.isEmpty) {
        block(head)
        tail.forEach(block)
    }
}

object Empty: LinkedList<Nothing> {                // (3)
    override fun toString() = "Empty"

    override val isEmpty: Boolean = true

    override val head: Nothing
        get() = throw LinkedList.ListEmptyException()  // (4)
    override val tail: LinkedList<Nothing>
        get() = throw LinkedList.ListEmptyException()  // (4)

    override fun size(): Int = 0
}

data class Cons<T>(override val head: T, override val tail: LinkedList<T>):
LinkedList<T> { // (5)
    override val isEmpty: Boolean = false
    override fun size(): Int = tail.size() + 1
}
```

```
fun main() {
    val intList: LinkedList<Int> = Cons(1, Cons(2, Empty))
    intList.forEach{println(it)}

    val stringList = Cons("a", Cons("b", Cons("C", Empty)))
    println("string list size = ${stringList.size()}")
}
/*
1
2
string list size = 3
*/
```

(1) LinkedList<T>는 내부에 T 타입 값이 원소로 들어 있는 단일 연결 리스트다. LinkedList<T> 인터페이스에는 빈 리스트인지 검사하는 isEmpty, 리스트의 첫 번째 원소와 나머지 리스트를 돌려주는 head와 tail, 크기를 돌려주는 size(), 빈 리스트에 대해 사용할 수 없는 연산을 시도한 경우 던지기 위한 ListEmptyException을 정의한다. 여기서 타입 파라미터 부분을 보면, out이라는 변경자가 붙어 <out T>라고 돼 있다. 이 변경자는 LinkedList 타입의 변성을 공변성covariant으로 선언한다. 변성은 6.4절을 참조하라.

(2) 연결 리스트의 모든 원소를 방문하는 forEach를 꼬리 재귀를 사용해 구현했다. 빈 리스트가 아닌 경우 head에 대해 람다를 호출해주고, 나머지 리스트에 대해 다시 forEach를 실행한다.

(3) 빈 연결 리스트를 표현하는 Empty를 싱글턴으로 선언한다. 모든 타입마다 Empty가 하나씩 생기지 않고 모든 리스트가 같은 Empty 객체를 공유한다는 점에 유의하라. Empty의 타입을 LinkedList<Nothing>으로 선언하고, (1)에서 리스트의 변성을 <out T>로 지정했기 때문에 Empty는 모든 LinkedList<T>의 하위 타입이 될 수 있다.

(4) 빈 리스트에 대해 head나 tail을 호출하면 예외를 발생시킨다.

(5) Cons는 리스프Lisp 언어에서 전통적으로 리스트의 머리(head)와 꼬리(tail)를 연결할 때 사용하던 데이터 구조의 이름이다. 데이터 클래스로 정의하면서 head와 tail로 상위 인터페이스의 head와 tail을 오버라이드했다.

봉인된 타입 계층에 대한 설명 중 옳지 않은 것은?

1. sealed 키워드를 interface나 class 앞에 붙일 수 있다.
2. sealed 키워드가 붙은 클래스는 자동으로 final 클래스로 취급된다.
3. sealed 키워드가 붙은 클래스의 인스턴스를 생성할 수는 없다.
4. 봉인된 인터페이스나 클래스는 그 인터페이스나 클래스가 선언된 패키지와 똑같은 패키지 안에서만 상속 가능하다.
5. 다른 모듈에 정의된 봉인된 타입을 임포트해 상속할 수 있다.
6. when 식에서 봉인된 타입에 대해 타입 비교를 수행하면 일부 타입을 빼먹어도 컴파일 오류를 내지 않고 정상적으로 컴파일될 수 있다.
7. 익명 객체는 봉인된 클래스를 상속할 수 있다.
8. 지역 클래스는 봉인된 클래스를 상속할 수 없다.

13.7 부생성자

주생성자에 가변 길이 인자나 디폴트 값을 사용하면 필요에 따라 다양한 방식으로 객체 생성자를 호출할 수 있다. 하지만 디폴트 값이나 가변 길이 인자로 충분하지 않은 경우 객체를 생성할 다른 방법이 필요하다. 이럴 때 부생성자secondary constructor를 정의할 수 있다.

클래스 본문에 constructor(파라미터목록) { 생성자 본문 }이라는 형식을 통해 부생성자를 정의할 수 있다.

```
package ch13.secondaryconstructor

open class Super(val j: String)

class ClassWithSecondary(i: Int): Super("a".repeat(i)) {
    val k: String = i.toString()

    constructor(d: Double): this(d.toInt()) {
    }
}
```

주생성자가 있는 클래스에서 부생성자는 반드시 this(인자목록)을 통해 주생성자나 다른 부생성자를 호출해야 하고, 주생성자가 없는 클래스에 Any가 아닌 상위 클래스가 있는 경우 부생성자는 반드시 this(인자목록)을 통해 다른 부생성자를 호출하거나 super(인자목록)을 통해 상위 클래스 생성자를 호출해야 한다. 따라서 코틀린에서 주생성자가 있는 클래스의 객체를 생성할 때는 모든 생성자 호출이 결국 주생성자를 호출하고 주생성자는 다시 상위 클래스의 생성자를 호출하며(주생성자가 있는 경우 주생성자 파라미터 목록 다음에 상위 클래스 이름과 괄호를 적어서 상위 클래스 생성자를 호출해야 한다는 점을 다시 떠올리길 바란다), 주생성자는 없지만 다른 클래스를 상속한 클래스의 객체를 생성할 때는 상위 클래스의 생성자를 호출하거나 다른 부생성자를 호출해 객체가 제대로 초기화되도록 보장한다.

생성자가 여럿 있고 init{} 블록도 있을 때 생성 순서가 어떻게 되는지 살펴보자.

```
package ch13.constructorcallsequence

open class Super(val j: String) {
    init {
        println("super init")
    }
}

class ClassWithSecondary(i: Int): Super("a".repeat(i)) {  // 주생성자가 상위 클래스 생성자를 호출함
    init {
        println("this init")
    }

    val k: String = i.toString()

    constructor(d: Double): this(d.toInt()) {        // 부생성자가 다른 생성자에 초기화를 요청한 후 초기화 진행
        println("this constructor(Double)")
    }

    constructor(d: Float): this(d.toDouble()) {
        println("this constructor(Float)")
    }
```

```
    //constructor(s: String): super(s) {          // 주생성자가 있는 경우 부생성
자에서 상위 클래스 생성자를 호출할 수 없음
    //      println("this constructor(String)")
    //}

    init {
        println("this init 2")
    }
}

fun main() {
    val x = ClassWithSecondary(10.0f)
}
/*
super init
this init
this init 2
this constructor(Double)
this constructor(Float)
*/
```

실제 ClassWithSecondary(10.0f) 객체를 생성할 때는 어떤 일이 벌어질까?

(1) main() 함수는 힙에 ClassWithSecondary 객체를 할당한다.

(2) main() 함수는 ClassWithSecondary의 constructor(Float)를 호출하면서 (1)에서 할
    당한 객체와 Float 파라미터를 전달한다.

(3) constructor(Float)는 constructor(Double)을 호출하면서 전달받은 객체와 ((2)에서
    전달받은 Float 파라미터를 변환한) Double 파라미터를 전달한다.

(4) constructor(Double)은 주생성자인 constructor(Int)를 호출하면서 전달받은 객체
    와 ((3)에서 전달받은 Double 파라미터를 변환한) Int 파라미터를 전달한다.

(5) ClassWithSecondary의 주생성자는 상위 클래스인 Super의 주생성자를 호출하면서
    전달받은 객체와 문자열을 전달한다.

(6) Super의 주생성자는 Super에 정의된 프로퍼티 초기화 코드와 init{} 블록을 합친
    코드(이 코드들이 클래스 본문에 나오는 순서대로 처리된다)로 구성된다.

```
```

(7) Super의 주생성자가 Super 인스턴스 초기화를 끝내고 반환된다.

(8) ClassWithSecondary의 주생성자도 init{} 블록과 프로퍼티 초기화 코드들로 구성된다.

(9) ClassWithSecondary의 주생성자가 ClassWithSecondary 초기화를 끝내고 반환된다.

(10) constructor(Double)이 자신의 코드를 실행하고 반환된다.

(11) constructor(Float)가 자신의 코드를 실행하고 반환된다.

부생성자가 주생성자를 호출하거나 다른 부생성자를 호출하도록 강제하면 항상 주생성자 호출을 보장하므로 상속 계층 구조에 맞게 객체 초기화가 이뤄질 수 있다.

익힘문제

코틀린 부생성자에 대한 다음 설명 중 옳지 않은 것은?

1. 부생성자는 constructor(...) {} 형태로 선언한다.
2. 부생성자와 주생성자는 파라미터 목록과 타입이 같아도 상관없다.
3. 주생성자가 있는 클래스의 부생성자는 반드시 주생성자 또는 다른 부생성자를 호출하거나 상위 클래스 생성자를 호출해야 한다.
4. 주생성자가 없는 클래스의 부생성자는 반드시 주생성자나 다른 부생성자를 호출해야 한다.
5. 부생성자가 주생성자나 다른 부생성자를 호출할 때는 파라미터 목록 뒤에 : this(...)를 사용한다.
6. 부생성자가 상위 클래스 생성자를 호출할 때는 파라미터 목록 뒤에 : super(...)를 사용한다.

13.7.1 주생성자가 없는 경우 부생성자

주생성자를 아예 선언하지 않고 모든 생성자를 부생성자로만 구현할 수도 있다. 주생성자를 정의하지 않는 방법은 클래스 이름 뒤에 괄호를 붙이지 않는 것이다. 이럴 경우 주생성자가 없으므로 각 부생성자는 다른 부생성자를 호출하거나 부모 클래스의 생성자를 호출해야만 한다.

```
package ch13.allsecondaryconstructor

open class Super {
    constructor() {
        println("Super()")
    }
    constructor(i: Int) {
        println("Super(Int)")
    }
}

class Sub: Super {
    constructor(): super() {
        println("Sub()")
    }
    constructor(i: Int): super(i) {
        println("Sub(Int)")
    }
}

fun main() {
    val x = Sub()
    val y = Sub(1)
}
/*
Super()
Sub()
Super(Int)
Sub(Int)
*/
```

이 코드에서 class Super와 class Sub 모두 클래스 이름 뒤에 괄호가 없으므로 두 클래스는 모두 주생성자가 없는 클래스다. 여기서 Sub 클래스에 주생성자가 없으므로, Sub 클래스 이름 뒤에 상위 클래스를 적을 때 : Super()를 쓰면 오류가 발생한다는 점에 유의하라. 만약 위 코드에서 class Sub: Super {를 class Sub: Super() {로 바꾸면 'error: supertype initialization is impossible without primary constructor'라는 오류가 발생한다.

부생성자로 constructor()를 선언한 코드와 주생성자 파라미터 목록에 아무 값도 넣지 않고 class 클래스이름()을 선언하는 코드는 비슷해 보이지만, 한쪽은 부생성자고 다른 쪽은 주생성자이므로 차이가 있다. 주생성자로 파라미터가 없는 생성자를 선언한 경우, 다른 부생성자를 호출하지 않는 부생성자들은 반드시 다른 부생성자나 주생성자 this()를 호출해야만 하며, 이 클래스가 다른 클래스를 상속한다면 주생성자 뒤 : 다음에 상위 클래스 이름을 적을 때 괄호를 반드시 붙여야 한다.

```
open class SuperX()

class X(): Super() {
  constructor (y: Double): super() // error: primary constructor call
expected
}

class X2(): SuperX {  // error: this type has a constructor, and thus must be
initialized here
}
```

한편 클래스에 아무 생성자도 선언하지 않으면(즉, 주생성자도 선언하지 않고 부생성자도 선언하지 않으면), 코틀린 컴파일러가 자동으로 인자가 없는 생성자를 생성해준다.

```
class NoConstructor {
}
fun main() {
  val x = NoConstructor()
}
```

한편, JVM 백엔드의 경우 주생성자의 모든 파라미터에 디폴트 값을 설정하면 코틀린 컴파일러가 자동으로 인자가 없는 생성자를 생성해준다.

```
package ch13.defaultvaluedconstructor
// 파일이름: DefaultValuedConstructor.kt
class DefaultValuedConstructor(i: Int=0, s: String="")
```

이 파일을 컴파일하고 javap로 클래스 파일을 살펴보면 다음과 같은 세 생성자를 볼 수 있다. javap가 타입을 자바 타입이름으로 표시한다는 점에 유의하라.

1. `public ch13.defaultvaluedconstructor.DefaultValuedConstructor(int, java.lang.String)`: 정수와 문자열을 받는 생성자다.

2. `public ch13.defaultvaluedconstructor.DefaultValuedConstructor(int, java.lang.String, int, kotlin.jvm.internal.DefaultConstructorMarker)`: 생성자 호출 시 지정한 인자의 개수에 따라 적절히 디폴트 값을 설정한 후 1의 함수를 호출해 주는 생성자다. 코틀린 컴파일러는 생성자 코드를 분석해 이 함수의 세 번째 인자 위치에 적절한 인자를 넣어준다.

3. `public ch13.defaultvaluedconstructor.DefaultValuedConstructor()`: 인자가 없는 생성자로, 모든 파라미터 값을 디폴트로 설정하도록 2의 생성자를 호출해준다.

참고: 컴파일러가 디폴트 인자를 지원하는 코드를 컴파일하는 방법

위의 2번 생성자는 디폴트 인자를 지원하기 위해 코틀린 컴파일러가 생성해주는 합성 생성자다. 첫 번째와 두 번째 인자는 실제 생성자 호출 시 전달한 i와 s에 해당하며, 세 번째 인자인 정수는 i와 s가 설정됐는지 여부에 따라 비트가 1로 설정되는 마스크다. 첫 번째 파라미터 값으로 디폴트 인잣값을 써야 하면 가장 오른쪽 비트(lsb)를 1로 설정하고, 두 번째 파라미터 값으로 디폴트 인잣값을 써야 하면 오른쪽에서 두 번째 비트를 1로 설정한다. 따라서 두 파라미터에 모두 디폴트 인잣값을 써야 한다면 0x0003이, 두 번째 파라미터에만 디폴트 인잣값을 쓴다면 0x0002가, 첫 번째 파라미터에만 디폴트 인잣값을 써야 한다면 0x0001이 설정된다. 마지막 인자인 DefaultConstructorMarker는 단순한 마커로, 합성 생성자와 (사용자가 정의한) 다른 생성자의 시그니처가 겹치는 것을 방지하고자 추가된 값이다.

리플렉션으로 바이트코드를 분석해 클래스 생성자를 호출하는 도구를 사용할 때 이 합성 생성자를 진짜 생성자로 오인해 문제가 생기는 경우가 있다. 일반적인 경우 자바 리플렉션에서 생성자 함수의 플래그를 검사해 isSynthetic()이 true인 생성자를 무시하게 하면 컴파일러가 생성한 이런 생성자를 제외시킬 수 있다.

2번 생성자를 코틀린으로 해석하면 다음과 비슷한 코드가 된다(물론 이 코드는 정상 작동하는 코드는 아니다).

```
constructor(i:Int, s:String, flag:Int, marker: DefaultConstructorMarker)
{
  var i = i
  var s = s
  if(flag and 1 == 0)  i = 0
  if(flag and 2 == 0)  s = ""
  this(i, s)
}
```

13.8 가시성 변경자

소프트웨어 개발에서는 응집도^{cohesion}를 높이고 결합도^{coupling}를 낮추는 것이 중요하다. 이때 중요한 개념으로 가시성^{visibilty}이 있다. 클래스에 선언된 멤버를 패키지나 모듈과 관계없이 누구나 볼 수 있다면 문제가 많이 생길 수 있다. 클라이언트 입장에서 보면 어떤 멤버가 해당 클래스가 외부 클라이언트에 제공하는 API에 속하고, 어떤 멤버가 해당 클래스 내부에서 전용으로 사용하는 기능들이고, 어떤 멤버가 해당 타입을 상속해 확장한 타입에서 활용할 수 있는지(즉, 상속을 고려해 자손들에게 접근을 허용한 요소들인지) 구분하기 어렵다. 클래스 자신의 입장에서 볼 때는 모든 멤버를 누구나 다 볼 수 있으므로 적절히 정보를 감추기가 어렵다. 정보를 감추지 못하고 외부 접근에 열려 있는 클래스는 자연히 외부와의 결합도가 커지기 쉬워진다.

이런 문제를 방지하기 위해 대부분의 객체지향 언어는 클래스 멤버 함수나 멤버 프로퍼티를 보고 호출할 수 있는 대상을 세밀하게 지정할 수 있도록 해준다.

이런 대상은 보통 타입(클래스 등), 프로퍼티, 함수 등을 기본 단위로 하며, 이런 기본 단위가 어느 영역에 속해 있느냐에 따라 접근 가능한 멤버를 다르게 설정할 수 있다.

가시성을 제어할 때 보통 고려 대상이 되는 영역으로는 클래스 자신, 클래스를 상속한 타입, 같은 패키지에 속한 다른 클래스/함수/프로퍼티들, 다른 패키지에 속해 있지만 같은 모듈(컴파일 단위)에 들어 있는 클래스/함수/프로퍼티들과 지금까지 열거하지 않

```
```

은 모든 영역이 있는데, 언어에 따라서는 이런 영역 각각에 대해 세밀한 제어가 가능한 경우도 있고, 몇 가지 영역에 대한 제어를 제공하지 않는 경우도 있다. 코틀린은 public, internal, protected, private이라는 네 가지 **가시성 변경자**(visibilty modifier)를 제공하며, 선언하는 이름(함수, 클래스나 객체, 프로퍼티)이 최상위 수준에 있느냐, 다른 타입의 내부에 있느냐에 따라 접근 제어가 달라진다.

13.8.1 클래스나 객체에 선언된 이름의 가시성

우선 클래스에 선언된 이름의 가시성을 제어하는 방법을 살펴보자.

디폴트 가시성: public, 공개

클래스 본문에 멤버를 선언할 때 앞에 아무 가시성 변경자도 붙이지 않으면 모든 곳에서 해당 이름을 사용할 수 있다. 이를 공개 가시성이라 한다. 원한다면 앞에 public을 붙여서 가시성을 명시할 수도 있다.

```
package ch13.clsspublicvisibility

class Foo {
  val string: String = "Hello"
  public fun bar() = "Hello"
}
```

자기 자신만 볼 수 있음: private, 비공개

클래스를 정의하다 보면, 클래스 내부에서만 사용해야 하는(클래스 밖으로 노출시키지 않아도 되는) 내포 클래스, 객체, 메서드, 프로퍼티를 정의해야 하는 경우도 있다. 이런 요소들을 모두 디폴트 가시성인 public으로 노출시키면 클래스가 노출하려는 API를 명확히 인식하기 어렵고, 외부에서 알아서는 안 되는 클래스 내부의 기능을 외부에 노출시킴으로써 클래스가 유지하려고 하는 불변 조건을 클래스 밖의 코드가 교란시킬 수도 있다.

이를 막기 위해 코틀린에서는 private이라는 가시성 변경자를 사용해 멤버가 정의된 클래스 내부에서만 사용할 수 있도록 지정할 수 있다. 한편 클래스 안에 내포된 타입들은 자기를 둘러싼 클래스의 private 멤버를 볼 수 있다. 다음 예제처럼 내부 클래스, 내포 클래스, 내포된 객체, 동반 객체 모두 자신을 둘러싸고 있는 클래스와 그 동반 객체의 private 멤버를 볼 수 있다.

반면 바깥쪽 클래스는 동반 객체의 내부에 정의된 private 멤버를 볼 수는 있지만, 다른 내포된 타입들의 private 멤버를 볼 수는 없다.

```
package ch13.classprivatevisibilty

class ClassPrivateVisibility {
  private var privateProp: String = "Private Property"
  private fun privateFun() { println("Private Function") }

  fun foo() {
    println("companion.one = ${ClassPrivateVisibility.Companion.ONE}")
  }
  fun foo(inner: Inner) {
    println("companion.one = ${inner.ONE}")  // error: Cannot access 'ONE':
it is private in 'Inner'
  }
  fun foo(nestedClass: NestedClass) {
    println("companion.one = ${nestedClass.ONE}")  // error: Cannot access
'ONE': it is private in 'NestedClass'
  }
  fun foo(nestedObject: NestedObject) {
    println("companion.one = ${nestedObject.ONE}") // error: Cannot access
'ONE': it is private in 'NestedObject'
  }

  companion object {
    private const val ONE = 1
    fun foo(o: ClassPrivateVisibility) {
      println("outer.privateProp = ${o.privateProp}")
      println("outer.Companion.ONE = ${ClassPrivateVisibility.Companion.
ONE}")
      o.privateFun()
```

```
    }
  }

  inner class Inner {
    private val ONE = 1
    fun foo() {
      println("outer.privateProp = $privateProp")
      println("outer.Companion.ONE = ${ClassPrivateVisibility.Companion.
ONE}")
      privateFun()
    }
  }

  class NestedClass {
    private val ONE = 1
    fun foo(o: ClassPrivateVisibility) {
      println("outer.privateProp = ${o.privateProp}")
      println("outer.Companion.ONE = ${ClassPrivateVisibility.Companion.
ONE}")
      o.privateFun()
    }
  }

  object NestedObject {
    private val ONE = 1
    fun foo(o: ClassPrivateVisibility) {
      println("outer.privateProp = ${o.privateProp}")
      println("outer.Companion.ONE = ${ClassPrivateVisibility.Companion.
ONE}")
      o.privateFun()
    }
  }
}

class DerivedClass: ClassPrivateVisibility() {
  fun foo2() {
    println("companion.one = ${ONE}")           // error: cannot access
'ONE': it is private in 'Companion'
    println("companion.one = ${privateProp}")  // error: cannot access
'privateProp': it is invisible (private in a supertype) in 'DerivedClass'
  }
}
```

상속 관계에서는 private이 어떻게 작동할까? 하위 클래스도 상위 클래스나 상위 클래스의 동반 객체에 정의된 private 멤버를 볼 수 없다. 앞의 예제에서 DerivedClass 안에 있는 foo2() 함수는 그런 이유로 ONE과 privateProp을 읽을 수 없다.

자신과 자신을 상속한 하위 클래스만 볼 수 있음: protected, 보호

open으로 상속을 허용하는 클래스 안에 외부에 노출하고 싶지는 않은 private 멤버가 있는데, 그 멤버를 하위 클래스에서 사용할 수 있게 하고 싶을 때가 있다. 그런 경우 (private으로 지정해야 했을) 멤버의 가시성을 protected로 지정하면 하위 클래스에서도 멤버에 직접 접근할 수 있다.

```
open class Parent(protected val parentVal: String)

class Child(): Parent("Hello") {
    fun foo() { println(parentVal) }
}

fun foo(p: Parent) {
    println(p.parentVal) // Cannot access 'parentVal': it is protected in
'Parent'
}
```

같은 모듈 안에서만 볼 수 있음: internal, 내부

라이브러리 등을 만들 때 모듈 안에서는 자유롭게 사용할 수 있지만 라이브러리를 쓰는 클라이언트 쪽에는 노출시키고 싶지 않은 경우 internal 가시성을 지정할 수 있다.

클래스 멤버가 internal 가시성인 경우, 같은 컴파일 모듈 안에서는 이 멤버를 볼 수 있지만 다른 모듈에서는 이 모듈을 볼 수 없다.

```
// 파일이름: ClassMemberInternal.kt
package ch13.classmemberinternal
```

```
class Foo {
  internal val internalProp = "Hello"
}

fun main() {
  val x = Foo()
  ch13.classmemberinternal.foo(x)
  ch13.classmemberinternal2.foo(x)
}

// 파일이름: ClassMemberInternal2.kt
package ch13.classmemberinternal

fun foo(f: Foo) {
  println("foo(): Foo.internalProp = ${f.internalProp}")
}

// 파일이름: ClassMemberInternal3.kt
package ch13.classmemberinternal2

fun foo(f: Foo) {
    println("foo(): Foo.internalProp = ${f.internalProp}")
}
```

이 세 파일을 컴파일러로 모두 한 번에 컴파일하거나 그레이들 모듈에 한꺼번에 넣고 컴파일하면 정상적으로 컴파일된다. 하지만 이 세 파일을 컴파일해 자바 모듈(.jar) 파일을 만들고 다른 프로젝트에서 임포트해 사용할 경우 ch13.classmemberinternal.Foo.internalProp을 볼 수 없다.

```
// 다른 모듈이어야 함
// 파일이름: ClassMemberInternalOtherModule.kt
package ch13.classmemberinternalothermodule

import ch13.classmemberinternal.Foo

fun main() {
  val x = Foo()
  println(x.internalProp) // error: cannot access 'internalProp': it is
internal in 'Foo'
}
```

클래스 안에 선언된 멤버의 가시성에 대한 설명 중 옳지 않은 것은?

1. 가시성 변경자에는 public, private, protected, internal이 있다.
2. 별도로 멤버의 가시성을 지정하지 않으면 public으로 취급된다.
3. public 가시성 멤버는 같은 패키지 안에서 자유롭게 접근할 수 있지만, 패키지가 다르면 접근할 수 없다.
4. internal 가시성 멤버는 같은 모듈 안에서만 자유롭게 접근할 수 있다.
5. 클래스는 동반 객체의 private 가시성 멤버를 볼 수 있지만, 동반 객체는 자신이 선언된 클래스의 private 가시성 멤버를 볼 수 없다.
6. protected 가시성 멤버는 그 멤버가 정의된 클래스 자신이나 그 클래스의 상위 클래스에서만 볼 수 있다.

13.8.2 패키지 최상위에 선언되는 이름의 가시성

패키지의 최상위에 선언되는 이름의 가시성을 살펴보자. 패키지를 선언하지 않은 경우에도 이름이 없는 디폴트 패키지의 멤버로 선언되기 때문에 이름이 정해진 패키지의 최상위에 선언되는 경우와 가시성 측면은 동일하다.

최상위 이름 앞에는 protected를 붙일 수 없다는 점에 유의하라.

```
package ch13.toplevelprotected

protected val Test = 10        // error: modifier 'protected' is not applicable
to 'top level property without backing field or delegate'
protected fun foo() = 10       // error: modifier 'protected' is not applicable
to 'top level function'
protected class TestClass      // error: modifier 'protected' is not applicable
inside 'file'
protected object TestObject    // error: modifier 'protected' is not applicable
inside 'file'
```

디폴트 가시성: public, 공개

별다른 가시성을 지정하지 않아도 기본적으로 최상위에 선언한 이름은 누구나 볼 수 있다. 전체 경로를 사용해 이런 이름에 직접 접근하거나, 전체 경로를 명시한 임포트 문을 사용해 임포트한 후 간단한 이름을 사용해 접근할 수도 있다. 하지만 굳이 명시하고 싶다면 public이라는 가시성 변경자를 앞에 붙여주면 된다.

```
package ch13.visibiltiy

fun foo() ...
public class Example()
```

이 코드의 경우 어느 소스 코드에서나 ch13.visibilty.foo라는 이름으로 직접 foo() 함수에 접근할 수 있고, ch13.visbility.Example이라는 이름으로 Example 클래스에 직접 접근할 수 있다.

같은 파일 내부에서만 접근: private, 비공개

최상위에 선언된 이름 앞에 private이라는 가시성 변경자가 붙어 있으면, 그 이름이 선언된 파일 내부에서만 해당 이름에 접근할 수 있고 다른 파일에서는 해당 이름을 볼 수 없다. 파일 단위이므로 파일 맨 위에 선언된 패키지가 같아도 파일이 다르면 다른 파일에 선언된 private 가시성의 이름을 볼 수는 없다. 따라서 클래스 멤버의 private과 약간 의미가 다르다는 점에 유의해야 한다.

```
// 파일이름: TopLevelPrivate1.kt
package ch13.toplevelprivate

private val foo: String = "TopLevelPrivate1 private"
private fun bar(): Int = 10
private class Baz

fun private1() {
    println(foo)
```

```
    println(bar())
    println(Baz())
}

fun main() {
  private1()
  private2()
}

// 파일이름: TopLevelPrivate1.kt
package ch13.toplevelprivate

fun private2() {
    println(foo)   // error: cannot access 'foo': it is private in file
    println(bar()) // error: cannot access 'bar': it is private in file
    println(Baz()) // error: cannot access 'baz': it is private in file
}
```

같은 모듈에서만 접근: internal, 내부

이름 앞에 internal 가시성 변경자를 붙이면 같은 모듈 안에서만 해당 이름을 볼 수 있다.

```
// TopLevelInternal.kt
package ch13.toplevelinternal

fun main() {
  val radius = 5.0
  val area = area(radius)
  var circumference = circumference(radius)

  println("ratio of area/circumference = ${area/circumference}, area/
circumference/radius=${area/circumference/radius}")
}

// TopLevelInternal2.kt
package ch13.toplevelinternal

internal val PI = 3.1415
```

536

```
internal fun area(r: Double) = PI * r * r
internal fun circumference(r: Double) = PI * r * r
```

이 두 파일을 한 모듈 안에서 컴파일하면 main()에서 PI, area(), circumference()에 접근할 수 있다.

익힘문제

아래와 같이 가시성을 표로 정리하려고 한다. 각 번호에 해당하는 항목을 찾아 서로 연결하라. 가~바 중 어떤 항목은 두 번 들어갈 수도 있고, 어떤 항목은 선택되지 않을 수도 있다.

구분	public	private	protected	internal
클래스 내부에 정의된 경우	누구나 접근 가능	(1)	(3)	(5)
파일 최상위에 정의된 경우	누구나 접근 가능	(2)	(4)	(6)

(1)   가. 같은 모듈 안에서 접근 가능

(2)   나. 사용할 수 없음

(3)   다. 멤버가 정의된 클래스 자신이나 해당 클래스를 상속한 하위 클래스에서만 접근 가능

(4)   라. 클래스 자신(동반 객체 포함) 내부에서만 접근 가능

(5)   마. 같은 패키지 안에서 접근 가능

(6)   바. 같은 파일 안에서만 접근 가능

13.9 위임을 통해 구현을 다른 객체에 미루기

객체지향 프로그래밍에서 상속을 사용하는 이유는 다양하지만, 명확히 하위 타입 관계(즉, is-a 관계)가 성립하지 않으면 상속을 사용했을 때 좋지 않은 경우가 많다.

1. 상속 관계로 소스 코드 수준에서 컴파일 시점에 상위 클래스와 하위 클래스가 결합되기 때문에 실행 시점에 구현을 바꿀 수 없고, 상위 클래스 소스 코드 변경이 하위 클래스에 직접적인 영향을 끼치는 경우가 자주 발생한다. 예를 들어 상위 클

래스에서 open으로 열어둔 멤버 함수의 시그니처를 변경하거나 상위 클래스의 내부 불변 조건이 변경되면 하위 클래스도 이에 맞춰 구현을 변경해야 한다.

2. 상속으로 상하위 타입 관계가 성립하면 리스코프 치환 원칙에 따라 하위 클래스가 상위 클래스 역할을 할 수 있어야 한다. 하지만 정확히 부모 타입의 역할을 제대로 수행하는 자식 클래스를 정의하는 것이나 하위 클래스가 추가돼도 깨지지 않는 상위 클래스를 구현하는 것도 쉬운 일은 아니다. 처음에 상위 클래스와 하위 클래스가 잘 설계된 경우라도, 상위 클래스만 고려했을 때는 별문제 없어 보이는 변경이 하위 클래스의 가정을 깨면서 문제가 생길 수 있다(깨지기 쉬운 기반 클래스fragile base class 문제).

자세한 설명은 객체지향 모델링을 다룬 다른 책을 참조하라.

상속에 의한 이런 단점을 해결하기 위해 **구성**composition(합성이라고도 함)을 사용하기도 한다. 구성은 일상생활에서도 실제로 많이 사용하는 추상화/모듈화 기법이다. 일상생활에서 접하는 다양한 실물이나 개념이 구성을 바탕으로 이뤄진다. 예를 들어 자동차는 파워프레임(엔진, 트랜스미션, 차동장치, 구동축, 바퀴 등 동력을 생산하고 도로에 전달해서 자동차를 움직이게 하는 구성 요소들)을 부품으로 사용하고 구동 관련 요구 사항을 파워프레임에 **위임**delegation한다. 이때 정해진 규격을 따라 생산된 다양한 회사의 파워프레임이 있다면, 자동차를 만들 때 그중 원하는 부품을 사용할 수 있다.

객체지향에서도 구체적 구현을 재사용해야 할 경우 다른 클래스의 객체를 부품으로 내포시켜 사용하는 것을 더 권장한다. 이때 인터페이스를 중간에 도입해서 구현을 제공하는 클래스와 구현을 사용하는 클라이언트 클래스 사이의 결합을 줄일 수 있다. 더 나아가 이 부품이 객체 생성에 필수적인 경우, 객체 생성자에 이 인터페이스 타입의 객체를 파라미터로 받게 함으로써 **의존관계 주입**dependency injection을 활용할 수도 있다. 또한 이 인터페이스 중 외부에 노출시킬 가치가 있는 함수들은 별도의 인터페이스로 뽑아서 인터페이스 상속을 통해 구현 제공 클래스가 구현하고, 그 인터페이스를 다시 클라이언트 클래스가 상속해 외부에 노출할 수도 있다.

```
package ch13.carbycomposition

interface Drivable {                    // (1)
    val speed: Double
    fun speedUp(): Double
    fun speedDown(): Double
    fun brake(): Double
}

interface PowerTrain: Drivable {    // (2)
    enum class DriveType {
        FF, FR, RR, AWD, FWD, MR
    }
    val horsePower: Double
    val driveType: DriveType
}

class HPowerTrain: PowerTrain {     // (3)
    var _speed: Double = 0.0

    override val horsePower = 300.0

    override val driveType = PowerTrain.DriveType.AWD

    override val speed: Double
        get() = _speed

    override fun speedUp() = (if(_speed==0.0) 10.0 else _speed * 1.1).also {
_speed = it }
    override fun speedDown() = (_speed * 0.9).also { _speed = it }
    override fun brake() = (_speed * 0.1).also { _speed=it }
}

class KCar(private val powerTrain: PowerTrain): Drivable {   // (4)
    override val speed: Double                               // (5)
        get() = powerTrain.speed

    override fun speedUp(): Double = powerTrain.speedUp()     // (5)
    override fun speedDown(): Double = powerTrain.speedDown() // (5)
    override fun brake(): Double = powerTrain.brake()        // (5)
}
```

```
fun main() {
    val myCar = KCar(HPowerTrain())
    myCar.speedUp()
    myCar.speedUp()
    println("After speed up two times: ${myCar.speed}")
    myCar.brake()
    println("After brake one time: ${myCar.speed}")
}
/*
After speed up two times: 11.0
After brake one time: 1.1
*/
```

(1) Drivable은 자동차 속도 조절과 관련해 필요한 기본 요소들을 정의해둔 인터페이스다.

(2) PowerTrain은 파워트레인 API를 보여준다. 파워트레인은 반드시 Drivable 인터페이스를 제공하면서 몇 마력인지와 어떤 방식으로 차를 구동하는지에 대한 정보를 추가로 제공한다.

(3) PowerTrain을 구현한 HPowerTrain 클래스를 정의한다. 이 클래스가 실제 파워트레인 구현을 제공한다.

(4) KCar는 자동차 클래스로, PowerTrain을 생성자 파라미터로 받아서 구성한다. 자동차는 움직여야 하므로 Drivable 인터페이스를 구현해야 한다.

(5) KCar는 Drivable 인터페이스에 있는 모든 추상 멤버를 구현해야 하는데, 이때 생성자를 통해 주입받은 powerTrain 객체에 동작을 위임한다.

여기서 KCar 클래스 안에 있는 Driver 인터페이스 함수 오버라이드는 모두 다 powerTrain 객체에 동작을 위임하므로 모든 함수가 powerTrain에 있는 같은 이름의 함수에 요청을 전달하기만 한다. 만약 인터페이스에서 오버라이드해야 할 함수가 많다면, 이 과정은 상당히 번거로울 수 있다.

13.9.1 인터페이스 구현 위임

코틀린에서는 이런 경우 by에 의한 인터페이스 구현 위임을 사용하면 간편하게 인터페이스 구현을 객체에 맡길 수 있다. 단, 상위 클래스 구현을 다른 객체에 위임할 수 없다는 점은 유의하라.

클래스 선언에 있는 상위 인터페이스 선언 부분에서 인터페이스 이름 다음에 by를 넣고 by 뒤에 구현 객체 이름을 적으면 된다. 이때 by 뒤에 올 객체는 당연히 해당 인터페이스를 구현한 객체여야 한다.

by를 통한 구현 위임을 사용하면 앞의 자동차 예제에서 KCar 정의를 다음과 같이 바꿀 수 있다. 나머지 부분은 바꿀 필요가 없으며, 실행하면 표시되는 출력도 똑같다.

```
package ch13.carbydelegation

...

class KCar(private val powerTrain: PowerTrain): Drivable by powerTrain  // (1)

...
```

(1) powerTrain 프로퍼티에 저장된 객체에 Drivable 인터페이스 구현을 위임한다.

by 다음에 반드시 멤버 프로퍼티만 올 필요는 없다. 싱글턴 객체나 전역 프로퍼티, 익명 객체 등을 사용할 수도 있다.

```
package ch13.otherdelegations

interface Base {
    fun foo()
}

class BaseImpl(private val s:String) : Base {
    init {
        println("# BaseImpl($s) created")
    }
```

```kotlin
    override fun foo() { println("BaseImpl($s).foo") }
}

object BaseImplObject: Base {
    init {
        println("# BaseImplObject created")
    }
    override fun foo() { println("BaseImplObject.foo") }
}

val o = BaseImpl("o")

class Derived1(b: Base) : Base by b
class Derived2: Base by BaseImpl("derived2")  // (1)
class Derived3: Base by BaseImplObject
class Derived4: Base by o
class Derived5: Base by object: Base {        // (2)
    init {
        println("# anonymous object created")
    }
    override fun foo() { println("Anonymous.foo") }
}

fun main() {
    val d11 = Derived1(BaseImpl("derived1"))
    val d12 = Derived1(BaseImpl("derived1"))
    val d21 = Derived2()
    val d22 = Derived2()
    val d31 = Derived3()
    val d32 = Derived3()
    val d41 = Derived4()
    val d42 = Derived4()
    val d51 = Derived5()
    val d52 = Derived5()

    d11.foo()
    d12.foo()
    d21.foo()
    d22.foo()
    d31.foo()
    d32.foo()
    d41.foo()
```

```
    d42.foo()
    d51.foo()
    d52.foo()
}
/*
# BaseImpl(o) created
# BaseImpl(derived1) created
# BaseImpl(derived1) created
# BaseImpl(derived2) created   <--- (1)
# BaseImpl(derived2) created   <--- (1)
# BaseImplObject created
# anonymous object created   <---- (2)
# anonymous object created   <---- (2)
BaseImpl(derived1).foo
BaseImpl(derived1).foo
BaseImpl(derived2).foo
BaseImpl(derived2).foo
BaseImplObject.foo
BaseImplObject.foo
BaseImpl(o).foo
BaseImpl(o).foo
Anonymous.foo
Anonymous.foo
*/
```

⑴ by 다음에 생성자 호출을 한 경우, Derived2 객체가 새로 만들어질 때마다 by 다음
   에 오는 생성자 호출 코드가 실행된다.

⑵ by 다음에 익명 객체를 사용한 경우에도 Derived5 객체가 생성될 때마다 익명 객
   체가 새로 생성된다.

위임을 사용할 경우, 위임으로 제공되는 함수 안에서는 this가 by 다음에 오는 위임 객
체라는 점이 다소 혼동을 초래한다. 따라서 멤버 중 일부만 오버라이드할 때 이 부분을
조심해야 한다.

```
interface Foo {
  fun foo1():Unit
```

```
  fun foo2():Unit
}

class FooImpl: Foo {
  override fun foo1() { println("FooImpl.foo1(): $this") }
  override fun foo2() { println("FooImpl.foo2(): $this"); foo1() }
}

class FooDele(foo: Foo): Foo by foo {
  override fun foo1() { println("FooDele.foo1(): $this") }
}

fun main() {
  val o1 = FooImpl()
  val o2 = FooDele(o1)

  o2.foo1()  // (1)
  o2.foo2()  // (2)
}
/*
FooDele.foo1(): FooDele@20ad9418
FooImpl.foo2(): FooImpl@5197848c
FooImpl.foo1(): FooImpl@5197848c
*/
```

(1) o2.foo1()은 오버라이드한 foo1()을 호출하므로 this가 o2가 된다.

(2) o2.foo2()는 o1에 구현을 위임하기 때문에 o1.foo2()가 호출된다. 이 안에서는 this 가 (생성자를 통해 전달된 위임 객체인) o1이므로, foo1()을 호출하면 o2의 foo1()이 아 니라 o1의 foo1()이 호출된다.

익힘문제

코틀린 구현 위임에 대한 설명 중 옳지 않은 것은?

1. 클래스를 선언할 때, 인터페이스 다음에 by와 함께 인터페이스를 구현하는 객체를 지정하면 컴파 일러가 인터페이스의 모든 멤버 함수 구현을 객체에 위임해준다.
2. 클래스를 선언할 때 by 다음에 클래스 생성자의 파라미터로 받은 객체를 지정할 수 있다.
3. 클래스를 선언할 때 by 다음에 클래스 생성자의 파라미터로 받은 객체만 지정할 수 있다.

4. 클래스를 선언할 때 by 다음에 생성자 호출을 넣어서 위임 객체를 선언할 수 있다.

5. 클래스를 선언할 때 by 다음에 익명 객체식을 넣어서 위임 객체를 선언할 수 있다.

6. 클래스를 선언할 때 by 다음에 생성자 호출이나 익명 객체 식을 넣은 경우, 클래스의 새 인스턴스가 생성될 때마다 새 위임 객체가 생성된다.

13.9.2 프로퍼티 위임

프로퍼티 세터와 게터도 함수이므로 그 구현을 다른 함수나 객체에 위임할 수 있다.

```
package ch13.fielddelegate

class Employer(info: MutableMap<String, Any>) {
    private val map = info
    var name: String
        get() = map["name"] as String
        set(v) { map["name"] = v }
    var age: Int
        get() = map["age"] as Int
        set(v) { map["age"] = v }
}

fun main() {
    val map = mutableMapOf<String, Any>("name" to "오현석", "age" to 48)
    val employer = Employer(map)
    println("name: ${employer.name}, age: ${employer.age}")
    employer.age = 49
    println("name: ${employer.name}, age: ${employer.age}")
}
main()
/*
name: 오현석, age: 48
name: 오현석, age: 49
*/
```

각 필드는 map에 저장된 값을 가져와서 자신이 원하는 타입으로 변환해 제공한다. 이때 각 필드는 맵에서 필드 자신의 이름에 해당하는 정보를 얻어온다. 이 과정에서 위임 작업을 직접 구현하는 것은 상당히 귀찮은 일이다. 13.9.1절에서 클래스가 위임을 통해 인터페이스를 구현하도록 컴파일러가 자동으로 코드를 생성해줬던 것처럼, 뭔가 필드 위임 과정도 자동화해주면 좋을 것 같다.

이를 위해서는 일단 프로퍼티 게터와 세터 위임을 추상화해야 한다. 어떻게 게터와 세터 위임을 추상화할 수 있을까? 추상화는 결국 패턴을 파악하고 나서 코드화하는 작업이다. 따라서 프로퍼티를 다른 객체에 위임할 때는 어떤 형태의 함수를 호출해야 할지 생각해봐야 한다.

우선 게터는 프로퍼티 값을 돌려주는 함수고, 세터는 프로퍼티 값의 타입에 해당하는 값을 인자로 받아 내부 상태를 설정하고 Unit을 반환하는 함수다. 따라서 게터가 호출할 위임 함수는 필드 자신의 정보를 인자로 넘기면 필드 타입과 같은 타입의 값을 반환해주는 함수면 되고, 세터가 호출할 위임 함수는 필드 자신의 정보와 필드에 저장할 값을 인자로 넘기면 내부에서 정보를 어떤 식으로든 저장한 다음에 Unit을 반환하는 함수면 된다. 이 두 함수의 시그니처를 정리하면 다음과 같다.

1. `fun <T> getValue(name: String): T`
2. `fun <T> setValue(name: String, value: T): Unit`

여기서 name은 필드 이름, T는 필드 타입이 된다. 그런데 이것만으로 충분할까? 당장 써먹을 일은 없지만 수신 객체가 필요할 수도 있다. 따라서 첫 번째 인자로 프로퍼티가 속한 수신 객체를 추가하자. 그리고 사실 name뿐 아니라 필드 자체에 대한 추가 정보가 필요할 수도 있으므로 이름뿐 아니라 실행 시점에 필드의 정보를 모두 다 알아낼 수 있는 값을 name 위치에 받아야 한다.

실행 시점에 실행 중인 프로그램의 정보를 알아내는 기능을 **리플렉션**reflection이라 하며, 코틀린에서 프로퍼티에 대한 정보를 원할 때 쓸 수 있는 리플렉션 타입은 KProperty 타입이다. 이를 활용하면 다음과 같이 두 함수의 시그니처를 변경할 수 있다.

1. `fun getValue(thisRef: 객체타입, property: KProperty<*>): 필드타입`
2. `fun setValue(thisRef: 객체타입, property: KProperty<*>, value: 필드타입): Unit`

이 코드는 컴파일러가 생성해줄 코드를 묘사하므로 구체적인 타입은 그때그때 컴파일러가 지정해줄 수 있다. 이제 이 두 함수를 사용하고 내부에 맵을 써서 데이터를 저장하는 MapDelegate 클래스를 정의해보자.

```
class MapDelegate(private val map: MutableMap<String, Any>) {
    fun getValue(thisRef: Employer, property: KProperty<*>): Any =
        map[property.name]                          // (1)
            ?: throw IllegalArgumentException("${property.name} does not exist
in the map")

    fun setValue(thisRef: Employer, property: KProperty<*>, value: Any) {
        map[property.name] = value                  // (1)
    }
}
```

(1) KProperty는 프로퍼티 정보를 표현하는 리플렉션 클래스며, 이 클래스의 name 프로퍼티는 프로퍼티의 짧은 이름을 돌려준다.

이 위임 객체를 활용해 필드에 값을 저장하는 클래스를 다음과 같이 정의할 수 있다. 코틀린에서 어떤 프로퍼티에 대한 정보를 표현하는 리플렉션 KProperty 객체를 얻고 싶다면 ::프로퍼티이름처럼 프로퍼티 참조를 사용하면 된다.

```
class Employer(private val delegate: MapDelegate) {
  var name: String
    get() = delegate.getValue(this, ::name) as String
    set(v) = delegate.setValue(this, ::name, v)
  var age: Int
    get() = delegate.getValue(this, ::age) as Int
    set(v) = delegate.setValue(this, ::age, v)
}
```

이 Employer 구현에서 get()과 set()의 구현이 항상 같다는 사실을 알 수 있다. 따라서 이런 구현을 컴파일러가 자동으로 생성해주면 좀 더 편리하게 활용할 수 있을 것 같다.

한편 이렇게 만든 위임 필드를 사용하는 main()의 실행 결과는 다음과 같다.

```
fun main() {
    val map = mutableMapOf<String, Any>("name" to "오현석", "age" to 48)
    val delegate = MapDelegate(map)
    val employer = Employer(delegate)
    println("name: ${employer.name}, age: ${employer.age}")
    employer.age = 49
    println("name: ${employer.name}, age: ${employer.age}")
}
/*
name: 오현석, age: 48
name: 오현석, age: 49
*/
```

자바였다면 아마 Delegate라는 인터페이스가 있고, 이 인터페이스를 구현한 MapDelegateImpl 같은 클래스를 정의한 다음에 Employer가 Delegator<MapDelegateImpl>을 사용해야 했을 것이다. 하지만 코틀린은 꼭 타입을 통해 제약을 가해야 하는 경우가 아니라면 연산자와 관습을 사용해 프로그래머가 언어 기능을 좀 더 느슨하게 구현할 수 있도록 해준다. 필드 위임의 경우에도 코틀린에서는 이런 연산자와 관습을 통해 위임 기능을 제공한다. 코틀린에서는 위임을 사용하는 쪽에서 위임할 필드 다음에 by를 적고 by 다음에 위임을 처리할 객체를 적는다.

```
class Employer(private val delegate: MapDelegate2) {
  var name: String by delegate
  var age: Int by delegate
}
```

위임을 처리할 MapDelegate2에서는 getValue()와 setValue()를 정의한다. 이때 프로퍼티의 타입에 따라 별도의 함수를 만들 수 있도록 제네릭 함수로 getValue()와 setValue()를 정의하자.

```
class MapDelegate2(private val map: MutableMap<String, Any>) {
  operator fun <T> getValue(thisRef: Employer, property: KProperty<*>): T =
    (map[property.name] as T)                                    // (1)
      ?: throw IllegalArgumentException("${property.name} does not exist in
the map")
```

```
  operator fun <T> setValue(thisRef: Employer, property: KProperty<*>, value:
T) {
    map[property.name] = value as Any                                    // (2)
  }
}
```

(1) 맵에서 프로퍼티 이름에 해당하는 값을 읽어 T 타입으로 변환한다.

(2) 맵에 넣을 때는 Any 타입으로 취급해 값을 넣는다.

MapDelegate 대신 MapDelegate2를 사용한다는 점을 제외하면 main() 함수와 실행 결과
는 이전 예제와 같다.

더 나아가 이 getValue()와 setValue()를 맵의 확장 함수로 정의할 수도 있다.

```
package ch13.mapkotlinextensiondelegate

import java.lang.IllegalArgumentException
import kotlin.reflect.KProperty

operator fun <T> Map<String, Any>.getValue(thisRef: Employer, property:
KProperty<*>): T =            // (1)
  (this[property.name] as T)
    ?: throw IllegalArgumentException("${property.name} does not exist in
the map")

operator fun <T> MutableMap<String, Any>.setValue(thisRef: Employer,
property: KProperty<*>, value: T) {
  println("setValue: ${thisRef} ${property.name} = ${value}")            // (2)
  this[property.name] = value as Any
}

class Employer(private val delegate: MutableMap<String, Any>) {
  var name: String by delegate
  var age: Int by delegate
}

fun main() {
  val map = mutableMapOf<String, Any>("name" to "오현석", "age" to 48)
  val employer = Employer(map)
```

```
    println("name: ${employer.name}, age: ${employer.age}")
    employer.age = 49
    employer.name = "현석오"
    println("name: ${employer.name}, age: ${employer.age}")
}
/*
name: 오현석, age: 48
setValue: ch13.mapkotlinextensiondelegate.Employer@3d646c37 age = 49
setValue: ch13.mapkotlinextensiondelegate.Employer@3d646c37 name = 현석오
name: 현석오, age: 49
*/
```

(1) MutableMap이 Map을 확장하기 때문에 이렇게 써도 안전하다. 추가로 이렇게 확장
  을 정의해두면 val 프로퍼티도 맵(특히 읽기 전용 맵)에 위임할 수 있게 된다.

(2) 정말 이 확장 함수가 호출되는지 확인하고자 화면에 thisRef와 프로퍼티 이름, 설
  정하려는 값을 찍게 했다.

한편, 맵으로 프로퍼티를 저장하는 경우는 자주 일어날 법한 일이므로 코틀린 표준 라
이브러리는 가변 맵과 불변 맵에 대한 위임 함수를 미리 정의해 제공하고 있다. 그래서
앞의 코드처럼 별도로 확장을 정의하지 않고 직접 맵을 사용해도 아무 문제 없이 프로그
램이 잘 작동한다.

```
package ch13.bymapproperty

class Employer(private val map: MutableMap<String, Any>) {
  var name: String by map
  var age: Int by map
}

fun main() {
  val map = mutableMapOf<String, Any>("name" to "오현석", "age" to 48)
  val employer = Employer(map)
  println("name: ${employer.name}, age: ${employer.age}")
  employer.age = 49
  employer.name = "현석오"
  println("name: ${employer.name}, age: ${employer.age}")
```

```
}
/*
name: 오현석, age: 48
name: 현석오, age: 49
*/
```

또한 확장 프로퍼티나 최상위 프로퍼티, 심지어 지역 프로퍼티까지 by를 써서 위임할
수도 있다.

```
package ch13.extensionpropertyby

class Foo(val v: Int)

val map: MutableMap<String, Any> = mutableMapOf<String, Any>().withDefault {
"none" }

var Foo.name1: String by map
var Foo.name2: String by map

var name2: String by map

fun main() {
  val foo1 = Foo(1)
  val foo2 = Foo(2)
  val name1: String by map

  println("${foo1.v}: ${foo1.name1} / ${foo1.name2}")
  println("${foo2.v}: ${foo2.name1} / ${foo2.name2}")
  println("top name2=$name2 local name1=$name1")

  foo1.name1 = "Hyunsok"
  foo1.name2 = "Gye Young"

  println("${foo1.v}: ${foo1.name1} / ${foo1.name2}")
  println("${foo2.v}: ${foo2.name1} / ${foo2.name2}")
  println("top name2=$name2 local name1=$name1")
}
/*
1: none / none
2: none / none
```

```
top name2=none local name1=none
1: Hyunsok / Gye Young
2: Hyunsok / Gye Young
top name2=Gye Young local name1=Hyunsok
*/
```

여기서는 프로퍼티를 위임하는 맵을 공유할 때 한 프로퍼티를 변경하면 다른 영역에 있는 프로퍼티도 달라질 수 있다는 점에 유의하라.

익힘문제

다음은 Employer라는 클래스에 속한 객체에 대해 사용할 수 있는 위임 클래스에 정의해야 하는 연산자 함수 getValue()와 setValue() 시그니처다. 각 시그니처의 ... 부분에 적당한 코드를 넣어라.

1. ... fun getValue(thisRef: ..., property: ...): ...
2. ... fun setValue(thisRef: ..., property: ..., value: ...)

익힘문제

프로퍼티 위임에 대한 설명 중 옳지 않은 것은?

1. 프로퍼티를 선언할 때 프로퍼티 타입 뒤에 by 객체를 적으면 객체에 프로퍼티 동작을 위임할 수 있다.
2. val 프로퍼티에 사용하는 위임 객체는 setValue() 연산자 함수만 제공하면 된다.
3. 클래스 멤버 프로퍼티, 최상위 프로퍼티, 지역 변수(지역 프로퍼티), 확장 프로퍼티에 대해 위임을 사용할 수 있다.
4. 프로퍼티를 위임받는 위임 객체의 getValue()와 setValue()는 첫 번째 파라미터로 피위임 객체에 대한 참조를 받는다.
5. 프로퍼티를 위임받는 위임 객체의 getValue()와 setValue()는 두 번째 파라미터로 프로퍼티에 대한 정보가 들어 있는 KClass 객체를 받는다.

13.9.3 코틀린이 기본 제공하는 위임

조금 전에 맵을 통한 프로퍼티 위임을 살펴봤는데, 코틀린은 그 외에도 몇 가지 위임을 제공한다. 코틀린 라이브러리가 제공하는 몇 가지 위임 기능을 살펴보자.

lazy()

읽기 전용 프로퍼티의 경우 lazy()를 사용해 프로퍼티 값이 필요한 시점까지 프로퍼티 계산을 연기할 수 있다. lazy()는 람다를 파라미터로 받는다. 그리고 해당 프로퍼티의 getValue()가 처음 호출될 때 람다를 호출해 값을 얻은 후 내부 필드에 넣고, 그 이후의 getValue() 호출에서는 저장된 필드 값을 돌려준다. 이때 JVM에서는 동시에 다른 스레드에서 프로퍼티에 접근할 수도 있으므로 동기화를 시도하는 구현을 디폴트로 사용한다. 다른 플랫폼에서도 동시 접근이 가능하면 이런 식의 보호 조치가 필요하다.

```
fun <T> lazy(initializer: () -> T): Lazy<T> = SynchronizedLazyImpl
(initializer)
```

(JVM에서) 동기화를 감안한 SynchronizedLazyImpl은 다음과 같다.

```
private class SynchronizedLazyImpl<out T>(initializer: () -> T, lock: Any? =
null) : Lazy<T>, Serializable {
  private var initializer: (() -> T)? = initializer

  @Volatile private var _value: Any? = UNINITIALIZED_VALUE     // (1)

  private val lock = lock ?: this                    // (2)

  override val value: T
    get() {
      val _v1 = _value
      if (_v1 !== UNINITIALIZED_VALUE) {             // (3)
        @Suppress("UNCHECKED_CAST")
        return _v1 as T
      }

      return synchronized(lock) {                    // (4)
        val _v2 = _value
        if (_v2 !== UNINITIALIZED_VALUE) {           // (5)
          @Suppress("UNCHECKED_CAST") (_v2 as T)
        } else {
          val typedValue = initializer!!()           // (6)
          _value = typedValue
```

```
            initializer = null
            typedValue
        }
      }
    }
  }

  override fun isInitialized(): Boolean = _value !== UNINITIALIZED_VALUE

  override fun toString(): String = if (isInitialized()) value.toString()
else "Lazy value not initialized yet."

  private fun writeReplace(): Any = InitializedLazyImpl(value)
}
```

(1) 값을 저장할 내부 필드 역할을 하는 _value의 초깃값을 UNINITIALIZED_VALUE라는 특별한 내부 싱글턴 객체로 설정해둔다. 이 객체는 초기화되지 않은 값을 표현한다.

(2) 동기화를 위해 주어진 lock이나 this를 사용한다.

(3) 이미 값이 저장돼 있으면 그 값을 (비싼 비용이 드는 동기화 없이) 반환한다.

(4) 값이 저장돼 있지 않으면 (1)에서 정한 객체를 활용해 동기화를 시도한다.

(5) 같은 동기화 객체에 대해 여러 번 이 게터 함수가 호출된 경우 이 synchronized 블록 안에 여러 번 (그러나 각 스레드가 순차적으로) 들어올 수 있다. 그래서 한 번 더 _value에 값이 설정돼 있는지를 검사해야 불필요한 중복 계산을 막을 수 있다.

(6) 아직 _value 값 설정이 이뤄지지 않았으므로 람다를 호출해 값을 초기화하고, 람다를 가리키던 변수를 null로 초기화해 람다 객체를 메모리에서 해제할 수 있게 해준다. 여기서 null 대입이 없으면 람다 객체가 메모리에서 해제되지 않아 메모리 누수momery leak가 발생한다.

하지만 항상 순차 접근을 보장할 수 있다면 굳이 동기화를 사용하지 않아도 된다. 이를 대비해 lazy() 함수에는 동기화 방법을 정할 수 있는 오버로드 함수와 동기화 시 사용할 락ock을 지정하는 오버로드 함수가 추가돼 있다.

554

```
fun <T> lazy(mode: LazyThreadSafetyMode, initializer: () -> T): Lazy<T> =
  when (mode) {
    LazyThreadSafetyMode.SYNCHRONIZED -> SynchronizedLazyImpl(initializer)
    LazyThreadSafetyMode.PUBLICATION -> SafePublicationLazyImpl(initializer)
    LazyThreadSafetyMode.NONE -> UnsafeLazyImpl(initializer)
  }

fun <T> lazy(lock: Any?, initializer: () -> T): Lazy<T> =
SynchronizedLazyImpl(initializer, lock)
```

lazy()를 호출할 때 람다 앞에 동기화 모드를 추가하면 어떤 구현을 사용할지 지정할 수 있다. 조금 전에 살펴본 SynchronizedLazyImpl 외에 UnsafeLazyImpl과 SafePublicationLazyImpl이 더 정의돼 있다.

1. UnsafeLazyImpl은 별도의 동기화 처리 없이 필드에 값이 설정돼 있는지 검사해서 값이 설정돼 있으면 그 값을 돌려주고, 그렇지 않으면 람다를 호출한 결과를 필드에 저장하고 값을 돌려준다.

2. SafePublicationLazyImpl은 동기화 처리를 하긴 하는데 좀 더 가벼운 구현을 사용한다. SYNCHRONIZED 모드에서는 모니터(코틀린 synchronized 블록)를 사용해 초깃값을 계산하는 람다를 단 한 번만 호출하도록 강제하지만, SafePublicationLazyImpl은 람다 호출을 동기화 블록 안에 넣지 않고 동시에 여러 번 호출하게 허용하는 대신 람다가 계산한 값을 아토믹 필드와 compareAndSet()을 사용해 한 번만 설정하도록 보장한다. 람다 호출 비용이 동기화 비용보다 싼 경우 이 구현이 적합하지만, 초깃값 람다 계산에 시간이 오래 걸린다면 SYNCHRONIZED 모드를 사용해야 한다.

val 프로퍼티를 선언하되, 즉시 값을 계산할 필요가 없을 때 by lazy()를 사용할 수 있다.

```
fun main() {
  val lv: Int by lazy {
    println("lv 계산!")
    10
```

```
  }
  println(lv)
  println(lv)
}
/*
lv 계산!
10
10
*/
```

observable()

프로퍼티 값이 변경될 때마다 이전 값과 새 값을 통지받고 싶을 때 observable()을 사용
한다. observable() 함수는 초깃값과 람다를 받는다. 이때 람다는 프로퍼티 값이 변경될
때마다 프로퍼티를 표현하는 KProperty<*> 인스턴스 값과 이전 값, 새 값을 파라미터로
받게 된다.

```
package ch13.observable
```

```
import kotlin.properties.Delegates.observable
import kotlin.reflect.KProperty

fun observe(property: KProperty<*>, old: Any, new: Any) {
  println("${property.name}: $old -> $new")
}

class Person(name: String, age: Int) {              // (1)
  var name: String by observable(name, ::observe)   // (2)
  var age: Int by observable(age, ::observe)
}

fun main() {
  val p = Person("Hyunsok Oh", 48)
  p.name = "Oh Hyunsok"
  p.age = 49
}
/*
name: Hyunsok Oh -> Oh Hyunsok
age: 48 -> 49
*/
```

(1) 생성자 인자로 name과 age를 받는다.

(2) by observable()의 첫 번째 인자로 생성자 파라미터에 있는 name을 지정한다. val name=name과 마찬가지로 이 경우 by 다음에 오는 name은 생성자 파라미터 name을 가리킨다.

vetoable()

세터에서 필요에 따라 값 변경을 허용하고 싶지 않을 때 vetoable()을 사용한다. vetoable()도 observable()과 마찬가지로 초깃값과 람다를 인자로 받는다. vetoable()이 받는 람다도 observable()과 마찬가지로 프로퍼티, 변경 전 값, 변경 후 값을 파라미터로 전달받는다. vetoable()의 람다는 Boolean을 반환해야 하고 observable()의 람다는 값이 변경된 다음에 호출되지만, vetoable()의 람다는 값이 변경되기 직전에 호출된다는 점에서 차이가 있다. 람다의 반환값이 true이면 값이 변경되고, false이면 값이 변경되지 않는다.

```
package ch13.vetoable

import kotlin.properties.Delegates.vetoable
import kotlin.random.Random

val random = Random(0)                          // (1)

class Person(name: String, otherName: String, age: Int) {
  var name: String = name
  var otherName: String = otherName
  var age: Int by vetoable(age) { property, old, new ->
    random.nextBoolean().also {                 // (2)
      println("${property.name}: $old -> $new $it")
    }
  }
}

fun main() {
  val p = Person("Hyunsok Oh", "현석오", 48)
  p.name = "Oh Hyunsok"
  p.otherName = "오현석"
  while(true) {
    val prevAge = p.age
    p.age = (prevAge + 1) % 100
    val nextAge = p.age
    if(prevAge==nextAge) break                  // (3)
  }
}
/*
age: 48 -> 49 true
age: 49 -> 50 false
*/
```

(1) kotlin.random.Random 객체를 만들면서 씨앗값^{seed}을 0으로 준다. 이 값을 고정하면 항상 같은 순서로 의사 난수$^{pseudorandom number}$가 발생하므로 난수 관련 함수를 실행한 결과가 항상 같아진다. 실제로 난수 관련 테스트를 진행할 때 난수 씨앗값

을 고정하고 테스트하는 경우가 가끔 있다.

(2) Random 객체의 nextBoolean() 메서드는 난수로 true/false를 돌려준다. 이 값을 반환하되 반환 직전에 also() 영역 함수(14.3절 참조)를 사용해 화면에 정보를 출력한다.

(3) p.age에 새로운 나이를 대입했음에도 나이가 변경되지 않으면 루프를 종료한다.

13.9.4 getValue()와 setValue() 규칙

val 프로퍼티에 by 위임을 제공하기 위해 by 다음에 오는 객체는 getValue(thisRef, property) 함수를 제공해야 한다.

1. thisRef의 타입은 선언 중인 val 프로퍼티가 포함된 객체의 타입이거나 그 상위 타입이어야 한다. 확장 프로퍼티의 경우 확장 대상 타입이어야 한다.

2. property의 타입은 KProperty<*>나 그 상위 타입이어야 한다.

3. 반환 타입은 선언 중인 val 프로퍼티의 타입과 같거나 그보다 하위 타입이어야 한다.

var 프로퍼티에 by 위임을 제공하기 위해 by 다음에 오는 객체는 getValue(thisRef, property)와 더불어 setValue(thisRef, property, value) 함수를 제공해야 한다. 이때 getValue(thisRef, property)는 조금 전에 설명한 조건을 만족해야 하고, setValue (thisRef, property, value)는 다음을 만족해야 한다.

1. thisRef의 타입은 선언 중인 var 프로퍼티가 포함된 객체의 타입이거나 그 상위 타입이어야 한다. 또한 확장 프로퍼티의 경우 확장 대상 타입이어야 한다.
2. property의 타입은 KProperty<*>나 그 상위 타입이어야 한다.
3. value의 타입은 선언 중인 var 프로퍼티와 같은 타입이거나 더 상위 타입이어야 한다.

코틀린 표준 라이브러리는 이런 규칙을 정의한 제네릭 인터페이스를 제공한다.

```
fun interface ReadOnlyProperty<in T, out V> {
    operator fun getValue(thisRef: T, property: KProperty<*>): V
}

interface ReadWriteProperty<in T, V> : ReadOnlyProperty<T, V> {
    override operator fun getValue(thisRef: T, property: KProperty<*>): V
    operator fun setValue(thisRef: T, property: KProperty<*>, value: V)
}
```

13.9.5 위임 프로퍼티 컴파일 방법

프로그래머가 위임을 사용해 프로퍼티를 선언하면, 일반적으로 코틀린 컴파일러는 위임을 처리하기 위한 별도의 보조 프로퍼티를 생성해 위임 객체를 저장하고 원래 프로퍼티의 게터와 세터는 보조 프로퍼티의 getValue()와 setValue()를 호출한다.

예를 들어 다음과 같은 위임 코드가 있다고 하자.

```
class Foo {
    var bar: 타입 by 위임클래스()
}
```

컴파일러가 컴파일한 코드는 다음과 같이 보조 프로퍼티를 활용한다. 컴파일러는 getValue()와 setValue()를 호출하는 게터와 세터를 정의해주면서 필요한 파라미터를 채워 넣어준다.

```
// 컴파일러가 생성한 코드임
class Foo {
  private val bar$delegate = 위임클래스()
  var bar: 타입
    get() = bar$delegate.getValue(this, this::bar)
    set(value: 타입) = bar$delegate.setValue(this, this::bar, value)
}
```

여기서 this::bar는 Foo 클래스의 bar를 가리키는 참조처럼 쓰이지만, 실제로는 KProperty<*> 타입의 리플렉션 객체다.

다만 최적화가 가능한 경우 성능을 향상시키기 위해 보조 프로퍼티를 생성하지 않을 수도 있다.

- by 다음에 오는 위임 객체가 이미 참조 형태이거나 이름이 있는 싱글턴 객체인 경우 불필요하게 보조 프로퍼티를 만들 필요가 없다.
- 같은 모듈 안에 있는 뒷받침하는 필드가 있고 디폴트 게터가 있는 final val 프로퍼티가 by 다음에 쓰인 경우에도 보조 프로퍼티를 만들 필요가 없다.
- 클래스 자신이 getValue()나 setValue()를 제공하는 경우 by this가 쓰였다면 굳이 보조 프로퍼티를 만들 필요가 없다.
- 이넘 원소나 상수식이 by 다음에 쓰인 경우에도 굳이 보조 프로퍼티를 만들 필요가 없다.

이 모든 경우는 어디에 있는 getValue()나 setValue()를 호출해야 할지가 분명한 경우라 할 수 있다. 앞의 예제에 있는 by 위임클래스()의 경우 위임클래스()를 호출해 생성한 객체를 어딘가에는 담아둬야 게터와 세터에서 이 객체의 getValue()와 setValue()를 호출할 수 있다. 또한 객체가 생성될 때마다 위임클래스()가 호출되면서 새로운 인스턴스가 생성되므로 생성된 위임 클래스 인스턴스를 Foo 객체마다 별도로 저장해야 한다. 이런 경우, 인스턴스별로 따로 저장해야 하며 객체 외부에서는 참조할 필요가 없는 정보를 저장할 가장 적절한 위치는 인스턴스 내부에 있는 비공개 프로퍼티이므로 보조 프로퍼티를 생성한다.

13.9.6 operator fun provideDelegate()

코틀린 객체를 JSON으로 만들고, JSON을 객체로 변환하고 싶다고 하자. 다른 객체–JSON 매퍼를 사용해도 되지만, 프로퍼티 위임을 사용하면 필드들의 맵을 유지하면서 쉽게 JSON을 처리할 수 있을 것 같다.

예를 들어 어떤 가변 맵을 정의하고 프로퍼티를 그 맵에 위임하면 이 문제가 쉽게 해결될 것 같아 보인다.

```
package ch13.jsonbydelegatemap

class MyEntity {
    private val map: MutableMap<String, Any> = mutableMapOf()      // (1)

    val intVal: Int by map                                 // (2)
    var intVar: Int by map
    val doubleVal: Double by map

    fun toJson() = map.entries.joinToString(",", "{", "}") {       // (3)
        """${it.key}: ${it.value}"""
    }
    fun from(from: Map<String, Any>) {
        from.forEach { k, v ->                                // (4)
            map[k] = v
        }
    }
}

fun main() {
    val map1: Map<String, Any> = mapOf("intVal" to 10, "intVar" to 20,
```

```
"doubleVal" to 10.0)
    val map2: Map<String, Any> = mapOf("intVal" to 10, "intVar" to 20,
"doubleVal" to 10.0, "bool" to true)
    val map3: Map<String, Any> = mapOf("intVal" to 10, "intVar" to 20)
    val o1 = MyEntity()
    val o2 = MyEntity()

    o1.intVar = -1
    println("o1.toJson() = ${o1.toJson()}")        // (5)

    o1.from(map1)
    println("o1.toJson() = ${o1.toJson()}")        // (6)

    o1.from(map2)
    println("o1.toJson() = ${o1.toJson()}")        // (7)

    o2.from(map3)
    println("o2.toJson() = ${o2.toJson()}")        // (8)
}
/*
o1.toJson() = {intVar: -1}                         <--- (5)
o1.toJson() = {intVar: 20, intVal: 10, doubleVal: 10.0}          <--- (6)
o1.toJson() = {intVar: 20, intVal: 10, doubleVal: 10.0, bool: true} <--- (7)
o2.toJson() = {intVal: 10, intVar: 20}             <--- (8)
*/
```

(1) 가변 맵을 선언해 프로퍼티를 위임한다.

(2) val이나 var 모두 가변 맵에 위임할 수 있다.

(3) toJson은 객체의 모든 필드를 뒤지지 않고 맵의 모든 원소를 방문하면서 문자열로 변환한다.

(4) from()은 주어진 맵을 사용해 엔티티의 필드 값이 저장된 맵을 갱신한다. 이 함수는 JSON을 파싱해 각 필드를 설정해주는 함수를 에뮬레이션한다.

맵을 프로퍼티 위임에 사용하면 MyEntity를 JSON으로 변환하거나 JSON을 파싱해 MyEntity로 변환하는 기능을 쉽게 구현할 수 있을 것으로 보인다. 하지만 문제가 있다.

1. intVar 값을 설정했으므로 map에 intVar에 해당하는 엔트리가 추가됐지만, 다른 필드들에 대해서는 엔트리가 들어 있지 않다.

2. 모든 필드가 제대로 들어 있는 값을 넣으면 정상적으로 JSON이 출력된다.

3. MyEntity에 필요 없는 필드가 하나 더 있지만 경고나 오류가 표시되지 않는다.

4. MyEntity에 있는 bool 필드를 제공하지 않지만 오류가 발생하지 않는다.

이를 해결하려면 프로퍼티와 위임 객체가 결정되는 시점에 객체 안에 필요한 정보를 넣어줘야 한다. 하지만 위임 객체의 setValue()와 getValue()는 프로퍼티 값이 설정되거나 읽히는 실행 시점이 돼야 호출되므로, getValue()와 setValue()에 의존하는 한 MyEntity 객체를 생성하는 시점에 모든 위임 프로퍼티의 정보를 모을 수는 없다. 이를 해결하려면, by 다음에서 객체가 아니라 함수를 호출하고 그 함수가 위임 객체를 반환하게 만들어야 한다. 그리고 이 함수는 프로퍼티에 대한 정보를 수동으로 전달받아야 한다.

```
package ch13.propertydelegateold

import java.lang.IllegalArgumentException
import kotlin.properties.ReadWriteProperty
import kotlin.reflect.KProperty

class MyEntity {
  private val map = mutableMapOf<String, Any?>()

  fun <T> delegate(p: KProperty<*>): ReadWriteProperty<MyEntity, T> {
    map[p.name] = null
    return object : ReadWriteProperty<MyEntity, T> {
      override operator fun getValue(thisRef: MyEntity, property:
KProperty<*>): T =
          (map[property.name])?.let{it as T} ?:
            throw IllegalStateException("값을 설정하지 않고 엔티티 프로퍼티(${property.
name})에 접근했습니다.")
      override operator fun setValue(thisRef: MyEntity, property:
KProperty<*>, value: T) {
        map[property.name] = value as Any
      }
    }
```

```kotlin
    }

    val intVal:Int by delegate(::intVal)
    var intVar:Int by delegate(::intVar)
    val doubleVal:Double by delegate(::doubleVal)

    fun toJson() = map.entries.joinToString(",", "{", "}") {
      """${it.key}: ${it.value}"""
    }
    fun from(from: Map<String, Any>) {
      val fromKeySet = from.keys
      val thisKeySet = map.keys

      if((fromKeySet - thisKeySet).isNotEmpty())
        throw IllegalArgumentException("엔티티에 없는 키(${fromKeySet-thisKeySet})
가 맵에 있습니다.")
      if((thisKeySet - fromKeySet).isNotEmpty())
        throw IllegalArgumentException("엔티티 키(${thisKeySet-fromKeySet}) 정보가
맵에 없습니다.")

      from.entries.forEach { (fromKey, value) ->
        map[fromKey] = value
      }
    }
  }
}


fun main() {
  val map1: Map<String, Any> = mapOf("intVal" to 10, "intVar" to 20,
"doubleVal" to 10.0)
  val map2: Map<String, Any> = mapOf("intVal" to 10, "intVar" to 20,
"doubleVal" to 10.0, "bool" to true)
  val map3: Map<String, Any> = mapOf("intVal" to 10, "intVar" to 20)
  val o1 = MyEntity()
  val o2 = MyEntity()

  o1.intVar = -1
  println("o1.toJson() = ${o1.toJson()}")

  try {
    o1.from(map1)
    println("o1.toJson() = ${o1.toJson()}")
```

```
  } catch(e:Exception) { println(e.message) }

  try {
    o1.from(map2)
    println("o1.toJson() = ${o1.toJson()}")
  } catch(e:Exception) { println(e.message) }

  try {
    o2.from(map3)
    println("o2.toJson() = ${o2.toJson()}")
  } catch(e:Exception) { println(e.message) }
}
/*
o1.toJson() = {intVal: null, intVar: -1, doubleVal: null}
o1.toJson() = {intVal: 10, intVar: 20, doubleVal: 10.0}
엔티티에 없는 키([bool])가 맵에 있습니다.
엔티티 키([doubleVal]) 정보가 맵에 없습니다.
*/
```

여기서 위임을 하는 프로퍼티 이름 뒤에 타입 애너테이션을 붙이지 않으면 error: type checking has run into a recursive problem. Easiest workaround: specify types of your declarations explicitly라는 오류가 발생한다. 프로퍼티의 타입을 확정하지 못한 상태에서 delegate() 함수의 타입 파라미터를 명확히 정할 수 없기 때문이다. 심지어 다음과 같이 타입을 확정하는 함수를 지정해도 컴파일러가 제대로 타입을 추론해주지 못한다.

```
  inline fun intDelegate(p: KProperty<*>):ReadWriteProperty<MyEntity, Int> =
delegate<Int>(p)

  val intVal by intDelegate(::intVal)  // error: type checking has run into
a recursive problem
```

결국 다음과 같이 타입 애너테이션을 붙이면서 프로퍼티를 전달하는 형태로 위임 코드를 작성해야만 객체 생성 시점에 모든 프로퍼티에 대한 맵을 구축할 수 있다.

```
val intVal:Int by delegate(::intVal)
var intVar:Int by delegate(::intVar)
val doubleVal:Double by delegate(::doubleVal)
```

같은 이름을 한 번은 프로퍼티로, 한 번은 참조로 지정해야 하는 불편함이 있을 뿐 아니라 타입 추론도 제대로 작동하지 않는다. 게다가 참조를 잘못 전달하면 생각지도 못한 버그가 생길 수 있다.

```
val intVal:Int by delegate(::intVal)
var intVar:Int by delegate(::intVal)
val doubleVal:Double by delegate(::doubleVal)
```

이런 식으로 프로퍼티 위임에 사용할 위임 객체를 생성하기 위해 프로퍼티 자체의 정보가 필요한 경우도 자주 있다. 그래서 코틀린에서는 operator fun provideDelegate()를 정의해 위임 기능을 제공하는 객체 생성을 위임하도록 해준다. 이 연산자의 시그니처는 다음과 같다.

```
operator fun provideDelegate(thisRef: 위임자객체타입, property: KProperty<*>):
위임제공객체타입
```

단, 이 연산자 함수를 독립적인 함수로 정의할 수는 없다. 반드시 클래스의 멤버나 확장 함수로 정의해야만 한다. 그렇지 않으면 'operator' modifier is inapplicable on this function: must be a member or an extension function이라는 컴파일러 오류가 발생한다.

이 연산자를 유일한 멤버로 하는 fun interface PropertyDelegateProvider도 있다. 이 인터페이스는 다음과 같다.

```
fun interface PropertyDelegateProvider<in T, out D> {
  operator fun provideDelegate(thisRef: T, property: KProperty<*>): D
}
```

이 provideDelegate()가 돌려주는 객체는 내부에 getValue()와 (쓸 수 있는 프로퍼티의 경우) setValue() 연산자 함수를 제공해야 한다. 또한 읽기 전용 프로퍼티인 경우 ReadOnlyProperty 타입의 객체를 돌려주고, 읽고 쓸 수 있는 프로퍼티인 경우 ReadWriteProperty 타입 객체를 돌려줄 수도 있다. 이 두 인터페이스 선언은 13.9.4절의 마지막 부분에서 볼 수 있다.

---

provideDelegate(), getValue(), setValue() 연산자 함수와 PropertyDelegateProvider, ReadOnlyProperty, ReadWriteProperty 인터페이스

11.1절에서 for ... in ...에 사용한 관습을 설명했다. for ... in...에 쓰이기 위한 객체가 operator fun iterator()라는 함수를 정의하고 이 함수가 돌려주는 객체가 next()와 hasNext() 연산자 함수를 제공하기만 하면 된다고 이야기하면서 코틀린의 관습에 의한 프로그래밍을 설명했다.

프로퍼티 위임도 마찬가지다. 프로퍼티 위임 시 by 다음에 올 수 있는 객체는 getValue()와 (쓰기 가능한 경우) setValue() 연산자 함수를 제공하는 객체면 충분하므로, 굳이 ReadOnlyProperty나 ReadWriteProperty 인터페이스를 구현할 필요는 없다.

또한 by 다음에 위임 객체를 바로 쓰지 않고 위임 객체 생성을 위임하는 객체를 제공하고 싶을 때도 PropertyDelegateProvider 인터페이스를 꼭 구현해야 하는 것은 아니며, provideDelegate()라는 연산자 함수를 제공하면서 이 함수가 반환하는 객체가 getValue()와 setValue()를 제공하기만 하면 된다.

하지만 람다를 사용해 PropertyDelegateProvider를 구현하면 좀 더 간편하게 위임 객체 생성 메서드를 제공할 수 있다. 이때 이 람다가 ReadOnlyProperty나 ReadWriterProperty 인터페이스를 반환하도록 타입을 지정하면 코드를 읽는 사람이 좀 더 명확히 람다의 역할을 알 수 있다. 또한 메서드를 오버라이드하지 않거나, 메서드 파라미터 타입을 잘못 적거나, 순서를 잘못 적으면 경고를 표시해주므로 실수할 여지도 줄어든다.

이제 이 provideDelegate() 함수를 사용해 앞의 JSON 처리 엔티티를 구현해보자.

```
package ch13.propertydelegateprovide

import java.lang.IllegalArgumentException
```

```kotlin
import kotlin.properties.PropertyDelegateProvider
import kotlin.properties.ReadWriteProperty
import kotlin.reflect.KProperty

class MyEntity {
  private val map = mutableMapOf<String, Any?>()

  fun <T> delegate() = PropertyDelegateProvider<MyEntity,
ReadWriteProperty<MyEntity, T>> { thisRef, prop ->   // (1)
    map[prop.name] = null
    object: ReadWriteProperty<MyEntity, T> {
      override operator fun getValue(thisRef: MyEntity, property:
KProperty<*>): T =
        (map[property.name])?.let{it as T} ?:
          throw IllegalStateException("값을 설정하지 않고 엔티티 프로퍼티(${property.
name})에 접근했습니다.")
      override operator fun setValue(thisRef: MyEntity, property:
KProperty<*>, value: T) {
        map[property.name] = value as Any
      }
    }
  }

  inline fun intDelegate() = delegate<Int>()           // (2)
  inline fun doubleDelegate() = delegate<Double>()     // (3)

  val intVal by intDelegate()                          // (4)
  var intVar by intDelegate()
  val doubleVal by doubleDelegate()                    // (5)

  fun toJson() = map.entries.joinToString(",", "{", "}") {
    """${it.key}: ${it.value}"""
  }
  fun from(from: Map<String, Any>) {
    val fromKeySet = from.keys
    val thisKeySet = map.keys

    if((fromKeySet - thisKeySet).isNotEmpty())
      throw IllegalArgumentException("엔티티에 없는 키(${fromKeySet-thisKeySet})
가 맵에 있습니다.")
    if((thisKeySet - fromKeySet).isNotEmpty())
      throw IllegalArgumentException("엔티티 키(${thisKeySet-fromKeySet}) 정보가
```

```
맵에 없습니다.")

    from.entries.forEach { (fromKey, value) ->
      map[fromKey] = value
    }
  }
}
// main()과 실행 결과는 바로 전에 본 예제와 동일
```

(1) SAM 변환을 활용해 fun interface를 람다로 구현한다. 이 인터페이스는 읽고 쓸 수 있는 프로퍼티에 사용 가능한 위임 객체를 만든다.

(2) 정수 타입인 위임 객체를 생성해주는 intDelegate()를 선언한다.

(3) 실수 타입인 위임 객체를 생성해주는 doubleDelegate()를 선언한다.

(4) 프로퍼티를 선언하면서 타입을 지정하지 않고 프로퍼티 참조도 넘기지 않지만, 코틀린 컴파일러가 타입을 제대로 추론하고 프로퍼티에 대한 KProperty 값을 제대로 연결해준다.

(5) Double 타입 프로퍼티도 정상적으로 선언할 수 있다.

익힘문제

getValue(), setValue(), provideDelegate()는 코틀린이 제공하는 연산자 함수다. 각각의 쓰임을 설명하라.

13.10 타입 별명

타입 이름이 너무 길거나 원하는 이름으로 어떤 타입을 부르고 싶을 때 **타입 별명**type alias 을 활용할 수 있다.

타입 별명 선언은 다음과 같은 문법을 따른다.

```
typealias 타입별명 = 실제타입
```

특히 제네릭 타입이나 함수 타입을 사용할 때 타입 별명을 붙이면 편리하다.

```
typealias Path = List<String>
typealias ScoreTable = Map<String, Int>
typealias intDelegateType = (KProperty<*>) -> ReadWriteProperty<MyEntity,
Int>
```

제네릭 타입 별명을 만들 수도 있다.

```
typealias Predicate<T> = (T) -> Boolean
```

하지만 타입 별명이 새로운 타입을 도입하지는 못한다. 즉, 이름이 다른 타입 별명이라도 가리키는 대상 타입이 똑같으면 같은 타입으로 취급된다.

```
package ch13.typealiases

typealias IntFun = () -> Int
typealias FunInt = () -> Int

fun foo(f:IntFun) = f() + f()

val f1: IntFun = { 10 }
val f2: FunInt = { 20 }

fun main() {
  println(foo(f1))
  println(foo(f2))
}
/*
20
40
*/
```

예를 들어 아래와 같이 다른 이름의 술어 함수^{predicate function} 타입을 사용해 함수를 정의하더라도 두 타입이 똑같이 (Int) -> Boolean이므로, 두 foo() 함수 정의((1), (2))는 중복 오버로드로 취급돼 error: conflicting overloads: ... 오류가 발생한다. 그리고 컴파일된 바이트코드에서는 타입 별명 정보가 사라지고 타입 별명 위치에 대상 타입이 쓰인다.

```
typealias Predicate<T> = (T) -> Boolean
typealias IntPredicate = Predicate<Int>

fun foo(pred: Predicate<Int>, i: Int) = pred(i)  // (1)
fun foo(pred: IntPredicate, i: Int) = pred(i)    // (2)
```

13.11 연습문제

1. 코틀린의 내포 클래스와 내부 클래스가 어떻게 다른지 설명하라.

2. 다음과 같은 코틀린 함수형 인터페이스가 있을 때 아래 질문에 답하라. 문제에 대한 답에서 foo()를 오버라이드한 멤버 함수는 param을 문자열로 바꾼 결과를 돌려줘야 한다.

```
fun interface FunInterface {
  fun foo(param: Int): String
}
```

   a. 이 인터페이스를 상속하는 익명 객체를 정의하라.

   b. 코틀린 람다와 SAM 변환을 사용해 이 인터페이스를 상속하는 익명 객체를 정의하라.

3. 동반 객체와 invoke() 연산자 함수를 사용하면 객체 생성자와 똑같은 방법으로 호출하는 객체 생성 메서드를 정의할 수 있고, 이를 통해 객체 생성을 제어할 수 있다. 이번 문제는 이런 경우를 다룬다. 다음과 같은 Foo 클래스가 있다.

```
class Foo(val name: String)
```

동반 객체의 invoke() 함수를 제외한 외부 객체 생성을 막기 위해 Foo 클래스 생성자를 비공개(private)로 하고, 동반 객체 안에 invoke() 연산자 함수를 정의하자. … 부분에 적당한 코틀린 키워드를 넣어라. … 부분마다 키워드를 하나씩 넣어야 한다.

```
class Foo ... ... (val name:String) {
  ... object {
    ... fun invoke() = Foo("default")
    ... fun invoke(i:Int) = Foo("Int=$i")
  }
}
```

이렇게 바꾼 클래스와 다음 main() 함수 코드를 컴파일하면 어떤 컴파일 오류가 발생하는가?

```
fun main() {
  val foo = Foo("test")
}
```

다음 main() 함수를 실행한 결과는 무엇인가?

```
fun main() {
  val foo1 = Foo()
  val foo2 = Foo(1000)
  println("foo1:${foo1.name}")
  println("foo2:${foo2.name}")
}
```

4. 컴퓨터에서 색을 표현할 때는 빛의 3원색(빨간색Red, 초록색Green, 파란색Blue의 영문 앞 글자를 따서 RGB라고 함)을 UByte로 표현한 트리플triple을 사용한다. 각 색 성분의 값이 0uL이면 해당 성분의 빛이 전혀 없는 경우며, 255uL이면 해당 성분의 빛을 가장 밝게 포함한 경우다. 다음 문제에 답하라.

   a. 색 성분을 표현하는 RGB 인터페이스를 정의하라. 각 성분을 UByte 타입의 불변 val 프로퍼티로 정의하라. … 부분에 적당한 코틀린 키워드나 타입 이름을 넣어라.

```
interface RGB {
  val R: UByte
  ... G: ...
  ... B: ...
}
```

b. 자주 사용하는 색(흰색, 검은색, 빨간색, 초록색, 파란색, 마젠타)을 이넘 타입으로 정의하는 PredefinedRGB 이넘을 정의하라. 각 색에 대한 RGB 값은 R, G, B 순서대로 다음과 같다.

- 흰색^{white} : 255 255 255
- 검은색^{black} : 0 0 0
- 빨간색^{red} : 255 0 0
- 초록색^{green} : 0 255 0
- 파란색^{blue} : 0 0 255
- 마젠타^{magenta} : 255 0 255

PredefinedRGB는 RGB 인터페이스를 상속해야 하며, 각 색의 이름을 모두 대문자로 바꾼 여섯 가지 상수(WHITE, BLACK, RED, GREEN, BLUE, MAGENTA)를 제공해야 한다.

```
... class PredefinedRGB(... val R:UByte, ... val G:UByte, ... val
B:UByte): RGB {
  WHITE(...,...,...),
  BLACK(...,...,...),
  RED(...,...,...),
  GREEN(...,...,...),
  BLUE(...,...,...),
  MAGENTA(...,...,...)
}
```

c. RGB 색 모델에서 두 색의 색 성분을 서로 더했을 때 R, G ,B가 모두 255uL이 되는 경우 이 두 색을 보색 관계라 한다. 조금 전에 정의한 PredefinedRGB

이넘 클래스에서 WHITE의 보색은 BLACK이고, MAGENTA의 보색은 GREEN이다. PredefinedRGB 클래스에 보색을 돌려주는 complementary라는 프로퍼티를 정의하라. 이 클래스에 RED와 BLUE의 보색인 CYAN과 YELLOW가 들어 있지 않으므로 각각을 추가하고, complementary 프로퍼티를 구현하라. 아래 코드에서 (1)에 적절한 구분자를 추가하고, (2)에 적절한 내용을 넣어라.

```
... class PredefinedRGB(... val R:UByte, ... val G:UByte, ... val
B:UByte): RGB {
    WHITE(...,...,...),
    BLACK(...,...,...),
    RED(..,...,...),
    GREEN(...,...,...),
    BLUE(...,...,...),
    CYAN(...,...,...),
    YELLOW(...,...,...),
    MAGENTA(...,...,...) (1)

    val complementary: PredefinedRGB = (2)
}
```

5. 문제 **4**에서 정의한 RGB 인터페이스를 다음과 같은 데이터 클래스로 바꾸면 편리할 것 같다. RGB 인터페이스를 이런 데이터 클래스로 변경하면 어떤 문제가 생기는지 설명하라.

```
data class RGB(val R:UByte, val G:UByte, val B:UByte)
```

그렇다면 방법을 달리해보자. 이 데이터 클래스와 같은 역할을 하는 일반 클래스 RGB를 정의하고, 이 RGB 클래스를 RGB 인터페이스 대신 사용해 PredefinedRGB 이넘 클래스를 다시 정의하라. 이를 위해 앞에 정의한 RGB 데이터 클래스를 위해 컴파일러가 자동으로 생성해주는 모든 함수를 나열하고, 각 함수의 코드를 직접 구현해보라.

6. 다음 (JVM 환경의) 값 클래스 정의와 이 클래스를 사용하는 main() 함수 정의에 대

한 설명 중 옳지 않은 것은?

```kotlin
@JvmInline value class Meter(val value: Double)  // (1)

fun main() {
  val x = Meter(10.0)           // (2)
  val y = Meter(10.0)
  val z = 20.0

  val xy = x + y                // (3)
  val xz = x + z                // (4)
  val yz = y.value + z          // (5)
}
```

a. (1)에 정의된 값 클래스에서 가변 필드를 원한다면 val value 대신 var value를 쓰면 된다.

b. 원한다면 (1)의 값 클래스 생성자 파라미터 목록 안에 다른 필드를 추가할 수도 있다.

c. (2)를 컴파일한 코드는 실제로는 별도의 객체를 생성하지 않고 x 변수에 10.0이라는 값을 대입하는 코드가 된다.

d. (3)에서 x + y 코드는 런타임에 x 참조가 가리키는 객체의 value 프로퍼티를 가져와 계산에 사용한다.

e. (4)와 같이 Meter 타입과 Double을 섞어 써도 Meter가 실질적으로 Double과 동일하기 때문에 컴파일과 실행이 문제없이 진행된다.

f. (5)처럼 y.value를 통해 값 클래스에 저장된 내부 값을 참조할 수 있다. y.value라는 참조의 타입은 Meter 클래스 정의에서 value 필드의 타입인 Double로 취급된다.

7. API 요청의 결과를 표현하는 ApiResult라는 클래스를 표현하고 싶다. 이 클래스는 다음과 같은 조건을 만족해야 한다.

- ApiResult는 성공을 나타내는 Success와 실패를 나타내는 Error 클래스로 구성

되는 봉인된 클래스여야 한다.

- Success에는 결괏값을 돌려주기 위한 result 프로퍼티가 있다.
- result 프로퍼티의 타입을 ApiResult가 타입 파라미터로 받아야 한다.
- Error 클래스는 여러 하위 클래스로 구성되는 봉인된 클래스다.
- Error 클래스에는 오류가 발생한 이유를 담는 message라는 문자열 프로퍼티와 오류 코드를 담는 code라는 정수 프로퍼티가 있다.
- Error 클래스의 하위 클래스는 다음과 같다.

  ◦ InputError 클래스는 메시지를 파라미터로 받아서 저장하고, 오류 코드는 100으로 고정된다.

  ◦ OutputError 클래스는 메시지를 파라미터로 받아서 저장하고, 오류 코드는 200으로 고정된다.

  ◦ ConfigError 클래스는 메시지를 파라미터로 받아서 저장하고, 오류 코드는 200으로 고정된다.

a. ApiResult<R>이라는 제네릭 타입을 정의하라.

b. ApiResult<R>의 본문 안에 Success와 Error 클래스를 정의하라.

c. Success 클래스 안에 R 타입의 result라는 val 프로퍼티를 정의하라.

d. Error 클래스를 봉인된 클래스로 정의하고 Error 클래스를 상속한 클래스로 InputError, OutputError, ParameterError 클래스를 정의하라.

이렇게 작성한 코드를 사용해 다음 main()을 실행하면 아무 예외도 발생하지 않아야 한다.

```
sealed class ApiResult<T> {
    ...  // a~d에 대한 답 구현을 넣을 곳

    fun failed() = this !is Success
    fun succeeded() = this is Success
}
```

```
inline fun myassert(flag:Boolean, message:()->String) {
  if(!flag) {
    throw RuntimeException(message())
  }
}

inline fun <T> checkSuccess(s: ApiResult<T>, expected:T, message:()-
>String) {
  myassert(s.succeeded()){"ApiResult 타입이 Success가 아닙니다"}
  myassert(expected==(s as Success).result, message)
}

inline fun <T> checkFailure(s: ApiResult<T>, check:(Error)->Boolean,
message:()->String) {
    myassert(s.succeeded()){"ApiResult 타입이 Success가 아닙니다"}
    myassert(check(s as Error), message)
}

fun main() {
  val success = ApiResult<Int>.Success(10)  // API 호출에 성공, 10을 돌려줌
  val fail1 = ApiResult<Int>.Error.InputError("입력값이 틀렸습니다.")
  val fail2 = ApiResult<Int>.Error.OutputError("출력값이 틀렸습니다.")
  val fail3 = ApiResult<Int>.Error.ParameterError("설정값이 틀렸습니다.")

  checkSuccess(success, 10){"결괏값이 10이 아닙니다"}
  checkFailure(fail1, {it is InputError && it.message=="입력값이 틀렸습니
다."}, {"실패 메시지가 틀렸습니다."})
  checkFailure(fail2, {it is OutputError && it.message=="출력값이 틀렸습니
다."}, {"실패 메시지가 틀렸습니다."})
  checkFailure(fail3, {it is ParameterError && it.message=="설정값이 틀렸
습니다"], {"실패 메시지가 틀렸습니다."})
}
```

8. 다음 Child 클래스 정의에서 잘못된 부분은? (잘못된 부분이 두 군데 이상 있을 수 있
   다.)

```
open class Parent(val name: String, val age: Int)
class Child(name:String, age:Int): Parent(name, age) {
  constructor(name:String): super(name, 0) {}
  constructor(age:Int): super("nobody", age) {}
}
```

9. 다음 코드의 출력은?

```
open class Parent {
  init {
    println("Parent.init")
  }
  constructor() {
    println("Parent.constructor()")
  }
}

class Child: Parent {
  init {
    println("Child.init1")
  }

  constructor(): super() {
    println("Child.constructor()")
  }

  init {
    println("Child.init2")
  }

  constructor(i:Int): this() {
    println("Child.constructor($i)")
  }
}

fun main() {
  val child = Child(10)
}
```

10. 타입 별명에 대한 설명 중 옳지 않은 것은?

   a. 타입 별명을 선언할 때는 typealias 타입별명 = 원래타입 같은 문법을 따른다.

   b. 타입 파라미터가 있는 제네릭 타입 별명을 만들 수도 있다. 예를 들어 다음과 같은 코드를 작성할 수 있다.

```
typealias SamePair<T> = Pair<T, T>
val x: SamePair<Int> = 1 to 2
val y: SamePair<String> = Pair("a", "b")
```

    c. 타입 별명은 새로운 타입을 정의한다. typealias A=B라고 선언한 경우 A 타입과 B 타입은 서로 완전히 다른 타입이다(다른 말로 하면, 타입 별명은 불투명^{opaque}하다).

11. private 가시성 변경자를 설명하라.

12. protected 가시성 변경자를 설명하라.

13. 코틀린에서 클래스 멤버의 기본 가시성을 public으로 정의한 이유는 무엇일까? 기본 가시성을 internal이나 private으로 하면 어떤 점이 달라질지 생각해보고, 각 방안의 장단점을 비교해보라.

14. 최상위에 정의된 멤버의 가시성을 private으로 하면 파일 내부에서만 사용할 수 있게 제한하는 이유는 무엇일까?

15. 어떤 인터페이스와 그에 대한 구현이 있는데, 구현 중 일부를 변경하고 싶을 때는 위임이 유용할 것 같아 보인다. 다음 코드에서 Bar는 FooImpl로 Foo 인터페이스를 구현하되 message 프로퍼티를 오버라이드한다. 다음 프로그램의 출력으로 옳은 것은?

```
interface Foo {
  val message: String
  fun print()
}

class FooImpl(val x: Int) : Foo {
  override val message = "Message of FooImpl($x)"
  override fun print() { println(message) }
}

class Bar(foo: Foo) : Foo by foo {
```

```
    override val message = "Message of Bar"
}

fun main() {
  val foo = FooImpl(10)
  val bar = Bar(foo)
  bar.print()
  println(bar.message)
}
```

a. Message of Bar

b. Message of Bar

c. Message of FooImpl(10)

d. Message of Bar

e. Message of FooImpl(10)

f. Message of FooImpl(10)

g. Message of Bar

h. Message of FooImpl(10)

16. 여러 인터페이스 구현을 한 클래스에서 위임으로 처리할 수도 있다. 하지만 이런 다중 위임으로 인해 문제가 생길 때도 있다. 다음 코드의 문제점을 이야기하라.

```
interface Foo {
  val message: String
  fun printFoo()
}

class FooImpl(val x: Int) : Foo {
  override val message = "Message of FooImpl($x)"
  override fun printFoo() { println(message) }
}

interface Bar {
  val message: String
  fun printBar()
}
```

```
class BarImpl(val x: Int) : Bar {
  override val message = "Message of BarImpl($x)"
  override fun printBar() { println(message) }
}

class Composite(foo: Foo, bar: Bar): Foo by foo, Bar by bar

fun main() {
  val foo = FooImpl(10)
  val bar = BarImpl(20)
  val comp = Composite(foo, bar)

  comp.printBar()
  comp.printFoo()
}
```

17. 코틀린 표준 라이브러리가 제공하는 lazy와 같은 일을 하는 myLazy 프로퍼티를 작성하라. myLazy 프로퍼티는 val 프로퍼티에만 사용할 수 있으며 전달받은 람다를 단 한 번만 실행하고 결과를 캐시해 돌려준다는 점에 유의하라.

18. Map의 확장 함수로 getValue() 연산자 함수를 정의하고 MutableMap<K, V> 타입의 확장 함수로 setValue()와 getValue() 연산자 함수를 정의하면, 맵을 프로퍼티 값을 저장하는 위임 객체로 쓸 수 있다. 다음을 정의하라.

- Map의 확장 함수인 연산자 함수 getValue()
- MutableMap<K, V>의 확장 함수인 연산자 함수 setValue()와 getValue()

19. 타입 별명을 사용하는 경우와 타입을 둘러싼 래퍼 클래스를 정의해 사용하는 경우에 각각 어떤 장단점이 있을지 생각해보고, 어떤 용도로 어느 기능을 사용하는 게 적합한지 논하라.

20. 봉인된 클래스와 이넘 클래스의 공통점과 차이점을 설명하라.

14

제네릭스 2

이번 장에서는 코틀린 제네릭스와 관련해 6장에서 다루지 않은 부분을 좀 더 살펴본다.

14.1 스타 프로젝션

6.4.6절에서는 프로젝션을 살펴봤다. 프로젝션을 사용하면, 제네릭 타입을 사용하는 지점에서 해당 타입을 in, out 중 어느 쪽 방식으로 사용할지 명시함으로써 더 유연한 프로그래밍이 가능해진다. 이런 프로젝션은 대상 타입의 변성을 사용 지점에서 제한하기 위해 사용된다.

```
package ch14.projection

class Box<T>(private val default: T) {
    private var t: T = default

    fun get() = t
```

```
    fun put(v: T) {
        println("put : ${t}")
        t = v
    }
}

fun putString(box: Box<in String>, v: String) { box.put(v) }
fun getString(box: Box<out String>):String = box.get()

fun main() {
    val box = Box<String>("Hello")

    println(box.get())
    box.put("World")
    println(box.get())
}
```

이 코드를 보면, 프로젝션은 어떤 정해진 구체적인 타입을 무공변 타입 파라미터 위치에 in이나 out 방식으로 고정해 사용하고 싶을 때 쓴다.

하지만 경우에 따라서는 제네릭 타입이 공변, 반공변, 무공변인지와 관계없이 타입 인자와 무관한 기능을 활용할 때도 있다. 예를 들어 다음 코드에서 bigList는 리스트의 타입 파라미터와 관련 있는 리스트 원소를 읽는 데는 관심이 없다. 이때 List 타입을 변성과 관계없이 사용하고 싶다는 의사를 명확히 표현하기 위해 코틀린에서는 스타 프로젝션 star projection을 사용할 수 있다.

```
package ch14.starprojection

fun bigList(l1: MutableList<*>, l2: MutableList<*>) : MutableList<*> {
    return if (l1.size >= l2.size) l1 else l2
}

fun main() {
    val x = mutableListOf(1, 2, 3, 4, 5)
    val y = mutableListOf(1, 2, 3, 4, 5, 6)

    bigList(x, y).joinToString()
}
```

여기서 List<*>는 '리스트는 리스트지만 내부 원소가 어떤 타입인지는 알 수 없다'라는 뜻이다. 스타 프로젝션으로 지정된 제네릭 타입이 있는 경우, 해당 제네릭 타입의 타입 파라미터와 관계없는 멤버는 얼마든지 사용하도록 허용한다.

```
package ch14.starprojection

fun bigList(l1: MutableList<*>, l2: MutableList<*>) : MutableList<*> {
    return if (l1.size >= l2.size) l1 else l2
}

fun main() {
    val x = mutableListOf(1, 2, 3, 4, 5)
    val y = mutableListOf(1, 2, 3, 4, 5, 6)

    bigList(x, y).joinToString()
}
```

위 예제에서 두 리스트의 size 프로퍼티는 타입 파라미터와 관계없이 항상 Int를 돌려주는 프로퍼티이므로 bigList()에서 사용할 수 있다. 또한 joinToString()은 항상 문자열을 만들어내 돌려주므로 제대로 호출될 수 있다.

익힘문제

스타 프로젝션과 in, out 프로젝션의 차이를 설명하라.

타입 파라미터와 관계가 있는 멤버는 사용을 허용하기는 하되 가장 안전한 방식으로만 사용하게 한다. 그럼 가장 안전한 방식이란 무엇일까? 예를 들어 다음 코드를 보자.

```
package ch14.starprojection2

fun bigList(l1: MutableList<*>, l2: MutableList<*>) : MutableList<*> {
    return if (l1.size >= l2.size) l1 else l2
}

fun main() {
    val x = mutableListOf(1, 2, 3, 4, 5)
```

```
    val y = mutableListOf(1, null, 3, 4, 5, 6)

    val v1 = bigList(x, y).get(0)   // (1)
    bigList(x, y).add(0)            // (2)
}
```

bigList(x, y)에서 얻은 리스트는 MutableList<*> 타입이다.

(1) 이 경우 get() 변수의 반환 타입은 Any?로 취급된다. v1의 값을 실제 사용하려면 Int로 캐스팅해야 한다.

(2) 여기서 add() 변수의 파라미터 타입은 Nothing으로 취급된다. 이 말은 누구도 MutableList<*> 타입의 리스트에 값을 넣을 수 없다는 뜻이다.

왜 이런 식의 접근을 택했을까? MutableList<*>라는 프로젝션 타입은 MutableList라는 사실은 알지만 원소는 모르는 상황이라는 점을 다시 상기하자.

이 경우 원소 값을 읽는 것은 어쨌든 안전하다. 다만, 얻은 원소 값의 타입을 알 수 없으므로 가장 안전한 타입인 Any?를 가정할 수밖에 없다. 왜 Any가 아니라 Any?일까? 특별히 상위 바운드를 지정하지 않으면 타입 파라미터에 널이 될 수 있는 타입을 넣을 수도 있기 때문이다.

그렇다면 선언 지점에 상위 바운드가 정해져 있는 제네릭 타입에 대한 스타 프로젝션을 사용하면 어떨까?

```
package ch14.starprojectionwithupperbound

class NumberBox<T: Number>(private val default: T) {
    private var t: T = default

    fun size() = t.toInt()
    fun get() = t
    fun put(v: T) {
        println("put : ${t}")
        t = v
    }
}
```

```
fun bigNumberBox(l1: NumberBox<*>, l2: NumberBox<*>) : NumberBox<*> {
    return if (l1.size() >= l2.size()) l1 else l2
}

fun main() {
    val box10 = NumberBox(10)
    val box20 = NumberBox(20)

    val bigBox = bigNumberBox(box10, box20)
    val num = bigBox.get()             // (1)
    bigBox.put(0)                      // (2)  // error: the integer literal does
not conform to the expected type Nothing
}
```

(1) 여기서 get()이 반환하는 값의 타입은 Any?가 아니라 Number로 간주된다.
   NumberBox의 타입 파라미터에는 Number라는 상한이 정해져 있으므로, 여기서 돌
   려받는 값의 타입을 Number로 가정해도 안전하다.

(2) 여기서 add()의 파라미터 타입은 Nothing으로 간주된다. 코틀린에는 하위 타입 바
   운드가 없으므로 이럴 때 안전하게 in 위치 파라미터의 타입을 가정할 수 없다.

이런 이해를 바탕으로 스타 프로젝션 Foo<*>의 원 타입인 Foo<T>의 타입 파라미터 T가
공변, 반공변, 무공변인 경우 스타 프로젝션에서 타입 파라미터를 어떻게 취급하는지 정
리하면 다음과 같다.

- **공변 파라미터**: Foo<out T>인 경우 Foo의 멤버 중 T를 반환하는 함수나 T를 돌려주
  는 프로퍼티가 있을 때 T 타입은 Any?로 취급된다. 타입 바운드가 있는 Foo<out T:
  UpperT>의 경우에는 UpperT로 간주한다.
- **반공변 파라미터**: Foo<in T>인 경우 Foo의 멤버 중 T를 인자로 받는 함수나 T를 대입
  할 수 있는 쓰기 가능한 프로퍼티가 있을 때 T 타입은 Nothing으로 취급된다.
- **무공변 파라미터**: Foo<T>인 경우 Foo의 멤버 중 T를 인자로 받는 함수나 T를 대입할
  수 있는 쓰기 가능한 프로퍼티에 대해 T 타입은 Nothing으로 취급되며, T를 반환
  하는 함수나 T를 돌려주는 프로퍼티의 T 타입은 Any?로 취급된다.

다음 코드에서 getRandomVar() 함수는 원래 반공변(in)인 타입 파라미터를 갖는 제네릭 타입 Var의 타입 파라미터를 스타 프로젝션을 사용해 무시하도록 돼 있다. 컴파일 시점이나 실행 시점에 main() 안의 randomV.put(100) 코드에서 어떤 일이 발생할지 설명하라.

```kotlin
import kotlin.random.Random
class Var<in T>(private var t:T) {
  fun put(v: T) {
    println("put : ${t}")
    t = v
  }
}

fun getRandomVar(v1: Var<*>, v2: Var<*>) : Var<*> = if(Random.nextBoolean())
v1 else v2

fun main() {
  val v1 = Var(10)
  val v2 = Var(20)

  val randomV = getRandomVar(v1, v2)
  randomV.put(100)
}
```

14.2 타입 소거(JVM)와 reified

14.2.1 타입 소거

초기 자바에서는 제네릭스가 없었고, 그로 인해 JVM도 제네릭스를 고려하지 않고 설계됐다. 컬렉션 타입도 Object(코틀린으로 따지면 Any?)를 저장하도록 돼 있었으므로, 프로그래머가 직접 컬렉션에서 얻은 Object 타입의 객체를 타입 캐스팅해 사용해야만 했다. 다음 초기 자바 코드를 보라.

```
import java.util.ArrayList;

public class Sample {
    public static void main(String[] args) {
        ArrayList stars = new ArrayList();
        stars.add("Kim");
        stars.add("Park");
        stars.add("Oh");

        String kim = (String)stars.get(0);
    }
}
```

자바 5.0부터(당시는 자바 1.5라 불림) 제네릭스가 도입되면서 컬렉션 프레임워크도 제네릭스를 반영해 타입 안전한 컬렉션으로 변경됐다.

```
import java.util.ArrayList;

public class Sample {
    public static void main(String[] args) {
        ArrayList<String> start = new ArrayList<>();  // (1)
        stars.add("Kim");
        stars.add("Park");
        stars.add("Oh");

        String kim = stars.get(0);                     // (2)
    }
}
```

(1) 컬렉션 변수를 선언할 때 원소 타입을 타입 인자로 넘긴다.

(2) get()으로 얻은 값의 타입을 컴파일러가 알 수 있으므로 굳이 캐스팅을 할 필요가 없다.

하지만 하위 호환성을 위해 자바 바이트코드 수준에서는 ArrayList<Stirng>과 ArrayList<Int>가 모두 똑같은 ArrayList로 보인다. 컴파일 시 바이트코드로 변환되는 과정에서 타입 정보가 사라지므로 이를 **타입 소거**^{type erasure}라 한다.

자바에서는 타입을 적지 않고 ArrayList를 함수 파라미터나 변수 타입으로 사용할 수 있으며, 이 경우 타입 인자가 없는 ArrayList를 로 타입$^{raw type}$이라 부른다. 하지만 코틀린에서는 로 타입을 허용하지 않는다. 이런 경우 코틀린에서는 ArrayList<*>라는 스타 프로젝션을 사용해야 한다. 스타 프로젝션은 '이 타입은 타입 파라미터를 받는 제네릭 타입이지만 타입을 알 수는 없다'라는 뜻이다.

문제는 실행 시점에 어떤 제네릭 타입의 값을 다른 제네릭 타입으로 as나 as?를 써서 바꾸는 경우다. 예를 들어 as?는 캐스팅이 불가능한 경우 null을 돌려주므로 컬렉션 타입에 대해서도 잘 작동하리라 생각하기 쉽지만, 실제로는 그렇지 않다.

```kotlin
package ch14.typeerasure

import java.lang.IllegalArgumentException

fun main() {
    val strs: List<String> = listOf("Hello" )
    val ints: List<Int> = listOf(1)

    try {
        println("sum of ints = ${getSum(ints)}")
    } catch(e: IllegalArgumentException) {
        println("ints is not an integer list")
     }
    try {
        println("sum of strs = ${getSum(strs)}")
    } catch(e: IllegalArgumentException) {
        println("strs is not an integer list")
    }
}

fun getSum(l: List<*>): Int {
    val intList = l as? List<Int> ?: throw IllegalArgumentException("list is
not integer list") // warning: unchecked cast: List<*> to List<Int>

    return intList.sum()
}
/*
sum of ints = 1
```

```
Exception in thread "main" java.lang.ClassCastException: class java.lang.
String cannot be cast to class java.lang.Number (java.lang.String and java.
lang.Number are in module java.base of loader 'bootstrap')
    at kotlin.collections.CollectionsKt___CollectionsKt.sumOfInt(_Collections
.kt:3650)
    at ch14.typeerasure.TypeErasureKt.getSum(TypeErasure.kt:24)
    at ch14.typeerasure.TypeErasureKt.main(TypeErasure.kt:15)
    at ch14.typeerasure.TypeErasureKt.main(TypeErasure.kt)
*/
```

getSum()의 첫 번째 줄에서 리스트의 원소 타입이 아니라 리스트 전체의 타입을 as?로 타입 변환하려고 시도한다. 이 l as? List<Int>라는 타입 변환이 실행 시점에 정상적으로 작동한다면 List<String>을 List<Int>로 변환할 수 없어 IllegalArgumentException이 던져지며, main()에서 strs is not an integer list가 출력돼야 하지만 무조건 제네릭 타입의 타입 변환이 성공하기 때문에 intList.sum()을 호출하고 sum() 안에서 String을 정수처럼 취급하려 하므로 이런 예외가 발생한다.

컴파일러는 이런 유형의 타입 캐스팅을 사용할 때 'warning: unchecked cast...'라는 경고를 표시해준다. 제네릭 함수의 경우에도 실행 시점에는 타입 파라미터가 타입 소거로 사라져버린다.

```
package ch14.typeerasure2

fun main() {
    val strs: List<String> = listOf("Hello" )
    val ints: List<Int> = listOf(1)

    println(isListType<Int>(strs))
    println(isListType<Int>(ints))
    println(isElementType<Int>(strs))
    println(isElementType<Int>(ints))
}

fun <T> isElementType(l: List<*>): Boolean = l[0] is T       // error:
cannot check for instance of erased type: T
fun <T> isListType(l: List<*>): Boolean = l is List<T>       // error: cannot
check for instance of erased type: List<T>
```

이런 문제를 어떻게 해결할 수 있을까? 모든 경우를 다 해결할 수는 없지만, 코틀린에서는 인라인 함수의 경우 실체화한 타입을 사용해 제네릭 타입의 타입 변환 문제를 해결할 수 있다.

14.2.2 reified: 실체화한 타입

타입 소거에 의해 실행 시점에 타입이 전달될 수 없는 일반 함수와 달리, 인라인 함수는 호출 지점에 인라인돼 들어가므로 호출 지점에 코드를 직접 쓴 것과 같은 효과가 있다는 사실을 배웠다.

코틀린에서는 제네릭 인라인 함수의 타입 파라미터 앞에 reified를 붙여 인라이닝한 코드 안에서 타입 파라미터를 활용할 수 있게 해준다. 14.2.1절의 마지막 부분에서 본 isListType()과 isElementType을 인라인 함수로 다시 작성해보자.

```
package ch14.reified2

fun main() {
    val strs: List<String> = listOf("Hello" )
    val ints: List<Int> = listOf(1)

    println(isListType<Int>(strs))
    println(isListType<Int>(ints))
    println(isElementType<Int>(strs))
    println(isElementType<Int>(ints))
}

inline fun <reified T> isElementType(l: List<*>): Boolean = l[0] is T
inline fun <reified T> isListType(l: List<*>): Boolean = l is List<T>
// error: cannot check for instance of erased type: List<T>
```

이 경우 어떻게 타입 파라미터의 타입이 제대로 전달될 수 있을까? 인라이닝을 하고 나면 main() 코드가 다음과 같이 바뀐다. 따라서 isElementType()에서는 reified T 타입을 정상적으로 처리할 수 있다. 반면 List<Int>는 그 자체가 타입 소거가 이뤄지는 제네릭 타입이므로 reified로 지정한 것이 쓸모가 없다.

```
fun main() {
    val strs: List<String> = listOf("Hello" )
    val ints: List<Int> = listOf(1)

    println(strs[0] is Int)      // (1)
    println(ints[0] is Int)      // (1)
    println(strs is List<Int>)   // (2)
    println(ints is List<Int>)   // (2)
}
```

(1) 객체가 Int 타입인지를 런타임에 계산할 수 있다.

(2) 객체가 List<Int> 타입인지는 런타임에 계산할 수 없다. 그래서 컴파일러가
   'error: cannot check for instance of erased type: List'라는 오류를 낸다.

이 코드는 reified 타입 파라미터의 쓸모와 한계를 한꺼번에 보여준다.

reified 타입은 다음과 같은 경우 쓸모가 있다.

- is, !is, as, as?, ::class와 같이 타입 검사, 캐스팅, 리플렉션에 reified가 붙은 타
  입을 쓸 수 있다.
- 다른 제네릭 함수를 호출할 때 타입 인자로 쓸 수 있다.

하지만 다음과 같은 한계도 있다.

- reified 타입을 사용해 객체를 생성할 수는 없다. reified T가 있을 때 T() 형태의
  생성자 호출은 불가능하다. 마찬가지로 T 타입의 동반 객체 메서드를 호출할 수는
  없다.
- 타입 소거가 발생하는 장소에 reified 타입을 넣는다고 해도 타입 소거를 우회하
  지는 못한다.

정적 타입 검사가 끝난 제네릭 타입에 대한 is

타입 소거가 있음에도 List<Int> 등의 타입을 is로 비교하는 게 가능한 경우가 있다. 다음 코드를 보자.

```
package ch14.generictypeis

fun main() {
    val x: List<Int> = listOf()
    val y = listOf("a")

    println(x is List<Int>)
    println(x is List<Number>)
    println(y is List<Int>)        // error: cannot check for instance of
erased type: List<Int>
    println(y is List<String>)
}
```

왜 y is List<Int>에서만 'cannot check for instance of erased type' 오류가 떴을까? 이 함수를 컴파일하는 시점에 코틀린 컴파일러가 x와 y의 타입을 알고 있기 때문이다. 코틀린은 정적으로 타입이 결정된 제네릭 타입과 일치하는 is 연산이 있을 때는 적절한 결과를 돌려주는 코드를 생성한다. 하지만 그렇지 않은 경우에는 일반적인 타입 비교를 실행하므로 y is List<Int>는 y와 타입 소거가 일어나는 로 타입 List를 비교하는 코드가 생성되고, 이로 인해 y is List<Int>에 대해서만 이런 오류가 발생한다.

> **익힘문제**
>
> 실체화한 타입을 설명하라. 실체화한 타입이 인라인 함수에서만 가능한 이유는 무엇일까?

14.3 영역 함수

영역 함수는 제네릭 타입과 수신 객체 지정 함수, 인라인 함수를 결합한 함수로, 코틀린에서 자주 활용된다. 여기서는 각 영역 함수를 실제로 구현하고 사용하는 방법을 살펴본다.

14.3.1 let

다음 코드는 let 선언이다.[1]

```
inline fun <T, R> T.let(block: (T) -> R): R = block(this)
```

let은 어떤 식의 결과를 람다 파라미터에 바인딩해 계산하고 그 결과를 활용할 수 있게 해준다. 다음 코드는 10+2를 계산하고 그 결과를 x라는 이름으로 바인딩한 후, 화면에 메시지를 출력하고 제곱을 계산해 y 변수에 대입한다.

```
val y = (10+2).let{println("x=$x, x*x=${x*x}"); x*x}
```

let 이름의 유래

이런 패턴은 함수형 프로그래밍에서 널리 쓰여왔던 패턴이다. 람다와 함수 호출을 조합하면 어떤 식을 계산한 결과를 변수에 바인딩하고 그 변수를 활용해 계산을 수행할 수 있다. 이때 변수 바인딩은 람다 내부에서만 유효하므로 변수의 영역을 한정시키고 싶을 때 이런 패턴이 유용하다.

```
val y = {x:Int -> println("x=$x, x*x=${x*x}"); x*x}(10+2)
```

일반적으로 함수형 프로그래밍에서는 이를 다음과 비슷한 형태로 작성할 수 있도록 문법을 제공한다.

```
val y =
    let
        val x = 10 + 2
    in
```

---

1   코틀린 표준 라이브러리 구현에는 contract가 추가되기 때문에 이 코드와 약간 다르지만, contract는 함수의 실제 구현과 관계없이 컴파일러에 정보를 제공하는 코드일 뿐이므로 여기서는 생략한다.

```
        println("x=$x, x*x=${x*x}")
        x*x
    end
```

let을 사용하면 수식을 계산할 때 필요한 이름을 불필요하게 노출시키지 않고 블록에 가둬 둘 수 있다.

널이 될 수 있는 값을 널인 경우와 널이 아닌 경우로 분리할 때도 if 대신 let과 안전한 호출 연산자(?.) 및 엘비스 연산자(?:)의 조합을 쓰고는 한다.

```
fun randomOrNull():Int? = kotlin.random.Random.nextInt().let{if(it%100<10)
null else it%100}

fun main() {
    val x = randomOrNull()
    println(
        if(x==null)
            0
        else {
            cube(add2(square(add2(x))))
        })

    println(x?.let{cube(add2(square(add2(x))))} ?: 0)
    println(x?.let(::add2)?.let(::square)?.let(::add2)?.let(::cube) ?: 0)

}
```

다른 용도로, 객체지향에서 멤버 함수를 연쇄적으로 사용하는 것처럼 함수 호출을 연쇄해 사용하고 싶을 때도 let을 쓸 수 있다.

```
fun add2(x:Int) = x+2
fun square(x:Int) = x*x
fun cube(x:Int) = x*x*x

fun main() {
    val n = 10

    // 임시 변수를 사용
```

596

```
    val t1 = add2(n)
    val t2 = square(t1)
    val t3 = add2(t2)
    val t4 = cube(t3)
    println(t4)                              // 3112136

    // 식을 내포시킴
    println(cube(add2(square(add2(n)))))  // 3112136

    // let 연쇄
    println(n.let(::add2).let(::square).let(::add2).let(::cube)) // 3112136
}
```

다만, 이런 경우에 함수형 프로그래밍에서는 andThen() 또는 파이프 연산자(보통 :>)로 함수를 연속적으로 합성해 사용한다. 코틀린에서는 기호 연산자를 임의로 정의할 수 없으므로 함수 타입을 확장한 중위 확장 함수로 andThen을 정의하자.

```
infix fun<R, S, T> ((R) -> S).andThen(f : ((S) -> T)): ((R) -> T) = { f(this
(it)) }
fun add2(x:Int) = x+2
fun square(x:Int) = x*x
fun cube(x:Int) = x*x*x

fun main() {
    val n = 10

    println((::add2 andThen ::square andThen ::add2 andThen ::cube)(n))

    // 아니면 합성한 함수에 이름을 부여해도 된다
    val addSquareAddCube = ::add2 andThen ::square andThen ::add2 andThen
::cube
    println(addSquareAddCube(n))
}
```

14.3.2 run 일반 함수와 run 확장 함수

run()은 일반 고차 함수 버전과 확장 함수 버전이 있다.

```
inline fun <R> run(block: () -> R): R = block()

inline fun <T, R> T.run(block: T.() -> R): R = block()
```

고차 함수 버전은 그냥 실행 블록을 제공해주는 역할을 한다. 또는 람다 함수를 만들고 바로 ()로 (인자 없이) 호출하고 싶을 때 run을 쓰면 좀 더 코드가 간결해 보인다.

```
val x1 = run {
    val x = 10
    val y = 20
    x + y
}

val x2 = {
    val x = 10
    val y = 20
    x + y
}()
```

확장 함수 버전의 run()은 람다 본문에서 수신 객체를 this로 참조한다는 점을 제외하면 let()과 같다. 심지어 파라미터가 1개뿐인 일반 함수의 참조는 해당 파라미터를 수신 객체로 받는 확장 함수로 간주될 수도 있으므로, 앞에서 let()을 사용해 처리했던 코드에서 let() 대신 run()을 써도 된다. 단, 람다를 넘길 때는 일반 람다와 확장 람다가 서로 호환될 수 없다는 점에 유의하라.

```
fun add2(x:Int) = x+2
fun square(x:Int) = x*x
fun cube(x:Int) = x*x*x

fun main() {
    val n = 10

    // let 연쇄
    println(n.let(::add2).let(::square).let(::add2).let(::cube)) // 3112136

    // run 연쇄
```

```
    println(n.run(::add2).run(::square).run(::add2).run(::cube)) // 3112136

    // let에 this를 사용하는 람다 전달
    println(n.let{this.add2()})

    // run에 it을 사용하는 람다 전달
    println(n.run{add2(it)})
}
```

실무에서 run() 확장 함수가 쓰이는 가장 일반적인 경우는 보통 널이 될 수 있는 타입의 객체가 널이 아닌 경우를 안전하게 처리하고 싶을 때다. 따라서 이 사용법은 람다 내부에서 수신 객체를 this로 가리켜야만 한다는 점을 제외하면 let()의 경우와 상당히 비슷하다. run() 함수가 값을 돌려줘도 좋고 그냥 아무 값도 돌려주지 않아도(이 경우 반환 타입을 Unit 타입이라고 생각할 수 있음) 좋다. 특히 객체의 내부 상태를 변화시키는 데 그 객체를 다시 활용할 필요가 없을 때 이렇게 아무 값도 돌려주지 않는 run()을 자주 사용한다.

```
class Model(var name: String="", var age: Int=0)

private var i=0

fun getModel(): Model? {
    i = 1-i   // 이렇게 하면 i가 1과 0을 왔다갔다 한다
    if(i==0) {
        null
    } else {
        Model()
    }
}

fun main() {
    val model: Model? = getModel()

    model?.run {
        name = "Oh Hyunsok"
        age = 1_000_000
        if(age > 100) {
            println("$name 나이는 무려 $age")
        } else {
```

```
        println("$name 나이는 겨우 $age")
      }
    }
}
```

또 다른 사용법으로는 한 객체에 대한 처리를 쭉 진행한 다음 그 결과를 갖고 만든 새 값에 대해 또 일련의 작업을 진행하는 경우가 있다.

```
webServer.config.run {
    port = 8080
    bindAddress = "foo.bar.com"
    backlog = 3
    start()  // start()는 요청 핸들러를 반환함
}.run{
    onError = { req, res-> ... }
    onPost = { req, res -> ... }
    onGet = { req, res -> ... }
}
```

14.3.3 with()

with()는 실제로는 확장 함수가 아니라 파라미터를 받는 제네릭 고차 함수다.

```
inline fun <T, R> with(receiver: T, block: T.() -> R): R = receiver.block()
```

확장 함수 버전 run과 비교해보면 거의 같다는 사실을 알 수 있다.

```
inline fun <T, R> T.run(block: T.() -> R): R = block()
```

따라서 확장으로 사용하느냐 함수 파라미터로 수신 객체를 넘기느냐를 제외하면, 사용하는 방법도 거의 비슷하고 할 수 있는 일도 같다. 그렇다면 언제 run()을 쓰고 언제 with()를 쓸까?

14.3.2절에서 말한 것처럼, 수신 객체의 타입이 널이 될 수 있는 타입인 경우 run과 안전한 호출 연산을 사용하면 수신 객체가 널이 아닌 경우를 람다 안에서 처리할 수 있다.

수신 객체의 타입이 널이 될 수 없는 타입인 경우 with는 좀 더 수신 객체가 도드라져 보이므로, 어떤 객체에 대한 처리를 논리적으로 하나로 묶을 때 run 확장 함수보다 with를 사용한다. 특히 (이 책에서는 다루지 않지만) 코루틴 스코프를 사용해 비동기 처리를 할 때 with를 자주 볼 수 있다. with와 run을 사용한 코드를 비교해보자.

```
val accountNum = "123-12-123123"

with(CoroutineScope(Dispatchers.Main)) {
    launch {
        val account = accountRepo.getAccountInfo(accountNum)
        accountInfoView.setAccountInfo(account)
    }
    launch {
        val balanceInfo = balanceRepo.getBalance(accountNum)
        view.setAccountInfo(account)
    }
}

CoroutineScope(Dispatchers.Main).run {
    launch {
        val account = accountRepo.getAccountInfo(accountNum)
        accountInfoView.setAccountInfo(account)
    }
    launch {
        val balanceInfo = balanceRepo.getBalance(accountNum)
        view.setAccountInfo(account)
    }
}
```

14.3.4 also()

다음은 also() 구현이다. also()는 Unit을 반환한다. 즉, 이 함수는 수신 객체의 상태 변화나 다른 부수 효과를 목표로 하는 함수라는 사실을 알 수 있다. this를 반환하므로 부수 효과를 활용한 다음에는 객체를 다른 변수에 대입하거나 멤버 함수 호출 연쇄를 활용할 수 있다.

```
inline fun <T> T.also(block: (T) -> Unit): T {
    block(this)
    return this
}
```

멤버 함수 호출을 연쇄하는 도중에 부수 효과를 추가하고 싶을 때 also를 활용할 수 있다. 가상의 SQL 매핑 라이브러리가 있다고 가정하자. 이때 다음과 같이 중간에 .also{}를 넣고 부수 효과를 활용해 원하는 작업을 수행할 수 있다.

```
val result = SQL
    .query("select memberid, role, name, regdate from members")
    .also{ resultset -> logger.debug("total ${resultset.size()}") }
    .filter{it["role"] == "admin"}
```

객체 초기화가 필요할 때도 also()를 사용할 수 있다. 람다 안에서 파라미터로 수신 객체를 받기 때문에 it으로 수신 객체를 가리킬 수도 있고, 람다가 여러 계층에 내포된 경우에는 람다 파라미터 이름을 지정해 처리 중인 대상이 무엇인지 더 명확하게 표시할 수 있다.

```
sealed interface Expr
class BinOp(lateinit var op: String, lateinit var left: Expr, lateinit var
right: Expr): Expr
class Variable(lateinit val name: String): Expr
class Constant(lateinit val value: Double): Expr

val expr = BinOp().also { topExp ->
    topExp.op = "+"
    topExp.left = BinOp().also { arg1 ->
        arg1.op = "*"
        arg1.left = Variable("a")
        arg1.right = Constant(10.0)
    }
    topExp.right = Constant(-20.3)
}
```

14.3.5 apply()

다음은 apply() 구현이다. 이는 also()와 같지만, 람다가 수신 객체 지정 람다라는 점에서 다르다. 이 관계는 let()과 run()의 관계와 비슷하다.

```
inline fun <T> T.apply(block: T.() -> Unit): T {
    block()
    return this
}
```

also()를 쓸 수 있는 상황인데 좀 더 간결하게, 수신 객체를 생략하고 처리하고 싶을 때 apply()를 쓴다.

```
val str = StringBuilder().apply {
    append("구구단:\n")
    (2..9).forEach { i ->
        (2..9).forEach { j ->
            append("$i * $j = ${i*j}\n")
        }
        append("\n")
    }
}.toString()
```

다만 14.3.4절에서 본 것처럼, 객체 계층 구조가 깊은 경우 apply()를 내포시켜서 사용하면 수신 객체를 명확히 알기 어려울 수도 있으므로 also()를 사용하고 각 수신 객체에 적절한 이름을 붙여주는 편이 더 낫다.

14.3.6 takeIf()와 takeUnless()

영역 함수를 소개하면서 이 두 함수를 포함시키는 경우는 드물다. 두 함수에 전달되는 람다가 참/거짓을 반환하는 술어 함수이기 때문이다. 두 함수 구현은 다음과 같다.

```
inline fun <T> T.takeIf(predicate: (T) -> Boolean): T? {
    return if (predicate(this)) this else null
}
```

```
inline fun <T> T.takeIf(predicate: (T) -> Boolean): T? {
    return if (!predicate(this)) this else null
}
```

takeIf()는 파라미터로 주어진 람다에 수신 객체를 넘겨서 평가한 결과가 참이면 수신 객체를 그대로 전달하고, 거짓이면 널을 돌려준다. takeUnless()는 람다가 거짓이면 수신 객체를 그대로 전달하고, 거짓이면 널을 돌려준다.

```
enum class Gender {
    Male, Female, Other
}

class Person(val gender: Gender, val name: String, val age: Int)

fun longestFemale( vals: List<Person> ): Person? =
    vals.maxByOrNull{it.age}                        // (1)
        ?.takeIf { oldest ->                        // (2)
            oldest.gender == Gender.Female
        }
```

(1) 리스트에서 가장 나이가 많은 사람을 찾는다.

(2) 가장 나이가 많은 사람이 여성이면 그 사람을 돌려주고, 여성이 아니면 널을 돌려준다.

14.3.7 코틀린 공식 문서의 영역 함수 공식 가이드

코틀린 홈페이지에서는 언제 어떤 영역 함수를 쓸지에 대한 가이드를 제공한다(https://kotlinlang.org/docs/scope-functions.html#function-selection). 해당 가이드는 다음과 같이 영역 함수 사용을 안내한다.

- 널이 아닌 객체에 대해 람다를 실행하고 싶을 때는 let()과 안전한 호출 연산자(?.)를 쓴다.

- 어떤 식에 이름을 붙여서 지역적으로 사용하고 싶을 때는 let()을 사용한다.
- 객체를 설정할 때는 apply()를 사용한다.
- 객체를 설정한 후, 객체를 사용해 어떤 값을 계산해야 할 때는 run() 확장 함수를 사용한다.
- 식이 필요한 위치에서 여러 문장을 실행해야 하는 경우에는 확장 함수가 아닌 run()을 사용한다.
- 부수 효과를 추가하고 싶을 때는 also()를 사용한다.
- 어떤 객체에 대한 함수 호출을 한 그룹으로 묶고 싶을 때는 with()를 사용한다.

여러 람다를 서로 내포시켜 사용할 때 암시적인 it을 쓰면 람다의 인자를 구분하기 어려워서 코드 가독성이 나빠지는 것처럼, 영역 함수가 내포될 때도 this나 it을 남용하면 코드 가독성이 저하된다. 이런 경우 매번 일일이 객체 이름을 써야 하는 불편을 감수하고 일반 람다를 받는 영역 함수(also()나 let())를 사용하면서 람다 안에서 문맥 객체(x.let(…) 이나 with(x)…에서처럼 람다 안에서 맥락을 제공하게 될 대상인 x 객체를 문맥 객체[context object]라고도 한다)의 역할에 따라 적절한 이름을 부여해주는 편이 훨씬 낫다.

```
class Foo { lateinit var x:String }
class Bar { lateinit var x:String; lateinit var foo: Foo }

fun getFromServer(url: String):String = ""   // 복잡한 IO가 수행되지만 ""로 대신함
val URL1 = "url1"
val URL2 = "url2"

fun main() {
  val v1 = Bar().apply {
    x = getFromServer(URL1)
    foo = Foo().apply {
      x = getFromServer(URL2)
    }
  }
  val v2 = Bar().also { newBar ->
    newBar.x = getFromServer(URL1)
    newBar.foo = Foo().also { newFoo ->
```

```
    newFoo.x = getFromServer(URL2)
  }
 }
}
```

이 코드에서 v1은 this.을 생략해도 프로퍼티를 제대로 찾아주는 코틀린 언어 명세를
활용해 암시적으로 문맥 객체의 필드를 지정했지만, v2는 일반 람다를 쓰는 also 문맥 객
체의 역할에 따라 newBar와 newFoo라는 이름을 붙여 사용한다.

익힘문제

이 책의 내용을 참조하거나 소스 코드를 보지 말고 각각의 영역 함수를 직접 구현해보라.

- 문맥 객체에 대한 확장 함수 let()
- 문맥 객체에 대한 확장 함수 apply()
- 문맥 객체에 대한 확장 함수 also()
- 문맥 객체에 대한 확장 함수 run()
- 문맥 객체를 첫 번째 인자로 받는 일반 함수 with()

익힘문제

영역 함수에 대한 다음 표의 각 칸에 let(), apply(), also(), run()을 올바르게 채워 넣어라.

반환되는 값 람다 내부에서 문맥 객체를 참조하는 방법	this로 참조(확장 람다)	람다 파라미터로 참조(일반 람다)
문맥 객체 자신		
람다의 반환값		

14.4 연습문제

1. 스타 프로젝션의 대상인 제네릭 타입(클래스 또는 인터페이스)의 공변성에 따라 해당
   타입의 멤버가 어떤 식으로 취급되는지에 대한 설명 중 옳지 않은 것은?

a. 스타 프로젝션이 Foo<*>이고 원래 타입이 Foo<out T>인 경우 Foo의 멤버 중 T를 반환하는 함수가 있을 때 T 타입은 Any?로 취급된다.

b. 스타 프로젝션이 Foo<*>이고 원래 타입이 Foo<out T: UpperT>인 경우 Foo의 멤버 중 T를 돌려주는 프로퍼티의 타입은 Nothing으로 취급된다.

c. 스타 프로젝션이 Foo<*>이고 원래 타입이 Foo<in T>인 경우 Foo의 멤버 중 T를 인자로 받는 함수가 있을 때 T 타입은 Nothing으로 취급된다.

d. 스타 프로젝션이 Foo<*>이고 원래 타입이 Foo<T>인 경우(무공변) Foo의 멤버 중 T를 인자로 받는 함수가 있을 때 T 타입은 Nothing으로 취급된다.

e. 스타 프로젝션이 Foo<*>이고 원래 타입이 Foo<T>인 경우(무공변) Foo의 멤버 중 T를 반환하는 함수가 있을 때 T 타입은 Any로 취급된다.

2. 스타 프로젝션에서 원 클래스의 멤버 중 T를 인자로 받는 함수나 T를 쓸 수 있는 쓰기 가능 프로퍼티에 대해 T 타입을 Nothing으로 취급하는 이유는 무엇인가?

3. JVM에서 사용하는 언어들이 런타임에 제네릭 타입의 타입 파라미터를 소거하는 (줄여서 '타입 소거') 이유는 무엇인가?

4. 코틀린의 실체화한 타입을 설명하라.

5. 코틀린 제네릭 함수에서 실체화한 타입을 쓸 수 있는 이유는 무엇인가?

6. 코틀린이 제공하는 영역 함수를 나열하고 각각을 구현하라.

7. apply()와 also()는 어떤 차이가 있고, 각각 어떤 경우에 사용하면 편리한가?

15

컬렉션 2

9장에서는 컬렉션에 공통으로 존재하는 멤버들을 살펴봤다. 9장에 이어 지금부터 컬렉션 연산을 좀 더 살펴본다.

15.1 두 컬렉션을 쌍으로 연결하기, 연결을 풀어 두 컬렉션 만들기: zip(), unzip(), zipWithNext()

두 컬렉션의 원소를 순서대로(인덱스가 같은 것끼리) 쌍으로 묶으면 편리한 경우가 있다. 이럴 때 zip()을 사용한다. zip()은 두 컬렉션의 원소 타입을 엮은 Pair를 돌려준다. 두 리스트의 길이가 다르면 짧은 리스트 길이에 해당하는 리스트를 반환한다.

이와 반대로, Pair의 리스트에서 첫 번째 원소를 모은 리스트와 두 번째 원소를 모은 리스트를 얻는 연산은 unzip()이다.

```
val list1 = listOf(1, 2, 3, 4, 5)
val list2 = listOf("a", "b", "c", "d", "e", "f")
val pairList: List<Pair<Int, String>> = list1.zip(list2)        // [(1, a), (2
, b), (3, c), (4, d), (5, e)]
val listPair: Pair<List<Int>, List<String>> = pairList.unzip() // ([1, 2, 3,
4, 5], [a, b, c, d, e])
```

약간 다른 연산으로 zipWithNext()가 있다. zipWithNext()는 리스트에서 첫 번째 원소
와 두 번째 원소, 두 번째 원소와 세 번째 원소, ⋯, 끝에서 두 번째 원소와 마지막 원소를
쌍으로 만들어준다.

```
list1.zipWithNext()   // [(1, 2), (2, 3), (3, 4), (4, 5)]
```

익힘문제

다음과 같은 map이 있다. 이 맵의 키와 값 리스트를 map.entries로부터 얻는 코드를 작성하라. (힌트:
entries의 원소는 Pair가 아니므로 map() 함수를 사용해 원소를 변환해야 한다.)

```
fun main() {
    val map = mapOf(1 to "a", 2 to "b", 3 to "c")
    val (l1, l2) = map.entries....      // 여기에 적절한 코드를 넣어야 함
    println(l1 == listOf(1, 2, 3))      // true가 출력돼야 함
    println(l2 == listOf("a", "b", "c")) // true가 출력돼야 함
}
```

15.2 컬렉션을 조건에 따라 둘로 나누기: partition()

partition()은 배열이나 Iterable의 모든 원소에 대해 주어진 술어를 적용한 결과에 따라
참을 반환하는 리스트와 거짓을 반환하는 리스트를 돌려준다.

```
val (evens, odds) = (1..10).partition{it%2==0}
val evensStr = evens.joinToString() // 2, 4, 6, 8, 10
val oddsStr = odds.joinToString()   // 1, 3, 5, 7, 9
```

익힘문제

partition()을 사용해 주어진 리스트의 첫 번째 원소보다 작은 원소들로 이뤄진 새 리스트를 얻는 코드를 작성하라.

```
val list = generateSequence(Random.nextInt(10)){ if(it==0) null else
Random.nextInt(10) }.toList()
val (smaller,_) = list....          // 여기에 적당한 코드를 넣을 것
println{smaller.all(it < list[0]}}  // true가 출력돼야 함
```

15.3 fold()나 reduce()의 진행 단계를 리스트로 돌려받기: runningFold(), runningFoldIndexed(), runningReduce(), runningReduceIndexed()

fold()나 reduce()에서 누적 함수에 전달되는 각 누적값을 모은 리스트가 필요할 때 runningFold(), runningReduce()를 사용하고, 현재 몇 번째 원소에 대해 연산을 수행하는지 알고자 인덱스가 필요하면 runningFoldIndexed(), runningReduceIndexed()를 사용한다.

```
val list = listOf(1, 2, 3, 4, 5)

val rSum = list.runningFold(0){ acc, v -> acc+v } // [0, 1, 3, 6, 10, 15]
val rSumWithIndex = list.runningFoldIndexed(-1 to 0){ i, (ii, acc), v -> (i
to acc+v) } // [(-1, 0), (0, 1), (1, 3), (2, 6), (3, 10), (4, 15)]

list.runningReduce{ v1, v2 -> v1+v2 } // [1, 3, 6, 10, 15]
list.runningReduceIndexed{ i, v1, v2 -> println("$i->$v1, $v2"); v1+v2 }
// [1, 3, 6, 10, 15]
/*
1->1, 2
2->3, 3
3->6, 4
4->10, 5
*/
```

15.3.1 runningFold(), runningFoldIndexed()의 별명: scan()과 scanIndexed()

scan()과 scanIndexed()라는 함수도 있다. 이 함수들은 각각 runningFold()와 runningFoldIndexed()를 호출하는 인라인 함수로 정의돼 있다.

```
val list = listOf(1, 2, 3, 4, 5)

val rSum2 = list.scan(0){ acc, v -> acc+v } // [0, 1, 3, 6, 10, 15]
val rSumWithIndex2 = list.scanIndexed(-1 to 0){ i, (ii, acc), v -> (i to
acc+v) } // [(-1, 0), (0, 1), (1, 3), (2, 6), (3, 10), (4, 15)]
```

익힘문제

다음 함수는 fold() 함수를 활용해 피보나치 수열에서 인덱스가 n인 수를 계산한다.

```
fun fibo(n: Int) = if(n==0) 0 else ((0 .. n).fold(0 to 1){ (f1, f2),_ -> f2
to f1+f2 }).first
```

이 함수를 runningFold()를 사용해 n 인덱스까지의 모든 피보나치 수로 이뤄진 리스트를 얻는 함수로 변경하라.

15.4 원소 선택과 제외: take(), drop(), takeLast(), dropLast(), takeWhile(), dropWhile(), takeLastWhile(), dropLastWhile()

take로 시작하는 이름을 가진 함수들은 컬렉션에서 원소를 연속적으로 선택해 만든 새 리스트를 돌려주고, drop으로 시작하는 이름을 가진 함수들은 컬렉션에서 원소를 연속적으로 제외시키고 남은 원소들로 구성된 리스트를 돌려준다. 두 함수 모두 기존 컬렉션의 전부 또는 일부를 복사한 새 리스트를 반환한다.

15.4.1 개수로 선택하거나 제외하기: take(), drop(), takeLast(), dropLast()

take()는 컬렉션 맨 앞에서 원하는 개수만큼 원소를 취한 새 컬렉션을 반환하고, takeLast()는 컬렉션 맨 뒤에서부터 원하는 개수만큼 원소를 취한 새 컬렉션을 돌려준다.

```
listOf(1, 2, 3, 4, 5).take(3)     // [1, 2, 3]
listOf(1, 2, 3, 4, 5).takeLast(3) // [3, 4, 5]
```

지정한 개수가 컬렉션의 원소 개수보다 더 크면 전체 컬렉션 원소가 들어 있는 리스트를 반환한다. 또한 개수가 0이면 빈 리스트를 반환하지만, 음수면 예외가 발생한다. 원본 컬렉션이 비어 있으면 빈 리스트를 반환한다. takeLast()도 마찬가지다.

```
listOf(1, 2, 3, 4, 5).take(12312) // [1, 2, 3, 4, 5]
listOf(1, 2, 3, 4, 5).take(0)     // []
listOf<Int>().take(2)             // []
listOf<Int>().take(0)             // []
listOf<Int>().take(-1)            // java.lang.IllegalArgumentException:
Requested element count -1 is less than zero.

listOf(1, 2, 3, 4, 5).takeLast(12312) // [1, 2, 3, 4, 5]
listOf(1, 2, 3, 4, 5).takeLast(0)     // []
listOf<Int>().takeLast(2)             // []
listOf<Int>().takeLast(0)             // []
listOf<Int>().takeLast(-1)            // java.lang.IllegalArgumentException:
Requested element count -1 is less than zero.
```

drop(), dropLast()는 take()나 takeLast()로 선택될 수 있는 원소들을 제외한 나머지 원소들로 이뤄진 리스트를 반환한다.

```
listOf(1, 2, 3, 4, 5).drop(3)     // [4, 5]
listOf(1, 2, 3, 4, 5).dropLast(3) // [1, 2]

listOf(1, 2, 3, 4, 5).drop(12312) // []
listOf(1, 2, 3, 4, 5).drop(0)     // [1, 2, 3, 4, 5]
listOf<Int>().drop(2)             // []
listOf<Int>().drop(0)             // []
listOf<Int>().drop(-1)            // java.lang.IllegalArgumentException:
```

```
Requested element count -1 is less than zero.

listOf(1, 2, 3, 4, 5).dropLast(12312) // []
listOf(1, 2, 3, 4, 5).dropLast(0)    // [1, 2, 3, 4, 5]
listOf<Int>().dropLast(2)        // []
listOf<Int>().dropLast(0)        // []
listOf<Int>().dropLast(-1)        // java.lang.IllegalArgumentException:
Requested element count -1 is less than zero.
```

15.4.2 앞에서부터 조건에 맞는 원소를 찾거나 제거하기: takeWhile(), dropWhile(), takeLastWhile(), dropLastWhile()

컬렉션의 맨 앞에서부터 조건에 맞는 연속적인 원소들의 리스트를 얻고 싶을 때는 takeWhile()을, 반대로 takeWhile()에 의해 선택될 연속적인 원소들을 제외한 나머지 뒷부분 원소만 얻고 싶을 때는 dropWhile()을 사용한다. takeLastWhile(), dropLastWhile()은 맨 끝에서부터 원소를 취하거나 제외시킨다는 점을 제외하면 takeWhile(), dropWhile()과 동일하다.

```
listOf(1, 2, 3, 4, 5).takeWhile{ it<=3 }     // [1, 2, 3]
listOf(1, 2, 3, 4, 5).dropWhile{ it<=3 }     // [4, 5]
listOf(1, 2, 3, 4, 5).takeLastWhile{ it>=3 } // [3, 4, 5]
listOf(1, 2, 3, 4, 5).dropLastWhile{ it>=3 } // [1, 2]
```

익힘문제

다음과 같은 Person 클래스와 리스트가 있고, 나이순으로 정렬한 리스트가 있다. 아래 조건을 만족하는 사람들을 찾아내는 코드를 15.4.2절에서 배운 함수를 사용해 작성하라.

```
data class Person(val firstName: String, val lastName: String, val age:
Int)
val list = listOf(
        Person("현석", "오", 49),
        Person("개똥", "오", 20),
        Person("길동", "홍", 49),
        Person("춘향", "성", 30),
```

```
                Person("말똥", "김", 30))
    val sortedByAge = list.sortedBy{it.age}
```

1. 나이가 20세 이하인 사람의 목록

2. 나이가 20세 이하인 사람을 제외한 목록

3. 나이가 30세 이상인 사람의 목록

4. 나이가 40세 이상인 사람들을 제외한 목록

15.5 슬라이딩 윈도우와 덩어리로 나누기: windowed(), chunked()

windowed()는 주어진 크기와 증가값에 따라 컬렉션에서 얻어낸 슬라이딩 윈도우를 돌려준다.

가장 기본적인 windowed()는 크기(Int), 증가값(Int), 부분 윈도우 허가 여부(Boolean)를 인자로 받는다. 증가값과 부분 윈도우 허가 여부에는 디폴트 값으로 1과 false가 지정돼 있다.

```
val list = listOf(1, 2, 3, 4, 5, 6, 7, 8)
val list3 = list.windowed(3)           // [[1, 2, 3], [2, 3, 4], [3, 4, 5], [4
, 5, 6], [5, 6, 7], [6, 7, 8]]
val list3Step2 = list.windowed(3, 2)  // [[1, 2, 3], [3, 4, 5], [5, 6, 7]]
val list3Step2Paritial = list.windowed(3, 2, true)  //  [[1, 2, 3], [3, 4, 5],
[5, 6, 7], [7, 8]]
```

이렇게 만들어진 각 윈도우에 대해 연산을 적용하고 싶을 때가 있다. 물론 map()을 사용할 수도 있지만, windowed()의 오버로드 함수로 각 윈도우(List 타입)를 인자로 받아 다른 값을 변환하는 람다를 인자로 받는 함수도 있다.

```
val movingAverage3 = list.windowed(3){ it.sum() / 3 }  // [2, 3, 4, 5, 6, 7]
val list3Step2 = list.windowed(3, 2){ it.sum() / 3 }   // [2, 4, 6]
val list3Step2Paritial = list.windowed(3, 2, true){ it.sum() / it.size }
// [2, 4, 6, 7]
```

chunked()는 정해진 크기 단위로 리스트를 잘라낸 리스트의 리스트를 반환한다. 마지막에 원소가 남으면 정해진 크기보다 작은 리스트가 추가된다. chunked()는 크기와 증가 값이 같고 부분 윈도우 허가 여부를 true로 지정한 windowed()와 같다.

```
val chunked = list.chunked(3)            // [[1, 2, 3], [4, 5, 6], [7, 8]]
val chunked2 = list.windowed(3, 3, true) // [[1, 2, 3], [4, 5, 6], [7, 8]]
```

chunked()에도 리스트를 인자로 받아 다른 값을 돌려주는 람다를 인자로 받는 오버로드가 존재한다.

```
val movingAverage3Step3Partial = list.chunked(3){ it.sum() / it.size } // [2,
5, 7]
```

15.6 값 연관시키기: associate(), associateBy(), associateByTo(), associateTo(), associateWith(), associateWithTo()

associate로 시작하는 이름을 가진 함수들은 컬렉션을 맵으로 만들어주는 함수다. 이때 맵의 키와 값을 어떻게 만들어내는지와 새로운 맵을 만들어내는지(또는 기존 맵에 원소들을 추가하는지)에 따라 여러 가지 변형이 존재한다. 다만 associate… 함수들은 키–값 쌍을 맵에 넣어주는데, 맵의 특성상 키가 겹치는 경우 맨 나중에 삽입된 원소만 맵에 남는다는 사실에 주의해야 한다. 어떤 키에 연관시키되 한 키에 여러 값이 연관될 수 있는 경우에는 associate…가 아니라 15.7절에서 다룰 groupBy…를 사용하라.

15.6.1 associate()와 associateTo()

associate()는 컬렉션의 모든 원소에 주어진 람다를 적용해 얻는 키–값 쌍을 활용해 맵을 만든다. 람다는 컬렉션 원소를 인자로 받아 어떤 키와 값으로 이뤄진 쌍을 돌려준다.

```
val list = listOf(0, 1, 2, 3, )
val lowerToUpper = list.associate{ ('a'+it) to ('A'+it) } // {a=A, b=B, c=C,
d=D, e=E}
```

associate()는 컬렉션에 주어진 람다를 map()한 다음에 toMap()을 한 것과 같다.

```
val lowerToUpper2 = list.map{ ('a'+it) to ('A'+it) }.toMap() // {a=A, b=B,
c=C, d=D, e=E}
```

associateTo()는 associate()와 같은 일을 하지만, 첫 번째 파라미터로 주어진
MutableMap에 키-값 쌍을 추가한다는 차이가 있다. associateTo()는 첫 번째 인자로 받은
MutableMap을 반환한다.

```
val list2 = listOf(5, 6, 7)
val mutable = lowerToUpper.toMutableMap()
list2.associateTo(mutable){ ('a'+it) to ('A'+it) } // {a=A, b=B, c=C, d=D,
e=E, f=F, g=G, h=H}
```

15.6.2 associateBy()와 associateByTo()

컬렉션 멤버를 각 멤버에 따라 정해지는 키에 맞춰 맵으로 정리하고 싶을 때
associateBy()를 사용한다. associateBy()는 컬렉션 멤버에서 키를 만들어내는 키 셀렉터
key selector 람다를 파라미터로 받는다.

```
val charToInt = list.associateBy{ 'a'+it }  // {a=0, b=1, c=2, d=3, e=4}
```

associateBy()에는 키 셀렉터와 값 변환 람다를 함께 인자로 받는 오버로드 버전도 있다.

```
val lowerToUpper4 = list.associateBy({ 'a'+it }, { 'A'+it })  // {a=A, b=B,
c=C, d=D, e=E}
```

associateByTo()는 associateBy()와 같은 일을 하지만, 새 맵을 만들지 않고 첫 번째 파

라미터로 받은 MutableMap에 키-값 쌍을 추가한다는 차이가 있다. associateByTo()는 첫 번째 인자로 받은 MutableMap을 반환한다.

```
val mutable2 = charToInt.toMutableMap()
val mutable3 = lowerToUpper4.toMutableMap()

list2.associateByTo(mutable2){ 'a'+it }                   // {a=0, b=1, c=2, d=3,
e=4, f=5, g=6, h=7}
list2.associateByTo(mutable3, { 'a'+it }, { 'A'+it }) // {a=A, b=B, c=C, d=D,
e=E, f=F, g=G, h=H}
```

> **익힘문제**
>
> associateWith()와 associateWithTo()를 associate()와 associateTo()를 사용해 구현하라.

15.6.3 associateWith()와 associateWithTo()

컬렉션 멤버로부터 만들어지는 키를 멤버와 연관시킨 맵을 만들어주는 associateBy()와 반대로, associateWith()는 컬렉션 멤버로부터 만들어지는 값을 컬렉션 멤버와 연관시켜준다. associateWith()는 값 셀렉터value selector를 파라미터로 받는다. associateBy()와 달리 associateWith()에는 키를 변환하는 람다를 받는 오버로드 버전이 없다.

```
val intToChar = list.associateWith{ 'a'+it } // {0=a, 1=b, 2=c, 3=d, 4=e}
```

associateWithTo()는 associateWith()와 같은 일을 하지만, 새 맵을 만들지 않고 첫 번째 파라미터로 받은 MutableMap에 키-값 쌍을 추가한다는 차이가 있다. associateWithTo()는 첫 번째 인자로 받은 MutableMap을 반환한다.

```
val mutable4 = intToChar.toMutableMap()

list2.associateWithTo(mutable4){ 'a'+it } // {0=a, 1=b, 2=c, 3=d, 4=e, 5=f,
6=g, 7=h}
```

15.7 키에 따라 그룹으로 나누기: groupBy(), groupByTo()

groupBy()는 associateBy와 비슷하게 컬렉션 멤버로부터 만들어진 키와 컬렉션 멤버들을 연관시켜준다. 다만, 키에 연관되는 값을 단 하나만 저장하는 associateBy()와 달리 groupBy()는 같은 키에 해당하는 멤버를 가변 리스트에 계속 추가해준다.

```
val list = listOf(1, 2, 3, 4, 5)
val evenOdd = list.groupBy{ it % 2 }  // {1=[1, 3, 5], 0=[2, 4]}
```

만약 associateBy와 같은 키 셀렉터를 groupBy()에 넘겼는데 키가 중복되는 원소가 없다면, groupBy()가 돌려주는 맵의 값인 리스트는 모두 원소가 단 하나뿐인 리스트가 된다.

```
val charToIntList = list.groupBy{ 'a'+it }  // {b=[1], c=[2], d=[3], e=[4],
f=[5]}
```

groupBy()에도 associateBy()와 비슷하게 값을 변환하는 값 변환 람다를 받는 오버로드 버전이 있다.

```
val lowerToUpperList = list.groupBy({ 'a'+it }, { 'A'+it })  // {b=[B],
c=[C], d=[D], e=[E], f=[F]}
```

groupByTo()에도 가변 맵과 키 셀렉터만 받는 버전과 가변 맵, 키 셀렉터, 값 변환 람다를 받는 버전이 있다(관련 예제는 생략한다).

15.8 그룹을 처리하기 위한 Grouping 객체 얻기: groupingBy()

associate...나 group... 함수 등을 일반화하면 아마도 다음과 같은 연산이 될 것이다.

1. 컬렉션에 대한 연산이다.
2. 컬렉션을 키로 변환하는 키 셀렉터가 있다.
3. 컬렉션에 키 셀렉터를 적용한 결과에 따라 컬렉션 원소를 그룹으로 나눈다.

groupingBy()를 사용하면, 이렇게 나눠진 키-그룹 사이의 연관을 Grouping<T, K>라는 타입의 객체에 저장하게 된다. 그 후 원하는 대로 이 Grouping 타입이 표현하는 그룹들에 대해 다양한 연산을 적용할 수 있다.

1. **eachCount(), eachCountTo()**: 각 그룹의 개수를 돌려준다. 키-개수 연관 관계로 이뤄진 맵을 돌려주거나, 가변 맵에 키-개수 연관 관계를 넣어준다.
2. **reduce(), reduceTo()**: 키와 그 키에 연관된 그룹에 대해 주어진 람다를 사용해 fold()한 결과를 연관시켜준다.
3. **fold(), foldTo()**: 키와 그 키에 연관된 그룹에 대해 주어진 초깃값과 람다를 사용해 fold()한 결과를 연관시켜준다.
4. **aggregate(), aggregateTo()**: 누적 연산을 파라미터로 받는다. 각 그룹의 키와 각 그룹에 속한 원소들에 대해 누적 함수를 순차적으로 적용한 결과를 연관시켜준다.

...To 함수들은 결과를 추가할 가변 맵이 있다는 점을 제외하면 To가 없는 함수와 동일하므로, 여기서는 To가 없는 버전만 예제로 설명한다.

15.8.1 키 셀렉터로 그루핑 만들기: groupingBy()

두 가지 예제를 살펴보자. 한 가지는 주어진 문자열에서 글자만 남기고 각 글자를 소문자화한 결과에 따라 그룹으로 나눈 경우며, 다른 한 가지는 주어진 숫자 리스트를 3으로 나눈 나머지에 따라 그룹으로 나눈 경우다.

```
val charGroup = "This is a sentence. This is also a sentence.".filter{it.
isLetter()}.groupingBy{it.lowercase()}
val intGroup = listOf(1, 3, 4, 5, 6, 8).groupingBy{it%3}
```

charGroup의 타입은 Grouping<Char, String>이고 intGroup의 타입은 Grouping<Int, Int>이다. 두 번째 타입 파라미터가 키 타입이고 첫 번째 타입 파라미터가 원소 타입이라는 점에 유의하라.

15.8.2 그룹별 멤버 개수 세기: eachCount()

eachCount()는 키에 해당하는 멤버의 개수를 저장한 맵을 돌려준다.

```
val charCountMap = charGroup.eachCount() // {t=4, h=2, i=4, s=7, a=3, e=6,
n=4, c=2, l=1, o=1}
val intCountMap = intGroup.eachCount()    // {1=2, 0=2, 2=2}
```

15.8.3 그룹별로 reduce()한 결과를 키와 연관시키기: reduce()

reduce()는 Grouping이 저장한 각 그룹에 대해 reduce()의 인자로 넘긴 람다를 적용해 축약한 결과를 키와 연관시켜준다. 각 그룹은 원소들이 모인 컬렉션에 해당하며, 축약 연산은 일반 컬렉션의 reduce()와 비슷하다. 다만 일반 컬렉션의 reduce()에 전달되는 람다는 누적값과 현재값만 인자로 받는 반면, 여기 있는 reduce()에 전달되는 람다는 첫 번째 원소로 키 값을 받고 두 번째 원소와 세 번째 원소로 누적값과 현재값을 받는다는 점에 유의하라. 각 그룹에 대해 축약을 실시할 때마다 해당 그룹의 첫 번째 원소가 최초 누적값으로 람다에 전달된다. 일반적인 reduce()와 마찬가지로 누적값과 현재값이 서로 같은 타입이거나 누적값이 현재값의 상위 타입이어야 한다.

```
val charGroupReduced = charGroup.reduce{ key, acc, value -> (acc.toInt()*
value.toInt()).toChar() } // {t=섀, h=ᄋ, i=뚱, s=퀑, a=쉶, e=ᄋᄋ, n=쌔, c=뎡, l=l,
o=o}
val intGroupReduced = intGroup.reduce{ key, acc, value -> acc+value } // {1=5,
0=9, 2=13}
```

15.8.4 그룹별로 fold()한 결과를 키에 연관시키기: fold()

fold()는 Grouping이 저장한 각 그룹에 대해 fold()의 인자로 넘긴 초기 누적값과 람다를 적용해 접은 결과를 키와 연관시켜준다. 각 그룹은 원소들이 모인 컬렉션에 해당하며, 축약 연산은 일반 컬렉션의 fold()와 비슷하다.

Grouping의 fold()에는 일반적인 컬렉션의 fold()처럼 초기 누적값과 이항 연산을 받는 버전과 초기 누적값과 람다(키, 누적값, 현재값을 받음)를 받는 버전이 존재한다.

앞에서 reduce()로 구했던 값을 fold()로 구하면 다음과 같다.

```
val charGroupReduced2 = charGroup.fold(1.toChar()){ key, acc, value -> (acc.
toInt()*value.toInt()).toChar() } // {t=섀, h=ᄋ, i=뚱, s=퀑, a=쉶, e=ᄋᄋ, n=쌔,
c=뎡, l=l, o=o}
val intGroupReduced2 = intGroup.fold(0){ key, acc, value -> acc+value }
// {1=5, 0=9, 2=13}
```

reduce()와 달리 fold()는 임의의 타입을 누적값으로 쓸 수 있다. 문자열을 누적값으로 쓰면서 이항 연산을 사용한 예제를 살펴보자.

```
val charGroupFolded = charGroup.fold(""){ acc, value -> acc + value }
// {t=TtTt, h=hh, i=iiii, s=sssssss, a=aaa, e=eeeeee, n=nnnn, c=cc, l=l, o=o}
val intGroupFolded = intGroup.fold(""){ acc, value -> acc + value }
// {1=14, 0=36, 2=58}
```

15.8.5 그룹별로 누적 연산을 적용한 결과를 키에 연관시키기: aggregate()

aggregate()는 좀 더 일반적인 누적이 가능하도록 특별한 람다를 인자로 받는다. 이 람다는 키, 누적값(널이 될 수 있는 타입임), 현재 원소, 현재 원소가 그룹의 첫 번째 원소인지 여부 등을 인자로 받아서 새로운 누적값을 돌려주는 함수다.

앞에서 본 charGroupFolded와 intGroupFolded를 aggregate()로 구현하면 다음과 같다.

```
val charGroupFolded2 = charGroup.aggregate{ key, acc:String?, value, first
-> if(first) (""+value) else (acc!! + value) } // {t=TtTt, h=hh, i=iiii,
s=sssssss, a=aaa, e=eeeeee, n=nnnn, c=cc, l=l, o=o}
val intGroupFolded2 = intGroup.aggregate{ key, acc:String?, value, first ->
(acc?:"") + value } // {1=14, 0=36, 2=58}
```

여기서 최초 값일 때 first가 true로 넘어오면서 acc도 null로 넘어온다는 점을 활용하면 intGroupFolded2처럼 좀 더 편하게 코드를 작성할 수 있다.

aggregate()를 사용해 groupBy와 마찬가지인 결과를 얻을 수도 있다.

```
val charGroups = charGroup.aggregate{ key, map: MutableMap<String,
MutableList<Char>>?, value, first ->
    if(first) {
        mutableMapOf(key to mutableListOf(value))
    } else {
        map!!.also { m ->
            if (m.containsKey(key)) {
                m[key]!!.add(value)
            } else {
                m[key] = mutableListOf(value)
            }
        }
    }
}
```

> **익힘문제**
>
> aggregate()를 사용해 intGroup에 대한 groupBy()를 수행한 것과 똑같은 결과를 만들어내보라.

15.9 조건을 만족하는 원소 검사: none(), any(), all()

none()은 컬렉션에 주어진 술어를 만족하는 원소가 하나도 없으면 true를, 그렇지 않으면 false를 반환한다. 원소가 없는 컬렉션의 경우 항상 true를 반환한다.

```
listOf(1, 2, 3).none{it<=3}       // false
listOf(1, 2, 3).none{it>3}        // true
listOf(1, 2, 3, 4, 5).none{it<=3} // false
listOf<Int>().none{it<=3}         // true
```

any()는 컬렉션에 주어진 술어를 만족하는 원소가 하나라도 있으면 true를, 만족하는 원소가 하나도 없으면 false를 반환한다. 빈 컬렉션의 경우에도 false를 반환한다. 술어를 넘기지 않고 그냥 any()를 호출할 경우 컬렉션에 원소가 있으면 true를, 없으면 false를 반환한다.

```
listOf(1, 2, 3).any{it<=3}       // true
listOf(1, 2, 3).any{it>3}        // false
listOf(1, 2, 3, 4, 5).any{it<=3} // true
listOf<Int>().any{it<=3}         // false
```

all()은 컬렉션의 모든 원소가 주어진 술어를 만족하면 true를, 만족하지 않는 원소가 하나라도 있으면 false를 반환한다. 빈 컬렉션의 경우 true를 반환한다.

```
listOf(1, 2, 3).all{it<=3}       // true
listOf(1, 2, 3, 4, 5).all{it<=3} // false
listOf<Int>().all{it<=3}         // true
```

드 모르간의 법칙De Morgan's law에 따르면 컬렉션.any{조건}은 !컬렉션.all(!조건)과 같다.

```
listOf(1, 2, 3).all{it>3}     // false vs listOf(1, 2, 3).any{it<=3}       //
true
listOf(1, 2, 3).all{it<=3}     // true  vs listOf(1, 2, 3).any{it>3}        //
false
listOf(1, 2, 3, 4, 5).all{it>3} // false vs listOf(1, 2, 3, 4, 5).any{it<=3}
// true
```

```
listOf<Int>().all{it>3}        // true  vs listOf<Int>().any{it<=3}        // false
```

15.10 컬렉션에 대한 집합 연산: intersect(), union(), minus()

두 컬렉션에 공통으로 들어 있는 원소를 찾아서 집합에 넣어주는 intersect()와 두 컬렉션 중 어느 쪽이든 한 번 이상 들어 있는 원소를 찾아서 집합에 넣어주는 union() 연산이 있다.

```
listOf(1, 2, 3, 4).intersect(listOf(4, 5, 6)) // [4]
listOf(1, 2, 3, 4).union(listOf(4, 5, 6))      // [1, 2, 3, 4, 5, 6]
```

한 컬렉션에서 다른 컬렉션에 속한 원소들을 제외시킨 새 컬렉션을 돌려주는 minus() 연산도 있다. intersect(), union()은 집합을 반환하지만, minus()는 컬렉션 종류에 따라 적절한 컬렉션을 반환한다.

```
listOf(1, 2, 3, 4).minus(listOf(4, 5, 6))      // [1, 2, 3]
listOf(4, 5, 6).minus(listOf(1, 2, 3, 4))      // [5, 6]
```

익힘문제

전체집합 U를 정의하고, U의 부분집합 A와 B를 정의하라. 그러고 나서 이 세 집합에 대해 다음 집합의 연산 법칙이 성립하는지 코틀린 코드로 확인하라. (힌트: 아래 식에서 B′은 B의 여집합을 뜻하며, B′ = U − B이다.)

1. A−B = A ∩ B′
2. (A−B) ∪ (B−A) = (A ∪ B) − (A ∩ B)

15.10.1 컬렉션에 원소를 덧붙이거나 컬렉션에서 원소를 제거하는 연산: plusElement(), minusElement()

plusElement()는 컬렉션에 원소를 추가한 새 컬렉션을 돌려주는데, 집합의 경우 원소가 이미 들어 있으면 내용에 변화가 없지만 다른 컬렉션들은 맨 뒤에 추가한 원소를 덧붙인다. minusElement()는 컬렉션에서 원소를 뺀 새 컬렉션을 돌려준다. 빼려는 원소가 컬렉션에 들어 있지 않으면 아무 일도 일어나지 않는다.

```
listOf(1, 2, 3, 4).plusElement(1)    // [1, 2, 3, 4, 1]
setOf(1, 2, 3).plusElement(4)        // [1, 2, 3, 4]
setOf(1, 2, 3).plusElement(1)        // [1, 2, 3]
listOf(1, 2, 3, 4).minusElement(1)   // [2, 3, 4]
listOf(1, 2, 3, 4).minusElement(5)   // [1, 2, 3, 4]
listOf<Int>().minusElement(5)        // []
setOf<Int>().minusElement(4)         // []
setOf(1, 2, 3).minusElement(4)       // [1, 2, 3]
setOf(1, 2, 3).minusElement(1)       // [2, 3]
```

15.11 뒤섞기 연산: shuffled()

shuffled()는 주어진 컬렉션의 원소를 뒤섞어 만들어진 새 리스트를 반환한다. 아래 프로그램은 shuffled() 사용법을 보여준다.

```
println(listOf(1, 2, 3, 4, 5).shuffled().joinToString()) // 4, 5, 1, 2, 3
```

15.12 배열 연산

이번 절에서는 배열 타입에서만 제공하는 연산들을 살펴본다.

15.12.1 배열 비교: contentEquals(), contentDeepEauals()

두 배열이 같은지 비교할 때는 ==를 쓸 수 없다. 배열의 equals()는 참조 동등성을 검사한다.

```
arrayOf(1, 2, 3) == arrayOf(1, 2, 3) // false
```

이런 경우 배열의 내용을 바탕으로 동등성을 검사하려면 contentEquals()를 쓴다. contentEquals()는 두 배열의 크기가 같고 같은 위치에 있는 원소가 모두 서로 equals()로 동등하다고 판단될 때만 true를 반환한다. 하지만 배열의 배열인 경우에는 내포된 배열의 equals()가 값 동등성 비교에 실패하므로 contentEquals()가 제대로 작동하지 않는다.

```
arrayOf("a", "b", "c").contentEquals(arrayOf("a", "b", "c"))        // true
arrayOf("a", "b", "c").contentEquals(arrayOf("a", "b", "c", "d"))    // false
arrayOf(arrayOf(1, 2, 3), arrayOf(1), arrayOf<Int>()).contentEquals(arrayOf(
arrayOf(1, 2, 3), arrayOf(1), arrayOf<Int>())) // false
```

이런 경우 내포된 원소가 배열일 때 재귀적으로 내용 비교를 할 수 있도록 contentDeepEquals() 를 쓴다.

```
arrayOf(arrayOf(1, 2, 3), arrayOf(1), arrayOf<Int>()).contentDeepEquals
(arrayOf(arrayOf(1, 2, 3), arrayOf(1), arrayOf<Int>())) // true
```

15.12.2 배열의 내용 복사: copyOf(), copyOfRange(), copyInto()

배열 전체를 복사한 복사본이 필요하면 copyOf()를 사용한다.

```
val array = arrayOf(1, 2, 3)
val array2 = array.copyOf()
println(array == array2)            // false
println(array.contentEquals(qrray2)) // true
```

배열의 일부를 복사한 복사본이 필요하면 copyOfRange()로 시작 인덱스와 끝 인덱스를 지정해 복사할 수 있다. 시작 인덱스에 있는 원소는 복사되지만 끝 인덱스에 있는 원소는 복사되지 않는다는 점에 유의하라. 따라서 복사된 배열의 길이는 (끝 인덱스 - 시작 인덱스)다.

시작 인덱스가 끝 인덱스보다 크거나 끝 인덱스가 배열 크기보다 크면 예외가 발생한다. 시작과 끝 인덱스가 같으면 길이가 0인 배열이 생긴다.

```kotlin
val array = arrayOf(1, 2, 3, 4, 5, 6)
println(array.copyOfRange(0, 2).joinToString()) // 1, 2
println(array.copyOfRange(3, 5).joinToString()) // 4, 5
println(array.copyOfRange(5, 3).joinToString()) // java.lang.
IllegalArgumentException: 5 > 3
println(array.copyOfRange(0, 7).joinToString()) // java.lang.
IndexOutOfBoundsException: toIndex (7) is greater than size (6)
println(array.copyOfRange(3, 3).size)           // 0
```

배열의 내용을 다른 배열에 복사하고 싶을 때는 copyInto()를 사용한다. copyInto()는 네 가지 파라미터를 받는다. 복사할 대상 배열, 복사해 넣기 시작할 대상 배열의 위치(시작 오프셋), 복사할 내용(원본 배열)의 시작 인덱스와 끝 인덱스다. copyOfRange()처럼 끝 인덱스에 있는 원본 원소는 복사되지 않는다. 따라서 복사될 배열 원소의 길이는 (끝 인덱스 - 시작 인덱스)다. 시작 인덱스가 끝 인덱스보다 크거나, 시작 인덱스와 끝 인덱스가 시작 원본 배열의 범위를 벗어나거나, 오프셋 + (끝 인덱스 - 시작 인덱스)가 대상 배열의 끝을 벗어나면 예외가 발생한다.

```kotlin
val array1 = arrayOf(1, 2, 3, 4, 5, 6)
var array2 = arrayOf(11, 12, 13, 14, 15, 16)
println(array1.copyInto(array2, 0, 0, 3).joinToString()) // 1, 2, 3, 14, 15,
16
array2 = arrayOf(11, 12, 13, 14, 15, 16)
println(array1.copyInto(array2, 3, 0, 3).joinToString()) // 11, 12, 13, 1, 2,
3
array2 = arrayOf(11, 12, 13, 14, 15, 16)
// ArrayIndexOutOfBoundsException: arraycopy: last destination index 7 out of
bounds for object array[6]
println(array1.copyInto(array2, 4, 0, 3).joinToString())
```

```
array2 = arrayOf(11, 12, 13, 14, 15, 16)
println(array1.copyInto(array2, 4, 3, 0).joinToString())
// ArrayIndexOutOfBoundsException: arraycopy: length -3 is negative
array2 = arrayOf(11, 12, 13, 14, 15, 16)
// ArrayIndexOutOfBoundsException: arraycopy: last source index 7 out of
bounds for object array[6]
println(array1.copyInto(array2, 0, 4, 7).joinToString())
```

　copyInto()의 원본 배열과 대상 배열이 같을 수도 있다. 이때 원본 영역과 덮어 쓸 영역이 서로 겹쳐도 알아서 잘 처리해준다. 물론 복사 대상 인덱스나 원본 인덱스가 배열 범위를 벗어나거나 원본 시작 인덱스가 끝 인덱스보다 크면 예외가 발생한다.

```
var array = arrayOf(1, 2, 3, 4, 5, 6)
println(array.copyInto(array, 0, 3, 5).joinToString()) // 4, 5, 3, 4, 5, 6
array = arrayOf(1, 2, 3, 4, 5, 6)
println(array.copyInto(array, 0, 1, 6).joinToString()) // 2, 3, 4, 5, 6, 6
array = arrayOf(1, 2, 3, 4, 5, 6)
println(array.copyInto(array, 1, 0, 5).joinToString()) // 1, 1, 2, 3, 4, 5
array = arrayOf(1, 2, 3, 4, 5, 6)
println(array.copyInto(array, 2, 0, 4).joinToString()) // 1, 2, 1, 2, 3, 4
array = arrayOf(1, 2, 3, 4, 5, 6)
println(array.copyInto(array, 2, 4, 0).joinToString())
// ArrayIndexOutOfBoundsException: arraycopy: length -4 is negative
array = arrayOf(1, 2, 3, 4, 5, 6)
// ArrayIndexOutOfBoundsException: arraycopy: last destination index 8 out of
bounds for object array[6]
println(array.copyInto(array, 4, 0, 4).joinToString())
```

컬렉션 복사는 얕은 복사다

copyOf()는 **얕은 복사**다. 얕은 복사는 컬렉션(배열 포함)의 원소를 그대로 복사하는데, 원소가 값 타입인 경우에는 문제가 없지만 참조 타입인 경우에는 참조만 복사되므로 복사된 참조가 가리키는 객체(인스턴스)의 내용이 바뀌면 두 컬렉션의 내용이 함께 바뀌어버린다.

```
val array = arrayOf(arrayOf(1, 2, 3), arrayOf(4, 5, 6))
println(array.map{it.joinToString(",", "[", "]")}.joinToString(",", "[",
"]")) // [[1, 2, 3], [4, 5, 6]]
val array2 = array.copyOf()
array[0][2] = 200
println(array.map{it.joinToString(",", "[", "]")}.joinToString(",", "[",
"]")) // [[1, 2, 200], [4, 5, 6]]
println(array2.map{it.joinToString(",", "[", "]")}.joinToString(",", "[",
"]")) // [[1, 2, 200], [4, 5, 6]]
```

코틀린 표준 라이브러리는 일반적으로 컬렉션의 깊은 복사를 따로 제공하지 않는다. 가변 리스트 등의 경우에도 참조 타입 원소를 복사해 넣는 경우 이런 문제가 생길 수 있다.

```
val mutableList = mutableListOf(mutableListOf(1, 2, 3), mutableListOf(4, 5,
6))
println(mutableList)                           // [[1, 2, 3], [4, 5, 6]]
val mutableList2 = mutableList.map{it}.toMutableList()
mutableList[0][2] = 200
println(mutableList)                           // [[1, 2, 200], [4, 5, 6]]
println(mutableList2)                          // [[1, 2, 200], [4, 5, 6]]
```

불변 객체를 사용하면 객체 참조를 공유해도 참조되는 객체의 내부가 바뀌는 경우가 없으므로 이런 문제를 피할 수 있다.

15.12.3 배열에 값 채워 넣기: fill()

배열의 원하는 범위에 원하는 원소를 채워 넣고 싶을 때는 fill()을 사용한다. 단, fill() 의 반환 타입은 Unit이라는 점에 유의하라. fill()도 범위 시작 값이 끝 값보다 뒤에 있거 나 배열 범위를 벗어나면 예외가 발생한다.

```
val array = arrayOf(1, 2, 3, 4, 5, 6)
array.fill(100, 3, 5)
println(array.joinToString()) // 1, 2, 3, 100, 100, 6
array.fill(100, 5, 3)         // IllegalArgumentException: fromIndex(5) >
toIndex(3)
```

```
array.fill(100, 3, 10)          // ArrayIndexOutOfBoundsException: Array index
out of range: 10
```

15.12.4 뒤섞기 연산: shuffle()

15.12절에서 살펴본 shuffled()는 원본 리스트의 원소를 이리저리 뒤섞은 새 리스트를
반환한다. shuffled()와 달리 주어진 배열을 직접 갱신하고 싶을 때는 Array.shuffle()을
사용한다.

```
val array = arrayOf(1, 2, 4, 5, 6, 7, 8, 9)
array.shffle()
println(array.joinToString()) // 4, 1, 2, 7, 6, 9, 8, 5
```

15.13 시퀀스

지금까지 본 리스트, 맵, 집합은 메모리에 모든 원소가 들어 있는 컬렉션이었다. 이런 컬
렉션의 경우 원소가 많으면 처음부터 메모리를 많이 차지하고, 연산이 진행될 때마다 새
로운 리스트, 맵, 집합이 메모리에 생성되면서 메모리가 부족해질 수도 있다. 또한 컬렉
션에 대한 연산이 다 끝나야 다음 연산을 적용하기 때문에 불필요한 계산을 어쩔 수 없이
수행해야 할 수도 있다. 다음 예제를 보자.

```
val list = (1..7_000_000).toList() // (1)
val result = list
    .filter{it%2 == 0}           // (2)
    .map{it*it}                  // (3)
    .first{it>25}                // (4)
```

(1) 원소가 많은 리스트를 에뮬레이션하고자 범위에서 일부러 리스트를 만들었다. 리
스트 개수가 많아지면 여기서 아예 메모리 부족이 발생할 수도 있다.

(2) filter()는 리스트에서 짝수만 골라 만든 새 리스트를 돌려준다. 원소 개수가 125만 개인 새 리스트가 생긴다.

(3) map()은 (2)에서 만든 리스트의 모든 원소를 제곱한 새 리스트를 돌려준다. 또한 원소 개수가 125만 개인 새 리스트를 만들어낸다.

(4) first()는 (3)에서 만든 리스트에서 25보다 큰 최초의 원소를 돌려준다. 결국 36이 반환된다.

여기서 두 가지 문제가 있다. 첫째, 메모리가 부족해질 수 있다. 처음부터 원소 개수가 아주 많으면 리스트를 메모리에 모두 담을 수 없어서 프로그램이 끝날 수도 있다. 중간 단계에도 새로운 리스트가 계속 생기므로 중간에 메모리 부족으로 OutOfMemoryError가 발생할 수도 있다. 둘째, 꼭 필요하지 않은 계산이 쓸데없이 많이 실행될 수 있다. 이 예제에서 실제로 꼭 필요한 계산은 1부터 6까지의 6개 숫자에 대해 짝수인지 판단하고 제곱한 다음에 36과 비교해보는 연산이다. 하지만 컬렉션에 대한 연산을 호출하고 그 연산은 즉시 계산되므로 (2), (3)에서 불필요하게 전체 리스트를 스캔하면서 쓸데없는 계산까지 수행해야 했다.

실제로 내가 사용하는 2020년형 M1 맥미니(램 16기가바이트)에서 디폴트 JVM 메모리 설정(-Xmx256M -Xms32M)으로 kotlinc REPL을 실행해본 결과, 리스트의 원소를 700만 개 정도로 하면 list는 잘 생성되지만 result를 계산하는 도중에 프로그램이 OutOfMemoryError를 내면서 종료됐다. 또한 원소를 1,000만 개 정도로 하면 아예 리스트를 생성하지도 못하고 OutOfMemoryError가 발생했다.

이터러블(Iterable 타입의 객체)은 구현에 따라 메모리에 모든 원소를 갖고 있을 수도 있고 필요할 때마다 원소를 생성해 돌려줄 수도 있으므로, 그때그때 원소를 반환하게 만들면 첫 번째 문제를 해결할 수 있다. 지금처럼 숫자를 순차적으로 발생시키는 이터레이터의 경우 정수 범위(IntRange)를 사용하면 원소가 엄청나게 많은 이터러블을 쉽게 만들 수 있다. IntRange는 IntProgression을 상속하고, IntProgression은 Iterable<Int>를 상속한다.

```
val iterable = (1..Int.MAX_VALUE)   // (1)
val result = iterable
    .filter{it%2 == 0}              // (2)
    .map{it*it}                     // (3)
    .first{it>25}                   // (4)
```

(1) 이 경우 Int.MAX_VALUE(약 20억 개)만큼 많은 원소가 들어 있지만, IntRange 생성은
몇 가지 정수 필드로 이뤄진 작은 객체를 하나 생성하는 것으로 충분하다.

(2) 컴퓨터 메모리에 따라 (2)~(4)를 진행하는 과정에서 실제 메모리에 리스트가 생기
면서 메모리가 부족해질 수 있다. 그렇지 않더라도 20억 개의 원소를 걸러내고 매
핑하는 과정에서 많은 시간과 메모리를 낭비하게 된다.

여기서는 filter(), map() 등의 연산이 이터러블을 순회하면서 원소가 들어 있는 객체
를 생성하므로 문제가 생긴다. 예를 들어 Iterable<T>.filter()는 다음과 같은 확장 함수
로 구현돼 있다(JVM 플랫폼의 표준 라이브러리 코드임).

```
public inline fun <T> Iterable<T>.filter(predicate: (T) -> Boolean): List<T> {
    return filterTo(ArrayList<T>(), predicate)
}

public inline fun <T, C : MutableCollection<in T>> Iterable<T>.filterTo
(destination: C, predicate: (T) -> Boolean): C {
    for (element in this) if (predicate(element)) destination.add(element)
    return destination
}
```

코드를 보면, filter()는 새 ArrayList를 만들고 filterTo() 함수를 사용해 원소 중에
술어를 만족시키는 원소를 찾아 이 새 ArrayList에 추가한다. 따라서 이 단계에서 Int.
MAX_VALUE/2만큼 원소가 들어 있는 새 ArrayList가 생긴다.

어떻게 하면 이런 문제를 해결할 수 있을까? 다음과 같이 직접 루프를 돌면서 필터링
과 맵을 풀어 쓰면 해결할 수 있다.

```
val iterable = (1..Int.MAX_VALUE)
var result = -1
iterable.forEach {
    if(it%2 == 0) {
        if(it*it > 25) {
            result = it*it
        }
    }
}
```

하지만 직접 이런 식으로 코드를 작성하면, 컬렉션이 제공하는 다양한 함수를 사용할 때 얻을 수 있는 여러 가지 이점을 포기해야 하고 실수하기도 쉽다. 더 쉬우면서도 기존 컬렉션 API를 그대로 활용할 수 있는 방법은 없을까? 데이터 구조를 잘 설계하면 컬렉션에 대해 적용한 연산을 즉시 계산하지 않고 어떤 중간 표현으로 남겨뒀다가 나중에 진짜 데이터가 필요할 때 꼭 필요한 연산만 수행할 수 있지 않을까? 이런 아이디어를 실제로 구현한 것이 바로 코틀린 시퀀스 Sequence이다.

이터러블이나 리스트, 배열 등의 컬렉션에 대해 asSequence()를 하면 시퀀스를 쉽게 얻을 수 있다. 일단 시퀀스를 얻고 나면 나머지 연산은 다른 컬렉션에 대한 연산과 거의 같다.

```
val sequence = (1..Int.MAX_VALUE).asSequence()              // (1)
val result = sequence.filter{it%2==0}.map{it*it}.first{it>25} // (2)
```

(1) 1..Int.MAX_VALUE로 만든 IntRange를 시퀀스로 만든다.

(2) 문제없이 최종 결과 36을 얻을 수 있다.

어떤 일이 벌어지고 있을까? 중간중간 전달되는 람다가 호출될 때 현재 연산과 결과를 출력하게 만들어보자.

```
val sequence = (1..Int.MAX_VALUE).asSequence()
val result = sequence
    .filter{ v ->
        (v%2==0).also{println("$v is even: $it")}
    }.map{ v ->
```

```
        (v*v).also{println("$v*$v is $it")}
    }.first{ v ->
        (v>25).also{println("$v > 25: $it")}
    }
/*
1 is even: false
2 is even: true
2*2 is 4
4 > 25: false
3 is even: false
4 is even: true
4*4 is 16
16 > 25: false
5 is even: false
6 is even: true
6*6 is 36
36 > 25: true
res11: kotlin.Int = 36
*/
```

흐름을 각 원소별로 정리해보면 다음과 같다.

	원소 1	원소 2	원소 3	원소 4	원소 5	원소 6
filter()	1 is even: false	2 is even: true	3 is even: false	4 is even: true	5 is even: false	6 is even: true
map()	(제외됨)	2*2 is 4	(제외됨)	4*4 is 16	(제외됨)	6*6 is 36
first()	(제외됨)	4 > 25: false	(제외됨)	16 > 25: false	(제외됨)	36 > 25: true
최종 결과	(제외됨)	(제외됨)	(제외됨)	(제외됨)	(제외됨)	(최종 결과로 선택됨)

세로줄은 한 원소를 처리하는 흐름을 보여준다. 시퀀스가 아닌 이터러블이나 리스트를 사용하는 경우에는 가로줄(컬렉션 전체에 filter() 등의 고차 함수를 적용하는 과정)이 다 끝나야 비로소 다음 줄을 시작할 수 있었다. 반면 시퀀스를 사용하면 filter()나 map() 등의 함수가 호출된 즉시 모든 컬렉션 원소를 처리하지 않고 세로로 통합해야 하는 연산을 서로 통합할 수 있는 구조를 만들어 filter()나 map()의 결과로 반환한다.

마지막에 first() 함수는 조건을 만족하는 최초의 원소를 찾아봐야 하므로 각 원소에 대해 그동안 통합해둔 연산을 호출해 최종 결과를 얻고, 그 결과가 36보다 작은 경우 다음 원소에 대해 똑같은 작업을 반복한다.

예를 들어 (JVM 환경에서) 정수 Sequence에 대한 filter()와 map() 구현은 다음과 같다.

```
public fun <T> Sequence<T>.filter(predicate: (T) -> Boolean): Sequence<T> {
    return FilteringSequence(this, true, predicate)
}

public fun <T, R> Sequence<T>.map(transform: (T) -> R): Sequence<R> {
    return TransformingSequence(this, transform)
}
```

두 구현 모두 연산을 통합하기 위한 구조인 FilteringSequence와 TransformingSequence를 돌려준다. 이 두 시퀀스는 새로운 원소를 요청받을 때마다 적절히 걸러내는 연산과 매핑 연산을 수행하고 그 결과를 돌려주는 이터레이터로 구현돼 있다. 각각의 자세한 구현을 살펴보기 전에 first()가 어떤 역할을 하는지를 먼저 살펴보자.

first() 연산은 다음과 같이 새 시퀀스를 생성해 돌려주지 않고 for 루프를 통해 이터레이션을 수행하면서 주어진 술어를 만족하는 첫 번째 원소를 찾아 반환한다(아래 코드의 (1) 부분). 만약 원소를 다 뒤졌는데도 술어를 만족하는 원소가 없으면 NoSuchElementException 예외를 발생시킨다.

```
public inline fun <T> Sequence<T>.first(predicate: (T) -> Boolean): T {
    for (element in this) if (predicate(element)) return element       // (1)
    throw NoSuchElementException("Sequence contains no element matching the
predicate.")
}
```

이 first()는 마지막 map()이 반환하는 TransformingSequence의 멤버다.

```
internal class TransformingSequence<T, R>
constructor(private val sequence: Sequence<T>, private val transformer: (T)
-> R) : Sequence<R> { // (1)
    override fun iterator(): Iterator<R> = object : Iterator<R> {
```

```
        val iterator = sequence.iterator()                          // (2)
        override fun next(): R {
            return transformer(iterator.next())                     // (3)
        }

        override fun hasNext(): Boolean {
            return iterator.hasNext()                               // (4)
        }
    }
        ... flatten() 생략 ...
}
```

(1) 이 시퀀스는 원본 시퀀스(map()의 수신 객체)와 변환 함수(map()에 전달된 람다)가 생성
    자 파라미터로 들어간다.

(2) iterator()로 이터레이터를 요청받으면 원본 시퀀스의 iterator()를 호출해서 이
    터레이터를 준비시킨다.

(3) next()로 다음 원소를 요청받으면 원본 시퀀스에서 얻은 iterator로부터 다음 원
    소를 받아와서 transformer()를 호출하고 그 결과를 돌려준다.

(4) hasNext()는 원본 시퀀스에 다음 원소가 있는 한 true를 반환한다.

이제 filter() 연산이 돌려주는 시퀀스인 FilteringSequence를 살펴보자. map()이 만들
어내는 시퀀스는 원본과 원소가 1:1 대응을 이루므로 그리 복잡한 처리가 필요하지 않았
지만, filter()가 만들어내는 시퀀스의 경우 조건을 만족하는 최초의 원소를 찾아야 하므
로 조금 구조가 복잡해진다.

```
internal class FilteringSequence<T>(
    private val sequence: Sequence<T>,       // (1)
    private val sendWhen: Boolean = true,    // (2)
    private val predicate: (T) -> Boolean    // (3)
) : Sequence<T> {

    override fun iterator(): Iterator<T> = object : Iterator<T> {
        val iterator = sequence.iterator()                           // (4)
        var nextState: Int = -1 // -1 for unknown, 0 for done, 1 for continue
```

```
// (5)
    var nextItem: T? = null

    private fun calcNext() {
        while (iterator.hasNext()) {                          // (6)
            val item = iterator.next()
            if (predicate(item) == sendWhen) {                // (7)
                nextItem = item
                nextState = 1
                return
            }
        }
        nextState = 0                                         // (8)
    }

    override fun next(): T {
        if (nextState == -1)
            calcNext()                                        // (9)
        if (nextState == 0)
            throw NoSuchElementException()                    // (10)
        val result = nextItem                                 // (11)
        nextItem = null
        nextState = -1
        @Suppress("UNCHECKED_CAST")
        return result as T
    }

    override fun hasNext(): Boolean {
        if (nextState == -1)
            calcNext()                                        // (12)
        return nextState == 1                                 // (13)
    }
  }
}
```

(1) 원본 시퀀스(filter()의 수신 객체)다.

(2) filterNot과 filter를 함께 처리하기 위해 술어를 만족할 때 값을 반환할지 (sendWhen이 true), 만족하지 않을 때 값을 반환할지(sendWhen이 false) 정의한다.

(3) filter() 함수에 전달된 술어 람다다.

(4) iterator()를 요청받으면 원본 시퀀스의 이터레이터를 얻어 iterator에 대입해 둔다.

(5) 이 이터레이터의 내부는 세 가지 상태가 존재한다. -1은 다음 원소가 있는지 여부를 모르는 상태(초기 상태도 -1임)고, 0은 모든 원소를 다 내보낸 상태(원소를 다 이터레이션해서 더 이상 진행할 수 없음)며, 1은 다음 원소가 있음을 확실히 알고 있고 nextItem에 다음 원소 값이 들어 있는 상태다(이름이 nextState인데, 이는 다음 상태가 아니라 next() 함수가 사용하는 상태라는 뜻이다).

(6) calcNext()에서는 원본 시퀀스의 이터레이터에 원소가 있는 동안 원본 이터레이터의 원소를 얻어와서 술어를 평가한다.

(7) 술어가 우리가 원하는 결과(sendWhen과 일치하는 결과)를 낳으면 nextItem에 저장하고, 다음 원소를 찾았으므로 nextState를 1로 만든다.

(8) 이 문장이 실행되려면 원본 이터레이터가 원소를 소진한 상태여야 한다. 따라서 nextState를 0으로 만들어 더 이상 원소가 없음을 표시한다.

(9) next()로 다음 원소를 요청받았는데, nextState가 -1이면 아직 원본 이터레이터에서 우리가 원하는 원소가 있는지를 체크하지 않은 상태다. 이런 경우 calcNext()를 호출해 술어 결과에 따라 다음 원소를 찾아본다.

(10) calcNext()를 실행한 결과 nextState가 0이 됐거나(calcNext()에서 원본 이터레이터 원소를 다 뒤졌지만 원하는 값이 없었음) 처음부터 nextState가 0인 경우이므로 값을 돌려줄 수 없다. 따라서 예외를 던진다.

(11) 0도 -1도 아니므로 nextItem에 저장된 값을 반환하기 위해 result에 넣고 nextState를 다시 -1로 설정해 다음 원소를 찾아볼 수 있게 준비한 다음, result를 반환한다.

(12) hasNext()가 호출되면 다음 원소가 있는지 결론을 내려야 하므로, nextState가 -1이면 calcNext()를 통해 다음 원소를 찾아본다.

(13) 이 지점에 오면 nextState가 -1이어서 이미 calcNext()를 실행해 상태가 -1이 아

닌 값으로 바뀌었거나 처음부터 nextState의 값이 0이나 1이었을 것이다. 따라서 nextState가 0이면 다음 원소가 없고(이터레이터 소진), 1이면 다음 원소가 반드시 하나는 있다(nextItem에 들어 있음).

여기서 왜 처음에 nextState를 -1로 설정할까? next()나 hasNext() 요청이 오기 전에 미리 술어를 만족하는 원소를 찾아두면 즉시 next()에 답할 수 있어 좋을 것처럼 보인다. 하지만 시퀀스가 무한하거나 원소가 아주 많고 술어가 우리가 원하는 sendWhen 값을 반환하게 하는 최초 원소가 한참 이터레이션을 해야 발견할 수 있는 곳에 있다면, 사용도 하기 전에 최초 원소를 찾기 위해 너무 많은 연산을 수행하게 된다. 이를 방지하고 실제 클라이언트가 다음 값을 원하거나 다음 값의 존재 여부를 원할 때 꼭 필요한 계산만 수행 하도록 하기 위해 이렇게 최초 상태를 -1로 설정한다.

여기서 중요한 부분은 시퀀스를 생성할 때 이터레이터의 next() 연산을 즉시 사용하지 않는다는 점과 first() 연산에서 for 루프에 의해 next() 함수가 호출될 때 시퀀스가 만든 이터레이터의 next() 함수가 자신의 원본 시퀀스의 next()를 호출하면서 연쇄적으로 이터레이터에 대한 next() 호출이 이뤄진다는 점이다. 이 두 가지 특성으로 인해 filter(), map() 등 중간 시퀀스를 만드는 연산을 아무리 많이 중첩시켜도 실제 시퀀스 원소에 대한 계산이 이뤄지지 않고, first() 연산에서 실제 이터레이터의 원소를 하나하나 이터레이션할 때 next() 요청에 의해 꼭 필요한 연산만 발생한다. 따라서 이런 구조를 **지연 계산**lazy evaluation이라고도 한다. 필요한 원소를 진짜 사용하기 전까지는 실제 연산이 이뤄지지 않기 때문이다.

우리가 살펴본 세 가지 연산을 두 가지 분류로 나눌 수 있는데, 이 분류는 모든 시퀀스 연산에 적용할 수 있다.

1. **중간 연산**: filter()와 map()은 이터레이터를 통해 원본 시퀀스의 원소를 꺼내와 처리하는 단계를 정의하는 새로운 시퀀스를 반환하기만 하고, 이터레이터를 직접 이터레이션하지는 않는다. 이런 연산을 **중간 연산**intermediate operation이라 한다. 중간 연산은 새로운 시퀀스를 만들어내지만 실제 원본 시퀀스의 이터레이터 계산을 불

러일으키지는 않는다. 타입으로 보면 시퀀스를 반환하는 연산은 중간 연산이다.

2. **최종 연산**: first()는 새로운 시퀀스 객체를 생성하지 않고 자신의 수신 객체(시퀀스)의 이터레이터를 가져와 소비한다. first()나 get()처럼 실제 원소를 읽어야만 하는 연산이나 toList()나 size()처럼 시퀀스가 만들어내는 모든 원소를 알아야만 해결할 수 있는 연산들은 어쩔 수 없이 수신 객체 시퀀스의 이터레이터를 이터레이션하면서 원소들을 계산해야 한다. 이렇게 중간 시퀀스들의 계산을 촉발시키는 연산을 **최종 연산**terminal operation이라 한다. 타입으로 보면, 시퀀스를 반환하지 않는 대부분의 연산은 최종 연산이다. 하지만 groupingBy()처럼 반환 타입은 시퀀스가 아니지만, 시퀀스와 비슷하게 이터레이터 등을 제공하는 객체를 내놓는 경우 계산이 지연되므로 중간 연산이 될 수도 있다.

또 시퀀스를 두 가지로 나눌 수 있다.

1. **상태가 없는 시퀀스**stateless sequence: 상태가 없고 각각의 원소를 따로따로 처리하는 (즉, 한 원소를 처리한 결과가 다음 원소 처리에 영향을 미치지 않는) 시퀀스다. 예를 들어 앞에서 본 TransformingSequence나 FilteringSequence는 각각의 원소를 따로따로 처리하며 이전 원소에 대한 정보를 보관하지 않으므로 상태가 없는 시퀀스다.

2. **상태가 있는 시퀀스**stateful sequence: 시퀀스의 원소 중 일부(또는 전체)를 알고 있어야 필요한 처리가 가능한 시퀀스다. 예를 들어 sorted()는 중간 연산으로 즉시 계산이 이뤄지지는 않지만, 이터레이터를 얻으려면 원본 시퀀스의 전체 원소를 가져와서 정렬해야만 하므로 상태가 있는 시퀀스다.

코틀린 시퀀스 문서(https://kotlinlang.org/api/latest/jvm/stdlib/kotlin.sequences/)에서 관심 있는 연산을 클릭해 세부 페이지로 들어가보면 각 연산에 대해 최종 연산인지 중간 연산인지, 이 연산이 만들어내는 시퀀스가 상태가 있는 시퀀스인지 상태가 없는 시퀀스인지가 적혀 있다. 예를 들어 groupingBy()에 대한 페이지(https://kotlinlang.org/api/latest/jvm/stdlib/kotlin.sequences/grouping-by.html)는 다음 그림과 같이 중간 연산이며 상태가 없는 시퀀스라는 사실을 보여준다.

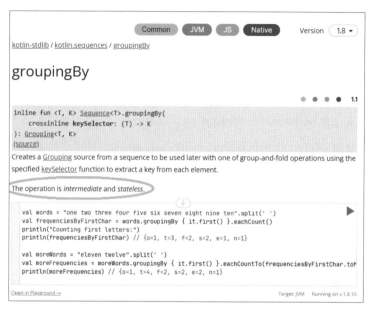

그림 15.1 코틀린 컬렉션 연산 문서: groupingBy()

또 다른 분류 방법으로 한 번만 이터레이션할 수 있는 시퀀스와 여러 번 이터레이션할 수 있는 시퀀스로 나누는 방법이 있다. 한 번만 이터레이션할 수 있는 시퀀스를 두 번 사용하면 예외가 발생하지만, 여러 번 이터레이션할 수 있는 시퀀스는 여러 번 사용해도 문제없다. 리스트 등 모든 원소가 정해져 있는 컬렉션에 대해 asSequence()를 호출해 얻은 시퀀스는 여러 번 이터레이션할 수 있는 시퀀스의 대표적인 예다.

```kotlin
val sequence = listOf(1, 2, 3, 4, 5).asSequence()
println(sequence.filter{it%2==0}.map{it*it}.joinToString())     // 4, 16
println(sequence.windowed(3).map{it.sum()/it.size}.joinToString()) // 2, 3,
4
```

한 번만 이터레이션할 수 있는 시퀀스로는 generateSequence() 함수(다음 절 참조)를 통해 생성한 시퀀스 중 외부 상태에 의존하는 시퀀스를 들 수 있다.

```
var n = 0
val sequence = generateSequence{ n++ }
println("first 5 even numbers = ${sequence.filter{it%2==0}.take(5).
joinToString()}")  // first 5 even numbers = 0, 2, 4, 6, 8
println("first 5 odd numbers = ${sequence.filter{it%2==1}.take(5).
joinToString()}")  // IllegalStateException: This sequence can be consumed
only once.
```

여러 번 이터레이션될 수 있는 시퀀스라도 constrainOnce()를 호출하면 반복적인 이터
레이션을 막을 수 있다. 시퀀스를 만들고 효율성을 위해 단 한 번만 이터레이션하는 알고
리듬을 작성하고 싶은 경우 constrainOnce()를 호출해 이터레이션을 제한하면 디버깅에
도움이 될 수 있다.

```
val sequence = (1..10).asSequence().constrainOnce()
val (evenStr, oddStr) = sequence.partition{ it%2 == 0 }.let{ (evens, odds) ->
    evens.joinToString() to odds.joinToString()
}
println(evenStr)  // 2, 4, 6, 8, 10
println(oddStr)   // 1, 3, 5, 7, 9

val sequence2 = (1..10).asSequence().constrainOnce()
val evenStr2 = sequence2.filter{ it%2==0 }.joinToString()
println(evenStr2) // 2, 4, 6, 8, 10
val oddStr2 = sequence2.filter{ it%2==1 }.joinToString()
// IllegalStateException: This sequence can be consumed only once.
```

15.13.1 시퀀스 만들기:
asSequence(), generateSequence(), sequence()

시퀀스를 만드는 다양한 방법이 있다. 당연히 Sequence 인터페이스를 구현하는 객체나
클래스를 정의해 시퀀스를 만들 수 있지만 불편하다. 그래서 코틀린 표준 라이브러리는
다양한 시퀀스 생성 방법을 제공한다.

시퀀스 API를 활용해야 할 원본 컬렉션이 있는 경우 가장 쉬운 방법은 컬렉션에 대해

asSequence()를 호출하는 것이다. 앞에서 시퀀스와 이터러블의 차이를 설명하면서 이 연산을 이미 살펴봤다.

그 외 다른 방식으로는 조금 전에 보여줬던 generateSequence() 함수를 사용하는 방법을 들 수 있다. generateSequence()에도 세 가지 오버로드 버전이 있다.

1. **fun <T:Any> generateSequence(nextFunction:()->T?): Sequence<T>**: 다음 원소가 필요할 때마다 nextFunction 람다를 호출한다. nextFunction 람다가 널을 반환하면 시퀀스가 끝난다. 같은 값을 계속 돌려주거나, 외부 상태에 의존해 값을 돌려주는 시퀀스를 만들 때 이 함수를 쓸 수 있다. 이 시퀀스는 여러 번 이터레이션할 수 없다.

2. **fun <T:Any> generateSequence(seed:T?, nextFunction:(T)->T?): Sequence<T>**: 시퀀스의 첫 번째 값으로 seed를 돌려주고(seed가 널이면 원소가 없는 시퀀스다), 다음 원소가 필요할 때마다 nextFunction 람다에 이전 시퀀스 값을 전달해 얻은 결괏값을 돌려준다. nextFunction 람다가 널을 반환하면 시퀀스가 끝난다. 이 시퀀스는 여러 번 이터레이션할 수 있다.

3. **fun <T:Any> generateSequence(seedFunction:()->T?, nextFunction:()->T?): Sequence<T>**: 시퀀스의 첫 번째 값으로 seedFunction 람다를 호출한 결괏값을 돌려주고(seedFunction 람다가 널을 반환하면 원소가 없는 시퀀스다), 다음 원소가 필요할 때마다 nextFunction 람다에 이전 시퀀스 값을 전달해 얻은 결괏값을 돌려준다. nextFunction 람다가 널을 반환하면 시퀀스가 끝난다. 이 시퀀스는 여러 번 이터레이션할 수 있다.

첫 번째 시그니처의 generateSequence() 예제는 조금 전에 살펴봤으므로 두 번째 시그니처에 해당하는 generateSequence() 예제를 살펴보자.

피보나치 수열을 만드는 여러 가지 방법이 있지만, JVM에서 Pair<BigInteger, BigInteger>를 사용하면 (시간이 허락하는 한) 아주 큰 피보나치 수도 계산할 수 있다.

n번째 피보나치 수를 Fibo(n)이라고 표기할 때(n = 0, 1, …) 피보나치 수열은 다음과 같이 정의된다.

1. Fibo(0)은 0이다.

2. Fibo(1)은 1이다.

3. Fibo(n)은 Fibo(n-1) + Fibo(n-2)이다.

이 성질에 따라 다음번 피보나치 수는 그 이전 두 피보나치 수를 알면 되므로 Pair를 사용해 쉽게 표현할 수 있다.

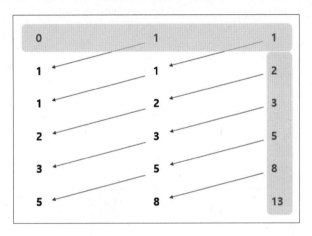

그림 15.2 피보나치 수열과 수열 내 숫자 이동

```
(0, 1) -> (1, 0+1) -> (1, 1+1) -> (2, 1+2) -> (3, 2+3) -> (5, 3+5) -> ...
```

결국 다음과 같은 Pair 시퀀스를 얻을 수 있다. 이때 n번째 Pair의 첫 번째 원소가 Fibo(n)이 된다.

```
(0, 1), (1, 1), (1, 2), (2, 3), (3, 5), (5, 8) ...
```

이 알고리듬을 그대로 generateSequence로 구현하면 다음과 같다(JVM).

```
import java.math.BigInteger
```

```
fun main() {
    val fibo = generateSequence<Pair<BigInteger, BigInteger>>(Pair(BigInteger
.ZERO, BigInteger.ONE)){ Pair(it.second, it.first+it.second) }
    println(fibo.map{it.first}.take(10).joinToString())
    println(fibo.map{it.first}.take(1000).last())
}
/*
0, 1, 1, 2, 3, 5, 8, 13, 21, 34
26863810024485359386146727202142923967616609318986952340123175997617798170024
78816893383696544833565641918278561614433563129766736422103503246348504103776
80367334151172899169723197082763985615764450078474174626
*/
```

그림 15.3과 같이 삼각수는 1부터 n까지 모든 정수를 차례로 더한 수다. 한편 사각수는 그림처럼 한 변이 n인 정사각형의 넓이를 뜻한다.

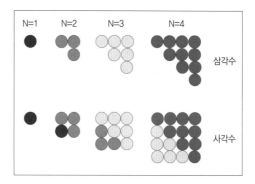

그림 15.3 삼각수와 사각수의 정의와 둘 사이의 관계

한 가지 흥미로운 성질로, 이웃하는 두 삼각수의 합은 사각수라는 정리가 있다.

generateSequence()를 사용해 모든 삼각수로 이뤄진 여러 번 이터레이션할 수 있는 무한 시퀀스를 생성하고, 이 시퀀스와 이 시퀀스에서 첫 번째 원소를 제거한 새로운 시퀀스를 더해 사각수를 돌려주는 무한 시퀀스를 생성한 다음, 200번째 사각수가 무엇인지 출력하라.

다른 방법으로는 9.2.1절에서 살펴본 iterator()와 비슷한 sequence()라는 함수가 있

다. 이 함수도 일시 중단 함수로, 내부에서 yield()를 사용해 시퀀스에 내놓을 값을 돌려
줄 수 있다.

피보나치 수열을 함수 클로저에 들어 있는 내부 상태를 사용해 sequence()로 구현하면
아래와 같다. 다만, 일단 fiboSequence()를 호출해 얻은 시퀀스는 내부 상태가 있으므로
방문할 때마다 마지막 값을 내놓는다는 점에 유의하라. 새로운 피보나치 수열이 필요하
면 fiboSequence()를 새로 호출해 초기 상태의 시퀀스를 다시 얻어야 한다.

```kotlin
fun fiboSequence(): Sequence<BigInteger> {
    var prev = BigInteger.ONE   // fibo 0
    var pprev = BigInteger.ZERO  // fibo 0
    return sequence {
        while(true) {
            val rv = pprev
            pprev = prev
            prev = rv + prev
            yield(rv)
        }
    }
}

fun main() {
    val fibo = fiboSequence()
    println(fibo.take(10).joinToString())
    println(fibo.take(1000).last())          // 앞의 피보나치 예제에서 구한 1001번째 피보
나치 수와 다르다는 점에 유의!
    val fibo2 = fiboSequence()
    println(fibo2.take(1000).last())         // 앞에서 구했던 1001번째 피보나치 수와 같다
}
/*
0, 1, 1, 2, 3, 5, 8, 13, 21, 34
3304030213614062323091857747000093834040021045301004301700683083843521925795
6258314097179594567931574937978897289068190272777398331133449437734988043176
4538234868647648501510133476919417925712357003684482952540
2686381002448535938614672720214292396761660931898695234012317599761798170024
7881689338369654483356564191827856161443356312976673642210350324634850410377
6803673341511728991697231970827639856157644500784741746266
*/
```

15.14 연습문제

고객 정보를 표현하는 Customer 클래스와 고객별 구매 횟수(count), 금액(amount)이 담긴 OrderStat 클래스가 다음과 같이 정의돼 있다.

```
data class Customer(val name: String, val phone: String)
data class OrderHistory(val count: Int, val amount: Long)
```

그리고 다음과 같은 함수로 고객 정보와 주문 통계 정보를 엮은 순서쌍의 리스트를 생성할 수 있다.

```
fun generateName(random: kotlin.random.Random) = (CharArray(random.nextInt(3,
6)){ i -> 'a' + random.nextInt(0, 25)}.also{it[0].lowercaseChar()}).
concatToString()
fun generatePhone(random: kotlin.random.Random) = "010-%04d-%04d".format
(random.nextInt(1000, 9999), random.nextInt(0, 9999))

fun generateData(n:Int, random: kotlin.random.Random): List<Pair<Customer,
OrderHistory>> {
  require(n>0){"n은 0보다 커야 합니다"}
  var i = n
  return generateSequence {
    if(i<=0) {
      null
    } else {
      i--
      val name = generateName(random)
      val phone = generatePhone(random)
      val n = random.nextInt(1, 100)
      val amount = random.nextLong(10_0000L, 1000_0000L)
      Customer(name, phone) to OrderHistory(n, amount)
    }
  }.toList()
}
```

지금부터 풀 연습문제는 val list = generateData(1000, kotlin.random.Random(369369)) 로 만들어낸 고객 1,000명의 구매 정보를 저장한 list를 대상으로 코드를 작성하는 것이다.

1. 고객의 이름을 사전순으로 정렬한 리스트를 얻는 코드를 작성하라.

2. 구매 금액 중의 최솟값과 최댓값, 중위값을 구하는 코드를 작성하라. 중위값은 컬렉션 원소 개수가 홀수면 정가운데에 있는 값이고, 컬렉션 원소 개수가 짝수면 가운데에 위치한 두 수의 평균이다.

3. 고객의 구매 횟수를 열 가지 구간(1~10, 11~20, …, 91~100)으로 나눠서 각 구간에 속하는 고객들의 목록을 연결해주는 Map<IntRange, List<Customer>>를 얻는 코드를 작성하라.

4. 고객의 구매 횟수를 열 가지 구간(1~10, 11~20, …, 91~100)으로 나눠서 각 구간의 평균 구매 횟수(각 구간에 속하는 고객들이 구매한 횟수의 평균)와 평균 구매 금액을 얻는 코드를 작성하라.

5. 고객 중에 전화 국번(010-XXXX-YYYY에서 XXXX)의 중간 두 글자에 0이나 1이 들어가는 사람들의 목록을 얻는 코드를 작성하라.

6. 고객 이름 중에 중복되는 이름이 있는지 결정하는 코드를 작성하라.

7. 고객 이름 중에 중복되는 이름을 찾는 코드를 작성하라. 6에서 작성한 코드와 비교할 때 7에서 작성한 코드가 더 효율적이거나 더 비효율적인가? 효율성에 차이가 있다면 어떤 이유 때문일까?

8. 고객 이름에 나타나는 문자들의 빈도수를 계산하는 코드를 작성하라. 반환값은 Map<Char, Int>이며, 이 맵은 영문 알파벳의 각 문자가 고객 이름에 몇 번씩 나났는지를 계산한다.

9. 8에서 계산한 빈도를 히스토그램으로 나타내는 코드를 작성하라(다소 어려운 내용이다). 8에서 반환한 값이 {a=2, B=3, z=10}이라면 다음과 같은 히스토그램이 생성돼야 한다. 이때 빈도수 중 최댓값에 해당하는 값이 50개의 # 글자가 되게 하라. 중간에 생략이라 쓰인 부분은 생략이라 찍으면 안 되고, 각 알파벳 문자의 빈도수에 맞는 히스토그램 막대가 생겨야 한다.

```
A  |
B  |#############
...
Z  |
a  |#########
b  |
c  |
d  |
... (e~y까지 생략) ...
z  |#################################################
빈도 +     1    2    3    4    5    6    7    8    9    0
                                                       1
```

10. 새해를 맞이해 구매 횟수가 50회 이상이거나 평균 구매 금액이 100만 원 이상인 고객 중 10명을 임의로 선정해 상품권을 증정하려 한다. 조건을 만족하는 고객을 뽑고 그중 임의로 10명을 추첨하는 코드를 작성하라.

11. 토끼해를 맞이해 50회 이상 구매한 고객 중 1명을 추첨해 10돈짜리 금토끼를 제공하려 한다. 이때 각 고객의 구매 금액과 당첨 확률이 비례하도록 확률을 설계하고 싶다. 이를 만족하는 추첨 코드를 작성하라.

12. 만전을 기하고자 각 고객이 당첨될 확률이 고객들의 구매 금액에 비례해 늘어나는지 검증하는 테스트 코드를 작성해 11에서 작성한 코드를 검증하고 싶다. 11의 추첨을 100만 번 반복 수행하면서 당첨자 통계를 작성해 각 사람의 당첨 확률을 계산하는 프로그램을 구현하라.

이제부터는 앞의 Customer, OrderStat과 관련 없는 일반적인 문제다.

13. 코틀린이 제공하는 sorted() 함수가 **안정 정렬**stable sort인지 확인하는 코드를 작성하라. 안정 정렬이란 어떤 컬렉션의 원소를 특정 키를 중심으로 정렬할 때 같은 키에 해당하는 두 값의 상대적 위치는 서로 바뀌지 않는 정렬을 말한다. 예를 들어 다음과 같이 이름으로 정렬된 이름과 입사 연도 쌍의 목록이 있다고 하자.

```
(김개똥, 2000), (오현석, 2009), (이정렬, 2010), (홍길동, 2009)
```

안정 정렬 알고리듬을 사용해 이 목록을 입사 연도 기준으로 정렬하면, 다음과 같이 오현석과 홍길동의 상대적인 위치가 그대로 유지된다. 따라서 입사 연도가 같은 사원들을 기준으로 보면 알파벳순으로 정렬이 그대로 유지됨을 알 수 있다.

```
(김개똥, 2000), (오현석, 2009), (홍길동, 2009), (이정렬, 2010)
```

반면 **불안정 정렬**unstable sort에서는 상대적 위치가 바뀔 수도 있다. 특히 둘 이상의 우선순위를 갖고 컬렉션을 정렬해야 하는 경우 불안정 정렬을 쓰면 문제가 생길 수 있다. 예를 들어 FIFA가 주관하는 축구대회에서는 승점순으로 순위를 정렬한다. 하지만 승점이 같을 때는 골득실, 다득점, 승자승, 페어플레이포인트(0이 최대. 옐로카드나 레드카드 개수에 따라 0 또는 음수임) 순으로 순위 선정 기준을 사용해야 하는데, 이런 정렬 알고리듬에서 불안정 정렬을 사용하면 엉뚱한 결과가 나올 수 있다.

14. 다음과 같은 축구 경기 결과가 있다(숫자는 단지 예시일 뿐이며, 실제로 11개 팀의 리그에서 이런 결과가 나오지 못할 수도 있다). 승점이 같을 때는 타이브레이커tie breaker로 골득실, 다득점, 페어플레이포인트가 적용된다고 할 때(편의상 승자승은 제외), 이 결과의 최종 순위를 결정하는 프로그램을 작성하라.

```
data class Score(val name: String, val point: Int, val scored: Int,
val conceded: Int, val fairplayPoint: Int)

val result = listOf(
  Score("한국", 30, 30, 3, -5),
  Score("브라질", 25, 25, 5, -9),
  Score("프랑스", 25, 26, 6, -10),
  Score("네덜란드", 21, 29, 13, -10),
  Score("아르헨티나", 21, 20, 10, -7),
  Score("모로코", 18, 20, 0, -13),
  Score("크로아티아", 18, 20, 3, -8),
  Score("일본", 15, 20, 3, -12),
```

```
    Score("베트남", 12, 10, 30, -13),
    Score("북한", 12, 10, 30, -16),
    Score("중국", 6, 7, 23, -23)
)
```

result는 최종 순위다. 여러분이 작성할 코드는 다음 코드가 만들어내는 리스트를 각종 정렬 기준을 사용해 정렬함으로써 result와 같은 결과를 만들어내야 한다.

```
val list = result.suffled()
val sorted = list....      // 여러분이 작성해야 할 부분
println(result == sorted)  // true가 출력돼야 함
```

마무리:
다음에 공부할 내용과 전체 돌아보기

이상으로 코틀린 기본 문법과 컬렉션 라이브러리에 대한 설명을 마친다. 지금까지 여러분은 기본적인 코틀린 언어 구성 요소를 이해하고 객체지향과 제네릭 프로그래밍, 코틀린 컬렉션 라이브러리를 배웠다. 하지만 이 책에서 다룬 내용은 코틀린 코딩의 기초일 뿐이다. 물론 여기서 다룬 내용을 잘 알고 활용할 수 있어야 실무에서 효율적인 좋은 코드를 작성할 수 있겠지만, 초보 개발자도 꼭 알아야 할 다음 내용은 아직 다루지 못했다.

1. 날짜와 시간 처리

2. 리플렉션

3. **동시성과 병렬 처리**: 스레드, 스레드 풀, 실행기, 동기화 요소들(뮤텍스^{mutex}, 모니터 ^{monitor}, 락^{lock}, 원자적 접근을 보장하는 값$^{atomic\ value}$ 등), 퓨처^{future}/프라미스^{promise}

4. suspend 키워드와 일시 중단 함수, 코루틴, 플로/채널, 반응형 프로그래밍

5. 코틀린으로 DSL을 작성하는 방법

6. 코틀린으로 애너테이션을 정의하는 방법과 애너테이션 처리기를 만드는 방법

7. 함수형 프로그래밍 기법

8. 객체지향 설계 방법

각각의 내용을 어느 정도만 다뤄도 몇백 페이지 분량이므로, 어쩔 수 없이 향후 다른 책에서 해당 내용을 다루려 한다. 따라서 관련 내용을 알고 싶은 독자는 아래와 같은 문서를 참조하길 바란다.

우선, 손쉽게 무료로 구할 수 있는 자료로 코틀린 홈페이지 문서(영문)가 있다.

- **리플렉션**: https://kotlinlang.org/docs/reflection.html
- **애너테이션**: https://kotlinlang.org/docs/annotations.html
- **비동기 프로그래밍 기법**: https://kotlinlang.org/docs/async-programming.html
- **코루틴 소개와 코루틴 관련 라이브러리 문서**: https://kotlinlang.org/docs/coroutines-overview.html, https://kotlinlang.org/docs/coroutines-guide.html

현재(2023년 초) 관련 내용을 다루는 코틀린 관련 책은 아래와 같다. 대부분의 코틀린 책이 일반적인 코틀린 소개 서적이거나 코틀린 안드로이드 프로그래밍 서적인 점은 아쉽다.

- **동시성 프로그래밍**: 『코틀린 동시성 프로그래밍』(에이콘, 2020)
- **반응형 프로그래밍**: 『코틀린 리액티브 프로그래밍』(에이콘, 2019)
- **함수형 프로그래밍**: 『코틀린을 다루는 기술』(길벗, 2020), 『코틀린으로 배우는 함수형 프로그래밍』(인사이트, 2019), 『함수형 코틀린』(에이콘, 2019)

자바나 다른 언어로 된 책 중에서 동시성이나 비동기 프로그래밍과 관련해 읽어볼 만한 책은 다음과 같다.

- **동시성 프로그래밍**(Rust, C, 어셈블리어): 『동시성 프로그래밍』(한빛미디어, 2022)

나의 역서인 『Kotlin in Action』(에이콘, 2017)이나 『코틀린 완벽 가이드』(길벗, 2022)에서도 DSL이나 애너테이션, 리플렉션에 관한 내용을 다소나마 살펴볼 수 있다.

한편 이런 내용을 다루는 책 중에서 우리말로 번역되지 않은 몇 가지 원서를 소개하면 다음과 같다.

- **동시성 프로그래밍**: 『Programming Android with Kotlin: Achieving Structured Concurrency with Coroutines』(O'Reilly, 2022), 『Kotlin Coroutines: Deep Dive』(Kt. Academy, 2022), 『Kotlin Coroutines by Tutorials』(Razeware LLC, 2022)
- **함수형 프로그래밍**: 『Functional Programming in Kotlin』(Manning, 2021)[1]

마지막으로, 이 책을 덮기 전에 다음 문제를 읽고 어느 정도 바로 답변할 수 있는지 스스로에게 물어보라. 부족한 부분이 있다면 다시 한번 관련 내용을 살펴보길 바란다.

1. 주생성자의 개념을 설명하고, 부생성자와 주생성자의 차이점을 정리하라.
2. 코틀린은 널 가능성을 어떻게 처리하는가?
3. 코틀린 데이터 클래스의 장점과 단점을 논하라.
4. 코틀린 when 식을 설명하라. when을 문으로 쓰는 경우와 식으로 쓰는 경우에 어떤 차이가 있는가?
5. 코틀린의 예외 처리 구문을 설명하고, 체크 예외와 비체크 예외를 코틀린이 어떻게 처리하는지 논하라.
6. lateinit 키워드의 역할은 무엇인가? 어떤 경우 lateinit을 사용하는가?
7. 코틀린 확장(함수나 프로퍼티)이란 무엇인가? 어떤 경우에 확장을 사용하고 어떤 경우에 멤버를 사용하는지 설명하라.
8. 코틀린의 봉인된 클래스를 설명하라.
9. 인라인 함수를 설명하라. 어떤 경우에 꼭 인라인 함수를 사용해야 하는가?
10. 값 클래스 또는 인라인 클래스의 장점과 단점을 설명하라.
11. 위임 프로퍼티를 설명하라.

---

1   2023년에 내(저자)가 번역에 참여한 한글판이 출간될 예정이다.

12. 코틀린이 연산자 오버로드를 어떻게 처리하는지 설명하라.

아래의 세 가지 키워드 목록을 보면서 각각의 용도를 마음속으로 떠올려보라. 단, 나열한 키워드 중 이 책에서 다루지 않은 키워드는 다음과 같다.

1. **typeof**: 미래에 쓰일 경우에 대비해 예약됨

2. **dynamic**: 자바스크립트 등 JVM이 아닌 플랫폼에서 타입을 동적으로 해석할 필요가 있을 때 타입 추론을 끄기 위해 사용하는 키워드(https://kotlinlang.org/docs/dynamic-type.html)

3. **field, file, param, property, receiver, setparam**: 애너테이션의 대상 지점을 파일로 지정할 때 사용한다(https://kotlinlang.org/docs/annotations.html#annotation-use-site-targets).

4. **actual, expect**: 다중 플랫폼 프로젝트에서 플랫폼에 따라 코틀린 코드 구현이 달라야 하는 경우, 구현의 시그니처를 선언할 때는 expect를 사용하고 플랫폼별 구현을 정의할 때는 actual을 사용한다.

5. **external**: 다중 플랫폼 프로젝트에서 어떤 함수의 구현을 코틀린 코드가 아니라 JNI나 자바스크립트 같은 외부 플랫폼으로부터 제공받아야 하는 경우 external을 붙인다.

6. **suspend**: 코루틴에 사용할 수 있는 일시 중단 함수를 선언할 때 사용한다.

하드 키워드

as, break, class, continue, do, else, false, for, fun, if, in, interface, is, null, object, package, return, super, this, throw, true, try, typealias, typeof, val, var, when, while

소프트 키워드

by, catch, constructor, delegate, dynamic, field, file, finally, get, import, init, param, property, receiver, set, setparam, value, where

변경자 키워드

abstract, actual, annotation, companion, const, crossinline, data, enum, expect, external, final, infix, inline, inner, internal, lateinit, noinline, open, operator, out, override, private, protected, public, reified, sealed, suspend, tailrec, vararg

찾아보기

660

숫자

핵심 코틀린 프로그래밍

기초를 단단히 다져주는 코틀린 입문서

발 행 | 2023년 4월 28일

지은이 | 오 현 석

펴낸이 | 권 성 준
편집장 | 황 영 주
편 집 | 김 진 아
　　　　임 지 원
디자인 | 윤 서 빈

에이콘출판주식회사
서울특별시 양천구 국회대로 287 (목동)
전화 02-2653-7600, 팩스 02-2653-0433
www.acornpub.co.kr / editor@acornpub.co.kr

한국어판 ⓒ 에이콘출판주식회사, 2023, Printed in Korea.
ISBN 979-11-6175-747-6
http://www.acornpub.co.kr/book/kotlin-programming

책값은 뒤표지에 있습니다.